普通高等教育“十二五”国家级规划教材
PUTONG GAODENG JIOAYU SHIERWU GUOJIA JI GUIHUA JIAOCAI

张建萍/主编

生态旅游

（修订版）

中国旅游出版社

前　言

生态旅游作为一项以保护性、教育性和责任性为重要特征的旅游活动，是世界各国在资源短缺、环境污染和生态恶化等现实条件下的必然选择。目前，生态旅游已成为各国旅游者的时尚和旅游业的发展热点，显示出越来越强大的生命力，是旅游业可持续发展的重要途径和实践形式。

在我国，生态旅游从 20 世纪 90 年代开始起步，现已被大众广泛接受且发展迅猛。生态旅游无论在理论上还是实践上都取得了很大的进步。从实践上看，早在 1999 年，我国国家旅游局就确定该年为“生态环境旅游年”。目前全国各地已开展了不同形式和内容丰富的生态旅游活动。近年来，我国的生态旅游与自然保护区建设、森林公园管理、自然景观资源开发和生物多样性保护相结合，使得生态旅游实践迈出了科学而坚实的步伐。在理论上，近些年来，有关生态旅游的学术或科普书籍众多。生态旅游教育也在众多高校开展起来。很多高校招收生态旅游专业的学生，有的开设了生态旅游的必修课或选修课，有的还有生态旅游研究方向的硕士生和博士生。生态旅游教育呈现蒸蒸日上的局面。

《生态旅游》一书，作为普通高等教育“十二五”国家级规划教材，是国内较早的一本建立了完备生态旅游科学体系的书籍。该书出版后，被国内十几个省份以及香港和澳门的大专院校，如北京联合大学、山东大学、青岛大学、四川大学、广西师范大学、云南大学、澳门科技大学、海南大学等 40 多所开设“生态旅游”及相关课程的高校作为指定教材或重要参考资料。有些学校还把该书作为旅游专业报考研究生的必备参考书。截至目前，第一版教材已印刷了 6 次，累计印数达 20000 多册。

2013 年，该教材又入选了普通高等教育“十二五”国家级规划教材。根据国家“十三五”规划提出的绿色发展战略，并结合国内外新的生态旅游发展实践，本书在保留原教材核心内容的基础上，对旧版进行了修订。新版和旧版相比主要有以下变化：

1. 对原有内容进行精简，删除过时的内容，增加新的内容。每章新调整的内容都在 1/3 以上，很多内容融合了国内外近些年最新的科研成果和实践经验，以使教材更加理论贴近实际，符合国家新的发展理念。

2. 按照国际通行的教材样式对原教材格式进行了调整，每一章均设有学习目标、本章小结和复习题。针对每一章的内容，新增补了 20 多篇阅读材料，不仅增加了可读性，还拓宽了视野、丰富了内涵。

3. 对原教材的十几个案例进行了调整更新和扩充拓展，以期多角度展现时代的新需求、新变化、新理念。如增加了环境解说与环境教育方面的案例，像美国大峡谷国家公园环境解说、中国台湾太鲁阁国家公园环境解说等。

该教材可作为我国高校本、专科生态旅游专业教育和生态旅游研究生教育的专业教材或教学参考书，也可作为生态旅游开发、规划、设计、经营、管理等从业人员的参考用书，还可作为广大生态旅游者的兴趣性阅读书籍。

本书由张建萍设计大纲、组织编写和统稿。张建萍完成第一至七章、九章、十一章的编写，王学峰完成第八章和第十章的编写。蔡文婧、魏宇、李晶晶等参与了资料收集和校对工作。

本书在写作过程中，引用了众多专家学者的相关文献，对于他们的劳动在此表示感谢。

由于水平有限，错讹之处在所难免，期盼专家和读者不吝赐教。

张建萍

2015 年 11 月于北京

目 录

第一章

生态旅游的产生和发展

【学习目标】

- 了解生态旅游产生的社会背景
- 认识生态旅游的发展历程和发展形式
- 了解国外生态旅游发展现状
- 了解我国生态旅游发展概况及各类生态旅游区建设情况
- 认识我国生态旅游发展面临的困局

近年来，生态旅游以其对环境的关注，对经济、生态、社会效益的多重维护得到了世界的广泛认同，被看作实现可持续旅游的最佳形式。生态旅游作为一种新型的旅游活动类型，其产生和发展有其深刻的社会、经济及文化背景。本章在阐述生态旅游产生背景、产生模式与发展历程的基础上，分析生态旅游的发展现状与存在问题。

第一节　生态旅游的产生

一、生态旅游产生的社会背景

生态旅游的产生有其深刻的社会、经济以及文化背景。它与全球性环境问题而导致的人类生存环境的恶化、人类生态意识的觉醒和有识之士积极倡导的环境保护运动和绿色浪潮的发展、可持续发展浪潮的推动、传统大众旅游业存在的诸多弊端及旅游业生态化的需求等因素都有着密切的联系。它是人类生态意识和生态理性日益增强，旅游业可持续发展等多重背景下的必然选择。

（一）“人地关系”的渐趋紧张、全球环境问题的集中全面爆发

人类赖以生存的生态环境的改善和保护是当今全球最关注的重大问题之一。

“生态旅游”这一概念及旅游方式即是在举世关注生态问题的国际大背景下产生的。可以说，生态旅游的产生是与全球的生态环境问题密不可分的。

自从工业革命以来，人类认识和开发大自然的能力空前提高，工业化、城镇化的迅速发展导致人类大肆攫取各种地球资源，人类在改善自身生存条件的同时，也严重扭曲了人类与自然的正常关系，致使“人地关系”渐趋紧张，环境危机日益加重。1992 年 11 月 18 日，全世界有 1575 名科学家（其中 99 人为诺贝尔奖获得者）就环境问题向世人发出警告：扭转人类遭受巨大不幸和地球发生突变的趋势，只剩下不过几十年时间了。他们还起草了一份文件——《世界科学家对人类的警告》，文件开头就说：“人类和自然界正走上一条相互抵触的道路。”

20 世纪以来，资源危机、环境污染和生态破坏三大类全球性环境问题的全面爆发，再加上全球大气环境的三大热点问题——温室效应、臭氧层破坏与酸雨的日益加重致使人类的生存环境迅速恶化，生存环境质量严重下降，人类的发展受到严重阻碍。

（1）资源危机。所谓资源危机主要是指由于人类不正确或过多地利用自然资源而造成的各种资源短缺现象。自然资源是人类生活所必需的，在自然资源中，除了少数几种为原生外，绝大多数是次生的。资源危机主要表现为以发展中国家为代表的人口增长和以发达国家为代表的过度浪费造成的对土地资源、水资源、森林和物种资源以及能源的消耗和压力，从而在全球范围内形成的耕地紧缺与粮食危机、水短缺与水荒、能源危机、森林资源濒临枯竭以及贫富差异和南北分化等一系列环境问题。

（2）环境污染。所谓环境污染是指人类活动产生的副产品和废弃物等有害物质或因子进入环境，并在环境中扩散、迁移、转化，使环境系统的结构和功能发生变化，对人类或其他生物的正常生存和发展产生不利影响。环境污染主要包括大气污染、水污染、噪声污染和固体废弃物污染等，集中表现为环境污染的加重、公害事件的频发、垃圾围城、城市水质污染、海洋赤潮与黑潮现象、固体废弃物的跨国转移、核污染及温室效应、酸雨和臭氧层破坏等大气污染现象。

（3）生态破坏。所谓生态破坏是指人类活动直接作用于自然生态系统，造成生态系统的生产能力显著减少和结构显著改变，从而引起的环境问题。生态破坏突出表现为森林资源的破坏、生物多样性的减少、物种的灭绝、水土流失、沙尘暴和土地荒漠化等一系列问题而导致的生态失衡和生态危机。

（二）人类生态意识的觉醒与全球环境保护运动

1. 人类生态意识的觉醒及对文明的反思

环境问题是一个文明问题。目前，资源短缺、环境污染和生态恶化已成为摆在世界各国面前的重大问题；经济发展、资源利用及环境保护所构成的矛盾已成为当今世界各国所共同面临的重大挑战。因此，人口、资源、环境与可持续发展成为当今国际社会瞩目的焦点。

环境问题的严重性促发人类在20世纪中叶开始了对环境问题的关注和认识，对人与环境、人与自然关系的深层思考。人类文明出现至今，已经经历了狩猎文明、农业文明、工业文明等几个主要阶段。在工业文明时代，人类创造了前所未有的物质财富和精神财富，尤其是20世纪是人类的一个辉煌的世纪，人类在科学技术、经济发展和社会进步方面都取得了辉煌的成就。然而，20世纪也是人类有史以来与自然关系的异化最为严重的一个世纪。经历了长期的深刻反省，人们通过追根寻源把环境问题同人类的行为模式联系起来，逐渐认识到环境问题表面上是自然生态问题，实际上反映了人与环境的矛盾对抗，当代生态危机的实质是人类对生态规律的漠视而引起的人与自然关系的扭曲和错位。

事实证明，人类行为方式同环境问题有直接的因果关系。可以说，人类文明史在本质上就是一部人类与自然环境的相互关系史。20世纪给人类造成巨大灾难的主要原因一是战争，二是环境污染。前者的场面血腥恐怖，一目了然；后者的危害日积月累，逐渐显现。其实，从对人类的破坏程度来说，后者并不亚于前者。

因此，环境问题在本质上是人的问题，环境问题是一个文明问题。生态危机实际上是一种文化危机，或者说是人类内在危机的外在表现。前苏联科学院院士彼得梁诺夫·索科洛夫在谈论环境污染时曾直截了当地指出：这是“人类意识的污染”。所以，解决生态环境问题不能就事论事，必须超越纯技术的框架，重申人与自然的关系，反省人类对大自然的态度和行为，充分认识自然在人类生存、发展中的地位和作用。

事实上，在自然界中，人类无论怎样推进自己的文明，都无法摆脱文明对自然的依赖和自然对文明的约束。自然环境的衰落，最终也将引起人类文明的衰落。当今，“只有一个地球”的呼声越来越高，环境保护的绿色浪潮正在席卷全球，这一浪潮冲击着人类的生产方式、生态方式和思维方式，预示着人类史上的一场“环境革命”即将来临。这场革命是历史发展的必然产物，通过它，人类将重新审视自己的行为，摒弃以牺牲环境为代价的“黄色文明”和“黑色文明”，建立一个与大自然和谐共处的“绿色文明”。

2. 全球环境保护运动和绿色浪潮的兴起

（1）早期环境保护运动和《寂静的春天》。从18世纪到20世纪初，可视为环境保护运动的萌芽期。从实践层面看，这一时期的环境保护运动主要取得了以下成就。第一，世界上第一批环保组织成立。如世界上第一个自然保护组织——“塞拉俱乐部”于1892年成立。第二，第一批与环境保护有关的法律开始出现。

1822 年，马丁说服英国议院通过了禁止残酷对待家畜的“马丁法案”。第三，第一批自然保护区开始出现。如世界上第一个国家公园——黄石国家公园于 1872 年在美国建立。美国另外两个著名公园——约塞米蒂公园（1890）和大峡谷国家公园（1908）也于这一时期成立。到 20 世纪初，通过缪尔和罗斯福总统的努力，美国已建立 53 个野生动物保护区、16 个国家级纪念保护林、5 个国家公园。

《寂静的春天》引发对环境问题的思考。1962 年出版的美国女海洋生物学家雷切尔·卡森（Rachel Carson）的《寂静的春天》一书，可以说是人类对生态环境问题开始关注的标志，引发了人们对人与自然关系的重新审定和思考。

雷切尔·卡森在她的《寂静的春天》一书中为人们描绘了一个寂静的、死气沉沉的春天，而这是滥用杀虫剂的后果。这本书使公众对化学污染和环境保护的态度发生了巨大的变化。这本书是一部现代环境意识的宣言和生态时代的标志，它唤醒了公众对环境污染的关注，但也遭到顽固势力的围攻和责难。

雷切尔·卡森的作品之所以引发世界范围的强烈反响，是因为她质疑了“我们这个技术社会对自然的基本态度”，揭示出“隐藏在干预和控制自然的行为之下的危险观念”，警告“人们缺乏远见地用科技征服自然很可能会毁掉人类生存所有必需的资源，给人类带来毁灭性的灾难”。总之，雷切尔·卡森试图从根本上改变人们原有的自然观，促使他们建立起全新的生态思想。这才是她之所以取得巨大成就、产生深远影响的深层原因。

（2）“地球日”与“世界环境日”。1970 年 4 月 22 日，在美国民主党参议员尼尔森倡议和策划下，在一些国会议员、社会名流和环保工作者的组织带领下，美国 1 万所中小学、2000 所高等学校以及全国各大团体共 2000 多万人，举行了声势浩大的集会、游行等各种宣传活动，要求政府采取措施保护环境。这是人类有史以来第一次规模宏大的环境保护运动，它的影响很快扩展到全球，4 月 22 日成了全球性的“地球日”，之后其规模和影响越来越大。1990 年 4 月 22 日“地球日”20 周年之际，全世界有 140 个国家的 2 亿人参加了形式多样的“地球日”活动。

1972 年 6 月，联合国在瑞典首都斯德哥尔摩召开了由 114 个国家参加的第一次“人类与环境会议”，大大推进了人们对生态环境问题的认识。会议通过了著名的《人类环境宣言》，提出了“只有一个地球”的口号，后来为了纪念这次大会，联合国通过决议，把以后每年的 6 月 5 日定为“世界环境日”，要求联合国系统和各国政府在这一天开展各种活动，来强调保护和改善人类环境的重要性，推动世界环境保护事业的发展。

（3）解决环境问题的社会行动——绿色运动。随着人类对环境问题的思考，到 20 世纪六七十年代，保护自然已发展成为一种行动，即绿色运动。这种运动已经发展出许多组织和政党，并形成了强大的政治力量，组成了一股统一于生态思想下的波涛汹涌的“绿色思潮”。

（4）“可持续发展”的普遍关注。20 世纪 60 年代以来，人类对生态环境与经济发展相互关系的经验与教训进行了深刻总结。在人类对环境保护的呼声的背景下，可持续发展理论逐步形成。可持续发展要以保护自然资源和环境为基础，同资源与环境的承载力相协调。可持续发展理论的广泛关注，为生态旅游的兴起提供了理论基础。

（三）传统大众旅游的弊端及“无烟工业”的再认识

20 世纪 60 年代，大众旅游作为旅游产业的主要形式，因蓬勃的发展生机和巨大的市场开发潜力，被称为“朝阳产业”。世界各地都在积极开拓旅游业，一些发展中国家尽力吸引发达国家的游客，作为增加经济收入和获取外汇的重要途径，将旅游业发展的注意力聚焦在经济效益目标上。因此，在很长一段时间里，人们只看到旅游业所产生的巨大经济效益，认为旅游业是“无烟工业”“低投入高产出的产业”“非耗竭性资源消费产业”，是一种对环境影响极低的理想产业，因而其发展受到各国政府的鼓励，各国纷纷把旅游业作为国家或地方的重要产业、支柱产业来发展。特别是第二次世界大战结束以来，和平与发展成为世界的主流，全球经济不断增长。与此同时，产业革命带来的高科技不仅为满足人们日益增加的旅游需求提供了开发和管理的技术保障，而且改变了人们的生活观念。旅游成为一种体现公平和提高生活质量的标志而成为时尚，旅游成为发达国家乃至发展中国家大众生活的组成部分，大众旅游需求的日益增加又为旅游业的发展注入了强劲的动力。在这一总体背景下，全球旅游业的发展势头空前强劲。结果是，旅游业在不过百年的历史中，取得了惊人的发展速度与规模。到 20 世纪 90 年代，旅游业已经一跃而成为超过钢铁、汽车和石油产业的世界第一大产业。

伴随着旅游业的迅速发展和普及，旅游业成了继农业和工业之后第三次向自然界大举推进的人类产业。由于传统的旅游业过分注重旅游的经济效益，追求利润的最大化，开发者采用了产业革命的管理思想和方法，对旅游资源采用的是“掠夺式”的开发利用模式、粗放式的经营管理模式，再加上生态意识的淡薄，一定程度上重蹈了“以牺牲环境为代价”的工业化发展的错误模式，导致旅游地的自然景观和人文景观被迅速破坏，旅游资源价值降低，旅游环境危机日益显现，严重阻碍了旅游业的可持续发展。事实证明，旅游业并非无污染工业，其对生态环境和旅游地文化同样具有巨大的破坏力。法国、西班牙等地中海沿岸国家失去了大量的海洋、阳光、沙滩、绿树和村落构成的自然景观，地中海地区的 500 多种生物受到灭绝的威胁。我国大量的山地旅游资源，由于游客踩踏、垃圾堆积以及开公路、建索道和修宾馆等大量建设，不仅山地旅游景观遭到一定程度的破坏，还加剧了水土流失、山体滑坡和崩塌等不稳定因素。可见，人们将旅游描述为“一只会下金蛋，但同时也把自己的巢搞脏的鹅”是不无道理的。

经过反思，人类认识到旅游的发展必须考虑到生态环境的保护，必须有一种负责任的、兼顾旅游开发和生态保护的旅游发展新模式来替代传统发展模式。于是，人们开始寻求一条使旅游业发展和环境改善相协调的旅游发展道路，旨在为人类提供能满足新需要的旅游产品的同时，保护旅游区自然资源和文化，实现其可持续发展。为促进旅游业可持续发展，联合国教科文组织、环境规划署和世界旅游组织于1995年在西班牙召开了“可持续旅游世界发展会议”。会议制定并通过的《可持续旅游发展宪章》《可持续旅游发展行动计划》两个文件为旅游业的可持续发展指明了方向，并提供了具体的行动纲领。在这种背景下，生态旅游作为一种对生态和文化有着特别感受的带有责任的旅游、作为一种以体验“天人合一”感受为特色的特殊旅游形式、作为可持续旅游发展的典型模式，就成了促进旅游可持续发展的战略选择。生态旅游强调以自然生态环境为基础，注重生态环境保护，主张开发和保护相结合，消费和责任相结合，除受到旅游者的青睐外，也受到了旅游开发地的政府和居民的钟爱。

总之，生态旅游的产生，是人类认识自然、重新审视自我行为的必然结果，是人类克服生态环境危机、追求生态文明和可持续发展的智慧选择，是一个时代“生态觉醒”的产物，是旅游业负面效应日益显现而面临转型的必然选择。生态旅游是经济发展、社会进步、环境价值的综合体现，是以良好生态环境为基础，保护环境、陶冶情操的高雅社会经济活动。开展生态旅游，既是经济发展、人民生活质量提高的需要，也是人类进步、社会文明的需要。

二、生态旅游的产生

（一）生态旅游的萌芽及早期实践

从历史上看，生态旅游形成的早期受到了环境运动和自然回归思潮的影响，与自然旅游有着天然的联系。之后，生态旅游被赋予了可持续发展、生态保护、促进社区进步与实现环境教育等多个内涵，成为一个复合的概念，也正是由于这种复合的内涵，生态旅游才得以明确地从自然旅游中分化出来。

旅游界普遍认为，生态旅游思想起源于20世纪60年代。当时正是传统大众旅游发展到高峰的时候，一些学者已经注意到了传统的大众性观光活动对旅游目的地所造成的负面影响，对当地资源与环境产生的无法弥补的损害。为此，在不影响大众旅游活动的基础上提出了一些折中的方案。这些方案虽然名称不同，表述的侧重点不同，但都是针对传统大众旅游的弊端提出的，是在对传统大众旅游进行修正和调整的基础上提出的较新的旅游形式，诸如自然旅游、绿色旅游、替代性旅游、自然取向的旅游、友善的环境旅游、环境朝圣游、可持续旅游、低影响旅游、负责任的旅游等，这些改良之后的旅游形式常被统称为调整性的观光项目。

这些调整性的观光项目增加了自然取向的内容，首次把生态资源与环境的保护纳入到旅游业中来。1965年，赫兹（Hetzer）在分析旅游活动对自然和社会旅游资源的不当利用造成的对环境和社会的负面效应时，用生态学的理念提出了旅游应对自然生态环境和旅游目的地负责任，这是生态旅游理念的萌芽。1973年，加拿大森林管理处在其高速公路沿线推广“生态旅行”（ecotour），“生态旅行”所依托的旅游资源是公路沿线不同的生态地带，强调在旅行中关注环境，这算是早期生态旅游的一种旅游方式，已经蕴含了生态旅游的基本理念。1980年，加拿大学者克劳德·莫林（Claude Moulin）在美国著名旅游学家豪金斯（Hawkins）编著的《旅游规划与开发问题》论文集中发表了题为“有当地居民和社团参与的生态和文化旅游规划”的论文，论文首次使用了“生态性旅游”（ecological tourism）这一名词，主要针对乡村旅游开发中如何处理自然环境与人文环境的关系，并将其定义为“旅游者与风景、生态方式、气氛和风俗习惯融为一体，且不破坏它们”的旅游，强调应该在满足保护的前提下，从事对环境和文化影响较小的旅游活动。这些旅游方面的研究无疑对旅游活动的实践起到了一定的指导作用。

这些调整性的旅游形式已经具备了很多大众旅游不具备的特点，环境保护理念开始被普遍接受，无论是绿色旅游、低影响旅游，还是负责任的旅游，实际上都是从生态与环境的角度着眼，而这些又都是生态旅游所涵盖的范围，因此生态旅游最常被提及，以至于逐渐演变成调整性旅游活动的代表，得到社会广泛的认可。

（二）生态旅游的产生

从生态旅游产生的具体情况来看，主要可以概括为两种不同的形式——被动式和主动式。

1. 被动式生态旅游产生形式

这是在经济欠发达国家中常见的形式。一般认为，生态旅游最初的实践是从欠发达国家开始的，这些国家拥有丰富而独特的开展生态旅游的资源，发展生态旅游市场主要是由于经济的压力，是迫不得已的。这种形式的代表国家和地区主要集中在作为世界生态旅游主要发源地的非洲和美洲的加勒比海地区和亚马孙河流域。其代表是非洲的肯尼亚和拉丁美洲的哥斯达黎加。

非洲的肯尼亚被称作“自然旅游的老前辈”，也是目前开展生态旅游的各国中搞得最好的。最初肯尼亚走上生态旅游之路就属于典型的被迫式。肯尼亚地处非洲，野生动物资源丰富，数量大、品种多。20 世纪初，在殖民主义的统治下，掀起了野蛮的对大型动物的狩猎活动，而狩猎者和受益者主要都是白人。1977 年，在人们的强烈要求下，政府宣布完全禁猎，进而在 1978 年肯尼亚宣布野生动物的猎获物和产品交易为非法。于是那些因此而失业的人为了维持生计，开始开辟新的谋生途径，他们提出了“请用照相机来猎取肯尼亚”的口号，以其丰富的自然资源——生物的多样性、野生动物、独特的生态系统、迷人的风光以及阳光充足的海滩等来招徕游客，生态旅游由此而生。从 1988 年开始，旅游业成为肯尼亚外汇的第一大来源，首次超过了茶叶和咖啡的出口。1991 年，该国生态旅游收入高达 3.5 亿美元，其中，国家公园中的一头大象每年可挣 14375 美元，它一生可以挣 90 万美元。到 2010 年，肯尼亚入境的生态旅游者近 200 万人次，旅游收入超过 10 亿美元。

哥斯达黎加是拉丁美洲开展生态旅游颇有成效的国家，它开展生态旅游是从保护森林资源的目的出发的。哥斯达黎加的热带雨林拥有地球上 1/5 的动植物物种，其亚马孙热带雨林被许多国家誉为世界上最佳的生态旅游目的地。但 20 世纪四五十年代以来，该国为了更迅速地发展农业，砍伐了大量森林，造成了严重的水土流失、土壤贫瘠。1940 年至 1987 年，该国的森林覆盖率从 75%下降到了 21%，按照当时的发展趋势，预计到 2000 年，全国森林会消失殆尽。为了改变这一状况，保护有限的森林资源，1970 年哥斯达黎加成立了国家公园局，先后建立了 34 个国家公园和保护区，开始发展以保护森林为特点的生态旅游活动。为确保这一旅游活动的正常进行，该国制定了严格的法规，成立了专门的机构监督这些法规的执行。到 20 世纪 80 年代中期，旅游业的外汇收入取代了传统的咖啡和香蕉的地位，而成为这个国家外汇的主要来源。据当时的调查，约有 36%的人到该国旅游是因为看中了生态旅游这一形式。

2. 主动式生态旅游产生形式

这是在一些经济发达国家比较常见的模式，是因市场需求促使生态旅游主动产生，典型代表是美国。

早在 19 世纪，为了解决城市化进程中人们对自然环境的强烈需求，为了让人们了解自然、欣赏自然并受到环境教育，从 1872 年，美国建立了世界上第一个国家公园——黄石国家公园起，就开始了以游览国家公园为主题的自然旅游，开了世界国家公园运动的先河，并陆续形成了包括国家公园、国家保护区、国家纪念地、国家游憩区等 22 种类型、600 多个自然保护区、300 多个公园在内的国家公园旅游对象体系，占整个国土面积的 10%，从而产生了最初意义上的生态旅游。

到 20 世纪中后期由于自然旅游与环境保护的矛盾加剧，为改变这一情况，美国提出了要发展生态旅游，营造“除了脚印什么也不留下，除了照片什么也别带走”的生态旅游氛围，同时制定了相应的法规、条例和规范，并注意培育从事生态旅游产品开发和经营的企业。其他欧美国家及日本、澳大利亚、新西兰等国也办起了生态旅游，并取得了较好的效果。

第二节　生态旅游的发展

一、生态旅游的发展历程

生态旅游作为一种特殊形式的专项自然旅游，是旅游市场需求结构发生变化和以大众旅游为特色的旅游业发展到一定阶段的产物，具有深刻的环境背景和旅游者心理基础。从生态旅游的产生到现在，生态旅游大致经历了萌芽起步阶段、蓬勃发展阶段和稳定成熟阶段。

（一）生态旅游的萌芽起步阶段（20世纪60年代~80年代初）

20世纪60年代开始，欧美各国经济快速恢复，一些国家迅速进入所谓的“富裕社会”，现代旅游业也随之大规模发展，其渗透的广度和深度不断增加，人们对传统的大众旅游形式所带来的生态环境危机也日益关注，一些学者开始思考户外野生动植物的自然庇护及游憩活动的关系，探索如何正确利用自然，实现旅游发展和环境保护之间的平衡，进而提出了一系列与生态旅游近似的以自然取向为特点的调整性旅游活动，这些调整性旅游活动都有一个共同的特点，那就是“负责任的旅游”。可以说，这些旅游形式就是针对大众旅游的缺点而对自然观光活动进行的修正。传统大众旅游的特征是人数多、规模大，对环境冲击严重；而调整性旅游活动则是小规模、低密度的活动，它分散于非城市地区，而且不像大众旅游那样拥有来自各阶层的游客及各式各样的参与者。这种新型旅游形式的参与者通常具有良好的教育背景或有较高的收入，需要寻找新的刺激和满足。可以说，当时提出的调整性旅游活动，已经与生态旅游相当接近了。

进入20世纪70年代后，一些经济发达国家和发展中国家的早期生态旅游实践陆续出现了。

美国于1872年建立世界上第一个国家公园——黄石国家公园，它既是自然保护区又是旅游区，以保护原生生态环境为前提，适度地开发旅游活动，并将旅游活动对生态环境的影响控制在合理的限度内。可以说，黄石国家公园的建成和开放开了生态旅游实践的先河。

继黄石国家公园之后，美国又相继建立了368个国家公园，并且都向公众开放，成为人们回归自然的最佳去处。继美国之后，欧洲各国及日本、澳大利亚、加拿大等发达国家也相继建立起了各自的国家森林公园体系。它们分别制定了保障生态旅游发展的法规和条例，培养出一批从事生态旅游产品开发、经营的专业机构和企业。生态旅游的发展在这些发达国家取得了良好的效果。

而在欠发达国家中，非洲的肯尼亚和拉丁美洲的哥斯达黎加是发展生态旅游的先驱。肯尼亚针对国家野生动物保护而宣布禁猎令，在“用你的镜头来猎取肯尼亚”的理念下相继推出了野生动物之旅和土著文化旅游等。哥斯达黎加为保护森林资源，在全国建立了 20 多个“生态保护区”“自然保护区”和“国家公园”，并相继开展了热带雨林旅游和观鸟观兽旅游等。这些都是生态旅游的早期实践，或者说为以后即将到来的大规模的生态旅游实践活动奠定了基础。

我国生态旅游也是在此时兴起，1982 年，国务院批准建立了第一批风景名胜区，建立了第一个国家森林公园。虽对生态旅游概念还较为陌生，但已经认识到了要将旅游开发和生态环境保护有机结合。

总的来看，这一时期生态旅游的发展特征主要表现为：① 正式出现了“生态旅游及其产品”的提法。② 生态旅游基本处于传统大众旅游向生态旅游转变的调整性旅游时期，旅游活动的特点是传统大众旅游与调整性观光旅游并存，其间既有生态旅游发展较好的国家，也有在发展过程中走了弯路的国家。这是生态旅游发展过程中相当重要的一个阶段。③ 生态旅游只是在部分地区和国家展开，还没有形成规模。④ 各国对生态旅游这样一个新兴的旅游形式还不够了解，人们对生态旅游也存在误解，把生态旅游等同于自然旅游。

（二）生态旅游的蓬勃发展阶段（20 世纪 80 年代初~90 年代末）

20 世纪 80 年代初期，“生态旅游”的概念被正式提出，并得到旅游界和自然保护界的认同。

20 世纪 80 年代中期到 20 世纪 90 年代是生态旅游的真正发展阶段。这一时期，旅游学者们在对生态旅游的实践活动进行了大量考察的基础上逐渐统一了认识，虽然这一时期还没有一个统一的、规范的生态旅游定义出现，但他们大多已经认识到生态旅游对资源和环境的重要意义。因此，已不仅仅把它看作满足旅游者身心享受的一种旅游方式，而是把它与旅游目的地的发展和保护联系到一起。在这种较深的理性认识基础上，作为一种新兴的、负责任的旅游方式，生态旅游活动有了全面发展，生态旅游实践在中国、哥斯达黎加、厄瓜多尔等一些发展中国家，以及美国、日本、澳大利亚、新西兰和欧洲等经济发达国家和地区取得成功，获得了明显的社会、经济、环境效益。

20 世纪 90 年代，随着生态旅游在一些国家的成功实践，越来越多的组织、政府部门、研究人员、企业、当地居民、非政府组织等介入生态旅游的实践与探索，使生态旅游的概念不断清晰、完善，各种原则和框架也不断建立，各种生态旅游产品不断涌现。生态旅游协会（TES）于1991年在美国成立，后改名为国际生态旅游协会（TIES），至2000年已有110多个国家、35个专业领域的1600多名会员。

根据世界旅游业的发展可以推断，生态旅游的迅猛发展是由西方发达国家推动的，它们是生态旅游的主要客源地，虽然这些地区本身不具有生态旅游资源优势，但它为生态旅游活动的开展提供了源源不断的客源市场。同时，那些资源丰富的发展中国家可以提供各种类型的高山区、森林区、峡谷区、高原区、草原区、洞穴区、湿地区、自然保护区等供生态旅游者去观光游览。所以，在20世纪90年代世界各国均形成了生态旅游的巨大热潮，不仅生态旅游范围越来越广，活动规模越来越大，体验类型也越来越复杂。正如联合国世界旅游组织出版的《旅游业可持续发展》一书所说："生态旅游是发展最快的一种旅游。"据世界旅游组织估算，20世纪90年代初，整个旅游业年增长率为4%，而与此同时，全球用于生态旅游的花费每年增长20%，大约相当于整个旅游业平均增长率的5倍，是所有旅游产品中增长速度最快的。

这一时期生态旅游的总体特征是：① 政府开始注重生态旅游发展，各国成立了生态旅游相关组织，旨在保护环境和生物多样性；② 这一时期已经开始注重生态旅游发展所带来的社会、经济和环境的综合效应；③ 生态旅游地域范围越来越广，生态旅游活动规模越来越大，生态旅游产品类型越来越丰富；④ 生态旅游对规模的限制和世界范围内的"生态旅游热"存在矛盾，学者们已经注意到这一点，关于生态旅游的研究开展较快；⑤ 在生态旅游较发达的国家，已经出现官方的或非官方的组织，目的就是促进生态旅游发展，建立生态旅游基金，保护脆弱的生态系统；⑥ 某些生态旅游发展较快的国家已经注意到生态旅游与当地社区千丝万缕的联系，并努力改善生态旅游发展和社区发展的关系，为社区谋福利。

（三）生态旅游的稳定成熟阶段（20世纪90年代末至今）

进入21世纪，随着生态旅游在世界范围内的进一步发展，生态旅游进入稳定成熟发展阶段。生态旅游得到了更广泛的关注，生态旅游的发展上升到更加理性的层次，两个重要的事件可以说明这一点，一是《莫霍克协定》，另一个是世界生态旅游峰会与《魁北克生态旅游宣言》。

2000年11月17～19日，联合国环境署（UNEP）、世界自然基金会（WWF）、国际标准化组织（ISO）、绿色环球21组织（Green Globe 21）、国际生态旅游学会（TIES）共同讨论制定了国际生态旅游认证的原则性指导文件——《莫霍克协定》。该协定的重大贡献之一就是提出了鉴别生态旅游产品的标准，标志着生态旅游进入一个全面发展的新阶段。

2002年被确定为“国际生态旅游年”，同年，联合国环境规划署和世界旅游组织发起了世界生态旅游峰会，有132个国家的1000多名代表出席，会议发表了《魁北克生态旅游宣言》，就今后生态旅游的发展提出了针对政府、私有部门、非政府组织、学术机构、国际组织、社区和地方组织的一系列建议。围绕主题年世界各地还召开了一系列区域性生态旅游研讨、培训活动，制定了众多相关法律和政策。在这些措施下，生态旅游产品不断丰富起来，森林、野生动物栖息地、湿地、草地、岛屿等都成为重要的生态旅游活动开展地。生态旅游市场也根据生态旅游者不同的兴趣爱好被具体划分为观鸟、潜水、自然爱好者、考古学家、洞穴学者、徒步旅行者、登山者、环境保护主义者和自我价值实现者。世界生态旅游峰会的召开和《魁北克生态旅游宣言》的发表，为各国生态旅游的进一步发展实践提供了可供依据的标准和纲领，标志着生态旅游进入了一个全新而稳定成熟的发展阶段。

这一阶段生态旅游的特点主要体现在：① 生态旅游发展遍及整个世界，生态旅游规划更加规范，生态旅游市场针对性越来越强；② 政府的重视程度提高，扶持政策多样化，为生态旅游进一步发展起了推波助澜的作用；③ 生态旅游发展促进新兴学科的产生和发展，如生态伦理学、社会生态学、文化生态学、自然生态学、农业生态学、生态美学等。生态旅游的理论研究在世界范围内展开；④ 生态旅游市场和生态旅游产品的细分也日趋合理。

二、生态旅游的发展现状

生态旅游由于迎合了旅游市场返璞归真、回归自然的消费需求，以及符合全球可持续发展的思想理念，因而，从开始出现就以不同寻常的速度在世界上的一些国家和地区传播着。世界多数国家的多数机构都在致力于推广生态旅游活动的普及，如世界旅游组织、亚太旅游组织、联合国生态安全合作组织、澳大利亚可持续发展组织、绿色环球21组织等。有资料显示，20世纪旅游业是世界上经济增长最快的产业，其中增长最快的部分是生态旅游，生态旅游已经成为当今世界旅游业发展的热点，每年的年平均增长率为15%~20%，生态旅游已成为21世纪旅游业的重要方向，在整个旅游产业中扮演着可持续发展思想引领者的角色。

由于自然、社会、经济、政治及资源条件的不同，世界各国、各地区生态旅游的发展呈现出不同的态势。从世界生态旅游的客流布局来看，欧洲、北美地区既是生态旅游目的地，又是主要客源地，而其他地区除少数较发达国家外，主要是生态旅游目的地。

（一）欧美地区生态旅游发展

欧洲和美洲地区是世界旅游的发源地和发达地，生态旅游作为一种完备的旅游产品，最早出现在该区域。

1. 欧洲地区

在欧洲，大多数国家是经济发达国家，欧洲人历来有崇尚大自然，追求返璞、回归自然的传统，他们提倡“到大自然中去”，喜欢海滨旅游和森林旅游。自20世纪80年代末至90年代初，整个欧洲有30%的游客摒弃传统的旅游观光方式，度假时开始舍弃海滨而转入山野大自然之中。

（1）东欧国家。东欧的波兰农业发展基金会在农村大力宣传生态旅游，努力扶植旅游专业户，为他们提供优惠贷款，组织人员培训，制定统一服务标准，检查和提高服务质量，扩大服务范围。目前在波兰农村已初步形成了从组织宣传到提供服务的“一条龙”生态服务系统，2009年波兰生态旅游业收入超过100亿美元。

（2）南欧国家。南欧的西班牙，近年来也兴起了以山村绿野为主题的生态旅游，提出了“不仅仅是海滩和阳光”的新的宣传促销口号，乡村生态旅游渐渐成为该国旅游业新的经济增长点，2000年西班牙有50%的人从海滩旅游转向生态旅游。

（3）西欧国家。1993年法国参加生态旅游者的人数占旅游者总数的46.6%。到2007年，法国共建成了44个地区级自然公园和7个国家公园，约占全国国土面积的13.7%。英国于20世纪90年代初就不失时机地发起了“绿色旅游业”运动，其主旨在于开放、开发国家公园以满足旅游和保护的双重需要，两者冲突时以保护为先；通过广泛的宣传来培育市场并加深人们对国家公园和自然保护事业的认识、理解和支持。英国的11个国家公园每年接待1亿人次以上的游客。1993年，英国议会通过了新的《国家公园保护法》，旨在加强对自然景观、生态环境的保护，并决定每年增加800万~1000万英镑的森林公园建设费用用于发展生态旅游业。

（4）北欧国家。北欧的瑞典，是森林拥有量比较高的国家，人均林地约3公顷，人均每年在森林中消遣的次数，1963年为18次，1976年为28次，现在更是有增无减。

（5）中欧国家。中欧的德国是森林旅游大国，德国人十分崇尚森林旅游。德国的许多美好的民间传说和童话故事都是发生在神秘莫测的大森林中，森林对德国人有着特殊的吸引力。为此，德国提出了“森林向全民开放”的口号，到2006年德国已建立95个自然公园，还有众多的动植物保护区，全国森林公园的旅游收入高达80亿美元，占国内旅游总收入的67%。

2. 美洲地区

美洲分为北美洲、中美洲和南美洲，通常人们将其分为北美地区和拉丁美洲地区两部分。

（1）北美地区。北美由于经济发达，资源良好，既是生态旅游的目的地，又是生态旅游的客源国。美国是世界上国家公园的创始者，也是世界生态旅游最发达的国家。美国早在1994年就制定了生态旅游发展规划，以适应游客对生态旅游日益增长的需求。美国最早形成了国家公园体系，包括国家公园、国家保护区、国家纪念地、国家游憩区等22种类型，共600多个自然保护区、300多个公园，占国土面积10%以上，每年仅参加国内森林生态旅游的人数就达3亿人次。

（2）拉丁美洲地区。拉丁美洲一些经济比较落后的国家依靠其丰富的生态旅游资源，建成很多世界上很有竞争力的生态旅游目的地，所以，到拉丁美洲地区参加生态旅游活动的人数与日俱增，近几年的年增长率在25%左右。在拉丁美洲地区，生态旅游较发达的国家有哥斯达黎加、洪都拉斯、阿根廷、巴西、秘鲁、智利等国。其中，中美洲的哥斯达黎加境内的国家公园、野生动物保护区、自然保护区每年吸引无数的国际游客，带来将近19亿美元的旅游收入，已成为全球生态旅游的热点目的地。

阿根廷最近推出了"到阿根廷观看大自然本色"的促销口号，着重推出伊瓜苏瀑布、西部大峡谷、安第斯山麓等生态旅游地域。

巴西被《亚洲华尔街日报》称为"世界上最佳的生态旅游地"，其主要生态旅游区有：亚马孙热带雨林区、中部潘塔努区和500英里长的大西洋海岸，还有世界上面积最大的湿地——潘塔纳尔沼泽地。

智利是南美洲重要的生态旅游据点，当地已发展出组织良好、规范严谨的生态旅游团队，智利作为南半球雨林的故乡，拥有约6万平方公里的温带雨林，这些雨林曾遭受伐木的压力，但推动生态旅游并结合其他非破坏性的利用方式，给其带来免于厄运的新契机。

墨西哥政府制定了"旅游面向21世纪规划"，用以指导包括生态旅游在内的旅游开发与管理。生态旅游是墨西哥近几年发展起来的一个新的旅游项目，也是"旅游面向21世纪规划"重点推广的项目。墨西哥开发的生态旅游项目还有体育探险生态旅游，其中最受欢迎的有航海、垂钓、海底探秘、丛林历险、极限运动、保龄球、沙滩排球、高尔夫球等。

（二）亚太地区生态旅游发展

1. 亚洲地区

亚洲无论面积，还是人口，都是当之无愧的世界第一大洲，不仅拥有优美的自然资源，还有悠久的历史和灿烂的文化。亚洲最早开展生态旅游活动的地区出现在日本、泰国、印度、尼泊尔、印度尼西亚及马来西亚等地。

亚太地区的经济发达国家首推日本。日本对生态环境的保护和生态旅游的发展给予了极高的重视。森林公园面积占国土面积的15%，每年有上亿人次奔赴森林公园进行“森林浴”。1992年的巴西里约热内卢全球首脑会议以后，日本制定了环境基本法，通过了《保护世界文化和自然遗产公约》，环境与旅游观光的关系日益受到广泛的重视。1998年日本成立了生态旅游协会，通过召开会议、训练人才促进了日本生态旅游业的发展。还颁布了《生态旅游的指导方针》，组织了观鸟旅行、举家徒步旅行和热带雨林旅行等一系列的生态旅游活动项目。

马来西亚是东南亚第一个制定国家生态旅游规划的国家，是在1995年完成的，该规划列举了42处现在的和有潜力的生态旅游区。马来西亚旅游局提出“要将本国建成东南亚生态旅游的大本营”的口号。1994年马来西亚旅游年推出的七大旅游主题中，与生态旅游有关的主题有5个，包括：国家公园探秘之旅、渔村度假、动物观赏、花卉观赏、漂流和潜水。

印度有17个国家公园，面积多为数万公顷，最著名的卡齐兰加国家公园，面积42994公顷，可以骑大象，还能很容易拍摄到老虎、犀牛、豹、熊及猴的照片，吸引了很多生态旅游者。

印度尼西亚近几年重视开发大自然旅游产品。1992年已建成110多个国家公园露营基地，1993年推出了“环境与传统”的宣传主题，目前正在制定综合性的生态旅游开发规划。印度尼西亚的巴厘岛是驰名世界的生态旅游胜地。

2. 大洋洲

大洋洲是目前世界上生态环境较好的一个洲，以海洋生态旅游资源为代表的自然景观非常优美。澳大利亚和新西兰是大洋洲生态旅游发展最好的国家。这些地区和国家开展的主要生态旅游产品和线路有国家公园考察、野生动物参观、原始部落之旅、生态观察、河流巡航、森林徒步、赏鸟、生物科考、生态教育及村落生活体验、土著居民参观等。

澳大利亚是目前世界上公认开展生态旅游较为成功的国家，是国际生态旅游组织重点推荐的7个生态旅游目的地之一。目前，全国有各类国家公园、森林公园和自然保护区近7000处，遍布各州，1990年已形成年产值约1亿澳元（约合7000万美元）的规模，旅游比其他门类的增长速度快3倍以上。澳大利亚政府为迎合这一发展趋势，制定了全国生态发展战略，投资43万澳元创建3个咨询机构，以增强人们对生态旅游的感悟性。澳大利亚对生态旅游实行严格管理，澳大利亚自然与生态旅游认证程序（NEAP）是世界上首个此类程序，已被世界上很多国家视为国际生态旅游标准。目前，澳大利亚生态旅游总收入已达322亿美元。

新西兰拥有得天独厚的自然地形和原始神秘的自然景观，号称世界第一的大自然公园，电影《魔戒》的热映，片中如世外桃源般的“中土世界”，使拍摄地新西兰为世人所认识和向往。14 个国家公园很好地保存了新西兰原始、丰富的自然遗产。2010 年，新西兰国际旅游收入达到 44.6 亿美元。

（三）非洲和南极洲地区生态旅游发展

从世界范围来看，生态旅游的客源地主要集中在欧美及亚太地区的经济发达国家，而生态旅游的接待地则多属于大量的经济相对比较落后的发展中国家，集中于非洲、拉丁美洲及亚洲的部分地区。

1. 非洲地区

非洲是世界生态旅游的重要发源地之一。该地区丰富的自然生态资源和古老发达的文化生态旅游资源吸引着世界各地的生态旅游者，成为当今国际生态旅游重点地区。目前，许多非洲国家的外汇收入就主要依靠生态旅游业，典型的如肯尼亚、坦桑尼亚、南非、博茨瓦纳和加纳等国。

津巴布韦的万基国家公园有 107 种野生兽类和 400 多种珍禽在草原和森林中栖身。占地约 4800 公顷的伊迈雷野生动物园，游客可在敞篷汽车里边游览，边喂食大象、斑马和羚羊等动物。

博茨瓦纳是非洲主要旅游国之一。生态旅游资源丰富，是非洲野生动物种类和数量较多的国家。该国政府已把 38%的国土划为野生动物保护区，设立了 3 个国家公园，5 个野生动物保护区。

2. 南极洲

南极是地球南端南极圈以内的大陆及其附近的总称，其总面积为 1410 多万平方公里，其资源特色表现为八奇：1 月不夜天、每年 300 天八级以上的大风日、浮冰多、可爱的企鹅、巨大的海燕和鲸鱼、石头上的植物、无菌的世界。由于交通阻隔、气候特殊以及科学技术条件的限制，这块年龄 40 多亿年的特殊大陆，直到 18 世纪中后期才被发现，除了科学考察外，很少有人进入，到了 1956 年首批以旅游为目的的游客来到南极，南极的旅游业才开始。至 1992 年，年游客总数约为 7000 人次，已有美国、俄罗斯、日本、英国、智利等十几个国家在那里设立了游客接待站，设有饭店和旅馆，还有专门为旅游者服务的班机和客轮。

（四）我国生态旅游发展概况

1. 总体实践

我国的生态旅游实践已有 20 多年，主要是依托于自然保护区、森林公园、风景名胜区、地质公园、湿地公园等发展起来的。1982 年，我国第一个国家森林公园——张家界国家森林公园建立，将旅游开发与生态环境保护有机结合起来。虽然这时候开发的森林旅游不是严格意义上的生态旅游，但是为生态旅游的发展提供了良好的基础。

“99 昆明世博会”和 1999 年国家旅游局的“99 生态环境旅游年”主题活动

大幅度推进了我国的生态旅游实践。昆明世博会的主题是“人与自然——迈向21世纪”；生态环境游的主题是“走向自然、认识自然、保护环境”；随后，四川成都借世界旅游日主会场之机推出了九寨沟、黄龙、峨眉山、乐山大佛等景点，开发生态旅游产品。湖南张家界国家森林公园举办国际森林保护节，推出武陵源等生态旅游区。以湖南和四川为起点，生态旅游逐渐在全国范围内发展起来。2001年对全国100个省级以上自然保护区的调查结果显示，已有82个保护区正式开办旅游。“2007中国国际生态旅游博览会”，为我国展示国内丰富的生态旅游资源提供了一个良好的平台，并且与会展旅游结合起来。2008年年底，国家旅游局与环境保护部联合发布了《全国生态旅游发展纲要》，还将2009年定为“中国生态旅游年”，这不仅极大地推动了我国生态旅游事业的发展，还获得了可观的经济收益，仅四川省在2010年的生态旅游收入就突破了200亿元人民币。

2. 生态旅游区建设

生态旅游区是生态旅游资源的载体，是发展生态旅游业的物质基础。我国开展生态旅游的场所主要就是自然保护区、森林公园、风景名胜区、地质公园和湿地公园等。

（1）自然保护区。自然保护区是指对有代表性的自然生态系统、珍稀濒危野生生物物种的天然集中分布区、有特殊意义的自然遗迹等保护对象所在的陆地、陆地水体或者海域，依法划出一定面积予以特殊保护和管理的区域。其总体要求是以保护为主，在不影响保护的前提下，把科学研究、教育、生产和旅游等活动有机地结合起来，使它的生态、社会和经济效益都得到充分展示。我国的自然保护区涵盖了各种类型的生态系统、自然遗迹和珍稀濒危物种，是人们认识自然、了解历史、增长知识的天然博物馆，具有极高的生态旅游吸引力。

中国的自然保护区建设开始于1956年，至今已有50多年的发展历史。至2009年年底，我国共建立各种类型、不同级别的自然保护区2541个，保护区总面积达148万平方公里，形成了自然生态系统、野生生物、自然遗迹三大系列九种类型（森林、草原和草甸、荒漠、内陆湿地和水域、海洋和海岸、野生动物、野生植物、地质地貌、古生物遗迹）。

（2）森林公园。森林公园指以森林生态系统为主体的旅游区域，我国专指由原林业部、现国家林业局及各级政府批准建立的森林旅游区域，并定义“森林公园是以良好的森林景观和生态环境为主体，融合自然景观与人文景观，利用森林的多种功能，以开展森林旅游为宗旨，为人们提供具有一定规模的游览、度假、休憩、保健疗养、科学教育、文化娱乐的场所”。为使森林公园的开发规划符合规范，原林业部于1996年颁布实施了中华人民共和国林业行业标准《森林公园总体设计规范》（LY/T 5132—1995）。

森林生态系统是地球上最大的陆地生态系统，其环境优美、生物资源丰富、景观多样，是开展生态旅游的最佳场所之一。在我国，建立森林公园、发展森林生态旅游业是林业部门利用自身资源向社会提供高质量的旅游环境所进行的立体开发、综合利用的优势项目，是人们对森林与人类关系认识的深化，也是全面发挥森林多样效益的一项系统工程。我国自1982年建立第一个国家森林公园以来，至2009年年底，全国共建立森林公园2458处，至2011年已设立国家级森林公园730处。“99生态环境旅游年”时，我国向世界推荐开展生态旅游的森林公园119处。目前，许多国家森林公园已成为生态旅游的重要目的地，如张家界国家森林公园举办了国际森林保护节，推出了武陵源等生态旅游区。据不完全统计，我国森林公园接待游客量已由20世纪80年代初期的100万人次和20世纪80年代末期的1000多万人次，上升到目前的7000多万人次，综合经济收入达100亿元人民币。

（3）风景名胜区。风景名胜区是指风景资源集中、环境优美、具有一定规模和游览条件，可供人们游览欣赏、休憩娱乐或进行科学文化活动的地域。我国风景名胜区保护工作于1979年启动，自1982年颁布实施了《风景名胜区管理暂行条例》，2006年颁布施行了《风景名胜区》条例，我国风景名胜区管理已走上规范化的发展道路，中国特色的风景名胜区管理体系已经形成。至2009年年底，全国国家级风景名胜区已达208处，其中22处被列入联合国教科文组织世界遗产名录，省级风景名胜区达698处。中国世界遗产总数仅次于意大利，名列世界第二。风景名胜区类型众多、自然景观奇特、文化内涵丰富、历史价值珍贵，成为壮丽山河的精华，是开展自然生态旅游和从事文化生态旅游的理想去处。

（4）地质公园。地质公园是以具有特殊的科学意义、稀有的自然属性、优雅的美学观赏价值，具有一定规模和分布范围的地质遗址景观为主体，融合自然与人文景观并具有生态、历史和文化价值，以地质遗迹保护，支持当地经济、文化和环境的可持续发展为宗旨，为人们提供具有较高科学品位的观光游览、度假休闲、保健疗养、科学教育、文化娱乐的场所。同时，地质公园也是地质遗迹景观和生态环境的重点保护区，是地质研究与普及教育的基地。为配合联合国教科文组织的“世界地质公园计划”，我国决定建立中国国家地质公园体系。截至2010年年底，我国分5批建立了183个国家地质公园，其中世界地质公园数量为24处，是世界地质公园数量最多、增长最快的国家。国家地质公园体系的建立对保护地质遗迹、发展生态旅游事业、促进经济发展都有重大意义。

（5）湿地公园。湿地公园是指以保护湿地生态系统、合理利用湿地资源为目的，可供开展湿地保护、恢复、宣传、教育、科研、监测、生态旅游等活动的特定区域。国家湿地公园由国家林业局组织实施建立，在完成试点建设并经林业局组织验收合格后，授予国家湿地公园称号。湿地公园是国家湿地保护体系的重要组成部分，与湿地自然保护区、保护小区、湿地野生动植物保护栖息地以及湿地多用途管理区等共同构成了湿地保护管理体系。

三、生态旅游面临的困局

20 世纪 90 年代以来，随着可持续性旅游的提出和普及，生态旅游作为一种理想的可持续性旅游模式，受到了极大的关注，获得了普遍的发展。然而，在生态旅游的实际发展过程中，仍然存在一定程度的不可持续问题。生态旅游在世界各地发展的现实也表明，生态旅游的理想和现实存在诸多矛盾与冲突。我国各生态旅游区开展的生态旅游大多数属于起步阶段，从规划、开发建设到管理都尚未形成体系，李东义（2000）就曾指出我国自然保护区在生态旅游开发和建设过程中至少存在 8 对矛盾：高发展速度与低管理水平的矛盾、高科技含量与低科研水平的矛盾、高要求与低设施的矛盾、高品位与低素质的矛盾、高消费与低供给的矛盾、高综合性与低社会化的矛盾、高标准与低投入的矛盾、大发展与小气候的矛盾。这些矛盾给自然保护区带来了许多问题和潜在威胁。纵观中外生态旅游的发展进程，无论在经济发达国家，还是发展中国家，都或多或少地存在着一些障碍因素，尤其在亚洲、非洲和拉丁美洲的一些国家，这些影响生态旅游可持续发展的问题会更加突出。这里着重对我国的问题进行分析。

1. 概念泛化

生态旅游的概念在国内广泛使用，但其实质却不断被泛化。自 20 世纪末生态旅游概念传入我国以来，以生态旅游名义出现的各种旅游相关活动迅速发展，如 2002 年的“国际生态旅游年”、全国各地到处举办的“生态旅游节”、设计的“生态旅游线路”等层出不穷；在产业界，生态旅游旅行社、生态旅游景区也不断出现。生态旅游的边界似乎越来越宽泛，越来越等同于自然旅游。

实际上由于人们对于生态旅游内涵的研究不够深入，不少旅游者和旅游经营者对生态旅游认识不清，或者对生态旅游的理解仅仅停留在走向大自然上，对生态旅游的含义缺乏充分的认识和理解，忽视了生态旅游的环境教育和文化保护意义。这种认识上的误区直接导致很多问题，首先，对生态旅游的市场定位不清晰。生态旅游发展的经验表明，生态旅游者应该定位于高层次的具有责任感的特殊旅游者群体。而目前在国内，对传统大众旅游客源和高层次的生态旅游客源没有区分，大批观光游客进入生态旅游区，对生态旅游区的环境造成了不少的冲击。其次，把大众旅游的开发和经营管理方式套搬到生态旅游区，开发管理不当也造成了不同程度的环境破坏。再次，在实际操作中，生态旅游往往演化成一种市场营销的手段，很多旅游企业并没有从真正意义上坚持生态旅游的基本原则，而是通过“刷一层绿漆”来迎合市场，获得竞争优势。并且，世界上很多地方都出现了打着“生态旅游”的旗帜破坏生态的现象。正如世界生态旅游协会所指出的那样，尽管生态旅游具有带来积极的环境和社会影响的潜力，但是如果实施不当，将和大众旅游一样具有破坏性。

2. 环境恶化

任何形式的旅游活动，都会对旅游环境产生一定的影响，如果不考虑生态旅游的环境承载力，任凭其迅速发展，大批生态旅游者的涌入势必影响当地生态系统的稳定。澳大利亚生态旅游协会的统计结果表明，与观赏自然风光有关的旅游人数平均每年以30%的速率递增，无论这些人如何热爱环保，旅游人数的增多都将不可避免地加剧环境的破坏。1980~1990年，美国国家公园旅游者人数年增长率为20%，相应的交通阻塞、噪声及垃圾污染问题日益严重。在尼泊尔，为了给“生态旅游者”烧水和做饭，一些村庄不得不砍掉生长多年的原始杜鹃花森林，这些森林的破坏在不少地区引起土壤侵蚀、山体滑坡及泥石流。同时，许多旅游开发者、经营管理者虽打着生态旅游的旗号，但仍然采取非持续发展的旅游资源开发方式，进一步加剧了环境的破坏和资源损耗。

许多生态旅游资源丰富、开展生态旅游又较早的发展中国家，在生态旅游区的开发和建设中，长期存在着“重开发、轻保护”“重经济、轻生态”的现象，开发者把满足旅游者的猎奇、享乐需求放在第一位，而将生态环境的保护放在次要的位置，长此以往，以生态旅游名义出现的旅游活动给资源环境带来的压力与日俱增，环境恶化现象和生态破坏现象层出不穷。据一项对全国100个省级以上自然保护区的调查显示：有44%的保护区存在垃圾公害，12%出现水污染，11%有噪声污染，3%有空气污染，有22%的自然保护区由于开展生态旅游而使保护对象受到损害，11%出现旅游资源退化。一些地区还大兴土木，大造人文景观，破坏了自然美。仅有16%的保护区定期进行环境监测工作，有的保护区连一台必需的环境监测仪器也没有。根据科学监测，对游客数量进行控制的保护区仅占20%，有23%的保护区在核心区也有旅游活动。还有一些保护区为迎合吸引游客，大兴土木修建宾馆、索道，引进、仿制、移植项目，用众多的城市化和商业化景观代替了具有多种生态功能的自然景观和文化景观，使自然保护区的景观功能发生错位，美学价值下降，最终使旅游失去了可持续发展的环境潜力。

3. 规划滞后

生态旅游项目成功的关键在于科学的规划，规划滞后严重影响了我国生态旅游的健康发展。生态旅游不同于其他旅游产品或旅游方式，更加注重经济、社会和环境多重目标的统一。它的专业性很强，只有通过科学的制度安排和机制设计，才能使多重目标协调统一起来。当前，我国生态旅游规划工作还比较滞后，特别是规划理念、专业化水平和规划深度不足，很多生态旅游区还在沿用传统的大众旅游规划人员和规划方式，他们的保护意识淡薄，还缺乏相应的环境保护知识和技术。我国现在尚没有统一的和权威的生态旅游总体规划，致使我国在生态旅游项目开发与生态旅游区的建设过程中一直缺乏相应的规范和标准来实现其对自然与社会负责的承诺。总之，规划滞后、规划不足、规划不专业以及规划深度不够和缺少规划标准等，都在一定程度上影响了我国生态旅游的健康发展，需要进一步借鉴和运用国际上发展生态旅游的先进理念和方法。

4. 管理失效

Burke 和 Maidens（2004）利用专家评价法对285个森林公园的管理有效性进行审核，结果发现，只有6%可以被评为有效管理，13%为部分有效管理，近50%的公园被判定为没有足够的管理水平。

Burke 和 Maidens 研究发现，导致这种大比例管理失效的原因主要有两个。

第一个原因是保护区内多家经营，缺乏统一管理。作为生态旅游主要载体的森林公园、自然保护区和风景名胜区、地质公园和湿地公园等部门分别归属林业部门、建设部门、环保部门、水利水电部门和旅游部门等不同的机构管理，一个保护区多块牌子，造成生态旅游管理无章可循，保护区内的土地资源和管理权限都不是保护区本身所能达到的，政府对保护区的影响很大，尤其是在政府领导都有任期责任的情况下，保护区出现人事部门与经费来源部门不同的现象，造成生态旅游发展政策的不协调。科学的管理机制的缺乏和监管不力，使政府部门、旅游从业者、游客和旅游地所在社区没有办法形成良性互动，无法确保部分生态旅游的收入用于环境保护。无法保障社区群众的合法权益，更不能保障游客能够获得充分的环境教育。

第二个原因是保护区管理与经营混为一体。目前，我国绝大部分自然保护区的管理机构属于事业单位性质，但由于经费没有保障，大多数保护区被迫走上自养之路，实行的是事业单位企业化运作，这种既是裁判员又是运动员、管理与经营混为一体的形式是目前我国自然保护区机构的主要运行模式，它必然导致一系列问题的出现：弱化了保护管理职能；失去了监督和执法的合理性；导致了保护区机构主要职能的偏离；加剧了与社区之间的矛盾。

5. 投入不足

我国自然保护区实行分级管理，根据自然保护区的重要程度分为国家级和地方级，地方级又分为省、市、县级。国家级自然保护区本应当隶属中央政府管理，但实际上我国的绝大多数国家级自然保护区是由所在的当地政府管理，但问题是，中央政府在把责任委托给地方政府时，却没有委以相应的权利，主要是没有足够的经费投入，这就出现了级别与管理责任的错位，而管理体制中的责任错位使自然保护区经费难有基本保障。多数地方政府不能保证对自然保护区最基本的投入，许多保护区又地处贫困地区，处在贫困与环境问题的双重夹击之中，处境更加困难。

自然保护区缺乏资金支持是目前国际上普遍的现象，但是相比之下我国的保护区面临的困难更加严峻。据国际保护监测中心（WCMC）于1993年和1995年两次对108个国家的公园和保护区调查统计的结果显示，平均得到的经费投入（包括运行费、基建费）为893美元/平方公里，发达国家平均为2058美元/平方公里，发展中国家平均为157美元/平方公里。而根据对我国85个自然保护区的调查（1999年），平均得到的经费是52.7美元/平方公里（包括运行费和基建费，国家投入和自我创收），其中46个国家级自然保护区平均得到的经费是113美元/平方公里。可见，我们对保护区的经费投入水平不仅大大落后于发达国家，即使和发展中国家相比也有很大的差距。而自然保护区经费的不足，以及旅游收入的不合理分配与使用，旅游收入用于旅游资源维护与修复和改善当地居民经济水平的比重极低，与自然保护区开展生态旅游的目的背道而驰。

6. 社区冲突

我国自然保护区多地处边远的贫困地区，根据1997年的统计，全国926个自然保护区中有224个位于国家标准的贫困县，全国自然保护区面积的80%在我国西部地区，许多保护区处在贫困与环境问题的夹击之中。另据对85个自然保护区的调查，保护区内人口密度为5.75人/平方公里，是加拿大和澳大利亚全国平均人口密度的1.8倍和2.4倍。可见，人口压力和贫困问题是我国自然保护区面临的最大挑战，这极大地增加了保护区发展的难度。

在生态旅游的资金和利益分配中忽视地方利益，也是导致社区冲突的重要原因。在保护区建立和生态旅游发展过程中，相关的单位和政策大多只注意到了当地社区生产生活对保护区生态环境造成的影响，而忽视了保护区的建立给社区居民带来的冲击。在对当地社区不合理的资源利用方式实行禁止时，忽视了为社区居民找到可持续的替代发展途径。在保护区开发管理目标的设定上仅强调保护，却忽视了生态旅游的兼顾环境保护和当地社区居民利益的双重目标，结果是致使保护与发展总是处在不断的冲突之中。

另外，保护区开展的生态旅游活动能提供给社区居民的就业机会相当有限，社区居民目前参与区内生态旅游的程度很低，多数仅参与了一些基础劳务性工作，很难参与到生态旅游的管理及决策工作中来，从而获得的经济收益也很少，并且由于居民参与程度与自身富裕程度呈正相关关系，因此在不同经济基础的社区居民中易导致“抑贫济富”的现象，加大居民的贫富差距。

本章小结

生态旅游产生的社会背景主要有四个方面：全球环境问题、人类生态意识的觉醒和环境保护运动、可持续发展浪潮以及传统大众旅游的弊端。

生态旅游的产生主要有被动式和主动式两种形式。被动式是发展中国家的典型模式，其代表国家是肯尼亚和哥斯达黎加；主动式是发达国家的典型模式，其代表国家是美国。

从生态旅游的产生到现在，生态旅游大致经历了萌芽起步阶段、蓬勃发展阶段和稳定成熟阶段三个阶段。

由于自然、社会、经济、政治及资源条件的不同，世界各国、各地区生态旅游的发展呈现出不同的态势。欧洲、北美地区既是生态旅游目的地，又是主要客源地，而其他地区除少数较发达国家外，主要是生态旅游目的地。

我国的生态旅游实践主要依托于生态旅游区的建设。我国的生态旅游区主要有自然保护区、森林公园、风景名胜区、地质公园、湿地公园等。

生态旅游的发展存在着诸多问题，我国的问题更为突出，主要表现为6个方面：概念泛化、环境恶化、规划滞后、管理失效、投入不足、社区冲突。

复习题

1. 生态旅游为什么产生在现代并发展成为世界的热点旅游形式？试结合现实状况分析生态旅游产生的社会、经济及文化背景。

2. 生态旅游的发展经历了哪些阶段？各阶段的特点如何？

3. 试结合中外生态旅游的发展现状，分析中外生态旅游发展存在的主要问题。

📖 阅读材料 1-1

澳大利亚的生态旅游

澳大利亚是生态旅游倡导者，是世界上生态旅游搞得相对有声有色的国家。澳大利亚之所以在开展生态旅游方面取得的成就显著，其原因是多方面的，其中最重要的有两条：其一是资源优势，它拥有广袤的不受污染的环境和独特的民族风情；其二是对生态旅游有明晰而深刻的理解、规范的操作。

澳大利亚目前大约有600个生态旅游经营单位，在澳大利亚旅游业中是一个规模不大但非常活跃的部门，这个部门最突出的特点是小企业经营、个性化的服务。生态旅游经营公司雇员在20名以下的占85%左右。澳大利亚生态旅游的年营业额为2.5亿澳元，雇员总数为6500人。

生态旅游的活动范围很广，包括有向导陪同的丛林远足、自然史探访旅行、内地的野生动物观赏和观鲸鱼旅行。澳大利亚生态旅游协会是这个国家生态旅游最高的代表机构，有会员500多个，其中包括生态旅游的经营者和批发商、非政府组织和在保护区内负责管理旅游的政府机构、学术界和其他有关单位。这个协会制定《生态旅游经营者行为规范》，涉及环境保护、尊重当地文化、自然资源利用效率、废弃物的管理和导游解说等内容。所有的生态旅游协会的会员必须签署一项声明，同意执行、支持和宣传这一行为规范。

这个协会另外还为生态旅游者制定了一套准则，其宗旨是使当地社区从旅游中收益最大，使社会和环境的不良影响保持最小。对生态旅游的发展，经营活动的高质量和高标准是至关重要的，特别是环境意识的灵敏度已成为生态旅游活动之核心。

阅读材料1-2

中美洲的“玛雅之路”生态旅游

中美洲地区热带雨林繁茂，拥有众多的珍稀野生动物，保留着众多的玛雅文化遗址，联合国和中美洲地区国家再次建立了不少自然保护区和国家公园。20世纪80年代，中美洲国家面临的最大问题是日益增长的人口对该地区热带森林、野生动物和文化遗址的保护所造成的巨大压力。为了协调保护环境和发展经济的矛盾，寄希望于发展旅游业，在不破坏环境的前提下提高当地群众的生活水平，中美洲地区开始实施“玛雅之路”国际生态旅游项目。

“玛雅之路”全长约2400公里，跨越墨西哥、危地马拉、伯利兹、洪都拉斯和萨尔瓦多5个国家。它们将分散在各国的生物圈保护区，如玛雅生物圈保护区、先卡安生物圈保护区和蒂卡尔国家公园内并连接在一起，统一规划、统一开发，其目的是在不破坏生态环境的前提下开发它们所共有的文化、历史和自然遗产，发展旅游业，促进经济发展，提高当地居民的生活水平。整条旅游线路由公路、季节性小道、非季节性小道和河流等组成。为了减少对环境的影响，修建绿色旅馆，减少污水的排放，采用了缆车和丹桂铁路穿梭于茂密的森林间，这样既避免了开挖公路对森林的破坏，同时又能使旅游者更易进入森林腹地，观赏野生动物和探访玛雅文化遗址。

第二章

生态旅游的基本概念体系

【学习目标】

- 掌握国际上著名的生态旅游概念
- 理解对生态旅游基本内涵的认识共识
- 了解生态旅游的特点与原则
- 认识生态旅游与传统大众旅游的区别
- 了解各种不同的生态旅游分类系统
- 了解几种不同的生态旅游发展模式
- 了解生态旅游认识中的热点问题

生态旅游已成为当今生态学界和旅游学界共同关注的话题。但目前关于生态旅游的理解众说纷纭、莫衷一是，从而导致了许多生态旅游活动中的违规操作和破坏生态的现象，违背了开展生态旅游的初衷。因此，澄清和认识生态旅游的内涵与本质，明确生态旅游的特征与原则是在理论方面形成生态旅游完善的科学体系的基础，也是提高生态旅游者和生态旅游目的地的开发商、经营商素质的必要条件。本章阐述了生态旅游的概念与内涵，分析了生态旅游的特征与原则，并就生态旅游与其他旅游方式的关系以及生态旅游发展的基本模式进行了探讨。

第一节　生态旅游的概念与内涵

一、生态旅游的概念

“生态旅游”是一个外来词汇，其英文为 ecotourism 或 ecological tourism。生态旅游这一概念自提出至今已有近 30 年的时间，但对生态旅游概念和内涵的理解，国内外学者和业界人士至今还没有一个统一的定论。经过近 30 年的发展，生态旅游理论研究已经形成了一些比较有影响的基本框架和方法，但是总的来说，生态旅游还处于发展初期，生态旅游理论研究离成为一门成熟的学科还有很大距离，最突出的表现就是对于研究的基础——生态旅游的定义还没有一个完整的、普适的或令大多数人信服的统一定论。据不完全统计，国际上与生态旅游相关的概念有 140 多种，国内学者提出的概念也有近 100 种。这一现象，既有对其认识和理解不断深化的因素，也有学者和业界人士各取所需、各有侧重的原因。人们所指的生态旅游可能是一种活动、一种产品、一种哲学、一种市场方法、一个标记，也可能是一系列原则和目标。正如奥朗姆斯（Orams）所说："生态旅游的概念就像是画在沙滩上的一条线，其边界是模糊的，而且被不断地冲刷、修改。"

"生态旅游"这一术语最早由世界自然保护联盟（International Union of Conservation Nature，IUCN）特别顾问、生态学家谢贝洛斯·拉斯卡瑞（Ceballos Lascurain）于 1983 年首先提出（Fennell，1999）。他认为生态旅游作为常规旅游的一种形式，能使游客在欣赏和游览古今文化遗产的同时，置身于相对古朴、原始的自然区域，学习和享受风光、野生动植物。

生态旅游概念的广泛传播在很大程度上应归功于美国世界自然基金会的研究人员伊丽莎白·布（Elizabeth Boo），她的《生态旅游：潜力与陷阱》是一本重要的并得以广泛传播的著作。伊丽莎白·布作为世界野生动物基金会的研究人员，于 1990 年提出：生态旅游是以自然为基础，涉及以学习、研究、欣赏、享受风景和野生动植物等特定目的而到受干扰比较少或没有受到污染的自然区域所进行的旅游活动。她强调生态旅游是一种旅游活动，旅游的对象是自然区域，旅游过程是一个学习的过程。

二十几年来，具有不同学科背景的专家从各自不同的角度对生态旅游进行了定义，这些定义各有侧重。最流行的关于生态旅游的定义有以下几个：

（1）国际生态旅游协会（TIES）定义

国际生态旅游协会（The International Ecotourism Society，TIES，原为 TES）于 1993 年将生态旅游定义为：为了解当地环境的文化与自然历史知识，有目的地到自然区域所做的旅游，这种旅游活动的开展在尽量不改变生态系统完整的同时创造经济发展机会，让自然资源的保护在财政上使当地居民受益。

（2）《国际生态旅游标准》（"绿色环球 21"，GG21）定义

绿色环球 21（Green Globe 21，GG21）是目前全球唯一的旅行旅游行业世界性认证体系，是当今世界上唯一涵盖旅游全行业的全球性可持续发展标准体系。其对生态旅游的定义作出如下描述："着重通过体验大自然来培养人们对环境和

文化的理解、欣赏和保护，从而达到生态上可持续的旅游。”该定义强调生态的可持续性，强调以体验大自然为核心，强调必须实现其增进人们对环境和文化的理解、欣赏和保护。

（3）世界自然保护联盟（IUCN）定义

世界自然保护联盟在1996年提出的定义是：在一定自然区域中进行的有责任的旅游行为，为了享受和欣赏历史的和现存的自然文化景观，这种行为应该在不干扰自然地域、保护生态环境、降低旅游的负面影响和为当地人口提供有益的社会、经济活动的情况下进行。

此外，1997年版的昆士兰生态旅游规划（Queensland，1997）将生态旅游定义为：“生态旅游是一种包含了自然环境教育和解说的自然旅游，对其管理应以生态可持续性为目标。”而2008年的昆士兰生态旅游规划中，生态旅游的定义更新为：“生态旅游包含一系列基于自然的活动，使游客可以欣赏和理解自然与文化遗产，对这些活动应本着生态、经济、社会的可持续原则进行管理。”

“生态旅游”这一概念在20世纪80年代传入我国，目前国内对生态旅游定义的表述有100多种。

纵观国内外学者提出的生态旅游定义，概括起来主要有以下六种类型：①保护中心论；②居民利益论；③回归自然论；④负责任论；⑤原始荒野论；⑥环境资源论。这六种类型之间的区别与联系如表2-1所示（陈玲玲等，2012）。

表2-1　生态旅游定义的六种类型

类型	观点	核心内容	观点来源或部分代表
保护中心论	观光旅游+保护	对旅游资源和环境进行保护	Moulin（1980）；Wight（1993）；杨文杰（1999）；牛亚菲（1999）
居民利益论	观光旅游+保护+提高社区居民收入	增加当地居民收入	Ecotourism Society（1992）；Goodwin（1996）；杨桂华等（2000）；丁云鹏（2001）
回归自然论	大自然旅游	回归大自然	Bridger（1999）；王献溥（1995）；杨开忠（2001）
负责任论	负责任旅游	旅游者对环境和资源承担维护责任	Elpler（1996）；世界保护联合会（1996）；王兴国、王建军（1998）；郭舒（2002）；余艳红等（2006）

续表

类型	观点	核心内容	观点来源或部分代表
原始荒野论	原始荒野旅游	开展区域为人迹罕至的原始荒野区域	Boo（1990）；Wallace（1993）；王尔康（1998）
环境资源论	城市和集中居住区居民+人类最佳的生态环境	以人类最佳的生存环境因子作为主要旅游资源	吴楚材、吴章文（2000）

处于不同经济、文化、政治、技术环境中的人们由于不同的需求赋予生态旅游不同的定义，同时生态旅游处于不断的发展变化中，人们对其的认识也是一个不断演进的过程。因此，所有这些看待生态旅游的动态的视角对于生态旅游的实践都有着各自的意义。我们没有必要强行把所有的定义完全统一起来。因此对于生态旅游定义的认识，比较科学的方法是寻找它们的共同点，在把握生态旅游特质的基础上形成一些共识。因为国内外关于生态旅游概念的形式虽多，但其内核是趋同的。

在实践和研究的过程中，对各种生态旅游概念的共性的总结已经得到了学界的重视，2000 年 11 月，来自联合国环境署、世界自然基金会、国际标准化组织局等机构的 45 名学者在美国纽约州莫霍克山庄，共同讨论制定了国际生态旅游与可持续旅游认证的原则性文件《莫霍克协定》（*Mohonk Agreement*）。协定指出，生态旅游至少必须包括如下 7 个方面：通过多种形式让游客亲身体验大自然来增进对大自然的了解和赞美；建立解说系统增进对自然环境和当地社会文化的了解；对自然区域的保护和生物多样性保护做出有益的和积极的贡献；对当地社区带来经济、社会和文化发展的好处；尽可能扶持当地社区的参与；生态住宿、旅游活动和景点的规模和设计符合当地特点；对当地（乡土）文化的最小影响及展示当地（乡土）文化。

2002 年世界生态旅游学会指出，作为概念的生态旅游有以下基本组成部分：为保护生态多样性做出贡献；维护当地人的福利；包括解说/学习经历；旅游者和旅游业负责任的行动；主要是小规模、小团体进行；对非更新资源的消费要尽可能少；强调当地（尤其是农村人口）参与、拥有和经营的机会。

2002 年世界生态旅游峰会公布了《生态旅游魁北克城市宣言》，对生态旅游形成了一系列的进一步的共识。宣言指出，判断一种旅游形式是否是生态旅游可以运用 5 个标准：以自然为依托的产品；影响最小化管理；环境教育；为保护事业做贡献；为当地社会做贡献。

二、生态旅游的基本内涵

通过对国内外有代表性的生态旅游概念的分析，我们发现，在对生态旅游概念的认识不断丰富和深化的同时，对生态旅游基本内涵的认识也形成了一些共识，主要体现为四大要点，这四大要点可以帮助我们进一步深刻认识生态旅游的基本概念。

（一）原生系统

生态旅游是一种依赖当地资源的旅游，旅游对象是原生、和谐的生态系统。生态旅游以回归大自然为基调，必须以良好的生态系统为旅游对象物，这里的生态系统不仅包括自然生态系统，也包括人文文化生态系统。人们带着某一特定目的（如野生动植物观察、现存文化特质欣赏等）到原始的、未受污染的或干扰较轻微的自然地区，以及人与自然和谐共生的人文地区去从事旅游活动，并通过这些活动加强对当地自然和文化的认识。生态旅游是一种以大自然为基础的高品位的旅游活动，生态旅游注重在旅游活动中人与自然的感情交流，使人们在山林、旷野、海滨等地领略自然的野趣，认识自然的规律，感受自然的恩赐，品味独特的文化，这是生态旅游产生和发展的根本动力。生态旅游不仅能使旅游者返璞归真，享受大自然，在清新、开阔、洁净的环境中修养身心，而且能够了解、研究特定区域内的自然景观、野生动植物以及相关的文化特征，从中获得高质量的旅游经历。

（二）生态保护

生态旅游不仅是一种单纯的生态性、自然性的旅游，更是一种强调保护当地资源的旅游，是通过旅游来加强自然资源保护的旅游活动，甚至是能直接提供环境保护实际贡献的旅游活动。所以，生态保护一直是生态旅游的一大特点，也是生态旅游开展的前提，并且还是生态旅游区别于自然旅游的最本质特点。虽然生态旅游是在自然旅游的基础上发展而来的，并且二者都以大自然作为资源基础，但它们之间仍有本质的区别：自然旅游主要强调的是利用自然资源来吸引旅游者，而生态旅游更强调在享受自然的同时对自然保护做出贡献。例如，狩猎旅游可以是一种自然旅游，但它不符合生态旅游的标准，而在非洲的自然保护区里的观鸟旅游，以及观赏大象和大猩猩等野生动物时，利用特殊掩体和远距离观赏，观察活动不影响大象和大猩猩等的正常生活等旅游活动则是一种生态旅游。生态旅游是一种对环境保护负有责任的旅游方式，它必须具有促进生态保护和旅游资源可持续利用的特点。因此，生态旅游要有目的地提高旅游景区的旅游环境质量，使人们在享受、认识自然的同时，又能达到保护自然的目的，从而实现人与环境的和谐共处。生态旅游必须和生态环境的保护有机结合起来，强调在维护良好环境质量的前提下开展旅游，而不能把生态消费摆在首位，不能以牺牲环境为代价。

（三）社区参与

生态旅游是一种维系当地人民生活、强调社区的参与和利益的旅游。生态旅游除了是一种提供自然旅游体验的环境责任型旅游之外，也有繁荣地方经济、提高当地居民生活品质，同时尊重与维护当地传统文化的完整性的重要功能。

1993 年，国际生态旅游协会（TIES）把生态旅游定义为：为了解当地环境的文化与自然历史知识，有目的地到自然区域所做的旅游，这种旅游活动的开展在尽量不改变生态系统完整的同时创造经济发展机会，让自然资源的保护在财政上使当地居民受益。该定义认为生态旅游是“具有保护自然环境和维系当地人民生活双重责任的旅游活动”。这一定义首次把当地社区居民及其在发展中的权利保护提出来，在这一创新点的基础上，生态旅游逐步演化为社区参与的模式。

从后来各国生态旅游的实践来看，无论是在发达国家还是发展中国家，“社区参与”都是其生态旅游活动的重要内容，是生态旅游履行“维系当地人民生活”的最好方式。它们通过发展以社区参与为基础的生态旅游活动，调动了社区全体成员的积极性，实现了利益最大化，在发展目的地社区经济、维护当地环境、保护当地文化方面都取得了良好的效果，从而证明了社区参与生态旅游在实践上是可行的。实践证明，社区参与旅游业有四个突出的优点：从经济方面看，社区的参与可使居民从旅游业中直接受益；从旅游方面看，社区居民参与到旅游服务中，能渲染原汁原味的文化氛围，增加了旅游吸引力；从社会发展方面看，发展旅游可促进当地社会的发展；从环境保护方面看，社区参与为环境保护提供了强大动力。

（四）环境教育

生态旅游的“环境教育”理念与“维系当地人民生活”理念基本上在同一阶段出现。如前所述，伊丽莎白·布在 1992 年的定义中，在提出生态旅游应该“为当地居民创造就业机会”的同时也提出了其应该“为社会公众提供环境教育”。

1993 年 9 月在北京召开了第一届东亚地区国家与自然保护区会议，会上指出“生态旅游应倡导增加对大众关注的旅游活动，提供必要设施，实行环境教育以便游人能参观、理解、珍视和享受自然和文化资源，同时并不对生态系统或社区产生无法接受的影响”。这一定义通常也被认为是关于生态旅游的比较成熟的一个定义。

生态旅游与环境教育的关系主要表现为两点：

一是生态旅游是进行生态环境教育的知识之旅。生态旅游不仅具有享受、认识、保护自然和文化遗产的功能，还强调对自然生态和文化多样性及当地社会负责，有较强的生态环境教育功能，是一种可行的生态环境教育新途径。生态旅游正好可以是一个进行生态环境教育的无形的大学校，具有全民性、全程性和终身性，还体现了公众参与性。在生态旅游中进行生态环境教育，大自然是课堂，大自然本身便可唤起游客绿色的激情、绿色的愉悦、绿色的思考，让游客体验大自然的和谐、有序，体会“天人合一”的传统文化，达到热爱自然、师法自然、启迪人生的目的，使每一个旅游者从自己做起，从每一件保护自然的小事做起，这种教育的作用将是无穷的。

二是环境教育是生态旅游独具的基本特征。从一些有代表性的生态旅游定义来看，尽管在生态旅游的特性中，自然性和保护性非常重要，但仅具备自然性只是自然旅游而不是生态旅游，仅重视保护性就很难将生态旅游与可持续发展旅游相区别，因为生态旅游只是可持续发展旅游的一部分，因此，环境教育是生态旅游独具的基本特性，是其他旅游形式所无法具有的独特特性。环境教育作为生态旅游独具的基本特征主要表现为：

（1）环境教育是实现生态旅游保护性的前提；

（2）环境教育是生态旅游自然性的一种高级形式；

（3）环境教育是生态旅游教育性的实质体现；

（4）环境教育是生态旅游精品性的保证。

第二节　生态旅游的特点与原则

一、生态旅游的特点

作为一种新兴的可持续旅游形式，与传统大众旅游相比，生态旅游具有鲜明的特征，综合国内外诸多学者和机构的探讨，我们概括为以下几个方面。

（一）生态性

生态（eco）一词源于古希腊语，意思是指家或者我们的环境。简单地说，生态就是指一切生物的生存状态，以及它们之间和它与环境之间环环相扣的关系。生态学是研究生物以及生物与其生存环境间相互关系的一门学科。现在生态学已经渗透到各个领域，并且人们常用“生态”来定义许多美好的事物，如健康的、美好的、和谐的等。生态旅游的产生是伴随着生态学的产生而发展起来的。生态旅游自产生以来就带着“生态”两字的烙印。生态旅游即生态环境游，其本质就是创造回归大自然的氛围，追求人地关系的和谐。它的本质决定了其功能必然是利用生态学原理，协调和平衡旅游开发与资源、环境之间的矛盾，从而导致了其规划原则、开发方式、活动内容、项目建设和产品设计等生态旅游的一系列环节，无不与生态学原理息息相关。其中的每项活动都作为一个生态环节，发挥自己应有的功能，保证这一系统的良性运转。例如，根据景观资源的生态敏感度和阈值的大小对旅游目的地进行合理的功能分区；根据生态学原则、环境影响评价以及感官评价等确定各功能区合理的生态容量，把旅游接待量限制在生态容量允许的范围之内，保持生态资源的生态潜力；利用生态、环保的材料设计建设生态旅游项目，保证设施与环境的协调，提供良好的审美环境；为旅游者提供生态住宿、绿色交通、绿色食品、健康益智的娱乐项目以及诚信友善的服务等。可以说生态旅游的整个过程都贯穿着生态学原理，以实现生态旅游的可持续发展。

（二）保护性

生态旅游的低环境影响并不意味着没有影响。与传统旅游业一样，生态旅游也会对旅游资源和旅游环境产生负面影响。但是，传统旅游以追求经济效益最大化为目标，而生态旅游是在保护的前提下进行开发。生态旅游就是针对传统大众旅游形式对生态系统产生严重冲击而提出的，因此，保护性是生态旅游区别于传统旅游的最大特点。生态旅游的保护性体现在旅游业中的方方面面。对于旅游开发规划者而言，保护性体现在遵循自然生态规律，以及人与自然和谐统一的生态旅游产品开发设计；对于旅游开发商而言，保护性体现在充分认识旅游资源的经济价值，将资源价值纳入成本核算，在科学的开发规划基础上谋求持续的投资效益；对于管理者而言，保护性体现在资源环境容量内的旅游利用，杜绝短期行为，谋求可持续的经济、社会、环境三大效益的协调发展；对于游客而言，保护性则体现在环境意识和自身素质的提高，约束自己的行为，珍视自然赋予人类的物质及精神价值，把保护旅游资源及环境作为一种自觉行为。

（三）高品位性

生态旅游的高品位性体现在以下几个方面：

一是生态旅游者旅游动机和旅游追求的高品位。在对待自然景观时，传统大众旅游者追求的是娱悦感官的自然美，而生态旅游者追求的则是理解自然及生命价值基础上的生态美；在对待文化景观时，传统大众旅游者赞美的是人类的“创造力”，而生态旅游者赞美的是人与自然的和谐共生。

二是生态旅游者的高素质。生态旅游的高品位性落实到旅游者，还体现在高素质和高消费。高素质即指生态旅游者具有较高的文化、环保及精神需求素质。和传统大众旅游者相比，生态旅游的参与者多为特定族群，往往具有较高的文化素养和知识层次，受绿色环境保护思想的影响较深，已有一定的环保意识和回归大自然的愿望。他们多是为大自然美景和奥秘所吸引，力图通过旅游从大自然中寻求自己人生的价值和人类的前途。他们知识广博，文化和生活品位较高，具有独立人格，喜欢寻找新的刺激和满足，是一批相当成熟的旅游者。同时，生态旅游体现在旅游者的消费上较传统大众旅游而言要高，也就是说，生态旅游者在享受旅游目的地的生态旅游的同时，还应支付保护这些生态旅游资源应承担的费用。

三是生态旅游产品的高品位。生态旅游者追求的高品位决定了生态旅游产品的高品位。与传统大众旅游产品相比，生态旅游产品应定位为“真”和“精”两个方面。生态旅游产品不应是“粗放式”开发的旅游产品，而是通过精心设计的高质量、高品位的“真品”和“精品”。“真品”体现在它的“原真性”，即游客追求的是原汁原味的旅游真品和旅游环境。这种产品除了具有极高的美学特征外，还传递着大自然奥秘以及人与自然和谐的信息，从而提高游客环境意识，而移置的、仿制的旅游景观将被视为旅游市场上的“伪品”。“精品”主要体现在旅游产品的质量上，生态旅游者追求的是货真价实的高品位旅游产品，粗放式开发的旅游产品将被视为旅游市场上的“劣品”。

四是生态旅游管理的高质量。传统大众旅游重开发轻管理，由于管理投资不足，管理质量不高，不注重保护旅游资源及环境，旅游目的地特色及质量退化、降低甚至丧失对旅游者的吸引力，旅游者得不到应有的旅游享受而逐渐丧失兴趣，造成不少旅游地逐渐衰败。生态旅游则相反，由于强调环境的原生态，在发展过程中重管理轻开发，把资金重点放在管理上，放在保护管理和服务管理水平的提高上（如定期开展环境监测），解决了传统大众旅游发展上的“缺后劲”的问题，使旅游地能够可持续发展。

（四）专业性

生态旅游是一种高层次的精神享受，生态旅游者对旅游的环境质量具有更高的要求，旅游产品具有更高的科学和文化信息含量，这就要求旅游项目、旅游线路、旅游设施、旅游服务的设计和管理均要体现出很强的专业性，对规划设计者、开发经营者、管理者和服务者也提出了更高的要求，要求他们具有更高的专业水平。专业性也是生态旅游资源和环境得以保护和持续利用，以及三大效益协调发展的前提条件之一，例如一个生态旅游区包含了大量地质、地貌、气象、水文、植物、动物、医学、建筑、环境和健身等科学信息和知识体系，这些丰富的知识能够激发旅游者的求知欲望，使旅游者广泛地参与到活动中来，使审美活动变为旅游者的主动品味、体验和求索。旅游者通过观察、体验和研究，可以获得丰富的科学知识。而要实现这些目标，为生态旅游区配备具有较高科学文化水平的、高素质的导游或具有较高环境素养的环境解说员就是十分必要的。

生态旅游的高层次性体现在生态旅游以生物生态系统为中心，旅游的专业层次比较高。也就是说，旅游者的旅游取向多集中于具有不同生态学特性的自然景观资源，如陆地生态系统、淡水生态系统、海洋生态系统、城市生态系统等，旅游者可根据自己的专业兴趣爱好，选择不同的专业旅游项目。对一些有特殊价值的自然景观，如火山、地震遗址、溶洞、冰川、古生物化石等，还可组织特殊的科学考察活动，如珠穆朗玛峰生态考察、云南腾冲火山地热生态考察、秘鲁Manu生物圈保护区观鸟旅游、巴西亚马孙热带雨林考察、中美热带雨林考察、东非森林动物考察活动等。这些旅游项目无不体现了专业性生态旅游的特征。

另外，生态旅游对科学技术的要求也体现了其专业性的特点。生态旅游是科学技术含量很高的旅游，生态旅游资源的本底调查、资源信息系统的建立、生态环境的动态监测和影响评估、旅游环境容量的确定以及生态旅游产品的开发设计等，都是在科学技术的密切参与下运作的。某种程度上可以说，生态旅游是知识密集型或技术密集型的产业，科学技术是生态旅游发展的基础。离开了科学技术，生态旅游就会偏离方向而无法肩负起使生态资源的保护和利用充分协调发展的重任。

对生态旅游活动的管理也需要有专业性。包括对旅游者的生态管理，对生态环境和生态因子的生态管理，对旅游设施、设备、场所的生态管理等都必须依靠专业性的理论和方法。

（五）限制性

生态旅游是一种特殊设计的旅游活动，为了保证生态旅游各种目标的实现，包括旅游者的高质量旅游体验、对环境影响的最小化等，限制性就成为生态旅游的一个基本特点。一是对游客数量的限制，即要科学计算旅游区的生态环境承载力和环境容量，这就决定了生态旅游在特定的时空范围内是少数人的活动，生态旅游主要吸引那些对环境保护有高度责任感的人参加。这一点在《旅游业可持续发展——地方旅游规划指南》一书中有明确论述，书中指出："生态旅游代表了迅速扩展之中的旅游者细分市场，并特别吸引那些具有高度环保意识的旅游者"；"吸引那些关心环境，并希望了解地方生态状况和风俗文化的游客"。这一观念表明生态旅游市场最重要的吸引目标是具有环保意识、关心生态环境的旅游者，这说明生态旅游是一种高素质、高知识、高层次的旅游，只有这种市场层次的游客才能关注生态旅游，并能为保护生态环境尽一份责任和义务。二是对旅游设施或建筑的限制，建筑设施应讲究规模小、体量小以及与环境相和谐。生态旅游应尽量保持自然属性，不要过度搞人工建筑，更不能使生态旅游区商业化。只有控制好旅游区的游客数量和建筑设施规模，才能保证生态旅游者可以获得一般大众旅游者无法比拟的康体空间和特殊旅游体验，获得更多、更高的精神享受。

二、生态旅游的原则

（一）国际生态旅游协会的原则

虽然目前对生态旅游的解释多种多样，但是其原则还是基本一致的。如1991年以来，国际生态旅游协会通过对生态旅游的结果进行追踪考察，逐步发展起来的一套原则，这些原则被正在崛起的非政府组织、私有企业部门、政府、学术界和一些旅游目的地社区所接受，具体如下（Megan Epler Wood，2002）：

（1）把对旅游目的地的自然和文化的消极影响降到最低；

（2）对旅游者进行环境教育；

（3）强调旅游企业责任的重要性，旅游企业应与当地的政府部门和居民合作以符合当地居民的需求，并分享开发带来的利益；

（4）把部分旅游收益用于自然环境的保护和管理；

（5）需综合考虑整个地区的旅游需求，以便于整个地区的游客管理计划的设计，并使此地区成为生态目的地；注重对环境和社会基础资料的研究利用，以便于进行环境评估，同时应具备对环境进行长期监测的计划，从而把对环境的消极影响降到最低；

（6）力争使该乡村、当地企业和社区的利益最大化，特别是居住在该区域及其邻近地区的居民；

（7）力求保证旅游的发展不超过社会和环境可接受的限度，并在研究者与当地居民的合作中予以决定；

（8）充分利用已经存在的与环境相协调的基础设施，尽量减少石化燃料的使用，保护当地植物和野生动物，使基础设施与当地的自然和文化环境相协调。

（二）《国际生态旅游标准》的原则

全球最具权威性的可持续旅游认证组织“绿色全球21”联合澳大利亚生态旅游协会共同制定了《国际生态旅游标准》，根据该组织的建议，生态旅游需要满足以下八大原则：

（1）生态旅游的核心是让游客亲身体验大自然；

（2）生态旅游应该通过多种形式体验大自然，增进人们对大自然的了解、赞美和享受；

（3）生态旅游应该代表环境可持续旅游的最佳实践；

（4）生态旅游应该对自然区域的保护做出直接的贡献；

（5）生态旅游应该对当地社区的发展做出持续的贡献；

（6）生态旅游应该尊重当地现存文化并予以恰当的解释和参与；

（7）生态旅游应该始终如一地满足旅游者的愿望；

（8）生态旅游应该坚持诚信为本、实事求是的市场营销策略，以使旅游者形成符合实际的期望。

（三）技术性细化的16项具体原则

（1）小规模。人为操作因素、人工设施越少越好。

（2）重质不重量。游客人数不要太多，并且对他们有良好的行为规范。同时应提供直接参与性的轻松愉快的经历，保证游客有充分的旅游体验。

（3）局部开放与管制。并非将整个保护区全面开放，而是开放较不敏感的地区供旅游使用，而且要好好管制游客活动的范围，避免伤及未开放的地区。

（4）联结并保护当地文化与环境。当地民众世居于此，当地的民风民俗等人文文化对旅游者有相当大的吸引力，可开发出相应的文化活动项目，并将这些活动介绍给游客；但不可因此而违背生态保护的大前提，例如，不能为展现原住民的狩猎活动而去猎杀濒危的野生物种。

（5）科学的监测。这是相当重要的工作，但经常被忽略，如我国目前很多打着生态旅游牌子的旅游区，却连一台正规的环境监测仪器也没有。环境监测所得结果可以回馈修正目前的管理措施，使得各项管理工作趋于完美。

（6）准许行为与可接受程度的制定。在管理备忘录中应明确列出哪些行为是准许的，哪些活动是禁止的，明白告知环境所能接受的程度，以使保护区的每个人，包括旅游者、旅游从业者等都能了解。

（7）借助旅游规划与管理技术，辅助保护区的经营管理。如游客冲击管理、游客不良行为管理、可接受改变程度等。

（8）保护第一原则。国家公园与保护区仍须将保护视为第一优先考虑的因素，当旅游用途与保护用途相抵触时，以保护用途为先。它应鼓励各种团体对资源内在价值的认识，包括对资源本身及其有限性的认识，在旅游开发中，不能竭泽而渔，而应以一种有利于环境的方式去开发。

（9）“双赢”策略。即通过接待旅游者前来消费，使当地居民从中获得满意的经济收益，并将部分收益投入对资源和环境的保护，从而使旅游者从中获得满意的旅游体验和高质量的旅游经历。在生态旅游中，“双赢”策略是人们最渴望的，但也是最难做到的。生态旅游更多地从双赢策略出发，而结果却依实施过程的长短而各不相同。如，有时尽管我们以生态旅游开发开始，但在过程中一旦忽略了其基本概念，过于强调商业性，其结果与大规模旅游也就没有什么两样了。

（10）生态旅游的目的地可以是自然环境，如自然公园、生态保护区、森林地区、岛屿以及在其中生活的生物如野生动物和野生植物，也可以是有丰富历史和文化的地区。

（11）私人保护区可扮演补充的角色。某些活动可在私人保护区进行，缓解国家公园的压力。

（12）教育的观念。它应包括对所有团体的教育，包括当地社区、政府、非政府组织、行业、旅游者（在旅行之前、之中、之后）。

（13）它应促进旅游活动中各种团体之间的理解，可采用各种有效形式的合作。

（14）它应促进旅游经营者对自然和文化环境负责并为之行动。

（15）它应为旅游资源、当地社区、行业提供长期的利益，这种利益可能是保护性的、科学的、社会的、文化的或经济的。

（16）使用者付费的观念。生态旅游并非无偿旅游或免费旅游，游客必须支付一定程度的费用，用以换取旅游满足。目前，在世界上各国越来越倾向于保护区收费的观念。

三、生态旅游与传统大众旅游的对比

20 世纪六七十年代是包价大众旅游的时代，人们在享受它的便宜、方便后，很快发现了它的缺点，特别是对旅游目的地经济、环境、文化、社会方面产生的负面影响。到 20 世纪 80 年代，生态旅游迎合了人们向往自然、注重环保的趋势，成为新的流行时尚。生态旅游是区别于传统大众旅游的一种新型旅游形式，是可持续发展理论在旅游发展上的具体体现，是旅游业可持续发展的一种基本形式，已经成为 21 世纪国际旅游的主流之一。

传统大众旅游的特点大致可概括为：大众的（Mass）、标准化的（Standardized）、固定的包价旅游（Rigidly Packaged），简称 MSRP（张凌云，2002）。由于开发管理者和游客的原因，传统大众旅游在处理人与自然的关系上存在很多不足，主要是没有意识到对旅游对象的保护，在旅游产品的传递过程中过于偏向人类本位主义和单纯地追逐利润。虽然国内外许多的旅游法规、条例都对保护旅游资源及环境有明确的规定，但真正实施并非易事，在很多旅游地都出现了环境遭到破坏、生态日益恶化的现象。

生态旅游作为一种全新的发展模式，它与传统旅游的区别是多方面的，不仅是旅游者的行为，而且在经营者的观点和管理方式上也有根本不同。可以说，生态旅游与传统旅游两者在追求目标、受益者、管理方式、影响方式、旅游设施建设、市场因素分析、发展战略等很多方面都具有不同的特征（见表 2-2）。

表 2-2　生态旅游与大众旅游的区别

	传统旅游	生态旅游
总特征	发展速度快 无控制 短期	发展速度慢 有控制 长期
旅游者行为	大群体 固定安排 引导旅游者 舒适、被动 无外语交流 探听隐私 喧闹	单人、家庭 随时决定 旅游者决定 艰苦、主动 学习外语 交往得体 安静
基本要求	度假高峰期 未经训练的员工 常规宣传 强硬促销	交错度假期 训练有素的员工 教育旅游者 精神促销
发展战略	未规划 项目主导 新建筑 外来开发商	规划 观念主导 旧建筑再利用 当地开放商
目标	利润最大化 价格导向 享乐为基础 文化与景观资源的展览	适宜的利润与持续维护环境资源的价值 价值导向 以自然为基础的享受 环境资源和文化完整性展示与保护
受益者	开发商和游客为净收益者 当地社区和居民的受益与环境代价相抵 所剩无几或入不敷出	开放商、游客、当地社区和居民分享利益
管理方式	游客第一，有求必应 渲染性的广告 无计划的空间拓展 分片分散的项目 交通方式不加限制	自然景观第一，有选择地满足游客要求 温和适中的宣传 有计划的空间安排 功能导向的景观生态调控 有选择的交通方式

续表

	传统旅游	生态旅游
正面影响	创造就业机会 刺激区域经济增长但注重短期利益 获取外汇收入 促进交通、娱乐和基础设施的改善 经济效益	创造持续就业的机会 促进经济发展 获取长期外汇收入 交通、娱乐和基础设施的改善与环境资源保护相协调 经济、社会和生态效益的融合
负面影响	高密度的基础设施和土地利用问题 机动车拥挤、停车场占用空间和机动车产生的大气污染问题 水边开发导致水污染问题 乱扔垃圾引起地面污染 旅游活动打扰居民和生物的生活规律	短期内，游客数量较小，但趋于增长 交通受到管制 水边景观廊道建设阻碍了水边的进一步开发 要求游客将垃圾分类收集，游客行为受到约束 游客的活动必须以不打扰当地居民和生物的生活为前提
住宿设施： 地点 规模 产权	 高密度地集中在旅游区的某处 大规模的现代酒店 国外公司或跨国企业	 分散在整个旅游区，低密度 小规模的、家庭式的小旅馆 当地的或当地居民拥有产权
市场： 价格 游客数量 客源地 细分市场 活动内容 季节性	 较低 多 一个主要的客源市场 自我中心型—中间型旅游者 水边、海边的活动，夜生活丰富 明显	 较高 少 无主要的客源市场 多中心型—中心型旅游者 当地自然文化特色 不明显

总之，生态旅游具有许多与传统大众旅游不同之处。传统大众旅游体现的是人类中心主义，侧重对文化、自然景观等旅游资源的开发。作为社会经济文化活动，传统大众旅游主要满足旅游者的吃、住、行、游、购、娱六要素的需求。传统大众旅游的目的是开发商或企业寻求最大的经济利润，其计划和管理围绕这一目的来进行，往往存在急功近利的现象，缺乏统一的总体规划和计划管理。而生态旅游则体现出人与自然的协调，强调回归大自然，注重旅游资源可持续利用和

生态环境保护。生态旅游的规划者从社会、经济、生态多个方面进行综合考虑，让旅游者通过参与、体验、教育、责任等来增强生态环境保护意识。生态旅游的目的是要通过生态旅游开发促进当地社区的进步和发展以及生态旅游资源和环境的可持续利用和开发，当然还包括对生物多样性在内的生态环境和自然资源的保护。因此，生态旅游要在可持续发展理论的指导下，严格按照生态学具体原理对生态旅游景区建设、生态旅游活动以及生态旅游设施进行科学、合理的规划和设计，使生态旅游目的地成为保护自然环境的环境教育、认识自然教育和传播文化的中心，同时也能促进当地社区的社会经济和文化的繁荣和发展。

表2-2显示，对于传统旅游而言，利润最大化是开发商追求的目标；追求享乐则是旅游者的主要目标；价格是调节供需的杠杆和游客与旅游点建立联系的纽带；其最大的受益者是开发商和游客。而生态旅游旨在实现旅游资源经济、社会和美学价值的同时，寻求适宜的利润和资源环境的维护；生态旅游的目的是享受自然赐予的景观和文化，通过约束旅游者和开发商的行为，使之共同分担维护景观资源的成本，从而使当地居民和子孙后代也成为生态旅游的直接受益者。

第三节 生态旅游分类与发展模式

一、生态旅游的分类

划分生态旅游的类型，有利于我们对生态旅游内涵及其发展方向的认识。在对生态旅游类型进行划分时，划分的依据不同，就会形成不同的分类系统。下面列举一些有代表性的分类系统（见表2-3，表2-4，表2-5，表2-6）。

表2-3 环境影响程度分类系统

分类依据	分类结果		划分者
资源开发强度和可能造成的环境影响程度	0级生态旅游	初级阶段，要求旅游者意识到旅游地生态系统的脆弱性	澳大利亚国家公园管理局
	1级生态旅游	要求生态旅游者与其游览地的生态之间存在货币流动，如机场建设费等资金	

续表

分类依据	分类结果		划分者
资源开发强度和可能造成的环境影响程度	2 级生态旅游	要求生态旅游者从自身实际出发，从事一些环境保护的工作，如种植树木、清理垃圾	澳大利亚国家公园管理局
	3 级生态旅游	要保证具体的旅游系统对环境是有益的，该系统应包括国际航空旅行与当地交通和住宿设施，该层次要求旅游者对环境的影响是中性或积极的	
	4 级生态旅游	要求旅游者对环境的影响是积极的，当地应该努力采用合适的技术，如低能耗、循环利用、生态农业等，对生态系统恢复做出贡献	
	5 级生态旅游	要求包括旅游广告、交通运输、住宿接待设施及废弃物处理等方面在内的整个生态旅游系统都在遵循环境保护原则的前提下运行，这是旅游经营者、公众与资源管理机构等生态旅游倡导者追求的最终目标	

表 2-4　旅游者属性分类系统

分类依据	分类结果		划分者
旅游者数量及消费档次	严格的生态旅游	环境主义者的特别旅行，他们组团人数较少，长时间沉浸在相对原始的自然环境中，对服务要求较低	Laura Lawton 和 David Weaver
	一般的生态旅游	普通旅游者的旅行，他们组团人数较多，旅游兴趣不断转换，生态旅游只是他们旅游活动中的一个项目而已，旅游者在规定的区域内活动，需要较高水平的服务	

表 2-5　资源属性分类系统

分类依据	分类结果		划分者
资源类型	山地型	以山地环境为主，适于开展科考、登山、探险、攀岩、观光、漂流、滑雪等活动	中国国家旅游局
	森林型	以森林植被及其生境为主，也包括大面积竹林（竹海）等区域。这类区域适于开展科考、野营、度假、温泉、疗养、科普等活动	
	草原型	以草原植被及其生境为主，也包括草甸类型。这类区域适于开展体育娱乐、民族风情活动等	
	湿地型	指以水生和陆栖生物及其生境共同形成的湿地为主，主要指内陆湿地和水域生态系统，也包括江河出海口。这类区域适于开展科考、观鸟、垂钓等	
	海洋型	以海洋、海岸生物及其生境为主，包括海滨、海岛。这类区域适于开展海洋度假、海上运动、潜水观光活动等	
	沙漠戈壁型	以沙漠或戈壁生物及其生境为主，这类区域适于开展观光、探险和科考等活动	
	人文生态型	以突出的历史文化等特色形成的人文生态及其生境为主。这类区域主要适于历史、文化、社会学、人类学等学科的综合研究，以及适当的特种旅游项目及活动	

表 2-6　活动属性分类系统

分类依据	分类结果	划分者
生态旅游活动的具体形式	观鸟	中国国家旅游局
	野生动物旅游	
	自行车旅游	
	漂流旅游	

二、生态旅游发展的基本模式

不同的社会经济条件，不同的文化背景下，发展生态旅游的模式不同，基本模式包括有三种。

（一）功能分区模式

生态旅游地主要包括自然保护区、风景名胜区、国家公园、森林公园等生态环境较好但较脆弱的区域，为了避免对当地生态环境和传统文化的破坏，同时为了生态旅游资源的优化配置，功能分区就显得尤为重要。

生态旅游地主要由旅游吸引物综合区、娱乐区、服务区三个部分构成，各个区域间都有交通线路相连，这些区域与外界也有交通干道相连。其中，旅游吸引物综合区由核心区、缓冲区、试验游憩区三个主要区域组成。核心区是区内未经或很少经人为干扰过的生态系统的所在，集中分布着珍稀的自然生态环境或文化遗产，其内一般要实行全封闭保护，仅供观测研究。缓冲区指环绕核心区的周围地区，它是对各生态系统物质循环和能量流动等进行研究的地区，也是生态旅游活动的主要进行区域，但仅限于观光，且对游客的数量有严格的控制。试验游憩区是一个多用途的地区，除了开展与自然保护区缓冲区相类似的工作外，还包括有一定范围的生产活动，还可有少量居民点和旅游设施。旅游活动的形式也不只拘泥于观光活动，还可以包括漂流、滑雪等。娱乐区配置了高密度的娱乐设施，进行各种娱乐活动。服务区为游客提供各种服务，如饭店、餐厅、商店等。娱乐区和服务区是游客最为集中的区域，允许汽车等机动车辆进入。功能分区是对游客进行分流和对旅游资源进行可持续开发的旅游开发模式，有利于对生态旅游资源进行科学合理的开发管理。

（二）社区参与模式

生态旅游区的社区往往具有独特的社区文化、优美的社区环境和合理的社区结构，它是生态旅游的文化载体。因此，在生态旅游的开发中，社区居民参与是生态旅游发挥优势、克服劣势、抓住机遇、迎接挑战的一种行之有效的开发、保护模式。

社区参与旅游发展具体包括旅游发展决策和旅游发展利益分配两个阶段。社区居民参与到旅游发展决策中，可以充分保证他们的利益和维护他们正当的权利。参与的程序如下：对社区的基本情况进行实地调研；在社区，对居民进行生态旅游开发的民意测验，广泛征求居民意见；深入分析调研结果，并提出相应的开发规划和策略；公示开发计划，再次征求居民意见；协调各方意见，做出最终开发部署。旅游发展利益分配，主要包括经济利益分配、培训与教育、就业和商机等。整个过程需要专家的帮助和引导，以及政府部门官员的协助。

通过社区参与模式，可以保持当地居民的主人地位，维护当地居民的权益；避免生态开发过度商业化，保护本土文化；增加当地人对旅游发展的认同感，并促进当地资源的充分利用；促进旅游地居民的经济收入增加和素质提高；有利于生态旅游产品的完整性。

（三）环境教育模式

环境教育是着眼于人类同其周围自然的和人工的环境之间的关系，为使人们正确地理解人口、污染、资源分配与资源枯竭、自然保护、技术、城市与地方的开发规划等各种因素与整个人类环境究竟具有什么关系的一种教育。它以提高当地社区和旅游者的自然生态环境保护意识为主要目标，生态旅游地良好的生态环境是生态旅游赖以生存的基础，环境保护是开展生态旅游的重要环节。

生态旅游环境教育模式将旅游与环境科普结合，旅游规划以生态旅游地环境保护为导向，设计各种旅游项目，使当地居民拥有“保护”意识并参与生态旅游开发，旅游者以对自然负责的态度进行旅游活动，防止可能导致环境破坏等问题的出现。首先，从实际生活入手，对生态旅游地居民和旅游者进行环保教育，让他们体会到良好的环境和生态旅游地的发展给他们带来的好处。其次，利用电视、电台、杂志、报纸等大众传媒，或者通过图片展示、现场演示等方法进行宣传。宣传的内容应主要包括以下两个方面：一是生态环境保护的科普知识；二是环境保护法规方面的常识。

三、生态旅游热点问题探讨

生态旅游这种特殊的旅游形式仍处于初始阶段，学术界对生态旅游的研究也刚刚开始。学术界所探讨的问题很多，对很多问题存在着争执和分歧。目前生态旅游认识中的热点问题主要包括以下几个方面。

（一）关于生态旅游概念的界定

生态旅游概念的界定是非常重要的。这是因为，如果这个概念还在提出的初期，只限于一个很小的范围使用，或只限于学术界的探讨，其影响并不严重。但是，现在这个概念被广泛地使用，一些地方甚至把它作为制定政策和发展规划的理论依据，如果其概念仍然含混不清，将会对实践产生误导，或在执行中出现偏差。尤其令人担心的是，有人提出“狭义生态旅游”和“广义生态旅游”的说法，将“广义生态旅游”定义为“大众化的生态旅游或带有生态旅游色彩的旅游”，这实际上抽掉了“生态旅游”的核心，否定了生态旅游的实质，其结果很可能发展成仅仅是带有“生态旅游”包装的假“生态旅游”，后果是不堪想象的。

（二）关于生态旅游对象的争论

在最初的生态旅游概念中，生态旅游的对象被明确规定为“自然景物”，然而随着生态旅游的发展，对自然景物的具体理解上存在着区域上和认识上的差异，具体表现为以下几个方面。

1. 自然景物

对于西方及受西方思想影响的学者来说，生态旅游的对象是自然景物，这是没有争议的，但在具体实践中，对“自然景物”的理解存在着很大的差别。

差别之一是对纯自然和人工重建自然的争议。在考虑自然景物受人为干扰的程度的差异上，不少学者认为生态旅游的对象应该是没有受到或少受人为干扰的原始的自然生态系统，诸如西方的国家公园、中国的自然保护区。中国的不少生态学家认为中国生态旅游的开发对象仅限于自然保护区，而且最好是那些干扰小、保护好的自然保护区或世界自然遗产。而有的学者则认为只要具有优美生态环境，无论是天然形成还是人工重建的自然生态系统均可作为生态旅游的对象，如中国的森林公园、风景名胜区。也有一些学者只把森林作为生态旅游对象，而且把它定义为“狭义生态旅游”。

差别之二是对顺境自然景观和逆境自然景观的争议。绝大多数专家认为生态旅游对象应该是山清水秀的优良生态系统，在这种生态系统中充满着自然美和生态美，能够充分发挥生态旅游的“求乐”功能，并在享乐中发挥其“求知”功能。但有的专家则认为由于大自然和人类干扰形成的逆境生态景观如滑坡、泥石流景观，其美学价值虽不高，但隐于之内的环境教育价值极高，也应视为生态旅游对象。

2. 自然与文化

这一争论的核心问题是生态旅游的资源基础是仅限于自然环境还是也包括文化社会环境。生态旅游是在自然旅游的基础上发展而来的，因此，生态旅游最初只限定为到自然区域的旅游，至今这一概念仍然是主流。但当生态旅游的概念传到中国后，在实践中，中国的学者发现在有5000年文明的中国有这样一些情况：一是不少自然胜景如中华五岳、四大佛教名山、四大道教名山都注入了文化内涵，自然与文化交织在一起；二是中国效法大自然修建的园林景观融自然与文化为一体；三是中国特有的“天人合一”的哲学思维使人们难以将自然与文化割裂开来思考问题。于是，在中国就产生了具有中国特色的生态旅游对象不仅仅限于自然景观，还包括文化景观的新观点。

同时，由于生态学的概念向社会生态学的概念扩展，生态旅游的概念也逐渐向包括自然和社会两种生态环境的方向扩展。现在谈论生态旅游时，不再仅局限在一些自然区域，往往也包括那些社会文化环境独特的区域。虽然，这两类资源在形态上有很大区别，但又有共同之处：它们都属于人类的宝贵遗产，都非常有吸引力，但是又都比较脆弱，需要人们努力去保护。因此，原来只针对自然区域发展生态旅游的原则同样也适用于特殊文化社会区域。

现在的问题是，并非所有的文化景观都是生态旅游，那么文化景观中哪些部分属于生态旅游的对象，这方面界定不够明确。我们认为只有人与自然和谐统一的文化景观才是生态旅游的对象，换句话说，只有具有生态美的人文景观才属于此范畴，如传统的农村田园风光、植物园、动物园、中国的古代园林、名山胜水等。

生态旅游往往根据旅游对象来划分狭义和广义的概念。到目前为止，生态旅游最广义的大尺度上的概念中其对象是一切具有生态美的自然及文化客体，而仅以自然为旅游对象的概念为中等尺度的生态旅游概念，至于森林生态旅游、草原生态旅游、农业生态旅游等则是生态旅游更低尺度的概念。因此，生态旅游的概念是一个多尺度、多类型的概念体系。

（三）关于生态旅游性质的争论

这一争论的核心问题是生态旅游是一种旅游形式还是一种经营管理旅游的方法。

生态旅游是一种特种形式的旅游或是一种特殊的旅游产品是没有疑义的，但由于一些专家在制定规划中强调了可持续旅游发展的概念，强调了生态协调发展，于是将生态旅游看作一种规划方法，甚至作为旅游业经营管理的方法，出现了生态旅游规划法、生态旅游的规划程序。按这个逻辑推断，世界上的所有旅游形式都将变成“生态旅游”。实际上，这混淆了生态旅游与可持续旅游发展的概念。把生态旅游置于一个不适当的位置或扩展到一个不适当的范围，很可能会对生态旅游的概念造成新的混乱。

（四）关于生态旅游者范畴的确定

在生态旅游概念中，最不明确的是生态旅游的主体即生态旅游者的范畴。我们只能从生态旅游的活动性质方面对其进行探讨。

1. 高素质、高消费的生态旅游者

从生态旅游活动性质的“高层次”来看，落实到旅游者就体现在“高素质”和“高消费”上。

高素质即指生态旅游者具有较高的文化、环保及精神需求素质。和传统大众旅游者相比，生态旅游者往往具有较高的文化素养和知识层次，受绿色环境保护思想的影响较深，已有一定的环保意识和回归大自然的愿望，并力图通过旅游从大自然中寻求自己的价值和人类的前途，是一批相当成熟的旅游者。

高消费指生态旅游者的经济消费水平高。传统大众旅游者处于现代旅游发展

初期的低层次消费。这就使旅游目的地的环境维持和保护缺乏足够的资金保证，故传统大众旅游受益者是旅游开发商和旅游者，而环境问题遗留给当地社区，使旅游业难以持续发展。而生态旅游强调旅游开发商、旅游者及当地社区在旅游业中共同受益，共同承担保护的责任。这体现在旅游者的消费上较传统大众旅游而言的高消费，因为生态旅游者在享受旅游目的地的生态旅游资源的同时应支付其应承担的环境保护费用。

2. 生态旅游者非大众旅游者的观点受到挑战

生态旅游者是少数人还是大众？这个问题存在不同的观点。从生态旅游者的高素质和高消费特点来分析，目前生态旅游还不是一种大众旅游，是少数人参与的旅游。那么这“少数人”怎么界定呢？生态学家强调旅游者素养、旅游活动目的的科学含量和环境教育的功能，故生态旅游者可以视为那些文化发达的国家和地区的文化人。旅游业呈现出了增强环境意识、考虑旅游目的地的环境承载力基础上的限制游客进入量、提高单个游客消费水平的趋势，这也是旅游业保护环境以求持续发展的对策，在这一思路下，生态旅游者就是经济实力强的有钱人。这两者都是少数人而且两者还存在一个矛盾：高素质的人不一定是有钱人，有钱人素质不一定高。因此，同时满足这两个条件的人就少之又少。但生态旅游是在传统大众旅游发展之后兴起的，从某种意义上讲，是从传统大众旅游的“生态修正”中产生的，与传统大众旅游有着密不可分的联系。随着生态旅游的兴起、传统大众旅游的生态化，生态旅游者的队伍会越来越壮大。为了满足大众回归自然的旅游动机，旅游业没有权力也无法阻止大众的生态旅游绿色消费潮的兴起。因此，生态旅游市场完全可以像其他商品市场一样，根据市场的需求，推出高、中、低不同档次的生态旅游产品，以满足不同层次生态旅游者的旅游需求，即生态旅游者也可根据素质和经济实力的差异来区分消费层次，形成合理的生态旅游消费结构。若按此观点，生态旅游者非大众的观点就将受到挑战。

（五）保护与利用之间矛盾的解决

这个问题说起来简单，但却是实践中最难解决的问题。从严格意义上说，任何旅游活动都会对人类生态环境产生影响，任何开发都会产生一定程度的破坏。发展和保护始终是一对难以兼顾的矛盾。由于不同旅游资源的所有权不同，管理权限的归属不同，开展生态旅游的受益部门和受益程度不同，所以各自为政、各执其辞，保护和利用就出现矛盾。例如，虽然自然保护区、森林公园、风景名胜区都可能对生态旅游者产生吸引力，但同时特殊资源和环境的保护与开发利用有时难以兼得。特别是一些欠发达地区，由于经济落后，人们思变求富的心情强烈，发展旅游获得经济效益特别是获得最快、最大的经济收益的要求迫切，与此同时，能够投入基础建设、基础保护措施的资金不足、人才与技术都比较缺乏、政策不当、开发不当，对旅游资源及环境的危害程度更大。特殊的民族文化区域更是如此：旅游者希望更多地接触当地居民，品尝“原汁原味”，而当地居民要“告别原始”实现现代化，旅游业的发展无疑成为一种“催化剂”，为满足外来旅游者的需求而坚持保护传统文化和为自身的发展而破坏传统文化也将是难以调和的矛盾。

第四节　生态旅游系统

一、系统

（一）系统的概念

按照现代系统研究开创者贝塔朗菲的定义，系统（systems）是“相互作用的多元素的综合体”。

我国学者钱学森将系统定义为“系统是由相互制约的各部分组成的具有一定功能的整体”。

分析以上两个定义发现，贝塔朗菲的定义着重从基础科学的层次上定义，它强调元素之间的相互作用以及系统对元素的综合功能；钱学森则着重从技术科学的层次上定义，它强调系统具有“一定的功能”，这一定义尤其适用于技术科学层次的系统理论和系统工程，因为人们研究、设计、组建、管理、控制系统都是为了获得预定的功能。凡是系统都具有功能，功能是客观事物的一种整体特性。系统的本质特征是具有特定的功能。

对系统的概念我们可以这样理解：系统是由一些相互联系、相互制约的若干组成部分结合而成的、具有特定功能的一个有机整体（集合）。系统是普遍存在的，在宇宙间，从基本粒子到河外星系，从人类社会到人的思维，从无机界到有机界，从自然科学到社会科学，系统无所不在。按宏观层面分类，它大致可以分为自然系统、人工系统、复合系统。

系统的概念还可以从以下要点去理解：

系统是由若干要素（部分）组成的。这些要素可能是一些个体、零件，也可能其本身就是一个系统（或称之为子系统）。

系统内部与外部有一定的秩序。即它的各要素之间、要素与整体之间以及整体与环境之间都存在着一定的有机联系。

系统有一定的结构。一个系统是其构成要素的集合，这些要素相互联系、相互制约。系统内部各要素之间相对稳定的联系方式、组织秩序等的内在表现形式，就是系统的结构。

系统有一定的功能。或者说系统要有一定的目的性。系统的功能是指系统与外部环境相互联系和相互作用中表现出来的性质、能力和功能。系统整体要具有不同于各个组成要素的结构和功能。如果只是一些元素的简单堆积或重叠则不构成系统。

（二）系统的特点

作为系统，具有以下基本特征：

（1）多元性。即系统必须包含两个或两个以上的元素。系统是多样性的统一、差异性的统一。最简单的是二元素系统，一般为多元素系统，原则上存在无穷多元素的系统。

（2）相关性。系统中不存在与其他元素无关的孤立元素或组分，所有元素都彼此关联在一起，相互依存、相互作用、相互鼓励、相互补充、相互制约。相关性是系统"生命力"的重要源泉。

（3）整体性。多元性加相关性产生了系统的又一个更重要的特点：整体性。系统是由它的所有组分构成的统一整体，具有整体的形态、整体的结构、整体的特性、整体的行为、整体的功能等。系统是整合起来的多样性，兼具多样性和统一性两个特点。

二、旅游系统

旅游系统是运用系统论思想来研究旅游问题，旅游系统论的观点就是要求研究者把旅游视为一个相互依赖又相互作用的系统平衡推进、协调发展的综合体，而该综合体又成了对旅游业进行系统改造的对象，这样旅游系统就自然成了旅游学研究的对象。目前，国内外不同学科背景的研究者出于不同的研究目的，从不同角度提出了各自的旅游系统模型，对旅游系统的具体内涵的认识争论仍较大，这一问题也已成为旅游学术界的一大热点问题。本节针对几种比较有代表性的旅游系统模型进行介绍。

（一）旅游功能系统模型

美国旅游规划专家 Gunn 教授于 1972 年提出了旅游系统的概念，并提出了旅游功能系统模型。他当时认为，旅游系统由需求板块和供给板块两部分组成，其中需求板块为旅游者，供给板块由交通、信息、促销、吸引物和服务等构成，这五个部分是旅游规划的基本要素，旅游活动的实现，至少涉及这五个要素，并形成一个相互依赖、共同作用的有机整体。2002 年，Gunn 提出了一个新的旅游功能系统模型（如图 2-1 所示）。在这个模型中，供给和需求两个最基本要素之间的相互匹配构成了旅游系统的基本结构，在供给子系统里，吸引物、促销、交通、信息和服务之间存在着相互依赖的关系，它们共同作用，提供符合市场需求的旅游产品。如果说 1972 年的模型对供给和需求的描述很大程度上仅停留在对旅游者、信息、促销、交通、吸引物和服务五个要素进行分类，那么 2002 年的模型则更体现了旅游系统的本质。

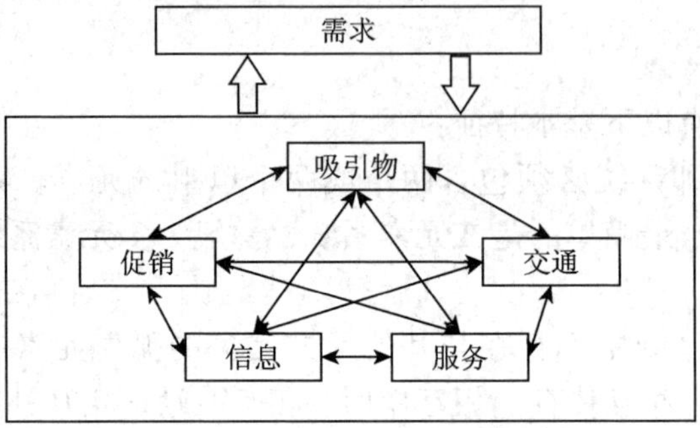

图 2-1　旅游功能系统模型

资料来源：Gunn C A，Var T. Tourism Planning：Basics，Concepts，Cases［M］. 4th ed. New York：Routledge，2002.

（二）旅游地理系统模型

澳大利亚学者 Leiper 在 1979 年提出，并于 1990 年重建了旅游地理系统模型（如图 2-2 所示）。在对旅游进行定义时，Leiper 抓住了旅游者空间移动这一显著特征，将旅游视为客源地与目的地及旅游通道相连的空间系统，找到了旅游行业和旅游部门的定位，并提出了所有旅行活动本身都会涉及的地理因素。在模型中，重点突出了客源地、目的地和旅游通道三个空间要素。它把旅游系统描述为旅游通道连接的客源地和目的地的组合。同时，在该模型中既可看到 Gunn 旅游功能模型的影子（供给与需求的相互关系），又可发现客源地和目的地的空间关系。因此，该模型对旅游系统的分析是从旅游空间结构和旅游供求两个层面着手的。

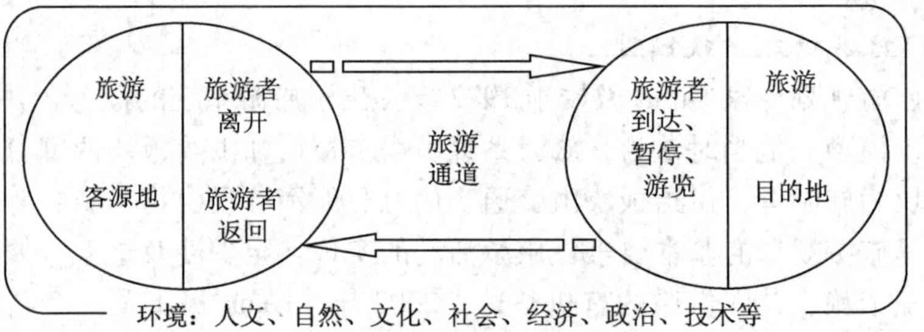

图 2-2　旅游地理系统模型

资料来源：转引自陈玲玲等. 生态旅游——理论与实践［M］. 上海：复旦大学出版社，2012：28

（三）旅游系统模型

我国学者吴必虎在国外模型的基础上，于1998年提出了一个新的旅游系统概念模型。他把旅游系统分为客源市场系统、目的地系统、出行系统和支持系统四个部分。1999年，王家骏也提出了旅游系统模型，把旅游系统与外部环境相结合，增加了输入和输出两项内容（如图2-3所示）。这种将系统与环境联系起来的做法，不仅对旅游系统的结构描述更加完整和全面，而且在思考问题的角度和方法方面也是一种提高和进步。

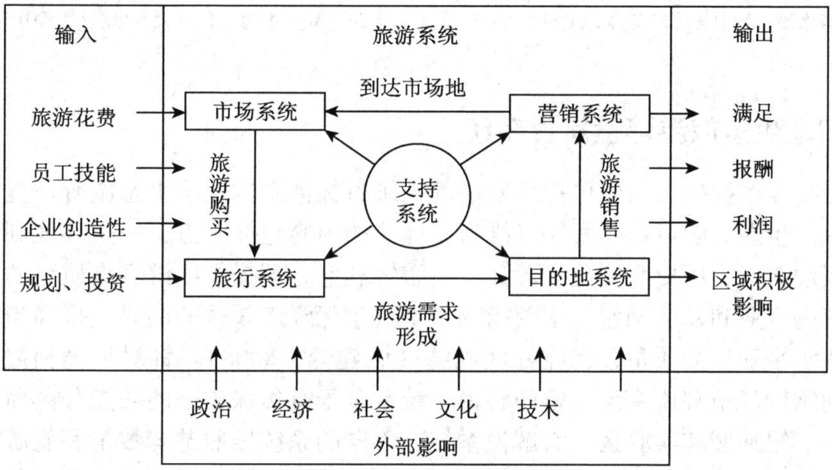

图2-3　旅游系统模型

资料来源：转引自陈玲玲等．生态旅游——理论与实践［M］．上海：复旦大学出版社，2012：29

任何系统都是在一定的环境中产生的，又将在环境中运行和演化，因此可以说，不考虑环境的旅游系统模型是不完整的。随着社会现象的发展日趋复杂，旅游系统需要考虑的因素也日益增多，因此，在构建旅游系统模型时，应该考虑到环境的变化和复杂性对旅游系统复杂性的影响并加以重点关注。

三、生态旅游系统

“旅游系统”是旅游学的研究对象，“生态旅游系统”则是生态旅游的研究对象。根据系统论的观点，生态旅游系统是指生态旅游要素按一定的旅游规律组合而成的有机整体，也就是在满足生态旅游基本要求的地域内，由与生态旅游密切关联的各要素按一定的旅游市场运行机制构成的动态有机整体。目前我国最具代表性的生态旅游系统理论模型是杨桂华等在2000年提出的“四体”生态旅游系统模式（如图2-4所示），即生态旅游系统由主体（生态旅游者）、客体（生态旅游资源)、媒体（生态旅游业）和载体（生态旅游环境）四要素构成。“四体”生态旅游系统与传统的旅游系统相比存在着质的差别，这种“质”就是保护，保护的对象是生态旅游资源、生态旅游环境和旅游目的地当地社区的利益。

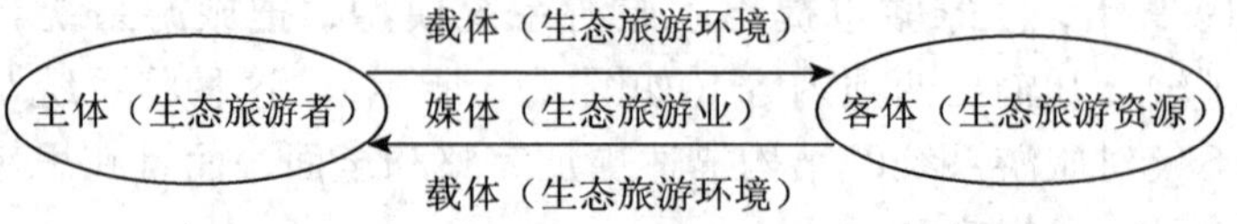

图 2-4　生态旅游系统的“四体”模式

资料来源：转引自陈玲玲等．生态旅游——理论与实践［M］．上海：复旦大学出版社，2012：30

四、生态旅游环境解说系统

张建萍根据生态旅游可持续发展的三维目标体系构建了生态旅游环境解说三维系统。生态旅游可持续发展三维目标体系的内容包括三点：一是环境利益，即保护当地自然、历史和文化资源；二是游客利益，即提供给游客高质量的旅游经历；三是企业和社区利益，主要指的是增进景区经济效益的同时，提高当地居民的收入水平和生活质量，保障社区利益（张建萍，2008）。针对环境利益可以构建空间维度环境解说系统。空间解说系统是基于自然保护区的功能分区而建立的核心区、缓冲区和实验区三大解说系统，不同的系统按照游客数量和旅游需求及资源保护特点而建设不同的解说媒介设施，采取不同的解说方式，其目的就是最大限度地减少游客对保护区环境的冲击，加强资源保护，实现环境利益。针对游客利益可以构建时间维度环境解说系统。时间维度解说系统是建立在游客不同年龄段的划分上，分别构建了儿童、学生和成年人解说系统，以便根据不同的解说对象而采取针对性解说规划与设计，其目的就是在保护自然资源的同时，最大化地提高游客的旅游体验和保障游客利益。针对企业和社区利益，应该重视形式和媒介维度环境解说系统的建设，因为解说媒介的建设、解说方式的改善，可以延长游客在景区和社区的逗留时间，从而为经济效益的提高提供了保障。

综合生态旅游可持续发展三维目标体系、旅游空间分区理论、终身环境教育理论等，张建萍构建了以时间维度为主体依据，以空间维度为构建载体，以形式维度为规划设计对象的环境解说三维系统。不同维度之间的交集互动关系最终形成三维系统的理论指导框架，而这一指导框架的科学性是建立在对时间维度、空间维度及形式维度正确解读的基础上的。

自然保护区环境解说三维系统是以生态旅游可持续发展三维目标体系和环境教育理论为基础，结合自然保护区的功能分区特点，以空间、时间、形式为三个维度构建的新型解说系统，具体见图 2-5。

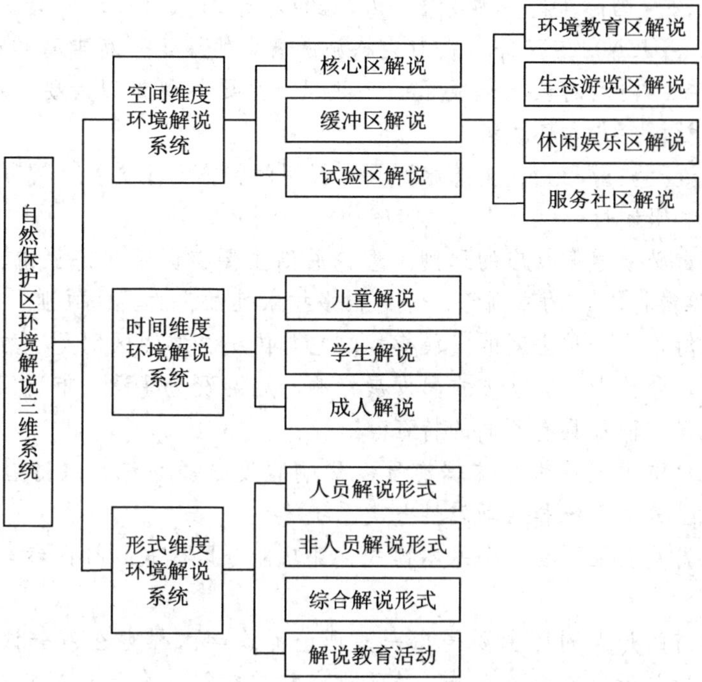

图 2-5　自然保护区环境解说三维系统结构图

环境解说系统和生态旅游是相互衔接的。生态旅游的本质特点与要求可概括为环境教育、环境保护和社区利益三点，而这三点在三维系统的设计中得到了充分体现和有效发挥。

环境教育——通过时间维度与形式维度的交集，即通过对受众年龄段的划分及对不同年龄段受众的分级差异化解说，以达到环境教育的目的。

环境保护——通过空间维度与形式维度的交集，即对自然保护区空间功能分区的划分，以及对不同功能分区采取不同的解说形式，以达到环境保护的目的。

社区利益——三维系统的设计中不仅将社区作为一种空间维度，也将其作为一种解说方式进行了充分考虑，从而使社区利益得到充分保障。

因此可以说，自然保护区环境解说三维系统的设计充分体现了生态旅游的特点与要求。

本章小结

多年来关于生态旅游的定义多种多样，最流行的有国际生态旅游协会

(TIES) 定义、《国际生态旅游标准》(“绿色环球21”，GG21) 定义以及世界自然保护联盟 (IUCN) 定义等。在对生态旅游概念的认识不断丰富和深化的同时，对生态旅游基本内涵的认识形成了一些共识，主要体现为四大要点：原生系统、生态保护、社区参与和环境教育。

与传统大众旅游相比，生态旅游具有鲜明的特征：生态性、保护性、高品位性、专业性和限制性。

生态旅游必须遵循相应的原则。理论原则主要有国际生态旅游协会的原则、《国际生态旅游标准》的原则等，还有很多技术性细化的具体原则。

生态旅游作为一种全新的发展模式，它与传统旅游的区别是多方面的，两者在追求目标、受益者、管理方式、发展影响、旅游设施建设、市场因素分析、发展战略等很多方面都具有不同的特征。

对生态旅游类型的划分依据有环境影响程度分类系统、旅游者属性分类系统、资源属性分类系统和活动属性分类系统等。

生态旅游发展主要有三个基本模式，即功能分区模式、社区参与模式和环境教育模式。

生态旅游的热点问题主要是指一些理论界或学术界存在着争议和分歧的问题。主要包括关于生态旅游概念、关于生态旅游对象、关于生态旅游性质、关于生态旅游者范畴和保护与利用之间的矛盾五个方面的问题。

复习题

1. 在有关生态旅游的概念中，你认为哪些内容最能揭示生态旅游的本质内涵？

2. 对生态旅游概念的认识，国内外形成了哪些共识？

3. 综合认识生态旅游的特征和原则及生态旅游与传统大众旅游的区别。

4. 关于生态旅游的类型有哪些分类系统？

5. 世界上有哪些成功的生态旅游发展模式？有哪些值得我们借鉴的经验？

6. 目前学术界关注的有关生态旅游的热点问题主要有哪些？你对这些问题有怎样的看法？

阅读材料 2-1

自然保护区生态旅游的王朗模式

王朗自然保护区成立于1965年，是我国最早成立的四个大熊猫自然保护区之一。保护区位于四川省绵阳市北部的平武县，是岷山山系的腹心地区，属于全球生物多样性核心地区之一的喜马拉雅——横断山区。保护区内生活着大熊猫、金丝猴、扭角羚等7种国家一级保护动物和29种国家二级保护动物。根据1989年的调查，这里是大熊猫分布最密集、人为干扰最少、栖息地质量最好的区域。区内还有着种类丰富的鸟类资源。植物种类也十分丰富，区系组成复杂。完整独特的生态系统、丰富的动植物资源和大熊猫的特殊吸引力是王朗自然保护区开展生态旅游的天赋条件。

一、王朗生态旅游的"小众"特征

与许多自然保护区的生态旅游不同，王朗生态旅游的内在动力来自于保护区协调发展的要求，而非单纯的经济目的或政府的行政安排。在借鉴了澳大利亚、尼泊尔等国自然保护区生态旅游成功经验的基础上，王朗的生态旅游一开始就避开了其他自然保护区大规模、大众化旅游开发的误区，以其鲜明的个性在保护区的生态旅游中独树一帜。王朗的生态旅游模式具有鲜明的"小众"特点，可以称之为小众型生态旅游。"小众"旅游是区别于大众旅游的一种精品化的旅游模式，它以科研工作者、国际生态旅游者、会议旅游者、学生等八类市场为其主要服务对象，并且通过网站、媒体宣传、会议、信件、电话甚至私人接触等方式与这一部分"小众"保持良好而持久的关系。保护区提供的专业性、知识性极强的旅游产品如讲座、科考、专业解说等也正是适应了这一类消费者的需求。而旅游接待中保护区员工与旅游者个人接触广泛，人性化的服务模式也十分契合这些目标消费者的心理。王朗所选择的这几类游客的人数虽然不多，但重游率高、花费高，因而构成王朗生态旅游的主要市场。据王朗自然保护区的统计，这一部分游客的数量只占王朗入区游客总数的25%，但其消费占保护区旅游总收入的70%。成功的市场定位与产品定位成为王朗生态旅游最大的竞争优势。

二、"小众"生态旅游与王朗自然保护区的全面发展

王朗的旅游实践不但找到了适合自身资源条件和特点的生态旅游模式，而且使得自然保护区的生态旅游发展成功地服务于保护区的资源保护与管理。通观王朗生态旅游10年的发展，如果仅从经济效益角度考量，它算不得成功。每年30万~40万元的收入，恐怕是任何一个旅游开发公司所不屑的。但是通过生态旅游的开展，带动了保护区的科研、保护、教育、国际合作和社区工作，使得保护区走上了一条协调发展、可持续发展之路。仅以科研为例，生态旅游开展的10年是自然保护区对外合作和科研发展最快的时期。王朗自然保护区通过生态旅游的发展提高了知名度，吸引了大量科研机构的合作和资金的注入。保护区已先后成功地与北京大学、四川大学、中科院成都生物研究所、美国宾西法尼亚大学等数十所国内外科研院所进行了20多个科研项目的合作，在巡护、监测和科研的基础上，建立了几十个数据库。同时这些科研成果又被成功地转化为讲座、解说、生态小道等生态旅游产品，极大地丰富了王朗生态旅游的内涵和吸引力。

📖 阅读材料2-2

"不丹模式"与可持续发展

在"由政府善治、经济增长、文化发展和环境保护四极组成的'国民幸福总值'指标比GDP更重要"的治国理念指导下，不丹在发展经济的同时，十分重视保护环境和生态、文化

资源，经济的高速增长并没有以牺牲环境和放弃自己的文化认同为代价。

从1974年开放旅游业起，为防止外国旅游者对不丹自然环境、传统文化和当地人民生活方式带来负面影响，不丹政府严格控制入境旅游人数，实施低客流高效益的旅游政策，并通过制定最低消费水平的办法来控制旅游者的人数，实行境外旅游者在不丹停留时间最少6天及每人每天200美元的最低消费制。境外旅游者必须由被政府授权的旅行社代办签证、机票和安排食宿及旅行日程并接受旅行社提供的导游。同时出于环保考虑，一般只接受团体旅游，除非得到政府的正式邀请，散客不能进入不丹旅行，其行程还必须经过政府仔细审核。

不丹没有专门为旅游者人工"打造"的景区，也没有刻意安排的表演，进入不丹，你所能看到的就是不丹人的真实生活。从城镇到乡村清一色的不丹建筑风格，独具风韵（政府对造型和风格有统一要求）。如果运气好，有时候可以在寺院遇上祭祀等仪式，或赶上一个传统节日或庆典，就能看到极具特色的不丹传统舞蹈。主人利用的是现有的自然与文化资源——自然地貌、山林风光、农田村舍、古朴民风、特色建筑以及人民的日常生活，呈现给客人的是真实和谐的自然与文化生态之旅。

在政府的领导下，不丹的环境保护机构同国际组织合作，在全国范围内推行教育和保护计划。当地的社区成员积极参与到生态旅游的开发当中，承担导游、维护山路、在食宿点提供服务等工作。目前，旅游业已成为全国第三大创汇行业。

由此，不丹成为非常受欢迎的生态旅游目的地，"低数量、高回报"的旅游政策反而使不丹格外令人向往，形成了世界旅游发展中引人注目的"不丹模式"，被誉为最后的"香格里拉"。英国莱斯特大学2006年在其"幸福指数世界地图"中将不丹人列为"亚洲第一、世界第八最幸福的国民"。"去不丹畅游山区王国的古代村落"被选为《国家地理》推荐的25种探险旅游方式之一。为表彰不丹国王和人民在环保领域的突出贡献，联合国将首届"地球卫士奖"授予第四世国王旺楚克和不丹人民。

资料来源：杨胜明．"不丹模式"与可持续发展［N］．中国旅游报，2008-11-07（7）

第三章

生态旅游的基础理论

【学习目标】

- 了解生态旅游的三大理论基石
- 掌握可持续发展的内涵及原则
- 理解可持续发展理论和生态旅游的关系
- 了解生态环境伦理思想及派别
- 理解生态美理论

生态旅游的一系列实践活动是建立在理论基础之上，并以理论为指导的。生态旅游之所以能够在较短的时间内在全球获得快速发展，与理论的指导和支撑是分不开的。在众多指导生态旅游发展的理论中，可持续发展理论、生态环境伦理理论和生态美理论是最为重要的，可列为生态旅游的三大理论基石。本章分别对这三大指导理论的基本内容及其与生态旅游的关系进行综合分析与阐述。

第一节　可持续发展理论与生态旅游

可持续发展理论是在人类面临生存危机时对未来生存和发展道路的正确选择，是人与自然协调论在人类发展战略中的折射，是指导旅游业包括生态旅游可持续发展的基本理论。

一、可持续发展理论的形成

可持续发展是人类社会新的发展概念、新的发展思想、新的发展战略。它的形成与发展经历了漫长的时间。

（一）可持续发展观的萌芽阶段

1.《寂静的春天》——对传统行为和观念的早期反思

现代可持续发展思想的提出源于人们对环境问题的逐步认识和热切关注。在人类可持续发展思想的形成过程中，有两本书具有极其重要的意义。其中一本是被称为“改变了世界历史进程”的、由美国海洋生物学家雷切尔·卡森（Rachel Carson）于1962年出版的《寂静的春天》。书中详细描述了滥用化学农药造成的生态破坏：一个没有声息的春天。它被称为一本20世纪里程碑式的著作，有人认为它标志着一个新的“生物学时代”的开始。

2.《增长的极限》——引起世界反响的“严肃忧虑”

在环境保护方面另一本著名的书是由罗马俱乐部于1972年出版的《增长的极限》。1972年以丹尼斯·麦多斯（Dennis Meadows）等为代表的罗马俱乐部成员，发表了一份轰动世界的研究报告《增长的极限》。报告针对长期流行于西方的高增长理论进行了深刻反思，富有挑战性地提出了“增长的极限”问题，指出决定和限制增长的五个主要因素，即人口增长、粮食供应、自然资源、工业生产、污染。《增长的极限》引发了一场激烈的、旷日持久的学术之争。报告所表现出的对人类前途的“严肃的忧虑”为孕育可持续发展的思想萌芽提供了土壤。

（二）可持续发展观形成的历史上的三大标志事件

1. 联合国人类环境会议——人类对环境问题的正式挑战

1972年6月，联合国在瑞典首都斯德哥尔摩召开的人类环境会议是世界各国政府第一次聚集在一起共同讨论环境问题，它的意义在于使环境成为国际性重大问题，这也标志着全人类对环境问题的觉醒。这次会议可以说是人类对环境问题觉醒中的第一座里程碑。共有113个国家和一些国际机构的1300多名代表参加了会议。大会呼吁各国政府和人民为维护和改善人类环境、造福全体人民、造福后代而共同努力。从那以后，包括非洲统一组织（OAU）和50个国家制定了法律和手段，保障环境作为人权的基本组成部分。这次会议主要有三大贡献：

（1）通过了《联合国人类环境宣言》，并提出了26个原则；

（2）就109条建议形成了行动计划；

（3）成立了联合国环境规划署（UNEP）。

此后，联合国确定每年的6月5日为世界环境日。这次会议正式吹响了人类共同向环境问题挑战的进军号。各国政府和公众的环境意识，无论在广度上还是在深度上都向前迈进了一步。

2.《我们共同的未来》——环境与发展思想的重大飞跃

斯德哥尔摩会议第一次把环境问题的重要性和紧迫性摆在各国政府面前，开始在全球范围内唤起人们对环境问题的觉醒。在这方面，这次会议具有不可磨灭的功绩，但是必须指出，这次会议并未能把环境问题同经济和社会发展结合起来，指出了环境问题却未能确定其根源和责任，也就没有真正找到解决问题的出路。

在纪念斯德哥尔摩会议10周年之际，一些专家撰文指出新的问题已经出现：

一方面，虽然发达国家在治理环境污染方面取得了一些进展，但环境问题的焦点却逐渐转移到了发展中国家，如热带雨林在消失、良田由于过度开垦而逐渐变成不毛之地；另一方面，越来越多的证据使人们开始关注全球性环境问题的发展，如酸雨、全球变暖和臭氧层耗竭等，这些环境问题给人类带来了更大的威胁。在这样的前景下，各国政府逐渐开始认识到环境问题绝不只是一个国家内部的问题，只有通过国际合作才有可能真正取得进步。人类必须寻找一条新的发展道路。这条新的道路又是什么呢？对此，人们曾经提出了“合乎环境要求的发展”“无破坏情况下的发展”“生态的发展”“连续的发展”等概念。

1983 年，联合国成立了世界环境与发展委员会（World Commisson of Environment and Development，WCED）。1987 年，世界环境与发展委员会主席、挪威前首相布伦特兰（Brutland）夫人领导的一个写作班子向联合国提出了一份题为《我们共同的未来》（*Our common Future*）的研究报告。该报告明确提出了可持续发展道路的思想，并对可持续发展的内涵做了界定和详尽的理论阐述，这是人类社会有关环境与发展思想从一般的考虑环境保护到强调把环境保护与人类发展结合起来认识的一个重要飞跃。

该报告明确定义了可持续发展是指“能满足当代的需要，同时不损及未来世代需要的发展”（WCED，1987）。

该报告是可持续发展理论产生的重要步骤，是人类思想认识上的一次重大飞跃，是人类诀别传统发展模式和开拓现代文明的重要里程碑。随着《我们共同的未来》的发表和可持续发展理论的提出，一条新的发展道路开始出现在人类面前。

3. 联合国环境与发展大会——系统推进人类可持续发展的重要里程碑

从 1972 年联合国人类环境会议召开到 1992 年的 20 年间，尤其是 20 世纪 80 年代以来，国际社会关注的热点已由单纯注重环境问题逐步转移到环境与发展两者的关系上来。在这一背景下，1992 年 6 月 3 日至 14 日，联合国历史上一次空前的盛会——联合国环境与发展大会（UNCED）在巴西的里约热内卢召开，共有 183 个国家、100 多个政府首脑、10000 名代表及 1400 个非政府组织出席了这次大会。大会通过了《里约环境与发展宣言》和《21 世纪议程》两个纲领性文件，第一次把可持续发展由理论和概念推向行动。

这次会议是联合国成立以来规模最大、级别最高、与会人数最多、筹备时间最长、影响最深远的一次国际会议，是人类环境与发展史上的一次盛会。它所通过的文件充分体现了当今人类社会可持续发展的新思想，反映了关于环境与发展领域合作的全球共识和最高级别的政治承诺。大会为人类高举可持续发展旗帜、走可持续发展之路发出了总动员，使人类迈出了跨向新的文明的关键性一步，为人类的环境与发展树立了一座重要的里程碑。

二、可持续发展的定义、内涵与原则

（一）什么是可持续发展

“世界环境与发展委员会”在《我们共同的未来》中提出的可持续发展的定义是：“可持续发展是既满足当代人的需求，又不损害满足子孙后代需求能力的发展。”或者说“可持续发展是既满足当代人的需要，又不对后代人满足其需要的能力构成危害的发展”。其实质是要求人们从传统工业文明的发展方式中解脱出来，走人与自然协调发展的生态文明发展方式。

（二）可持续发展的内涵

对可持续发展的定义，简单地理解就是促进发展并保证其可持续性。它包含了“发展”和“可持续”两层含义。

1. 什么是“发展”

“增长”≠“发展”。两者既有密切联系，又有本质区别。

“增长”即经济增长，是指一个国家或地区在一定时期内国民财富或社会财富的增长，具体地说，就是“一国生产的商品和劳务总量的增加”。“发展”指经济发展或社会发展，它不仅包含经济增长的内容，更意味着伴随增长而出现了各种“结构”的变化，如经济结构、社会结构、政治结构的变化等。可见，“增长”的内涵较窄，是一个偏重于数量和速度的单一概念；而“发展”的内涵较宽，是一个既包括数量又兼顾质量，既考虑经济因素又考虑社会因素、环境因素的综合概念。所以说“增长”不等于“发展”。

从这层意义上说，可持续发展不仅是经济发展的问题，而且与生态环境和社会发展有密切的关系。过热的、失控的经济发展短期内会带来表面的繁荣，但随之而来的是生态环境的严重破坏和社会生活的不安定，这样的发展只会导致人类的灭亡。

因此，对“发展”的理解包含“需要”和“限制”两个重要概念。“需要”的概念，尤其是世界上贫困人民的基本需要的满足应放在特别优先的地位考察；“限制”的概念，是技术状况和社会组织对环境满足眼前和将来需要的能力施加的限制。《21世纪议程》明确指出，可持续发展不要单纯依赖经济增长、忽略生态环境保护的传统发展模式，由资源型经济过渡到技术型经济，综合考虑经济、社会、资源、生态和环境效益。

2. 什么是“可持续性”

可持续发展战略不是单一某个方面的，而是一个复合性的概念。它包括了“经济可持续发展”“生态可持续发展”和“社会可持续发展”三者的有机统一，它要求人类在发展中讲究经济效益、关注生态和谐、追求社会公平，最终达到全面发展。

（1）经济可持续发展。可持续发展鼓励经济发展，通过经济发展提高人们的生活水平，增强国家实力和社会财富，但是可持续经济发展是指经济的发展必须建立在生态的可持续发展基础上。可持续发展不仅重视经济增长的数量，更要追求经济发展的质量。也就是说，将传统的以“高投入、高消耗、高污染”为特征的生产模式和消费模式，改变为实施清洁生产和文明消费。并且，当代人经济发展也应在资源和环境承载范围内，使得后代人可以永续利用环境资源。

（2）生态可持续发展。生态可持续发展是指环境保护必须与经济发展之间取得合理的平衡，具体说就是人类未来自身的发展，在开发利用资源和环境时要遵循生态学规律，开发和利用程度限制在自然生态环境的承载范围之内，维护生态系统的正常物质循环和能量流动。为此，必须重视资源和环境承载力的研究，建立科学的环境保护标准，防止环境污染及破坏，最大限度地实现人与自然的和谐共处。

（3）社会可持续发展。可持续社会主张长期满足社会的基本需要，保证资源与收入在当代人之间及各代人之间公平分配，力争使经济效率与社会公正取得合理的均衡。具体地说，社会可持续发展强调社会公平是发展的内在要素，也是环境保护得以实现的机制。发展的本质应包括普遍改善人类生活质量，提高人类健康水平，创造一个保障人们平等、自由，广泛享有教育和人权的地球社会环境。保证国家的稳定和发展，同时在国际上也应让各国人民共同参与并建立和平安全的社会环境。

总之，可持续发展不仅是经济问题，也不仅是社会问题和生态问题，而是三者相互影响的综合体。三者的关系可概括为：在人类可持续发展系统中，经济可持续是基础，生态可持续是条件，社会可持续才是目的。人类应该追求的是以人为目标的自然—经济—社会复合系统的持续、稳定、健康发展，可持续发展的目标就是谋求社会的全面进步。

通过对可持续发展的概念及相关内容的研究，不难发现，实践可持续发展理论将会引起人类文明的新的更替。如果说 1 万年以前的农业革命实现了从原始渔猎文明到农业文明的转换，200 年以前的工业革命实现了从农业文明到工业文明的转换，那么实施可持续发展战略将呼唤人类社会从当前的工业文明走向未来的生态文明或绿色文明。可持续发展理论要求在下列方面与工业革命延续下来的发展观念划清界限：从以单纯经济增长为目标的发展转向经济、社会、生态的综合发展；从以物为本位的发展转向以人为本位（发展的目的是满足人的基本需求、提高人的生活质量）的发展；从注重眼前利益、局部利益的发展转向长期利益、整体利益的发展；从物质资源推动型的发展转向非物质资源或信息资源（科技与知识）推动型的发展。正是从这些方面，可持续发展战略的提出是工业革命以来人类发展观念的重大革命，标志着它是一个有利于人类健康发展的新理念和行动纲领。而可持续的生态文明也将会成为21世纪人类社会发展的主旋律。

（三）可持续发展的原则

（1）公平性原则。公平性原则要求现代和子孙后代公平地享用自然资源，满足共同需求。它既包括本代人的公平，即横向公平；也包括代际间的公平，即纵向公平。

（2）持续性原则。在可持续发展中，在求得发展以“满足需求”的同时，要顾及“限制”因素，最主要的限制因素是人类赖以生存的物质基础，即自然资源与环境。资源的开发应在生态环境系统的承受能力范围内，保持生态系统的平衡与稳定，减少不可更新资源的消耗。

（3）共同性原则。人类生活在同一地球上，地球的完整性和人类的相互依存表现了人类根本利益的共同性。因此可持续发展作为全球发展的总目标，需要全球的联合行动，克服区域障碍和民族障碍，保证各个地区整体利益的实现（能源的使用、二氧化碳的排放都具有全球性的影响）。

三、可持续旅游

（一）可持续旅游的概念

可持续旅游概念是随着可持续发展这一新概念的出现而出现的，是可持续思想在旅游这一特定经济和文化领域的延伸。从可持续发展思想产生起，旅游的可持续发展就成为可持续发展的重要议题之一。1990年在加拿大召开的Globe 90国际大会上，对可持续旅游的目标做了一些表述，这标志着可持续发展思想开始向旅游业中正式渗透。

世界旅游组织（WTO）于1993年出版的《旅游与环境丛书》中对可持续旅游发展作出了界定：指在维护文化完整、保持生态环境的同时，满足人们对经济、社会和审美的要求。它能为今天的主人和客人们提供生计，又可保护和增进后代人的利益，并为其提供同样的机会。

1995年4月可持续旅游发展会议在西班牙召开，会议通过了著名的《可持续旅游发展宪章》和《可持续旅游发展行动计划》，对可持续旅游的发展起了积极的推动作用。《可持续旅游发展宪章》指出，可持续旅游发展的实质，就是要求旅游与自然、文化和人类生存环境成为一个整体，即旅游、资源、人类生存环境三者统一，以形成一种旅游业与社会经济、资源、环境良性协调的发展模式。因此，对资源和环境的保护成为旅游业可持续发展的基本出发点。

（二）可持续旅游的思想体系

可持续旅游包括三个方面的含义：①在为旅游者提供高质量的旅游环境的同

时，改善当地居民生活水平；②在发展过程中维持旅游供给地区生态环境的协调性、文化的完整性和旅游业经济目标的可获得性；③保持和增强环境、社会和经济未来的发展机会。

（三）可持续旅游目标

可持续旅游发展目标包括三个方面：

（1）经济目标。增加就业，扩大产品市场；增加经济收入，改善地方基础设施条件，改善地区的生活质量。

（2）社会目标。保护地方文化遗产，增强当地人的文化自豪感，为不同地区和不同文化的人们提供理解和交流机会；向旅游者提供高质量的旅游产品。

（3）环境目标。改进土地利用方式，从消耗性利用转为建设性利用；改善生态环境，加强公众的环境和文化意识，促进环境和文化的保护；保护未来旅游产品开发赖以生存的生态和文化环境质量。

四、可持续发展理论与生态旅游

（一）生态旅游发展的目标是可持续发展

在论及生态旅游与传统大众旅游的差异时，我们可以从不同方面列出很多点，其中最为核心的差异首推发展战略：传统大众旅游没有可持续发展理论的指导，虽也讲经济、社会、环境三大效益的协调发展，但只注重了几大效益间的横向关系，在近期和远期效益间的纵向关系上谈得较少，即使谈了，也缺乏落到实处的通道；生态旅游在可持续发展理论的指导下，对三大效益的横向和纵向的关系都十分重视，且把长远的可持续旅游作为自己的发展目标，通过操作性强的生态旅游，保证旅游可持续发展能够落到实处。

（二）生态旅游者应持可持续发展观点

生态旅游是一种满足人类身体和精神需求的活动。生态旅游者在其利用的资源有限性的基础上，应持可持续发展的观点，即利用应限制在资源环境的承受能力范围内，能保证代内不同地区的人和代际不同辈的人能够享受到共同的资源，要摒弃那种只顾自己的自私行为，不能因为满足自己的旅游需求而影响或危及别人的旅游需求。这就需要生态旅游者在可持续观点的指导下，增强保护意识，自觉主动地保护旅游对象，在旅游活动中，尽一切可能将对生态旅游环境的不利影响降至最低。

（三）生态旅游从业人员应以可持续发展作为工作准则

为了保证生态旅游的可持续发展，从业于生态旅游的一切人员在工作中均应以旅游可持续发展作为准则。在开发生态旅游目的地时，除挖掘当地旅游特色外，还应特别注意特色的保护和环境的保护，杜绝开发性破坏，为生态旅游业的可持续发展保护奠定物质基础；开发决策者应该有一个坚持长远发展的认识态度，不仅要重视当前的效益，更应把长远的可持续发展放在首位；开发投资者要清楚地认识到，生态旅游的投资不仅仅包括经济上的投资，亿万年形成的旅游资源也是有“价”的，这有价的旅游资源的拥有者是国家或当地社区，开发规划的知识投入也是有“价”的，因此生态旅游的投资包括了资源投资、知识投资和经济投资，相应地利益也应该是三家共同享有；旅游管理者和服务者应采用节约型和保护型管理模式，以保护旅游发展的后劲。

第二节 生态环境伦理与生态旅游

一、生态环境伦理的概念

我们通常所谓的伦理是存在于人与人之间的道德关系，而环境伦理是人类与自然环境间的道德关系，也可以说是人类对自然环境的伦理责任。伦理的内涵包括信念、态度和价值观，因此环境伦理即包含了人类对环境的信念、态度和价值观。

20 世纪的科学技术把人类的文明提升到空前的高度，也使人类征服和改造自然的能力大大增强。然而，如果没有道德力量的约束，现代技术运用中的任何一种力量都可能显现出其破坏性特征，其最终必定会造成难以挽回的毁灭性后果。20 世纪以来一直困扰着人类的生态环境危机便是这种毁灭性后果的表现。尽管人们采用各种方法试图缓解和消除生态危机，但危机并没有缓解反而加剧了。究其原因，不在于我们缺乏必要的技术能力，而在于缺乏必要的伦理意识。正是在对生态危机根源的反思基础上，诞生了一门新兴学科：生态环境伦理学。

传统的伦理学虽然已有数千年历史，但基本上属于人际伦理学的范畴，所涉及的研究对象基本上是人际道德。环境伦理学是一种主张把道德关怀扩展到各种非人类存在的物身上去的伦理学说。严格地说，它不是伦理学的一个分支或应用伦理学，而是一种全新的伦理思潮或价值观，表面看只是伦理的边界扩大，但实质上蕴含着一场观念上的革命。

因此，生态环境伦理的概念可归纳为：体现于人类的生产和生活活动过程中的一系列保护生态环境和资源的理性思维与道德规范。它是研究与生态环境保护相关的道德问题的理论，其目的是为保护生态环境提供一个恰当的道德根据和规范。

二、生态环境伦理思想的发展

由于人类的活动，人类正面临着史无前例的环境问题的挑战，任何一个理性的人对此都不会无动于衷，但我们不能仅停留在对这些罪恶的讨伐上，要上升到哲学的高度思考。

（一）人类中心主义的由来和主要观点

《圣经》中说，人是按上帝形象所塑造的存在物。从那时起，人类中心主义的祸根或已载进人的心灵。

古希腊的智者普罗塔哥拉曾有名言："人是万物的尺度，是存在者存在的尺度，也是不存在者不存在的尺度。"自古以来，人类的文化就带有浓厚的人类中心主义倾向。自然目的论实际就是一种最古老的人类中心主义。其核心观念是：人天生就是其他存在物的目的。这种观点最著名的代表人物是亚里士多德。他明确指出："植物的存在是为了给动物提供食物，而动物的存在是为了给人提供食物，所有的动物肯定都是大自然为了人类而创造的。"

文艺复兴以后，人性的自觉得到了解放和张扬，人类开始破除压制在心头的宗教和自然力量的神秘性，积极为自己的生存发展寻找理论支点，并把人定义为一个理性的存在物。这种观点的代表人物是笛卡儿。在他看来，人是一种比动物和植物更高级的存在物，因为人不仅具有躯体，还拥有不朽的灵魂或心灵，而动物和植物只具有躯体。作为纯粹的物质，动物只具有物质的属性，如体积、重量、形状等，它与无生命的客体并无区别，植物更是如此。康德、黑格尔也是这种观点的代表人物。

人类中心主义的价值观念深刻地影响着一代代人的思想和行为，它镌刻在人们的心灵深处，转化为一种思维定式，也往往形成了僵滞的思想意识。人类中心主义主要信念包括：

（1）人类是自然的主人；

（2）人类是一切价值的来源，大自然对人类只有工具性价值，而无内在价值；

（3）人类具有优越特性，故超越自然万物；

（4）人类与其他生物无伦理关系。

数千年来，人类沉醉于傲慢的人类中心主义中。正是这种观念的驱使，使人类对自然采取了种种不负责任的态度，盲目的掠夺式的发展使人类陷入了日益严重的生态与环境危机。所以说，人类中心主义是导致全球环境危机的罪魁祸首，是产生环境问题的深层根源。

（二）对人类中心主义的批判

20 世纪 70 年代以前，生态哲学的范式是人类中心主义的。生态哲学家们大多从人类中心主义的视角探讨人与自然的关系及其伦理问题。20 世纪 70 年代以后，全球性生态危机的进一步加剧，越来越多的人开始对人类中心主义的信念产生怀疑，从而导致了生态哲学领域中人类中心主义与非人类中心主义认识上的分野。首先发起对人类中心主义进行批判的是西方早期一批生态思想家，其中最具有代表性的有两位。

1. 梭罗的非人类中心主义生态观

亨利·戴维·梭罗（Henry David Thoreau，1817～1862）是美国历史上最伟大的文学家和思想家之一。梭罗最主要的一些作品，如《瓦尔登湖》《缅因森林》等，都是以人对自然的沉思为主题的。在20世纪环境运动兴起之后，梭罗关于自然的思想成了非人类中心环境伦理学的象征和标志。梭罗本人也被誉为美国文学史上第一位主要的自然阐释者，是美国环境主义的第一位圣徒。

梭罗一生最著名的经历是1845～1847年在瓦尔登湖湖畔的小木屋里度过的两年两月零两天的日子。这是他进行的简朴生活的实验，并据此写成了《瓦尔登湖》（1854）一书。这部名著充满了对自然各个细节的微妙记录，梭罗在书中表达了一种不自觉的生态中心论的思想：自然不属于人，人却属于自然；自然是善、美和天堂，是健康、价值和来源。在梭罗的思想里，人和自然的亲近乃是人类的必需，因为人接近自然，就是接近“那生命的不竭之源泉”。

2. 环保先锋缪尔

约翰·缪尔（Jonh Muir）1838年出生于苏格兰的邓巴，11岁时全家迁到美国。他抨击人类自以为是的自我主义，为美国国家公园的开辟和保护做出了很大贡献，代表作有《夏日走过山间》和《我们的国家公园》。

缪尔的基本思想是把自然的美学、保存自然遗产的价值和保护自然的科学方法结合起来。倡议建立国家公园便成为缪尔自然哲学的中心，而约塞米蒂国家公园的建立，就是他所设计的既享受自然又保护自然的一种模式。他的国家公园理论的倡导与实现，使得他在美国人民之中享有“国家公园之父”的美誉。今天全世界拥有国家公园的国家已经超过了120个，这说明国家公园的概念已被不同文化传统的人们所接受，成为世界人民保护自然遗产的一项得力措施。

梭罗和缪尔思想的特点都带有尊崇原始自然和返璞归真的倾向，开启了对自然之伦理感情和意识的先河。

（三）当代西方生态伦理思想派别

1. 生态整体主义伦理思想

作为一种系统理论，生态整体主义形成于20世纪。生态整体主义中最著名的理论——“大地伦理”理论的创立者是奥尔多·莱昂波尔德（A. Leopold，1887～1948），他是世界公认的生态环境伦理观的奠基人。他通过自己的科学实践、观察和思考，从认识人与人赖以生存的大地之间的关系中提出了“大地伦理”思想，他的《沙乡年鉴》“在环境保护圈子内几乎被视为一本圣经”。他确立了大地有机体的观念，并总结出一句至理名言——“像一座山那样思考”，其寓意是：山虽无法进行思考，但是山的存在所体现的却是动物、植物、微生物、岩石、土地间的整体性和相关性。

“任何一个不可分割的事物，都是一种活着的存在。”例如，取走狼的心脏，你就毁灭了一个比心脏器官的范畴更大的狼的生命；消除一个生态系统中的狼，你就改变了那个生物共同体（狼作为其组成部分）的本体。土壤的侵蚀也会给生态系统带来类似的改变。莱昂波尔德赞成这样的结论：地球自身（他喜欢用“大地”一词）不是僵死的，而是有生命的。可见，莱昂波尔德在使用“像山那样思考”这句隐喻性的名言时，意味着他已经在用有机的整体性方式进行思维了。相互关联、相互依存是这种思维方式的实质，它内在地表达了人类应当放弃早期自然保护主义以人的需要来对待大自然的观点，要求人们顾及大自然的整体和谐。

莱昂波尔德的“大地伦理”思想主要表现在以下四个方面：

（1）大地伦理扩大了共同体的边界。大地伦理学的任务就是“扩展道德共同体的边界，使之包括土壤、水、植物和动物，或由它们组成的整体——‘大地’”。当人与自然处在对立面时，无论从哪个角度看，大地都是一种财富。但是，当莱昂波尔德从生态学的角度去看大地时，它的内涵就不同了：大地不仅包括土壤、水、空气，而且还包括在其上生长的动物、植物，它是一个共同体，人也是这个共同体中的成员。

（2）大地伦理学改变了人在自然中的地位。大地伦理扩大了共同体边界的同时，也改变了人类的地位，使人从大地共同体的征服者转变到共同体中的普通一员。这意味着人类应尊重他的生物同伴，并以同样的态度尊重大地共同体。

（3）大地伦理学需要确立新的伦理价值尺度。大地伦理学要求彻底地改变以单一的经济利益为基础的自然保护系统，因为传统自然保护系统往往忽视进而排除那些在大地共同体中没有商业价值的成员。但是，排除的那些成员正是大地系统完善功能的基础，如沼泽、泥塘、荒地等生物群落，虽然它们对人类而言是没有什么经济价值的，但这些地方是许多野生动物和植物赖以生存和繁殖的地方。作为生命的温床，荒野及野生生物的生命群落拥有独立的内在价值或存在价值，并在人类的道德中占有一席之地。因此，同现存及未来的其他创造物“共享环境”是人的一项义务。

（4）审美与道德的和谐统一。莱昂波尔德指出，“在以往的历史中，人们对自然的保护要么出于一种利用上的需要，要么出于一种审美的要求，即从审美的感受性上来认识自然存在的必要，但是人们对自然的审美常常只停留在一种欣赏自然风景的表面上。只有达到了一种在精神上同大自然交流的境界，审美才是深刻的。从停留在表面的对大自然的景色的欣赏进入到从精神上和自然进行交融和渗透的境界，仅仅靠着理性和学识是不够的，还需要一种感知能力”。莱昂波尔德所说的感知，实际上就是一种审美的能力，一种审美判断力。

正是这样一种审美与伦理的统一，使莱昂波尔德从那只垂死的老狼的嗥叫中感到了一种对世界的忧虑。这种忧虑源于他对生命和大地的深深热爱，他的大地伦理学就是通过阐述大地共同体的内涵，去激发人们对大地的热爱，从而在人与大地之间建立起一种道德的责任和义务。

2. “敬畏生命”生态伦理思想

阿·史怀泽（A. Schweizer，1875～1965）是20世纪伟大的思想家。他既是享有声望的管风琴演奏家和巴赫研究家，又是哲学博士、神学博士、医学博士。然而，史怀泽给人印象最深之处并不是他的多才多艺，而是他对人类苦难的无比同情和极其热忱的献身精神。

史怀泽于1913年放弃了在欧洲宗教、哲学、音乐各领域的锦绣前程，携妻子来到赤道附近的非洲建立了自己的“丛林诊所”，义务为当地居民治病，一直至90岁高龄与世长辞。史怀泽终生关注伦理和文化问题，写下了大量的有关论述，创立了“敬畏生命”的伦理学。1918年以后，史怀泽曾在欧洲和非洲各地巡回讲授他的“敬畏生命”伦理学。1954年，史怀泽因其研究成果而被授予诺贝尔和平奖。

“敬畏生命”伦理思想的主要观点可归纳为以下几方面：

（1）关于敬畏生命的善恶定义。善的本质是保存和促进生命，使生命达到其最高度的发展；恶的本质是毁灭生命、损害生命、阻碍生命的发展。

（2）关于敬畏生命伦理观的原则。伦理观的基本原则就是敬畏生命，它是一种扩大了的爱心，其基本要求是给予任何生物所有善意。

（3）关于敬畏生命伦理观的目标。伦理观的目标就是要扩大人类的道德责任，克服盲目的利己主义世界观，从而关怀自己周围的所有生物的命运，并给予它们真正人道的帮助。

3. 动物解放/权利论

在人类中心主义思想盛行的年代，人类往往以一种麻木不仁的态度来对待动物，把自己的幸福建立在动物的痛苦之上，甚至为了变态的娱乐而疯狂地残害动物。在20世纪，一种新的动物伦理观慢慢地产生了。

从20世纪70年代后期和20世纪80年代初期开始，西方社会中掀起了一股热烈的维护动物权利的社会和政治运动，这就是动物解放运动。以辛格（P. Singer）为代表的动物解放论和以雷根（T. Regan）为代表的动物权利论分别为20世纪的动物解放运动提供了两种不同的道德依据。

辛格是一位极力主张将伦理学拓展到动物领域的哲学家。辛格认为，我们将动物排除在道德考虑之外的行为正如早年将黑人与妇女拒之门外一样，类似于种族主义和性别主义。辛格普及了“物种主义”（Speciesism）一词。他认为物种主义也是不道德的，不能因为其他物种与我们不是同一物种而歧视它们。辛格建议对任何有知觉的个体都应给予道德的考虑。他认为没有理由忽视动物遭受的痛苦，因为当动物受苦时，外在的表情正似人类一样，动物也以中央神经系统作为情绪发展的中心，故我们不该认为动物无语言能力就不给予道德考虑。如果忽视，就如对无语言能力的婴儿，我们不给予道德考虑一样。

雷根是动物解放运动的领导者。他提出了一个基于权利的动物保护观点，雷根明确指出某些动物是有权利的，且这些权利意味着我们有强烈的道德义务。与以往的以仁慈对待动物为主旨的动物保护运动相比，动物解放运动力图实现以下四个目标：

（1）废除“动物工厂”。因为在狭窄、拥挤而黑暗的动物工厂中，动物仅仅被当作一种产品而非一个生命来对待。

（2）反对以猎杀动物为目标的户外运动。当代的动物解放主义者指出，就像罗马贵族观看角斗士相互厮杀来取悦的行为是残酷而邪恶的一样，当代人那种通过猎杀动物来消磨其业余时间的行为（打猎、钓鱼）也是错误的。

（3）素食主义。动物解放主义者认为，作为个人，我们有伦理义务成为素食主义者，并拒绝穿戴动物皮毛制品；而作为公民，我们应制定出禁止商业性的“动物生产”的法律。

（4）释放被拘禁于实验室和城市动物园中的动物。当代的动物解放主义者指出，以科学研究的名义在动物身上所做的试验并非都是无可指责的，有些试验（如通过电击动物以测试其刺激反应能力等）完全可以通过其他途径来完成。把动物拘禁在动物园的囚室以使远离大自然的城市人观赏和嬉戏的做法，更是对生命尊严的亵渎。

三、生态环境伦理的基本内容

（一）强调大自然的整体和谐性

所谓整体性是指人类生存的大地，包括各种生物系统和生物栖息所依赖的自然环境系统，是一个统一的、完整的有机体，每个系统的组成要素之间都是相互联系和相互制约的。正如美国生态环境伦理专家莱昂波尔德在“大地伦理”中所说的那样：“一座山没有思维器官，似乎无法进行思考，但是山的存在所体现的却是动物、植物、微生物、岩石、土地间的整体性和相关性。”这就是说，大自然是一个相互关联的和谐的整体，人类只有把自己的行为约束在有利于保护生态系统的和谐稳定、保护生物存在的多样性、保护土地利用的完整无损时，才可以说是符合生态环境伦理规范的要求的。

（二）要求人与自然的关系是非常和谐的关系

人类从属于大地，依赖于大地；人不应该充当大地的中心和主宰，而应当作自然的看护者；人类要改变自己的主体地位，走出“人类中心主义”的误区。那些把自己的尺度和标准强加给自然，使自然按照人的意志发生变化的做法必然会扩大人的征服欲或权力欲，加速人类改造和征服自然的过程和力度，结果造成自然界有机构成的解体，从而使人类与自然之间更加分离、对立，形成主体与客体严重分裂的二元化空间分布模式。

（三）强调维护生物多样性和生态环境多样性

生物作为一种物种存在，有资格、有权利得到人类的尊重，即人类有责任、有义务保护生物的多样性，保护生物为了维护自身的存在必须拥有的特定的生态环境，诸如阳光、空气、水源、地域等。生物赖以生存的条件（如生态过程与生命支持系统）一旦受到污染和破坏，生物的种群和群落便无法存在，生物的多样性也就不可能得以维护。

自然是可供人类享用的，但是自然的可享用性是有条件的，它是以自然中生物的多样性为具体内容和保证的。人类的享乐和发展与保护生物多样性是互为条件的，人类为了享用自然，就应以高度的责任感保护生物的多样性，生物多样性一旦受到破坏，就会危及人类的生存。这种辩证关系启示人们，在危及生物多样性时，应以最高的道德要求节制和约束自己的行为，并应改变那种不尊重生物权利的生产方式和生活方式。

（四）要求人类必须承认自然的权利

“权利”，在今日是指人们享有一定利益或待遇的资格。生态环境伦理思想认为，自然权利就是自然生物的权利或生物的自然权利。其概念可界定为：生物固有的、按生态学规律存在并受人类尊重的资格。人类必须承认自然的权利是基于以下原因。

1. 尊重生物的种族特征

每一种生物都有适应环境的特殊方式，这种特殊方式实质上就是生物的种族特征。

生物在自然竞争和自然选择的过程中，逐步使其种族在自然中占据了属于它们自己的位置，即“生态位”。所谓生态位，是指生物在自然界中存在的资格，这种生存资格或权利，只能以生物的种族特征为尺度去加以肯定，而不能以人类的种族特征作为尺度去任意否定。如骆驼的驼峰、长颈鹿的脖子等生物特征，若与人类所具备的一切特征相比，则无所谓谁的更好、谁的更坏。人类的种族特征表达的仅仅是人类与其他生物的差别，这并不表明人类比其他生物优越、高贵。一切生物作为一种物种存在（不是说某个生物个体的存在），有权利、有资格受到人类的尊重和保护；反过来说，人类不仅有责任、有义务尊重各个物种存在的资格和权利，而且有责任、有义务保护一切生物的物种不被消灭。人类的行为不应当造成生物物种的消失，哪怕这些生物物种对人类无益甚至有害，如蝗虫、鼠类等动物。尽管它们对人类有所危害，但从宏观上看，这些动物对于地球生态系统的动态平衡与稳定，也可能有其内在的价值。

总之，生物的存在权利是由自然赋予的，它们在竞争中能否保存其种族，完全由它们的生灭运动规律所决定。凡是符合生态学规律的便生存，不符合的则灭绝（也就是说，其自然权利被自然收回了）。但是，除生态学规律外，人类无权消灭生物物种，否则就是对生物自然权利的侵犯。对自然权利的侵犯，在环境伦理学上就被视为恶，会遭到道德的谴责。

2. 尊重生物权利的本质特征——自然性

所谓自然性主要有两个含义：一是说生物权利是自然意志、自然法则、自然力量的体现，它源于自然运行的法则，依赖于自然力量的支撑，任何违背自然意志和自然法则的行为都是对生物权利的侵犯，最终必将遭到自然的惩罚；二是说生物的存在都是权利与义务的统一，任何一种生物既具有生态学规律决定的权利，又具有生态学规律决定的义务，二者之间的生态关系就是权利和义务相统一的关系。如植物有输出氧气的权利，也有吸纳二氧化碳的义务；动物有吸入氧气的权利，也有呼出二氧化碳的义务等。由此可见，生物的权利和义务是同时存在的，没有权利就无所谓义务，没有义务也就无所谓权利。任何生物都没有超越生态学规律的特权，包括人类在内，任何生物不因其数量多少、力量强弱、出现时间先后、进化程度高低而不同。

（五）要求人类必须承认自然的价值

自然或生物的价值是多方面的，其主要价值表现在两个主题内容上：一是被人们视为对其有用的自然的使用价值。如自然界对人类提供的具有科学研究功能的价值；自然界对人类提供的具有陶冶情操作用的价值；自然界给人类提供的有益于身心健康的环境的价值等。二是除了使用价值以外的自然界固有的价值或内在价值。如生物物种的存在对生态平衡的作用；动物的存在对保持食物链的连续性与完整性的作用等。这类价值并不是直接对人有用的，但是对于人类的存在却比上述自然使用价值的意义更深刻和更重要。每一种生物都对生态系统的平衡和稳定，对生态系统的物质循环、能量流动和信息交换，发挥着自己的特殊功能。

四、生态环境伦理在生态旅游中的作用

从上述生态环境伦理的基本内容中，人们不难看出这种自然伦理思想对生态旅游的指导作用。

第一，生态环境伦理所包含的内容和观点，都是开展生态旅游活动必须遵循的基本原则。因为生态旅游的最本质属性是保护生态环境，维护物种稳定和平衡。作为一个生态旅游参与者，若不懂得人类居住的家园（包括各种生物系统和生物栖息所依赖的自然环境系统）是一个统一的、完整的有机体；不懂得每个系统的组成要素之间都是相互联系、相互制约的；不懂得人在自然之中既从属于大地，又依赖于大地，人类不应充当自然界的主宰和中心；不懂得生物多样性和生态环境的多样性是人类对自然可享用性的基础和保障等理论，就会在自然或生态旅游中对自然产生不负责任的征服欲和权力欲，而由此产生的对生态环境的破坏后果就会不堪设想。因此，生态环境伦理思想是所有参与生态旅游事业的人必须具备的意识和伦理素质。

第二，生态环境伦理所强调的生物权利和生物价值的观点，从实践上给生态旅游者指出了一种可操作的方法。这种方法主要体现在人们在从事生态旅游时必须以实际行动维护生物在自然界中存在的资格和权利，把生态旅游地看作是人与生物的“利益共同体”。生态旅游者不仅不能侵犯自然、破坏生物的多样性，而且要制定出约束自我行为、尊重自然权利、履行保护生态环境义务的办法。

第三，生态环境伦理是指导生态旅游活动贯彻可持续发展方针，为子孙后代留下旅游产业，并满足其享用自然资源权利的重要思想武器。

生态环境伦理是用来协调人与自然关系的，它从维护自然环境、保护生态平衡的目的出发，对人们的行为提出了规范要求。这种规范要求所遵循的基本原则就是要在对自然采取的行为的价值指向上实现“利益公正”的目的。人类要实现“利益公正”，最重要的是要实现人类代际间的利益公正。具体讲，就是要求当代人在满足自己的利益需要时，不能剥夺后代人满足他们利益需求的权利，即当代人应谋求可持续发展。

第三节　生态美理论与生态旅游

生态美是建立在生态人文观基础上的一种崭新的具有生态哲学意义的美学概念，是生态文明社会中人类的一种共同美学追求，具有与自然美本质上差异的美学特征。在生态旅游活动中，无论旅游者、旅游开发者还是旅游管理者均与生态美息息相关。

一、生态美的概念

（一）自然美到生态美的过渡

生态美是在自然美的基础上，在人类对自然价值重新认识的基础上产生的美学观点。自然界的蓝天白云、红花绿叶、江河湖海、飞禽走兽无一不充满着美，对自然价值认识不同则产生不同的美学观点，产生不同的美学感受。人类中心论者认为人类是自然的主人，自然的一切包括美都是为了人类，如果没有人，自然的一切美将失去意义，失去价值，这便是工业文明时代大众所持的美学观，称为自然美。而生态人文论则认为人与自然是平等的，自然并非只为人而美，自然有自身的美学价值，而且它的美往往与生存紧密联系，花大色艳是为植物虫媒繁殖的目的，雄孔雀开屏的美是为吸引雌孔雀的物种繁殖需要，有蓝天才有足够的阳光供植物光合作用。在人类欣赏自己建筑物美时，怎知蜂房、蚁穴、鸟巢、野兽的兽穴对于它的建筑者来说不美呢？因此，当人类沉浸在自己创造的音乐美中，人类是否认识到鸟鸣、蛙叫，甚至狼嗥于动物本身是一种美呢？因此，人类不但没有权利否定自然的自身美价值，而且还可以从中得到新的美学感受，这就是生态美的认识出发点。

（二）生态美及其分类

生态美包括两大类：一类是自然生态美；另一类是人文生态美。自然美中众多的生命与其环境所表现出来的协同关系与和谐形式称为自然生态美。自然生态美是自然界长期演化创造的美，是大自然的产物。但是，自然生态美还不是生态美的全部，生态美还包括人类遵循自然规律和美的创造原则，与自然共同创造的人与自然和谐协调的人文生态美，如人类借助生物学的繁殖技术，将全球具有观赏价值的花卉植物集于一园；人类修建人与自然和睦相处的生态园林、生态城市，使自然生态美在人的创造后更加完善。总的来说，生态美是充沛的生命与其生存环境和谐所展现出来的美的形式。

（三）自然美与生态美的区别

自然美与生态美在审美基础和美的形成上均存在差异。从审美基础上看，自然美是基于对自然外部形态、色彩、声音等感官基础上的心灵愉悦，而生态美是基于对生命价值、自然价值的认识基础上的感官和心灵上的愉悦。从美的形成上看，自然美是由自然创造的，而生态美除了自然创造外，还包括人与自然共同创造的人文生态美。

二、生态美的特点

（一）活力美

活力指的是生命充满蓬勃旺盛、永恒不息的生命力。生命力的光辉和韵律充满美学特征，植物的生态美体现在永不衰竭地利用太阳能、转化太阳能维持自己的生命，养育所有的动物，维持生态系统的运转，使整个大自然充满生机，显示出生命的活力之美；动物的生态美体现在各自永不停息的生命承续和运动，新生命的诞生、骏马奔腾、鱼游水中，无一不充满活力之美；微生物似乎一点不美，但从它将动植物碎屑和残体分解为元素和简单分子归还自然再从自然中诞生新的生命来看，微生物将死亡变成生命这一转换过程，也充满着新陈代谢的承续之美，试想若地球上没有微生物，地球表面将是遍地尸骨、不堪入目，美又从何谈起？整个自然生态系统遵循着物质循环、能量流动的规律，使地球上洋溢着盎然生机。而在现在的超大工业区、特大城市，这种生态美日益减少，满目所见的是由钢铁和水泥筑建而成的人工荒漠，人为隔离大自然的物质循环和能量流动途径，使生活在城市的人从内心深处有一种疏远自然的痛苦，回归大自然的愿望油然而生，只有到了大自然，人们才真正感受到人的身心与自然融为一体的令人振奋的生命活力又重新回到自己的身上。

（二）和谐美

生态美的和谐美指的是生命与生命之间、生命与环境之间相互支持、互惠共生所展现出来的美学特征。在森林系统中，乔木为下层的灌木和草本提供阴生所需要的散射光条件，灌木和草本为乔木提供涵养水土的条件，这种系统内务组分的和谐共处，充分利用环境提供的生存条件维持整个系统的协调发展，充满着和谐之美。动物界也存在诸如犀牛与犀牛鸟和谐共生的和谐美。表面上看，动物的竞争和捕食看似“血腥恐怖”，但从进化的观点来看，竞争和捕食有利于进化，创造更加完善的生命和优美的环境，我们不得不承认“弱肉强食”同样充满着生命和谐之美。在人类社会中，人类效法自然，与自然共同创造的名山中的寺庙、江河边的栈道、城市中的古典园林，同样充满着人作为一种生命与自然协调的和谐之美。

（三）创造性

生态美是在生命与环境共同进化中创造出来的。自然生态美是动植物和微生物与环境共同进化中创造出来的，它的出现早于人工生态美。在地球形成初期，地球上没有生命，也就不存在生命的活力美和生命之间、生命与环境之间的和谐美，生命的出现给地球带来生机，生命的演化使生命本身和环境得以繁荣和完善，美也得以丰富。人文生态美是人与自然共同创造的。人类具有创造力，当人的创造力违背生态规律，这种创造力就变成破坏力，农业革命时期的水土流失，工业革命时期的环境污染就是创造力变成破坏力的结果。当人类的创造力遵循生态规律、人类的创造力与自然的创造力形成合力时，就能创造出优于自然生态美的人文生态美。面对现在地球的环境创伤，人类应积极寻求人类与自然的创造合力，恢复、重建和繁荣地球的生态美。

（四）参与性

从审美体验上，生态美与艺术美存在显著的差异，艺术美使审美者与审美对象保持一种距离，而生态美是审美者融入到审美对象中，即生态美具有参与性特征。当人们欣赏热带森林时，人本身就是热带森林系统的一部分，热带森林除了给人带来众多生物组成的繁荣外貌的美学享受外，也给人带来呼吸必不可少的氧气，同时热带森林所呈现的生物与生物之间、生物与环境之间密不可分的相互依存的和谐之美使人在感悟自然的同时得到心灵上的美学享受。

三、生态美理论和生态旅游的关系

珍视生命、珍视自然的生态美学观点可以说是生态旅游的灵魂。生态旅游者追求的、生态旅游开发者所努力营造的、生态旅游管理者极力维护的也都是共同的，即生态美。

（一）生态旅游者追求生态美

生态旅游者与传统大众旅游者的旅游追求不同。传统大众旅游者要么追求自然美，赞美大自然的鬼斧神工；要么追求人文美，赞美人类巨大的创造力。而生态旅游者将自然美与人文美融为一体，追求生态美，赞美生命及人类的创造力，赞美生命与环境、人与自然的和谐美。

人类面临三大关系需要处理：一是人与自然的关系；二是人与人的关系；三是人自身的内心世界的平衡关系。在我们过去的道德规范中，很注重人与人之间的关系，追求真、善、美。当人类面临因不善待自然而形成的生存危机时，将社会关系中的追求移置到人与自然的关系中时，发现人与自然关系层次的真、善、美同样是值得追求的，而且具有更深层次的含义。这里的“真”表现为自然生态规律的真理性；“善”表现为人类应树立正确的自然观，善待自然；“美”表现为人与其他生物物种及自然环境的和谐共生。生态旅游者具有追求人与自然关系上的真、善、美的崇高美德，体现在旅游活动中就是从自然生态规律展现出的大自然的奥秘和人与自然和谐美中净化心灵，丰满精神品格，确立健康的生存价值观。

（二）生态旅游开发者努力寻找和营造的是生态美

传统大众旅游开发者往往在旅游景区修建大量自己认为美的人工建筑，这种强加于自然的做法往往破坏自然的和谐美，这种败笔在我国的旅游开发上随处可见。如北方有的地方建造的大观园，其原型在江南一带的亚热带地区，大观园中的潇湘馆是离不开竹子的，但亚热带的竹子到温带的北方很难茂盛，失去了潇湘馆原有的气氛和特色，极不协调。生态旅游开发者则努力寻找自然生态美，在对旅游景区不加干预、保持原型的同时，在自然生态规律和生态美的法则指导下，效法自然，发挥人对自然的参赞化育的作用，将自然创造力与人的创造力形成合力，共同创造出人文生态美，使自然生态美得到修正和补充。生态旅游开发者绝不会把城市的高楼大厦引入森林，破坏自然的宁静，不会把国外的异域景观引入到中国的自然保护区，形成不和谐景观；而是力图营造既保持当地原始的自然生态美又与当地传统文化融为一体的人工生态美的旅游产品，只有这种最“原始”、最“土”的旅游产品才有最突出的地方特色，也才具有持续利用的价值。

（三）生态旅游管理者努力保护的是生态美

生态旅游与传统大众旅游最大的差异是：生态旅游是可持续发展旅游。传统大众旅游之所以不能持续发展，就是因为旅游管理中不注意保护，使吸引游客的灵魂——旅游资源的特色受损伤甚至丧失，从而使吸引力降低或消失所致。如西双版纳是举世闻名的旅游景区，以它独特的“绿色”吸引游客，是中国乃至世界范围内的一大旅游热点地区。但近几年过度的旅游开发和旅游保护管理的疏忽，以及其他产业布局的不合理，使其“绿色”的特色正在丧失，旅游业开始走下坡路。生态旅游管理者不仅要注重旅游短期的经济效益，更要重视其长期的可持续发展，而可持续发展的基础就是保护生态旅游对象，保护生态旅游对象中吸引游客的生态美。为此，生态旅游管理者应重视生态环境承载力，把游客人数控制在可承载范围内。同时生态旅游管理者还特别重视培养游客的环境意识，加强旅游垃圾的防治管理，重视培养生态旅游导游，这一切都可以保护生态美，最终实现生态旅游的可持续发展。

本章小结

生态旅游的一系列实践活动是建立在理论基础之上，并以理论为指导的。在众多指导生态旅游发展的理论中，可持续发展理论、生态环境伦理理论和生态美理论是最为重要的，可列为生态旅游的三大理论基石。

可持续发展理论的形成与发展经历了萌芽阶段和三大标志事件等漫长的时间。

对可持续发展理论的理解，重点是对“发展”和“可持续性”两个概念的理解。“发展”不同于增长；“可持续性”则包含了生态可持续、经济可持续和社会可持续。

可持续发展的原则包括公平性原则、持续性原则和共同性原则。

对生态环境伦理理论的理解有两个重点，即大地伦理理论和敬畏生命理论。

在生态旅游活动中，无论旅游者、旅游开发者还是旅游管理者均与生态美息息相关。生态美包括两大类：一类是自然生态美；另一类是人文生态美。生态美包括活力美、和谐美、创造性和参与性。

生态美理论和生态旅游的关系表现为：生态旅游者追求生态美，生态旅游开发者努力寻找和营造的是生态美，生态旅游管理者努力保护的是生态美。

复习题

1. 可持续发展理论经历了怎样的发展历程？应从哪些方面加强对可持续发展理论的理解？

2. 当代西方生态环境伦理有哪些代表性流派？其主要观点和基本内容是什么？借鉴这些思想和实践对于今天旅游业的可持续发展有什么重要意义？

3. 请结合具体的生态旅游景区谈谈三大基础性理论对生态旅游实践的指导意义。

📖 阅读材料 3-1

“世界最环保的国家”——芬兰

作为闻名世界的“千湖之国”，芬兰在发展经济的同时，十分注重环境保护。不久前，记者应芬兰工商业媒体某服务机构之邀赴芬兰进行了一次“环保之旅”，芬兰人对环境保护的重视及其采取的环保举措给记者留下了深刻印象。

一、节能意识强，渗透到生活中的每一个细节

芬兰地处北欧，冬季漫长，气候寒冷，不仅民用能耗高，而且传统的森林工业和冶金工业也是高能耗产业，使芬兰成为世界上人均能耗最多的国家之一。芬兰所需能源主要依赖进口，因此节能对于芬兰来说至关重要。

芬兰政府非常重视采取有效措施提高能源利用率以及在公众中开展节能宣传。自 1996 年起，芬兰每年都要举办“全国节能周”。通过参加节能周，芬兰民众的节能意识明显增强，并能够在日常生活中对所学到的节能知识加以运用。

芬兰的节能渗透到生活的每一个细节。记者发现，芬兰的房屋大门都非常沉重。据随行的芬兰工作人员介绍，这种设计可以减少热量流失。芬兰还非常重视建筑物的隔热功能，尽量减少室内热量损失。芬兰环境部制定了建筑物隔热新标准，新建筑物的墙体必须要有绝热层，室内要有通风设备；要求增加墙的厚度，采用两层或三层玻璃窗，房间的供热装置安装自动调节阀门。据称，以上这些措施可使建筑物热能消耗减少 10%~15%。

在距离赫尔辛基市 100 公里左右的拉赫蒂市，某住宅小区的小型住宅因充分利用可再生自然资源和节能环保技术，成为芬兰著名的生态住宅。这种生态住宅房顶上装有 6 块太阳能板和 1 个小型风能发电机，产生的电力被储存在 10 组蓄电池中，通过变压器将 24 伏直流电转换成 230 伏交流电供住宅使用。住宅内照明采用发光二极管（LED）技术，耗电量小，因此，可以实现用电自给自足。住宅还备有小型发电机，作为补充供电并为蓄电池充电。整个供电系统的运作可用电脑监控。

生态住宅的空气循环系统配备了热能回收泵，能将室内向外排出污浊空气中的热量回收和储存，同时可利用回收热量将抽进室内的新鲜空气加温，并为贮水罐加热，保证热水供应和地板供热。因此，住宅内没有传统的供暖设备。

目前，芬兰正在大力研发、推广和建造这种住宅，在为人们提供洁净舒适的理想居住环

境的同时，进一步提高能源利用率。

二、重视循环利用，提高能源效率

芬兰森林资源丰富，而油气煤等资源贫乏，这促使芬兰人一方面重视提高产业能效，开发生物能源；另一方面重视垃圾的回收与再利用，以变废为宝、保护环境。

由于芬兰70%的能源需要进口，因此提高能源效率一直是芬兰政府的优先战略考虑。芬兰是世界上第一个根据能源中碳含量收取能源税的国家，每年收取的能源税近30亿欧元，约占芬兰整个税收的9%。芬兰政府利用这笔收入来支持新能源技术的开发和应用，进一步提高了能源使用效率。

目前芬兰在生物能源利用方面已处于发达国家中的领先地位，其可再生能源的利用率在欧盟国家名列第三。芬兰贸易工业部还出台了一项国家发展项目，用木材及木质垃圾开发第二代生物燃料。芬兰政府承诺，到2010年生物液体燃料的使用量将达到所有交通工具使用燃料的5.75%。

芬兰还大力发展集中供热、供冷。芬兰的集中供暖是通过热电联产的方式实现的。热电联产和集中供暖不仅大大提高了燃料利用率，而且可减少环境污染，使城市空气质量得到明显改善。

赫尔辛基能源公司是赫尔辛基大区主要的电力和热力供应商，去年的营业额高达6.94亿欧元。在其下属的沃萨里热电厂，经理约基·哈列亚向记者介绍了工厂的热电联产技术工艺。热电联产，即在同一电厂中将供热和发电联合在一起，充分利用普通电厂废弃的热量。哈列亚介绍说，热电厂以热电联产方式生产了总发电量的78%、总供热量的91%；工厂能效达到90%以上，可再生能源占到工厂使用能源的9%。

芬兰斯道拉恩索公司是世界上最大的生产纸和纸板的公司。为了降低能耗，减少废物，它们把造纸废水处理产生的污泥处理后进行焚烧，焚烧产生的热量重新用于生产过程中。这种做法在芬兰造纸企业中成为常见的工艺。

在拉赫蒂，2010年3月建成的一座再生资源研究中心，主要研究新型物质、材料，提高燃料燃烧效率等，拉赫蒂能源公司等著名环保企业将入驻研究中心，形成可再生能源的研发、产业集群。拉赫蒂生物质发电厂也在筹建当中。

在拉赫蒂市库亚拉垃圾处理厂，经理塞帕拉向记者介绍了“拉赫蒂垃圾管理模式”。拉赫蒂地区共有20万人口，区内13个市原本各自有一家垃圾处理场，1993年联合建立了帕贾特哈姆垃圾处理公司（PHJ），2008年其营业额达1000万欧元，其中包括垃圾处理税156万欧元。PHJ在拉赫蒂地区设有95个“生态点”，收集电池、玻璃、金属等可回收再利用的物资，并且每年1~2次挨家挨户收集废旧电子设备等有害垃圾。目前，PHJ的垃圾再利用率约为60%，计划到2010年可达到75%。

三、致力打造全球最知名的清洁技术国家

在2010年上海世博会上，芬兰展馆被称为“冰壶”。在这座设计独特的建筑中，芬兰集中展示了环保带来的经济效益。

根据芬兰贸易工业部的统计，芬兰的清洁能源技术出口较20世纪90年代提高了4倍，达到38亿欧元，占芬兰出口总额的约10%。目前，芬兰大约有300家环境公司，其中许多家都拥有环境项目的创新技术和解决方案，这些技术已经开始对外转让。

芬兰政府还对环保产业提供了多渠道的资金支持。政府对垃圾回收再利用项目提供可达项目投资30%~50%的资金支持；对风力发电、太阳能等项目可达到最高支持项目投资的40%。芬兰还制定了以环保产业立国的发展蓝图，计划在未来四至五年将环保产业打造成支柱产业。

在芬兰采访期间，记者深切感受到芬兰清洁技术的发展离不开芬兰政府部门的大力推动。在芬兰国家技术创新局的倡导和支持下，芬兰的科研机构和商业机构密切合作，在清洁能源、节能、清洁工艺和空气污染控制领域加强研发和实践，打造“芬兰清洁技术”品牌，以使芬兰成为全球“最知名的清洁技术国家”。

当前，中国与芬兰之间在清洁技术领域已开展了一系列合作，包括节能、垃圾处理、水处理以及空气质量监测等方面。记者接触到的芬兰政界和企业界人士都坦言，清洁技术和中国是芬兰的两大关注热点，而中国的清洁技术市场无疑是最佳的结合点。

在气象测量领域具备世界领先技术的芬兰维萨拉公司总裁科叶尔·弗森告诉记者，公司在空气质量监测等方面拥有优秀产品，与中国也早已开展合作，中国是维萨拉面向未来的重要市场。

📖 阅读材料3-2

青海湖生态旅游审美体验

青海湖位于青海省境内，地处青藏高原东北部，是我国最大的内陆咸水湖，目前湖面海拔3196米，总面积4340平方公里，环湖周长360多公里，蓄水量达778亿立方米，平均水深17.8米，最大水深32.8米，于1992年列入国际重要湿地名录。

其北面是崇宏壮丽的大通山，东面是巍峨雄伟的日月山，南面是逶迤绵绵的青海南山，西面是峥嵘嵯峨的橡皮山，这四座大山海拔在3600~5000米，犹如四幅高耸的天然屏风，将青海湖紧紧环抱其中。从山下到湖畔是广袤平坦、苍茫无际的千里草原，烟波浩渺、碧波连天的青海湖，就像是一张巨大的翡翠玉盘平嵌在高山、草原之间，构成了山、湖、草原相映成趣的壮美风光，在2005年被《中国国家地理》评为“中国最美的湖泊”。

这样的天然美景，会使旅游者远离城市的喧嚣，返璞归真的美妙感觉油然而生，继而将他们带入童年的回忆和遥远的梦境，开始一段难忘的心灵之旅。正如一位旅游者在游记中写道：“翘首望去，那一抹斜长而碧蓝如玉的便是魅力的青海湖了。没有过多的装饰，纯洁的便是一块无瑕的翠玉。没有喧闹的鸥鸟，安静的便是美丽的少女，我迷醉了，心突然间被净化，亦如那水一尘不染，无私无欲，只有远方淡淡的咸味充溢每个毛孔，仿佛周身的每一处污垢都被荡涤着，变得亦如那湖水般清澈单纯。”

资料来源：杨桂华等．生态旅游［M］．北京：高等教育出版社，2010

第四章

生态旅游者与生态旅游市场

【学习目标】

- 掌握生态旅游者的概念
- 正确区分生态旅游者与传统大众旅游者的区别
- 了解生态旅游者的分类和特点
- 了解生态旅游者形成的主观、客观条件
- 了解生态旅游者培养的内容和途径
- 理解生态旅游者保护性旅游行为
- 认识国际生态旅游市场现状
- 了解生态旅游市场发育特点及培育措施
- 了解生态旅游市场营销的步骤和策略

第一节　生态旅游者的概念与分类

一、生态旅游者的概念

生态旅游者是生态旅游活动的主体，是生态旅游形成和发展的关键性因素。由于目前国内外理论界对生态旅游的内涵尚未形成一个明确的统一的说法，因此人们对生态旅游者的界定和理解也有所不同。有的定义比较接近，只是侧重点不同；有的定义则大相径庭，在内涵和外延上都有很大的差异。

世界野生动物基金会（WWF）是研究生态旅游较早的国际机构，其研究人员伊丽莎白·布（Elizabeth Boo）认为生态旅游者是指那些以风景和野生动、植物为特定目标，为实现学习、研究、欣赏、享受等目的而到受干扰比较少或没有受到污染的自然区域进行旅游活动的旅游者。国际资源组织于 1992 年在给出的生态旅游的定义中认为生态旅游者是指“以欣赏自然美学为初衷，同时表现出对环境的关注”的那部分旅游者。而美国人卡尔文则在其著作《生态旅游与资源保护》（*Ecotourism and Resource Conservation*）一书中明确指出：“一个真正的生态旅游者应该是希望获得有深度的真正经历，并从个人和社会两方面认为此经历有益，追求身体和精神的挑战，愿与当地居民交往，学习当地文化，居住条件简单，主动参与而非被动。”1993 年在北京召开的第一届东亚国家公园与自然保护区会议提出：生态旅游者是在不损害当地生态系统或地域文化的情况下访问、了解、鉴赏、享受自然及文化的旅游者。而按照中国国家环境保护总局自然保护司司长杨朝飞的理解：真正的生态旅游者既要到自然中去放松、消遣、休闲、娱乐，又要具有比较高尚的道德标准，在其进行旅游活动的同时要爱护自然、保护自然，不能因其旅游活动而给当地的自然环境和生态系统造成破坏和污染；生态旅游者还应该通过生态旅游更多地了解自然，向自然学习更多的知识，从而更自觉地保护自然、保护生态。

尤里奇等人（Juric et al.，2002）对国外已有的其他学者关于生态旅游者的定义进行了总结（表 4-1）。基本来讲，生态旅游者定义的发展与生态旅游内涵的发展同步。

表 4-1　国外对生态旅游者的定义

作者	定义
McNeely（1988）	到保护区旅行，参与游憩——审美的、社会文化的、科学的、教育的、精神的以及历史的等非消耗性活动的游客
Lee & Snepenger（1992） Boo（1990）Ziffer（1989）	理想的生态旅游者以参与文化和生态敏感性活动为动机，希望他们的花费用于支持当地的经济和资源保护，愿意在旅行中为当地的环境保护和可持续发展做贡献
Ceballos-Lascurain（1991）	生态旅游者是生态旅游的实践者，他们有机会以一定的方式使自己融入自然，从而获得一种特殊的体验，这种体验是大多数人在惯常的、城市的环境中所享受不到的。通过旅游，他们将获得关于自然环境及其文化环境的相关知识，增强保护意识，并最终使自身转变为热心环境保护的人士
Harvey（1991）	生态旅游者是那些在旅行中自觉地坚持对自然和文化系统不造成负面影响的人
Eagles（1992）	生态旅游是“以保护和体验自然的休闲旅行为中心”，生态旅游者“描述了一个具体的旅行市场……以由选择生态旅游的游客构成为特点……在原始的自然环境中获得自然指向的体验”

续表

作者	定义
Ballantine & Eagles (1994)	生态旅游者以学习自然为动机，荒野/未破坏的自然区域是他们重要的旅游吸引物，并且至少花费在肯尼亚度假 1/3 的时间用于探险旅行（safari）
Blamey (1995) Burger et al. (1995)	在相对未受干扰或未被污染的自然区域，以欣赏、享受或者体验自然为首要动机进行旅行并至少获取一种生态旅游体验的任何人，都可被认为是生态旅游者
Saleh & Karwacki (1996)	生态旅游者通常被认为是寻求在相对未受干扰的自然区域中的旅游体验的人
Wight (1996a)	到达生态旅游目的地旅行并且行为与可持续的价值观和原则相一致

注：Ballantine & Eagles (1994)、Wight (1996a) 的定义为操作性定义，即进行实际问卷调查时提出的；其他为概念性定义。

资料来源：据 Juric et al. 2002，补充。

从以上这些定义中，我们不难发现目前对生态旅游者概念的理解上主要形成三种有代表性的观点。

第一种定义是从市场的角度出发，将生态旅游者定义为：到生态旅游区，以消费生态旅游产品为其旅游活动的主要内容的旅游消费者。这种以是否到生态旅游区购买并消费生态旅游产品为标准来判断旅游者是否是生态旅游者的定义，最大的好处是便于对生态旅游者的数量及相关指标进行统计，有利于旅游企业和旅游地研究生态旅游市场，为其生产经营提供有力依据。事实上目前各方对生态旅游者的统计都是依据此定义进行的。

从市场的角度定义生态旅游者固然便于统计，但是也存在着明显的缺陷，那就是不能完全体现生态旅游的内涵。因为并非所有进入生态旅游区购买并消费了生态旅游产品的旅游者都具有自然生态知识和环保观念，事实上虽然这些所谓的“生态旅游者”都为他们的“生态之旅”支付了费用，但并不能保证他们的旅游活动对生态环境有益或者无害。1998 年中国人与生物圈国家委员会提供的一份调查显示，在全国 82 个正式开办生态旅游的各类自然保护区中，已有 22%的自然保护区由于开展生态旅游而造成被保护对象的破坏，11%的保护区出现资源退化，近一半的自然保护区存在垃圾公害，12%出现水污染，11%有噪声污染，3%有空气污染。生态旅游在这些地区成了破坏生态的旅游，这种状况虽然不能全部由旅游者承担责任，但毫无疑问，这些生态旅游者直接或间接对生态的破坏起到了不同程度的作用。

第二种定义是从心理学的角度出发，认为生态旅游者是指那些具有一定生态和环保知识并能在其旅游活动中随时体现出其生态和环保意识的旅游者。这个定义既不强调进入生态旅游区，也不强调购买生态旅游产品，而是强调旅游者应具有生态和环保意识，并且这种意识会体现在旅游者于不同的时期、不同的地点所进行的不同类型的各种旅游活动中。我们认为这个定义更能反映生态旅游的内涵。因为生态环境是一种全球性、系统化的概念，是指地球上的一切生物和非生物的要素自然状态下构成的相互制约、相互依存的环境。因此只有当所有的或大部分的旅游者都具有生态和环保意识，并能自觉地在此意识的指导下进行旅游活动，才能将旅游业对全球生态环境的不利影响降到最低程度，也才能实现旅游业的可持续发展——这是开展生态旅游的初衷。当然这种依据心理学的观点，从观念意识角度对生态旅游者进行定义的方法在很大程度上只有理论上的指导作用和研究价值，而缺乏在统计度量上的可操作性。

第三种定义是对前两种定义的综合，认为生态旅游者是指那些具有生态和环保意识，愿意并能购买生态旅游产品的旅游者。这一定义避免了生态旅游产品的消费者不是真正的生态旅游者和具有生态保护意识的消费者不一定购买生态旅游产品的矛盾，是具有生态保护意识和消费生态旅游产品在同一个旅游者身上统一起来，在这种定义之下的生态旅游者被更严格地限制为一个较小的群体。但在实际的工作中仍然不得不将所有进入生态旅游区或购买生态旅游产品的旅游者统计为生态旅游者，因为是否具有生态保护意识仍然是难以衡量和统计的。

从生态旅游的范畴来看，生态旅游者还有广义和狭义之分。广义的生态旅游者是指到生态旅游区的所有游客。这类界定具有很好的统计学意义，具有统计上的可操作性，但只是对旅游者行为现象的部分概括，并没有真正体现生态旅游的内涵，而是将生态旅游与自然旅游等同起来，忽视了生态旅游的兴起与发展是人们环境意识增强的结果，没有体现“生态”的含义，不能确保旅游者是否具有生态意识和环保知识，其进入生态景区后的活动是不是生态活动，是否有保护环境的行动。狭义的生态旅游者是指到生态旅游区的那些对环境保护和当地社会经济发展负有一定责任的游客。狭义的生态旅游者不便于统计的需要，但反映了生态旅游的真实内涵，同时也涉及生态旅游者的本质特征，把生态旅游者与传统旅游者区别开来，有利于旅游者自觉地要求自己，成为一名真正的生态旅游者。

二、生态旅游者的特点与要求

（一）生态旅游者特点

Colvin（1991）指出，一个真正的生态旅游者应具有以下特点：

（1）希望获得有深度的“真正”经历；

（2）从个人和社会两个方面认为此经历是有益的；

（3）避免参加按常规线路旅行的大旅行团；

（4）追求身体和精神的挑战；

（5）希望与当地居民交往，学习文化；

（6）居住条件简单；

（7）忍受不适；

（8）要求参与，而非被动；

（9）追求经历，而非舒适。

（二）对生态旅游者的要求

一般来讲，生态旅游对旅游者有如下要求：

（1）要事先学习访问地域的有关知识。这是生态旅行活动的主要内容之一。

（2）尊重目的地的文化。游客应该以学习了解当地的文化、风俗习惯为目的，在当地居民允许的范围内参加各项活动。

（3）不给目的地的自然环境造成不良影响。其一，不干扰野生生物的正常生存。要求服从景区管理人员及自然保护主义者的吩咐，比如不接近、不追逐、不投喂、不搂抱、不恐吓动物，着适当的服装等；对野生植物，则要自觉做到不踏踩贵重植物群落。其二，不采集被保护生物。其三，不购买、不携归被保护生物及制品。游客购买当地纪念品，要本着支援当地人生活、有利于物种保护的态度，购买经认可的纪念品。其四，不丢弃垃圾、不污染水土。

（4）积极参加保护自然生态的各种有益活动。如向访问地域捐助资金，提供知识技术，参加保护环境的宣传和义务劳动等。

（5）通过旅游实践，提高道德修养。游客要通过对当地人生活方式及传统文化的观察，培养尊重自然、尊重不同文化的良好行为。

符合这些要求的旅游者，我们可以将其视为生态旅游者。

三、生态旅游者与传统大众旅游者的差异

区分生态旅游者与传统大众旅游者，也可以有助于我们更好地理解和识别生态旅游者。表4-2给出了传统大众旅游者与生态旅游者的差异比较。传统大众旅游者是相对于生态旅游者而言的，尽管生态旅游者的产生与传统的大众旅游者有密切的联系，但传统大众旅游者主要是进行传统的游览观光和度假，生态旅游者则是传统大众旅游者当中不满足于那些受人为影响过多的旅游景观，而把目光投向原始古朴的自然区域、原汁原味的特色文化，从事符合生态旅游原则的旅游活动的那一部分。所以生态旅游者的产生跟传统大众旅游者有密切的联系，他们同属于旅游者的范畴，但两者之间又有着明显差异。

表 4-2　传统大众旅游者与生态旅游者的特征比较

	传统大众旅游者	生态旅游者
旅游对象	无限制，主要以人工景观为主，如城镇、主题公园、古建筑等	有限制，一般为生态旅游区，如自然景观和人与自然相和谐的生态文化景观，如地质地貌、水体、生物、民俗风情等
旅游动机	纯粹出于个人享受、游玩等目的，重在对旅游资源的享用和消费	主要是带有专门目的，如学习、教育、研究、保护等，享受自然风光往往是附带或次要的，对旅游目的地、历史和文化的认识与理解
旅游规模	规模大，旺季时往往拥挤不堪	规模小，低密度
旅游形式	形式较为单一，大多只是观光游玩	以大自然为舞台，形式多样，内容丰富，寓教于乐
旅游参与	被动式，一般不参加旅游环境管理活动	主动式，主体与客体密不可分，自身是整个综合生态系统的一部分，自觉参与有组织的环保活动
旅游体验	走马观花，传统美学意义上的享受	积极亲近大自然，心灵与自然共鸣，人的情感得到升华，生态美的体验
旅游者素质	基本无要求，只要旅游者自身具备旅游条件，一般都可成行	要求有较高的文化素质
环保意识	较弱，往往对环境造成一定的冲击	较强，旅游者往往主动保护环境
行为责任	体现旅游消费合法	体现自然与人文关怀

四、生态旅游者的分类

由于个性差异，不同的生态旅游者的生态旅游活动规律也不尽相同，对生态旅游者进行分类，有利于更好地开拓生态旅游细分市场，促进生态旅游业健康发展。目前，根据学者们研究问题的角度和目的不同，划分的标准也各异。比较常见的分类标准有：生态意识、国境国界、组织形式、目的方式等。目前研究最为广泛的是“严格的和一般的生态旅游者”的分类方式。这组分类由拉阿曼（Laarman）和德斯特（Durst）于 1987 年首次提出，这一概念作为一个基本体系在生态旅游学术界得到了广泛的支持，目前我国的大量研究成果中对生态旅游者的分类均以此作为标准。

（一）**严格的生态旅游者**（hard ecotourist）

严格的生态旅游者是这一概念体系中的一种理想的旅游者类型。在人与自然关系的价值取向上，他们信仰生物中心论，对大自然充满了尊重、敬畏与关爱，认为人与自然是一种平等的朋友关系。其主要特征表现为以下三个方面：

1. 具有强烈的生态意识

严格的生态旅游者具有强烈的生态意识，所以他们对旅游舒适度的要求很低，如他们不会为了自身的方便而要求修筑公路、索道等交通设施，认为这将损害当地的生态环境；相反，他们希望在旅行过程中有体力上的挑战，偏爱富有挑战性的生态旅游体验，更强调个人对自然的体验，希望能亲自了解当地的生态环境。严格的生态旅游者对吃、住、行、游、购、娱等传统旅游的六大要素的服务要求较低，如他们有时不会住酒店，而愿意住在当地社区居民开办的家庭旅馆里，或者是帐篷里；他们更喜欢自己安排旅游行程，随意性较大，更强调个人对自然的体验。

2. 具有深刻的环境责任感

强烈的生态意识使严格的生态旅游者表现出深刻的环境责任感，他们认为个人的行为会促进对自然环境的保护，他们不仅以身作则，时刻严于律己，还不断地感化身边的人，并且更加乐于帮助他人改正对环境不负责任的行为。

3. 与大众旅游者区别显著

严格的生态旅游者拥有完全主动的旅游态度，他们主动接近大自然，并聆听自然的呼声，关注和思考环境问题。因为这样的态度，严格的生态旅游者通常喜欢那些距离遥远，还保持着相对原始状态的自然区域。他们的旅游目的单一，就是要深入地了解和学习自然，并与大自然进行亲密交流。严格的生态旅游者喜欢自己安排旅行过程，或是以小规模团队方式进行，或是进行专业化的旅行。他们在旅游过程中认真了解当地民俗风情的文化内涵，关注目的地社区的发展，并愿意为社区发展做出贡献。严格的生态旅游者真正体现出了生态旅游的核心思想，他们具备充分的生态意识与生态道德，但他们只占了整个生态旅游市场中的一小部分。

（二）**一般的生态旅游者**（soft ecotourist）

一般的生态旅游者代表了与严格的生态旅游者相对的另一端。在人与自然关系的价值取向上，一般的生态旅游者具有明显的人类中心论倾向，认为人类优于自然界，或独立于自然界，他们只是把大自然当作一种旅游消费对象。其主要特征表现为以下三个方面。

1. 具有中等的或表层的生态意识

一般的生态旅游者往往只有中等或表层的生态意识，对旅游舒适度的要求较高，他们希望景区能提供足够的设施和服务条件，希望在旅行途中也获得都市中的享受，他们对住宿、饮食和卫生设施等的要求，都比严格的生态旅游者要高。同时，一般的生态旅游者的生态旅游体验经常是以一日游为基础的短途旅游体验，他们喜欢通过导游解说、小径上的指示标牌或解译中心来获得有关自然的知识，而不愿意自己主动去了解相关的生态知识。

2. 具有浅显的环境责任感

一般的生态旅游者对环境问题所具有的责任感不像严格的生态旅游者那样深刻。他们可能会约束自己不做破坏环境的事情，但是他们通常会对别人破坏环境的行为置之不理。

3. 旅游行为类似大众旅游者

一般的生态旅游者的旅游态度是被动的，他们跟随旅游团来到生态旅游景区，只停留短暂的时间。所以一般的生态旅游者通常不喜欢那些需要长途跋涉的生态旅游目的地，更愿意选择交通便利，距离较短的目的地。他们对大自然只是“蜻蜓点水”式的接触，或“走马观花”式的欣赏，缺乏与自然环境的深入交流。他们喜欢由旅行社或旅游经营机构替他们安排旅行，以较大规模团队的旅游方式旅行。一般的生态旅游者不太关注旅游目的地社区的发展，他们口头上希望帮助当地社区的发展，但大都不会转化为实际的行动。在本质上，一般的生态旅游者可以归属于大众旅游者，但他们喜欢与自然环境的接触，显示出了与普通大众旅游者的不同，一般的生态旅游者占了整个生态旅游市场的大部分。图 4-1 详细列出了严格的生态旅游者和一般的生态旅游者的不同特征。

严格的生态旅游者 （主动的、深入的） ←	生态旅游的范围	一般的生态旅游者 （被动的、浅显的） →
强烈的环境责任感		中等的或表面的环境责任感
持续增长		静态可持续性
专业化的旅行		多种目的的旅行
长途旅行		短途旅行
小团队		更大的团队
完全主动		完全被动
体力的挑战		身体的舒适
无服务要求		希望获得服务
与自然深入的相互交流		与自然浅显的交流
强调个人的体验		强调解说、介绍
自己进行旅行安排		依靠旅行社或旅游经营者

图 4-1　严格的生态旅游者与一般的生态旅游者的特点

资料来源：选自 Weaver（韦弗）& Lawton（劳顿），2001

（三）**组织性的生态旅游者**（structured ecotourist）

值得一提的是，2001 年，Weaver（韦弗）和 Lawton（劳顿）对在澳大利亚拉明顿国家公园的生态旅馆内过夜的游客进行调查的结果虽然证实了人们对严格的和一般的生态旅游者划分标准的认识，但是他们在这一案例中并没有发现一个介于严格的和一般的生态旅游之间的过渡性团体，因此他们根据余下的这 40%的旅游者所表现出来的特点，提出了组织性生态旅游者的概念。组织性生态旅游者拥有学习和了解自然环境的旅游动机，他们也具有较强的环境责任感，这一点他们类似严格的生态旅游者。但是，他们要求一定的旅游服务条件，从这一角度看他们更接近于甚至超过了一般的生态旅游者。比如说，他们依靠旅行社替他们安排旅游行程，喜欢有导游人员陪同旅行，他们还认为生态旅游景区应该为它们的参观者提供足够的旅游服务和设施。所以他们是通过传统的正规旅游业来参与生态旅游的自然爱好者。因此，组织性的生态旅游者是一个介于严格和一般的生态旅游者之间的过渡性团体。

针对上述生态旅游者的划分，我国学者肖朝霞和杨桂华（2004）认为造成三种生态旅游者的行为和特点不同的根本原因在于他们在潜在价值观、伦理观和生态意识方面存在差别，并以图 4-2 阐释了他们之间以及他们与大众旅游者之间的关系。

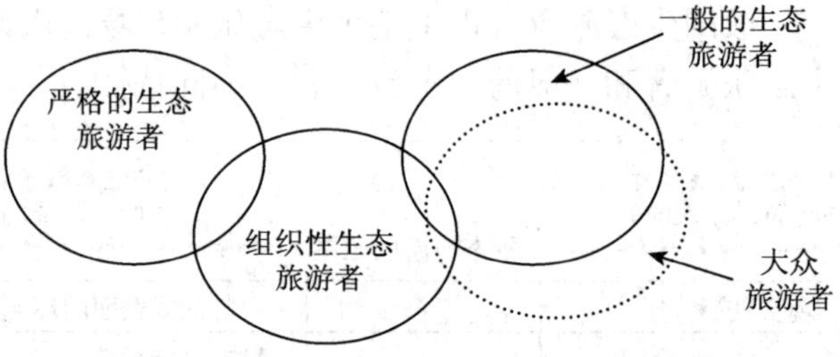

图 4-2　几种生态旅游者和大众旅游者的关系

传统的大众旅游者只有表层的生态意识，或没有生态意识，而一般的生态旅游者具有中等或表层的生态意识。一般的生态旅游者和大众旅游者的重叠部分最大。组织性生态旅游者通过传统的正规旅游业来参与生态旅游，但他们具有比较强烈的生态意识，所以他们与一般的生态旅游者和大众旅游者只有少部分重叠。严格的生态旅游者具有强烈的生态意识，他们仅仅和组织性生态旅游者有重叠部分。也就是说，随着生态意识的不断加强，它将逐渐影响旅游者的行为和特征，并导致其类型逐步发生变化。

纵观上述生态旅游者的分类依据，有两点是重要的，其一，生态旅游者的环境态度，是生物中心论还是人类中心论，环境意识是较强还是较弱；其二，生态旅游者的投入程度，是经常参与，还是偶尔为之。

五、生态旅游者的形成

生态旅游者的形成，既取决于他们所具有的客观条件，又取决于旅游者主体的主观条件，而且对其进行生态和环境教育的培养也非常重要。

（一）生态旅游者形成的客观条件

生态旅游者形成的客观条件涉及社会生活的各个方面，主要包括生态旅游者因素和生态旅游地因素两个方面，它们相互联系、相互作用，统一构成了旅游者进行生态旅游的客观基础，这些是生态旅游者得以形成的必要条件（见图4-3）。

生态旅游者因素主要指可自由支配收入、休闲时间、身体状况及家庭人口结构等。可自由支配收入、休闲时间、身体状况及家庭人口结构是形成旅游者的一般客观条件，但对于生态旅游者，又有一些特殊要求。如调查表明，生态旅游由于管理和保护需要更多的人力和物力，总体来看花费要比传统大众旅游高些。由于生态旅游目的地往往距离中心城市较远，因此也需要花费更多的休闲时间。另外，由于生态旅游主要在大自然中进行，对体力的要求较高，因此身体状况成了能否参与生态旅游的重要生理性因素和决定性因素之一，尤其是登山探险旅游、自行车旅游、海洋生态旅游等形式对身体素质的要求更高。据调查，老年人外出生态旅游的比例极低。

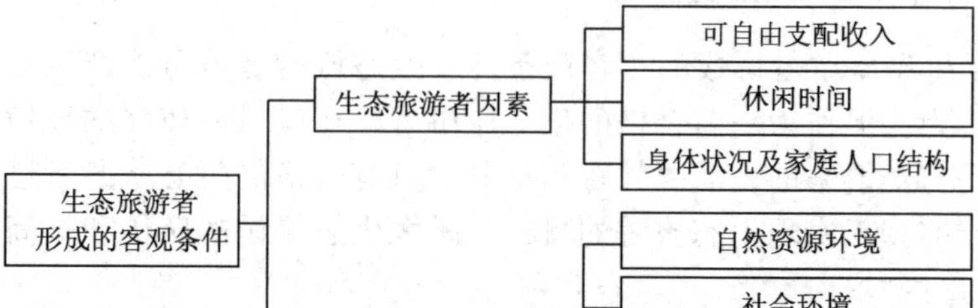

图4-3 影响生态旅游者形成的客观条件

生态旅游地因素包括旅游地自然资源环境、旅游地社会环境，以及旅游地的可进入性、信息资料与物质条件等相关条件。旅游地的自然资源环境是指具有生态美的旅游资源环境，是吸引生态旅游者的重要因素。旅游地社会环境即一个旅游地的社会、政治、经济现状等，其对生态旅游者的形成也有直接和间接的影响。首先，旅游者有一个共同的心理需求，那就是追求安全、舒适和友善的旅游社会环境；其次，生态旅游地的社会、政治、经济等发达程度将影响到旅游交通业、住宿业等旅游服务业的发展以及都市化进程，这些因素也会对生态旅游者形成有一定影响。

（二）生态旅游者形成的主观条件

生态旅游者形成的主观条件主要从旅游者的旅游动机和生态意识的觉醒两方面说明生态旅游者产生的必然。

1. 旅游动机

旅游动机是直接推动人们进行旅游活动的内部动因，生态旅游者参加生态旅游的动机主要是为了满足其“回归大自然”的心理需求。关于影响生态旅游者旅游动机的因素，可归纳为生态文化、民族习俗、宗教文化、价值观等社会文化因素以及家庭与社会阶层等社会群体因素。

2. 生态意识

生态旅游者与一般的旅游者在内涵本质上的最大不同点在于生态旅游者具有一定的生态意识。田里和李常林（2004）曾指出生态旅游者的产生是人们现代生态意识觉醒并达到一定水平时的必然结果，是人类生态意识演进的必然产物。较高的生态意识是生态旅游者区别于一般大众旅游者的重要特征，也是形成生态旅游者必不可少的重要条件。

六、生态旅游者的培养

具备了生态旅游者形成的主客观条件，生态旅游者就可能产生到大自然中去的旅游行为。但作为一名合格的生态旅游者，还应具有较强的环境意识，这种意识不是与生俱来的，需要教育和培养。只有合格的生态旅游者进行生态旅游时，才能够真正实现生态旅游的目标、扩大生态旅游的队伍和提高全民的环保意识。

（一）培养内容

生态旅游者的培养主要包括两方面内容：自然知识和环境意识。自然知识是提高环境意识的基础，通过理解自然，达到欣赏自然，进而保护自然。

1. 自然知识

自然环境是人类生存、繁衍的物质基础，要保护和改善自然环境，首先必须认识自然。自然界生机勃勃、气象万千，自然所蕴含的智慧和力量激发和吸引着人们去探索、去了解。自然知识包含地质地貌、江河湖海、气象气候、动物植物、宇宙繁星等丰富内容，涉及这些组分的起源、构成、规律、特点及价值等各个方面。对某个生态旅游区而言，主要是深入洞察自然生态资源的性质、类别、成因与造景机制，切身体验所在社区的风俗习惯与社会文化。

2. 环境意识

环境意识包括两个方面的内容：一是人们对生态环境的认知水平，即环境价值观念；二是人们参与保护生态环境行为的自觉程度。环境价值观念的树立是环境保护行为的前提，而环境保护行为是环境价值观念的反映。培养环境意识就是要使人们认识到，自然界是包括人类在内的一个有机整体，人类必须遵从自然规律，合理地调节人与自然的物质和能量交换，从而达到人与自然的和谐共存与共同发展，意识到生态旅游区中各组成部分的有机联系及相互间固有的物质和能量交换规律、人类活动对其自然平衡的破坏作用和当地社区社会文化的可能负面影响，维护自然的调节能力和社会文化的纯洁性，把人类对自然、社会和文化环境的影响限制在其调节能力允许的范围内。

3. 活动指南

广袤的大自然给生态旅游者提供了宽阔的舞台，他们在其中可进行丰富多彩的活动，如野生动物观赏、自行车旅游、漂流、徒步旅行等，每一类活动都有其内容特点、注意事项与要求，如森林旅游时如何防治毒蛇咬伤、野外怎样更安全地选择宿营地、搭盖帐篷的方法和技巧、观赏野生动物的工具选择，如何做到旅行过程中不使旅游对象受损害等。生态旅游者只有熟悉这些知识，掌握其要点与技巧，才能真正体会到大自然的挑战和乐趣，达到预期效果（严力蛟，2007）。

（二）培养的途径

生态旅游者的培养是一个系统、综合的过程，需要社会和个人的共同努力，有效的途径主要有旅游者平时的自我学习、社会教育和生态旅游区现场教育。

1. 自我学习

学习是指人不断获得知识、经验和技能，形成新习惯，改变自己行为的较长过程。通过直接的书本内容学习与间接的实践活动学习，提高环境意识，改变破坏环境的行为，养成爱护环境的好习惯。

2. 社会教育

社会与政府也应从可行的方式出发，引导全社会公民去了解、认识并关心环境及相关问题，例如在大、中、小学校、幼儿园开设自然保护课程和在已有课程中渗透自然保护的内容，举行绿色夏令营、科普活动周，寓教于乐，出版教科书和其他各种读物，并且利用广播、电视、报纸杂志等媒体，调动多方面的社会力量，采取丰富多彩、生动活泼的教育形式，造成强大的社会舆论，把生态意识上升为全民意识，使热爱自然、保护自然成为人类的共同意愿。

3. 生态旅游区环境教育

生态旅游区是游客参加生态旅游的场所，生态旅游者完全可以在这些大自然的场所里进行最形象的自我教育和社会环境教育。在哥斯达黎加，能辟为生态旅游区的景点往往是在生态环境保护上卓有成效的地区。生态旅游区在旅游过程中为旅游者提供信息和学习机会，是"旅游+环境教育"式的双重行为，是在生态旅游区进行的现场教育，旅游者会在享受之余学到和感受到很多有益的东西，自觉培养起环保意识和热爱大自然的高尚情操。从事生态旅游导游职业的人往往是动物学家、植物学家和生态学家，他们既是导游，又是环境教育的老师，同时还鼓励互动式参与。旅游者广泛接触大自然，融入当地的人文生态环境中，既充分欣赏、享受生态旅游区的生态环境，又积极充当生态环境的保护者。在生态旅游区，其现场教育主要是通过建立旅游区的环境解说系统，利用环境解说的各种方式进行的。

七、生态旅游者行为

（一）生态旅游者保护性旅游行为特征

1. 环保性

环保性指的是保护性旅游行为是有益于环境保护的活动形式，无论是把生态旅游作为一种旅游形式，还是作为一种旅游思想，都强调生态旅游者对旅游资源及环境的保护，生态旅游者明了保护大自然的重要意义并为之做出贡献，他们有较强的环保意识并将其贯穿到整个旅程。如尊重旅游目的地的自然与文化现状，不吃受保护的动植物，不买珍稀动植物的制品，不惊吓野生动物。而如果只单纯地到自然环境中去走一走看一看便返回，那决不是生态旅游行为，只不过是把传统大众旅游项目重新包装而已。

2. 知识性

知识性指的是保护性旅游行为是具有较高知识信息含量的活动形式。因为生态旅游区包含着大量的地质、地貌、气象、水文、植物、动物、医学、建筑、环境、文化等科学知识体系，涵盖了陆地与水域两大宏观的生态系统类型，每类生态系统又可分为许多亚类，如陆地生态系统有苔原、极地、高山、冰川、火山迹地、溶洞、沙漠、荒漠、森林、草原、城市、农村等生态系统亚类，水域生态系统有湖泊、水库、池塘、河流、溪流、沼泽、瀑布、泉水、海洋等生态系统亚类。生态旅游者通过观察、体验、分析和研究，可直接感受并获得丰富的科学文化知识，达到科学普及的目的。

3. 参与性

参与性指的是保护性旅游行为是生态旅游者广泛参与的活动形式。生态旅游者改变了传统观光的乘车—游览—乘车—就餐—住宿等老一套的旅游模式，而是身体力行、积极投入，去体验大自然提供的阳光、空气、水体、山岳、绿色及人与自然和谐的文化，从中获得贴近大自然的情趣，达到自然化、美化与智化的境界，使体魄更健康、精力更旺盛、知识更丰富、视野更开阔。同时，生态旅游者还直接或间接地参与生态旅游区的保护事业，促进人与自然的可持续发展。

4. 替代性

替代性指的是旅游经历的可代替性。反映的是在旅游时间、交通工具、目的地及活动方式等方面，可随着更有利于景区环境保护的要求而改变，即生态旅游者更容易接受旅游要素的改变，对旅游环境或服务的依赖性更小，景区经营者也就更能按照环境特点合理布局资源的游憩利用方式，从而更有利于生态脆弱的地段受到保护。例如，在自然保护区内，生态旅游者更愿意徒步或骑马而放弃乘车游览，从而使环境影响降到较低的程度。据加拿大学者文尼嗄德（Glen. . T. Hcenegaard）等人在泰国 Doi Inthanon 国家公园的一项研究结果表明，生态旅游者旅游行为的替代性比其他旅游者类型高，而且发现替代性与旅游动机也有关系。以野生生物和自然环境为旅游动机的旅游者比以文化和社会为旅游动机的旅游者替代性高。

（二）生态旅游者保护性旅游行为的层次与阶段

钟林生等把生态旅游者的保护性生态旅游行为过程分为三个层次：基本层次是亲近自然；提高层次是学习自然；专门层次是保护自然。各层次之间呈现递进关系（见图4-4）。

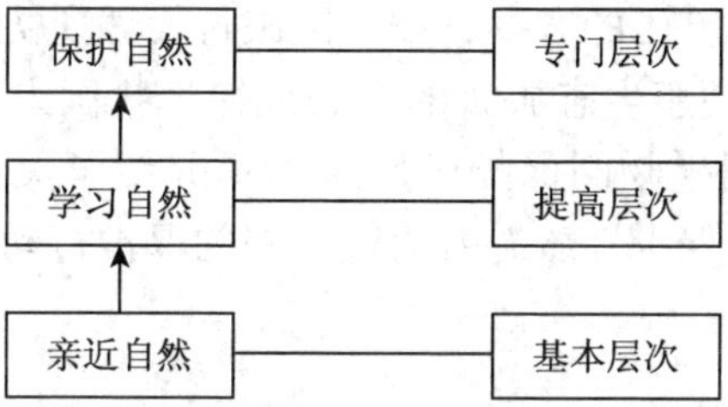

图4-4 生态旅游者的保护性旅游行为层次

1. 亲近自然（也称享受自然）

生态旅游者置身于大自然中，在蓝天白云下呼吸新鲜空气，倾听自然之声，细看自然之色，享受大自然的宁静与幽远。

2. 学习自然（也称探索自然）

生态旅游者考察自然的奥秘，探索万物的真谛，从而扩大视野，增长知识，提高自身修养。

3. 保护自然（也称爱护自然）

生态旅游者在亲近自然、学习自然之后，产生对自然的崇尚与热爱之情，增强环境保护意识，从而积极参加保护自然的行动与活动。

对一个旅游行为过程而言，不同的旅游行为也有不同的阶段。在库伯（C. Cooper）主编的《旅游发展：环境和社区问题》一书中对生态旅游者行为过程中精神境界的三个过程进行了分析，提出“三N”阶段论，第一个阶段是“自然（Nature）”，即回归大自然，到大自然中去；第二个阶段是“怀旧（Nostalgia）”，怀念人类的童年，勾起对原始美好环境的回忆；第三个阶段是“天堂（Nirvana）”，心境仿佛到了“天人合一”的人间仙境。如生态旅游者来到夏威夷的Kona小渔村，见到了绿宝石般的小海湾、寂静的珊瑚礁石与蔚蓝的海水（Nature），好像回到了过去，找到了原以为永远消失了的美丽夏威夷（Nostalgia），猛然间烦恼、压力全无，仿佛到了物我为一的天堂（Nirvana）。这三个阶段是递进的，是生态旅游者的旅游体验过程，较高阶段的体验出现在较低阶段的体验之后。

（三）保护性旅游行为的保护行动指南

生态旅游者来到类型各异的生态旅游区（如自然保护区、森林公园、风景名胜区、湿地公园、地质公园、水利风景区等），可以有丰富多彩的保护性旅游行为活动，如在森林公园里，可以进行游览观光、登山探险、垂钓、森林浴、空气负离子浴、野营、绿色夏令营、营造纪念林、滑雪、远足、漂流等活动。但在保护性旅游行为过程中，要贯穿环保意识，环保意识要落实到行为中去，至于具体做法，有些国家提出了自己的方案，如美国旅行代理商协会（American Society of Travel Agents）制定了关于生态旅游的十条戒律，我国人与生物圈国家委员会也在该组织出版的《中国生物圈保护区》杂志里介绍了关于生态旅游者的旅行要求。这些戒律与要求是保护性旅游行为过程中的保护行动指南，可以归结为以下几个要点：

1. 旅行准备

生态旅游者一旦决定要访问某个生态旅游区，出发之前要在有关信息册和宣传材料中学习关于该地的自然、习俗、礼仪和文化知识，如该地的生态系统特点、生物多样性的种类、珍稀濒危物种、当地居民的宗教信仰、民族传统文化等，以明确你对环境保护所负有的责任与义务，为自己的旅行准备好必要的旅游与环保工具，如带走垃圾的塑料袋。

2. 旅行途中

生态旅游者在旅行中所涉及的吃、住、行、游、购、娱6个环节都有保护的内涵要求。

（1）吃与住。吃要入乡随俗，尊重当地居民有关吃的习俗，自觉不吃用珍稀濒危动植物烹饪的食品，如我国的娃娃鱼、穿山甲等，以免加速该物种的灭绝。住以方便简单为原则，督促生态旅游经营者不将住宿设施建在生态系统脆弱的地带。

（2）行与游。行尽可能徒步或使用对环境无害的交通工具，自带的机动车辆在停车时关闭发动机；沿设定的旅游通道走，不打扰动物（如不要穿色彩鲜艳、图案杂乱的外衣，不使用香水等），不侵犯其自然栖息地，不踩踏珍贵植物的群落系统；沿途若有居民，不要有向儿童分发糖果等自发馈赠行为，要知道这对当地文化是一种冲击，如确有要馈赠的东西，可通过村镇的年长者或学校教师来分发。旅游时不采集被保护的生物物种，不要折断树枝，不要乱扔杂物，在当地居民允许的前提下参加有关文化习俗的活动，尊重他人的隐私，要征得他人的同意方可拍照，可以积极致力于当地自然保护事业。

（3）娱与购。娱乐活动时注意不要大声喧哗，保持“干扰距离”，不投喂，不恐吓，不搂抱参与娱乐的野生动物。购买纪念品时，如果是被保护物种的制品，请拒绝购买，如象牙、龟甲皮革等。被保护生物有可能成为被高价走私的物品，生态旅游者如果购买被保护生物或其制品，将会导致被保护生物物种的灭绝，生态旅游者购买当地的纪念品，要本着支援当地人生活、有利于物种保护的态度，购买经认可的纪念品。

另外，还应积极参加自然保护的有益活动。人类只有一个地球，自然保护，爱护环境，人人有责，如向目的地捐助资金，提供知识技术，参加保护环境的宣传和义务劳动等。

3. 旅行结束

生态旅游者，离开旅游目的地时，该带走的东西一定要带走，不该拿走的东西一定要留下来，如应将杂物或垃圾带走，不要随便丢弃，以免留下来污染自然环境，增加生态旅游区的保护经济开支，非“纪念品”不允许携归，真正做到“留下的只有你的脚步和愉悦，带走的只有你的照片和欢笑”。同时，如果对旅游目的地的环保措施有什么见解或建议，应积极把信息反馈给经营者，以便于生态旅游事业的可持续发展。

第二节　生态旅游市场

一、国际生态旅游市场评析

从世界范围来看，人们的环境意识不断增强，回归大自然的愿望更加强烈。从 20 世纪 80 年代兴起的生态旅游，进入 20 世纪 90 年代以后，已成为一种新兴的国际旅游时尚，越来越多的人将加入生态旅游的行列，希望寻求了解自然和对自然环境进行探索的经历。据2011年召开的世界生态旅游大会介绍，生态旅游已成为当今世界旅游发展的潮流，给全世界带来了至少200亿美元的年产值。在葡萄牙里斯本召开的“海洋和新的旅游区域部长会议”上，联合国世界旅游组织（UNWTO）预测了21世纪的旅游发展变化趋势，到2020年，全球旅游人数将达16亿人次，中国将列世界旅游接待国首位，国际旅游人数将达到1.37亿人次，占世界总数的8.6%，年均增长8%。可以预见，21世纪，国际生态旅游市场大有潜力，这将为世界生态旅游业的发展提供强大的需求拉力，生态旅游在新世纪将达到一个新高度，成为一个新的经济增长点。

（一）国际生态旅游市场分析

国际生态旅游市场的分析，可以从国际生态旅游者的人口统计学特征、国际生态旅游者旅游动机和国际生态旅游者行为特征三个方面入手。

1. 国际生态旅游者人口统计学特征

（1）年龄。关于生态旅游者年龄的说法很多，结果也大相径庭。如巴克曼（Backman）、伊格尔斯（Eagles）等认为生态旅游者年龄比一般旅游者年龄大，而怀特的调查结果是所有年龄的人都对生态旅游感兴趣，但是有经验的生态旅游者（已经参加过生态旅游的人）比一般生态旅游者（正在或正准备参加生态旅游的人）年龄要大一些。其中，有经验的生态旅游者中35~54岁的人占56%，而一般生态旅游者中35~54岁的人只占43%。国际生态旅游者在年龄方面的另一个重要特征是：不同年龄的生态旅游者对旅游活动有不同的偏好，这一点对于指导生态旅游产品的设计和营销是相当重要的。

（2）性别。生态旅游者的性别比例也是一个有争议的问题。芬内尔（Fennel）、巴克曼等人认为生态旅游者中男性占主体，而库克（Cook）和斯图尔特（Steward）则认为女性占主体。怀特的调查结果则是男女生态旅游者几乎平分秋色。但是，性别不同，对旅游活动的偏好会有所不同。如女性生态旅游者对野营、骑车旅行等探险性较强的旅游活动兴趣不大，而对徒步旅行却甚为推崇。由此，可以得出结论：在生态旅游者群体中，男女生态旅游者所占比例趋向于相等，而对于某一特定的旅游活动，男女生态旅游者则会表现出不同程度的兴趣。

（3）文化程度。一般认为，生态旅游者受教育程度比一般旅游者要高。据伊格尔斯1995年的调查，加拿大一般旅游者中有20.7%的人具有大学文化程度，而在生态旅游者中，这个比例达64.9%。怀特的调查也证实了这一点，一般生态旅游者中有75%的人上过大学；而有经验的生态旅游者中，则有96%的人上过大学。

值得一提的是，生态旅游者在文化结构上还有一个明显的变化趋势，就是对生态旅游感兴趣的人正由高文化层次旅游者群体向较低文化层次旅游者群体转移，即生态旅游吸引大众旅游者的比例越来越多，这表明生态旅游正逐渐进入主流市场，由专业旅游市场向大众旅游市场普及。

（4）家庭构成。关于生态旅游者的家庭构成，怀特的调查结果是：大多数一般生态旅游者和有经验的生态旅游者都是双人夫妻家庭（分别是44%和47%），其中家庭带小孩的生态旅游者为24%，远远低于带小孩的一般家庭旅游者（35%）；参加生态旅游的单身游客则更高于一般单身旅游者，前者为25%，后者为18%。这就表明，没有小孩的夫妻家庭及单身男女家庭中最容易产生生态旅游者，这部分家庭应成为生态旅游市场宣传的重点。

2. 国际生态旅游者的旅游动机

生态旅游者旅游动机的研究是生态旅游市场研究的重点，也是指导生态旅游开发、营销促销旅游产品并采取有效宣传措施，从而吸引生态旅游者的关键。伊格尔斯和怀特分别对加拿大和北美生态旅游者的旅游动机进行了调查（见表4-3、表4-4）。

表4-3 加拿大生态旅游者旅游动机调查表

动机类型	平均分值	位次
热带雨林	3.95	1
原生的未受干扰的大自然	3.94	2
了解大自然	3.87	3
鸟类	3.69	4
湖泊和河流	3.68	5
绿树和野花	3.66	6
风景和野生生物摄影	3.58	7
哺乳动物	3.52	8
国家公园和省级公园	3.41	9
体育锻炼	3.39	10

表 4-4　北美生态旅游者旅游动机调查表[a]

动机类型	平均分值	位次
享受风景/大自然	45	1
新的经历/地方	22	2
户外活动	16	3
野生生物观光	15	4
山岳风光	14	5
体验荒野经历	11	6
没有拥挤	11	7
水上运动	11	8
文化吸引物	10	9
学习/研究自然/文化	10	10

注：a 表内的数值为选择该动机的旅游者人数百分比。由于旅游者可以做出多重的选择，百分比总数大于 100%。

尽管上述两项关于生态旅游者旅游动机的调查所设置的选项和统计标准各不相同，但所得到的结论却有惊人的一致性：生态旅游者参加生态旅游的前 10 位主要动机的绝大部分都是以大自然为舞台，尤其是去那些野生的、受人类干扰较小的原生自然区域参观体验。这充分体现了生态旅游者要求回归大自然，享受大自然，了解大自然的强烈愿望，显示了生态旅游以大自然为取向的显著特征。

3. 国际生态旅游者的行为特征

（1）团队构成。一般认为，生态旅游者为寻求融进大自然的刺激性而趋于单独出游和两人结伴出游。怀特对北美生态旅游者的团队构成调查也证明了这点（见表 4-5）。

表 4-5　生态旅游者团队的构成

团队构成	一般生态旅游者（%）	有经验生态旅游者（%）
两人（不同家庭）	23	25
两人（同一家庭）	36	36
带小孩的家庭	26	15

续表

团队构成	一般生态旅游者（%）	有经验生态旅游者（%）
旅游团队	4	2
4 人组团	6	7
1 人单独旅游	7	13

资料来源：North American Ecotourists：Market Profit and Trip Characteristics. Journal of Travel Research，1996：2-10.

从表 4-5 中可以看出，大部分生态旅游者喜欢两人结伴出游（分别占两类生态旅游者总数的 59% 和 61%）。有经验的生态旅游者单独出游的比例较高（13%），而带小孩的家庭出游和参加旅行团队出游的比例则比较低（分别为 15%和 2%）。

（2）旅游花费。根据调查分析，生态旅游者在目的地的花费比普通旅游者要高。怀特关于生态旅游者花费的调查结果显示：从总体上说，生态旅游者比一般旅游者愿意支付更多的费用。而且一般生态旅游者的花费水平较有经验的生态旅游者略低（见表 4-6）。

表 4-6　生态旅游者的特征

支付费用（美元）	一般生态旅游者（%）	有经验的生态旅游者（%）
≤500	15	7
501～1 000	25	22
1 001～1 500	21	26
1 501～2 000	17	21
>2 000	22	24

我们还应注意，生态旅游消费受许多因素的影响，如旅游时间长短、旅游者的支付能力、生态旅游目的地的接待条件、旅游活动类型及消费机会等，因此，各国的生态旅游花费也存在着很大的差异。如在泰国，生态旅游花费估计只有一般旅游消费的 1/3～1/2。

（3）旅行时间。旅游者旅行时间的长短一般受旅游目的地、旅游活动的性质影响较大。巴克曼和波茨（Potts）1993 年调查发现，在美国，生态旅游者在旅游目的地平均逗留 5 个晚上，而在阿拉斯加保护区则平均逗留 12 天。另据加拿大旅游部门统计，一般的包价自然观光旅游为5.3天，野生生物参观为2.9~7天，而看海豹则不到1天。怀特的调查结果是：绝大多数生态旅游者希望旅行时间在一周以上。约有40%的一般生态旅游者偏向于两周以上的旅行时间，而50%的有经验的生态旅游者则认为8~14天比较合适。

（4）旅游季节。怀特的调查结果表明，多数一般生态旅游者和有经验生态旅游者都愿意在夏季旅游，有40%的一般生态旅游者选择了7月和8月，一半左右的有经验生态旅游者选择了6月、7月、8月和9月。但不容忽视的是，冬季旅游正不断受到旅游者青睐，尤其是受到有经验生态旅游者的欢迎。他们认为冬季有冰雪为伴，旅游景色与夏季相比有独特的地方。这些调查结果对于旅游目的地开发冬季旅游项目，延长旅游季节，消除或缩短旅游淡季有较大的参考价值。

二、生态旅游市场机制

（一）生态旅游市场的发育特点

20世纪90年代以后是生态旅游发展最快的时期。在这一时期，在世界旅游组织的鼓动和专家学者及新闻媒体的倡导下，不仅通过国际会议及学术研讨会的形式制定了一些发展生态旅游的宣言、宪章和行动计划，而且还针对生态旅游的概念、特点、功能、作用和地位，进行了大量的研究工作，撰写了许多论著，这些都为发展生态旅游奠定了十分重要的理论基础。目前，以自然旅游为基础发展起来的生态旅游规模越来越大，并已成为世界上重要的新兴产业。生态旅游市场的发育特点有以下几个方面。

1. 基础市场大而实际规模小

从希望参加生态旅游活动的人来看，其基础市场是非常大的，世界上有许多人都乐于参加具有生态体验功能的自然旅游活动。据调查，向往自然旅游的人数至少占旅游者总数的70%，另有20%的人喜欢休闲度假旅游，10%的人喜欢文化旅游。北京市旅游局在1995年对市民进行了一次抽样调查，结果是99.09%的人愿意到京郊参加自然风光旅游。由此可见，生态旅游市场是十分广阔的。但是从目前的情况看，喜欢自然风光但缺乏较高环境保护意识的旅游者却大有人在，在近期还是难以形成高素质的生态旅游队伍，这极大地束缚了生态旅游市场的发展。

2. 要求参与者有较高的环保意识

生态旅游是以保护生态环境为目标的自然旅游，它强调在体验自然的同时要对保护自然做出贡献，这就要求生态旅游者必须有较高的环保意识和觉悟，并能在保护生态环境方面付诸行动。能否为保护生态环境做出贡献，是衡量游客是否为生态旅游者的基本标准。

3. 生态旅游市场正在成长且发展很快

生态旅游是一种特种旅游，特种旅游是一种细分的市场，它的发展已成为旅游市场发展的主流。“生态旅游是发展最快的一种旅游，特别吸引那些关心环境，并希望了解地方生态状况和风俗文化的游客”；生态旅游“代表了迅速扩展之中的旅游细分市场”；“生态旅游市场正在成长，人们的主要兴趣与自然环境和文化传统有关，他们往往为边远的尤其是敏感的地区所吸引”。这表明生态旅游是一种“正在成长”且发展很快的旅游市场，它随着生态教育的加强，特别是城市化和现代化进程的加快，必将逐渐扩展。

4. 生态旅游的开展主要在偏远、敏感地区，消费较高

按照生态旅游在空间上的分布特点，它多集中于敏感、偏远的地区，包括原始森林、内陆草原、海滨湿地、地球两极等难以到达的生态敏感区。在这种地区开展生态旅游业，尤其要进行精心规划和管理，即使只有很少的游客对这种旅游感兴趣，也应对他们提出更高的要求。只有这样，才能在保护环境和文化的同时，为偏远地区带来经济发展的空间。到偏远地区的旅途长，消费支出较高，因此目前参加偏远地区生态旅游的游客，大多是经济富裕者，这和大众旅游形成了明显的反差。

5. 国家公园和保护区是生态旅游的主要场所

目前，国家公园和保护区是生态旅游的主要场所。一个国家划作国家公园和保护区的面积标志着该国对自然景观保护的承诺水平，也是该国发展生态旅游的重要基础和条件，所以，保护区和国家公园数量和面积的多少在一定程度上反映了一个国家的生态旅游发展水平。这一特点，我们可以从以下这些开展生态旅游比较好的国家中看出：如美国已建立了 380 个国家公园，面积达到 93.6 万平方公里，占国土面积的 10%；日本已建成 369 个自然公园，370 处保护区，总面积 5.6 万平方公里，占国土面积的 15%；英国已建成科学保护区 4994 处，面积 1.58 万平方公里，国家自然保护区 234 处，面积 1.66 万平方公里，占国土面积的 14%。自 20 世纪 50 年代以来，发展中国家自然保护区的建设也有很大的发展，使全世界自然保护区的数量和面积呈直线上升。如智利、博茨瓦纳等国家的保护区面积占国土面积的 20%以上。马拉维、卢旺达、塞内加尔、坦桑尼亚、多米尼加、厄瓜多尔、不丹、斯里兰卡等国的自然保护区面积均占国土面积的 10%以上，自然保护区面积占国土面积最高的国家是卢森堡，达到 44.2%。

（二）生态旅游市场的培育

生态旅游作为一种涉及人类生存环境的特种旅游形式，开发这样的旅游项目是有条件的，而且这种条件不仅指旅游供给方（旅游目的地），也包括需求方

（旅游者）；既包括旅游开发商和经营商，也包括旅游管理部门；既包括旅游业的相关行业，还包括旅游目的地的当地居民；既包括实体条件（硬件设施和技术条件），也包括人员和管理条件（软件环境）。因此，并不是说在任何国家或任何地方都应当开展生态旅游，也不是说，生态旅游和其他方式的旅游一样，只要通过促销把人招徕来就可以了。许多国家或地区的教训都说明，开展生态旅游一定要小心谨慎，应当先进行试点，从试点取得经验，在各种条件准备比较充分的时候再逐渐开展，走循序渐进的路，决不可以像发展一般大众旅游那样到处开花，更不能走“先破坏，后治理”的发展工业的老路。具体地说，开展生态旅游要做好以下几个方面的准备工作。

1. 培养素质高、责任感强的生态旅游者群体

旅游者不仅要热爱大自然，愿意返璞归真，而且应当具有很高的环境保护意识，有保护自然、保护环境、保护文化的知识和素养，还必须是愿意用自己的实际行动实施保护与改善环境的人，在西方的文献上经常被称为“负责任的旅游者”。实际上，热爱大自然的人比较多，而懂得保护环境、自觉地、真心真意地保护生态环境的人却相当有限。针对这种状况，在开展生态旅游时必须进行有效的宣传，说明生态旅游的实质、特点及需要注意的事项，加强培养符合生态旅游条件、具有高素质和高度责任感的旅游者群体。

2. 培养既懂得旅游开发经营又懂保护环境的高素质的开发商

生态旅游的发展需要借助于生态资源，以及对这些资源进行必要的开发所形成的可以向市场销售的生态旅游产品。但是，和其他旅游资源不同的是，生态旅游资源更加脆弱，对它的开发须讲究科学，必须采取一切措施使生态平衡不遭破坏，无论何时都得遵循“在保护的前提下开发，在利用中保护”的原则。生态旅游开发商必须懂得只追求经济利益，只追求眼前利益，急功近利的做法是难以保证旅游业的可持续发展的。因此，培养一支既懂旅游开发经营又懂得环境保护的高素质的开发商队伍，是建立生态旅游市场的重要条件之一。

3. 培养对环境保护有诚意的经销商

一般地说，旅游经营商是在向旅游者提供服务的过程中获得经济利益的，而且，也会尽量通过各种途径提高经济效益，这是理所当然的。然而，从事生态旅游的经营商，不仅应当是个懂经济的行家，更重要的应当是个虔诚的环境保护主义者，保护环境应当是他们始终坚持的经营原则，甚至能够做到当其获取经济收益的手段、方式与环境保护发生冲突时，可以毫不犹豫地舍弃自身的经济利益而保全环境和生态。目前一些专门经营生态旅游线路的旅行社，通过一切手段提高旅游者的环境保护意识，如在组团出游时对旅游者进行专门的培训，讲解注意事

项，并印制有非常详细的“行为规范”和“行动指南”，还有的专门为当地人编写了生态旅游的宣传提纲和行动指南。

4. 取得生态旅游目的地居民的理解和支持

生态旅游除了要保护环境之外，还有一条重要的原则，就是通过生态旅游的开展使当地居民确实在经济上受益。许多经验证明，让旅游地居民参与生态旅游区的管理和服务，如在导游、卫队、环卫、宿舍管理、餐厅服务、工艺品加工等方面为他们创造更多的就业机会，使他们的生活得以改善，会直接或间接地引起他们对环境保护工作的重视，激发他们参与环保的积极性，减轻因对资源需求而破坏环境的压力。当然，当地居民参与生态旅游的管理和服务也必须经过严格的培训。

5. 建立健全生态旅游管理机制

生态旅游有其特殊性，为保护生态旅游的正常进行，不仅要有开发商、经营商和旅游者的共同努力，更为重要的是，需要有健全的生态旅游的管理机制。这包括有完善的管理机构与人员进行各个环节的监督和检查，同时，还需要有比较完善的条例、法规来规范企业行为和个人行为。所有国际组织制定的开展生态旅游的标准、条件以及一些行业组织制定的行为规范都应当纳入本行业的管理机制中，并以通告形式向社会公布。

三、生态旅游市场营销

生态旅游市场营销是对旅游市场营销的继承和发展，它是在可持续发展思想和社会市场营销观念指导下的旅游绿色营销。生态旅游市场营销是连接生态旅游产品与生态旅游市场的基本环节，也是生态旅游经营管理的中心环节。

（一）生态旅游市场调查

生态旅游市场调查就是以科学的方法、客观的态度，有效地收集和分析与研究生态旅游市场营销有关的问题所需的信息、资料，以了解现实生态旅游市场和潜在的生态旅游市场，并为生态旅游市场经营决策者提供客观依据的活动。通过生态旅游市场调查，能够了解生态旅游市场总体态势和游客对规划区域生态旅游产品的需求状况，为规划者提供第一手材料和可靠信息，并为充分利用旅游资源寻找客源市场和途径。

一般来讲，生态旅游市场调查的主要内容有五个方面，即生态旅游者规模及构成调查、旅游动机调查、旅游行为调查、旅游价格调查和生态旅游市场规模的调查（见表 4-7）。

表 4-7 生态旅游市场调查

调查项目	释义	调查内容
旅游者规模及构成调查	经济发展水平与人口特征；服务与闲暇；生态旅游者数量与消费构成；生态旅游者消费水平及构成；生态旅游者对生态旅游产品质量、价格、服务等方面的要求和意见	具体包括生态旅游者的国籍、年龄、性别、职业、入境方式及地区分布、民族特征等；生态旅游者在吃、住、行、游、购、娱等方面的水平
旅游动机调查	旅游动机指的是促进一个人出去旅游、选择何种旅游方式的内在心理原因	生态旅游是回归大自然的旅游，由于回归大自然的原因有多方面，加上人的文化背景、社会环境、家庭情况、个性特征、身体状况各不相同，生态旅游者的旅游动机与传统大众旅游者一样，也是多类型的
旅游行为调查	旅游行为是生态旅游者旅游动机在旅游过程中的实际表现	生态旅游行为调查就是调查客源地生态旅游者何时旅游、何处旅游、由谁决策旅游以及生态旅游方式如何；生态旅游者环境保护意识的调查
旅游价格调查	价格高低与旅游需求密切相关，应随时摸清价格变动趋势及其对生态旅游者的影响情况	生态旅游产品的定价是否合理；生态旅游者的价格心理状态如何，生态旅游产品价格的供给弹性和需求弹性；新开发的生态旅游产品如何定价；与其他类型旅游产品的价格比较
生态旅游市场规模的调查	有时为了衡量生态旅游的发展情况，需要估算生态旅游的市场规模，这就需要设置一些调查指标来完成此项工作	如 Weaver（1999）采用以下 11 个标准对哥斯达黎加和肯尼亚的生态旅游进行了调查：专门化的住宿设施占总量的比例、直接受影响的当地人的数量、直接就业、政府直接投资、直接收入、专门生态旅游者占总旅游者的比例、生态旅游的活动空间、生态旅游者总活动时间、生态旅游者的动机、间接收入、作为生态旅游目的地的市场影响的普遍程度。由于无法用衡量整体旅游的指标来说明生态旅游的增长，也有专家指出使用一般旅游统计指标之外的其他指标，如生态旅游教育、国际认可与地区支持、国际赞助机会、生态旅游认证和标识等的增加来衡量生态旅游的发展

（二）生态旅游市场细分

生态旅游市场细分是指在对生态旅游市场进行调查的基础上，依据生态旅游者在需要、欲望、行为、习惯等方面的差异性，把所面对的生态旅游市场的整体划分成若干个生态旅游者群的市场分类过程。进行生态旅游市场细分，有助于规划者更清晰地认识市场，发现新的市场机会，策划出适销对路的生态旅游产品，有针对性地制定和调整生态旅游市场营销组合策略。

1. 市场细分标准

（1）按地理环境进行细分。这种方法是细分旅游市场最常用的一种方式，地理因素包括地区（国际、国内、城市、农村、沿海、内地等）、地理方位（东、南、西、北、中）、城市规模、人口密度、气候等。如按照国界可以分为“国内生态旅游市场”与“国际生态旅游市场”，其中国际生态旅游市场又可细分一级市场、二级市场和机会市场。一级市场指的是一个目的地国接待的游客人数在接待总人数中占比例最大的两三个国家或地区的生态旅游市场；二级市场是指在一个目的地接待总人数中占相当比例的生态旅游市场；机会市场被认为是一个旅游目的国计划新开辟的市场，其特点是该市场的出国旅游人数每年增加，只是本国的人数还少。

（2）按人口属性进行细分。有关人的具体变量有很多，例如年龄、性别、职业、收入水平、教育状况、家庭人口、家庭生命周期、国籍、民族、宗教、社会阶层等。经营者和管理者可以根据自身的客观情况，选择一个或几个变量来划分生态旅游市场。如根据年龄分，有青少年生态旅游市场、中年生态旅游市场和老年生态旅游市场等；根据婚姻状况分为已婚和未婚者生态旅游市场。

（3）按心理因素进行细分。生态旅游者在心理上也具有许多不同的特征，如生活格调、个性、性格、兴趣、价值取向等，如果按照这些特征来对生态旅游市场进行细分，我们称之为“心理细分”，只是这类因素是难以用数字来表示的，而且由于分析问题的角度不同，对心理因素的判别往往也会有很大的差异。如按照中国人的眼光来看，美国人的性格是比较外向、开朗的；而墨西哥却认为美国人的性格是比较内向、保守的。

（4）按组织形式进行细分。根据组织形式的不同，可将生态旅游市场分为团队生态旅游市场和散客生态旅游市场。有研究表明，生态旅游者为了寻求融进大自然的刺激性，他们大多愿意选择散客的方式出游。

关于生态旅游市场细分可见表4-8。

表 4-8　生态旅游市场细分举例

市场细分标准	细分依据	细分市场举例
地理环境因素	地区、人口密度、气候、城市规模等	国际市场、国内市场；热带市场、温带市场
人口统计因素	年龄、性别、职业、文化程度、国籍、社会层次等	青年、中年、老年市场；豪华市场、经济市场；男性市场、女性市场
心理因素	生活方式、性格、兴趣等	传统型、新潮型
购买行为因素	购买动机、数量、偏好程度、行为特征等	观光市场、度假市场；探险市场；理智型、冲动型、享受型

资料来源：沈晔，2002

2. 市场细分的步骤

生态旅游市场细分与其他的旅游产品市场细分一样，一般要经过以下 5 个步骤。

（1）确定市场范围。选择市场范围的出发点必须是市场需要状况，应当结合旅游地的经营目标和资源条件，分析复杂多样的需求状况，从中大致明确规划区域所能提供的生态旅游产品的市场范围。

（2）排列出潜在生态旅游者的各种需求。根据与地理环境、人口属性、心理和组织形式等分类因素有关的特征，结合以往进行生态旅游市场营销活动的经验以及类似生态旅游产品已有的市场反映，排列出所定市场范围内潜在生态旅游者对一定生态旅游产品的各种需求。特别是要了解生态旅游者对市场上类似生态旅游产品的不满意之处，也即了解消费者未被满足的需求。

（3）选出市场细分的依据。根据抽样调查的方式，将排列出来的需求向不同类型的生态旅游者征询意见，从中挑选出他们最迫切的需求项目集中起来，再选择其中一些因素作为市场细分的依据。为了保证被调查的生态旅游者具有代表性，一是要尽可能考虑生态旅游者的地区分布、人口特征和购买行为等方面的情况；二是要求被调查者人数尽可能比较多。

（4）进行市场细分。根据不同生态旅游者需求的具体内容差异，按照一定的市场细分方式，将所确定的市场范围划分为几种不同类型的顾客群，经进一步考察与验证后，最后划定各细分市场。

（5）综合评价。对划定的各细分市场进行全面细致的分析，特别是对它的规模、潜力、经济效益和发展前景等作出评价，以利于生态旅游经营管理者能正确选择生态旅游目标市场。

（三）生态旅游目标市场的选择

目前，在西方国家人们经常使用一种 SWOT 分析方法来确定自己的目标市场。这种方法是从四个角度来对目标市场进行分析：优势、劣势、机会和威胁。旅游营销主体通常要综合考虑这四个方面的因素，选择最能体现自身优势、弥补自身劣势、机会最大、威胁最小的市场来作为自己的目标市场。当这四个方面的因素无法进行协调时，旅游营销主体要从成本—收益的角度系统对其进行分析，从中确定相对最佳的市场作为自己的目标市场。一般来讲，对旅游目标市场的选择有三种方式：集中选择、跳跃选择和全部选择。

（1）集中选择。它是指旅游营销主体在细分出的多个子市场中只选择其中一个作为自己的目标市场，集中进行市场营销运动。这种选择方式适合于那些拥有较强针对性旅游产品的旅游营销主体。

（2）跳跃选择。它是指旅游营销主体在细分出的多个子市场中选择其中几个作为自己的目标市场，采取一定的营销活动。当旅游营销主体的旅游产品能够在几个子市场获得较大利益时，它可以同时将这几个子市场确定为自己的目标市场。与集中选择方式相比，跳跃选择方式由于市场分散且具有一定差异，因此，它所带来的营销成本比较高。

（3）全部选择。它是指旅游营销主体将所有细分出的子市场都作为自己的目标市场并采取一定的营销活动。全部选择方式对营销主体内部资源的要求比较高，因为在全部选择方式下，企业在目标市场上营销活动的成本是非常高的。通常而言，采取全部选择方式的营销主体不但要具有雄厚的资金实力，并且还要具有相当的管理资源（包括先进的管理体制以及相应的管理人员）。

（四）生态旅游市场营销战略和策略

在确定了目标市场之后，就应当制定相应的生态旅游营销战略与策略，以鼓动、说服更多的游客到规划区域开展生态旅游活动。生态旅游市场战略是站在全局的角度，对生态旅游区和旅游企业如何适应变化的生态旅游市场所做的具有长期性的计划与谋略，它对整个营销活动起指导性作用。生态旅游市场策略是营销主体用来实现局部性、阶段性目标的工具，通常要涉及具体的营销措施。营销战略与策略的制定，可使整个生态旅游营销活动有法可依、有章可循。它对生态旅游营销主体的行为有着极大的影响和制约作用，是营销活动全面开展的起点，因而在整个生态旅游营销活动中占有极为重要的地位。

1. 生态旅游绿色产品策略

首先，生态旅游产品的开发是整个营销过程的基础，只有设计出高水平、高知识含量、高品位的生态旅游产品，才能吸引游客进行消费。生态旅游产品策略主要指旅游企业根据生态旅游市场的特点，结合自身优势制定其生态旅游产品政策，同时根据产品生命周期的特点，延伸现有产品或开发新产品，努力做到“人无我有，人有我特，人特我新”，在市场竞争中处于主动地位。

旅游产品的生命周期是指产品经开发进入市场后，直到被市场淘汰从而再无生产的可能和必要为止的全部持续时间。作为生态旅游产品，其市场生命周期大致可分为投入期、成长期、成熟期和衰退期4个阶段，每个阶段都会受到诸多内外环境因素的影响。生态旅游营销主体应清楚地认识到这些因素及产品所处的市场生命周期阶段，有针对性地采取相应的策略，具体见表4-9。

另外，生态旅游产品的生态环境脆弱性则很有可能使其因环境质量的下降而快速进入衰退期（张朝枝，2000）。因此，营销人员应该对生态旅游产品的生命周期进行严格监测，同时采取产品改革、市场改变、营销组合改进和产品升级换代等策略来尽量缩短生态旅游产品的投入期，延长成熟期，延缓衰退期的到来。

表4-9　生态旅游产品生命周期营销策略

		生态旅游产品生命周期			
		投入期	成长期	成熟期	衰退期
特点		旅游者少，产品知名度低，成本高，利润少或亏损，旅游收入增长缓慢且不稳定，竞争者少	旅游人数增加，知名度逐渐提高，游客量稳步上升，利润增加，竞争者出现	旅游人数稳定，接待量达到顶峰，增长趋缓，利润达最高，竞争者最多	旅游人数下降，利润低或亏损，旅游收入锐减，替代产品出现，竞争者减少
营销策略组合	产品	逐步完善生态旅游产品的各个层次和组成部分	提高质量，增加生态旅游产品种类，扩大接待规模	改进产品质量，提高服务水平，改造老产品	保留利润产品，进行产品更新，放弃无利项目或线路
	促销	低促销（高品位的垄断性产品）或高促销（普通大众化产品）	树产品形象，创产品品牌，争取潜在市场，增强对产品信任感	加强广告，保持和扩大市场，力保品牌产品项目或线路	促销有利润旅游产品的目标市场，集中于最好市场和渠道
	渠道	普遍采用间接性的宽渠道和多渠道策略，专业性较强的采用窄渠道和单渠道策略	直销或挑选中间商，给优惠条件，增加渠道宽度	评价更换中间商，专营性渠道策略，给中间商促销帮助或直销	保留最忠诚的中间商，剔除无利润渠道
	价格	高价格（高质量的垄断性自然或人造产品）或低价格（大众化生态旅游产品）	降低成本，稳定价格	实行灵活的价格策略，保持和吸引新市场	保持原价或降低产品价格（针对生态旅游线路产品），争取市场

2. 生态旅游绿色价格策略

价格策略是营销组合中又一项重要的组成因素。价格策略包括价格制定政策和价格管理政策。前者主要考虑如何对生态旅游产品制定适宜的价格来恰当反映供求关系，以及当市场诸要素变动后生态旅游产品价格的调整；后者则是从维护消费者和生产者角度出发，对旅游产品从制定、执行到调整所做各种监督和管理措施。生态旅游企业在制定绿色旅游产品价格时要树立"污染者付费""环境有偿使用"和"能源节约"观念，把企业用于环境方面的支出计入成本，成为绿色价格构成中的一部分，因此，绿色产品的定价通常应高于非绿色产品的价格，即应略高于一般旅游产品的价格。但是也有学者指出，生态旅游产品的价格如果制定过高，可能会丧失一部分潜在的游客。吴小勇等（2004）在研究中提醒到，绿色旅游产品作为一种全新的产品，其定价不仅要考虑资源价值在内的成本构成，还要考虑目标消费者的心理和实际购买力。这就对生态旅游企业的定价策略提出了挑战，如何在两者之间找到平衡显得尤为重要。价格优势也有赖于广泛的宣传，如新加坡旅游局针对一些游客觉得本地旅游产品价格高的说法，在宣传册中详细标明支出，与附近的中国香港、马来西亚等国家和地区对比，证明本地区是物美价廉的旅游市场，收效显著。

3. 生态旅游绿色分销策略

分销渠道是连接旅游产品和旅游消费者的桥梁。合理的分销渠道不仅能将旅游产品顺利地销售，还能节约流通成本，从而达到绿色营销目的。主要包括产品销售渠道选择、产品营销中介的建立以及产品销售渠道计划的制订三个方面的策略。目前，互联网已成为生态旅游产品绿色分销的重要途径。刘晓辉（2006）认为，随着旅游市场竞争的日趋激烈，旅游营销渠道正由单一组织结构逐渐复杂化、联合化。张朝枝（2000）还认为，旅游中间商必须具备丰富的生态旅游经营组合经验，以及相关的硬件设施，在生态旅游个性需求日益明显的时代，组建专门从事生态旅游的旅行社进行绿色营销与管理势在必行。

4. 生态旅游绿色促销策略

绿色促销是宣传、推介生态旅游产品的重要手段，对激发绿色旅游需求，提高生态旅游产品的市场印象度、知名度和美誉度起着重要的作用。向生态旅游者（潜在和现实生态旅游者）介绍生态旅游产品、提供服务，激发起潜在需求或重复购买，以此来扩大生态旅游产品的市场占有率。其内容包括：旅游产品营销计划的制订、促销人员的培训、旅游产品的广告促销、旅游企业的公关销售及售后服务。生态旅游产品的宣传促销十分讲究技巧，用心设计促销技巧会起到事半功倍的作用。主要有：向生态旅游团队分发事先准备好的、具有艺术形式的宣传促销材料；准备好生态旅游视听演示材料，并巧妙地确定其使用时间、地点和有效方法；在生态旅游者所在地区的杂志、报纸和电视、广播电台作广告；在以旅游批发商和其他旅游行业组织为对象的旅游行业出版物上刊登生态旅游广告；参加全国和地区旅游交易会，并设展台专题介绍本区生态旅游项目；赴特定的生态旅游目标国家和地区，为当地的旅行社举办推销讲座；邀请并接待旅游批发商和旅游作家、专家、摄影师来本地参加生态旅游活动或学术研讨会，将活动内容及照片刊登在杂志、报纸上；编辑出版反映生态旅游的指南、导游图等；把有关生态旅游的信息存入国际、国内传播网络，供生态旅游者随时查阅（国家旅游局计划统计司，1997）。

本章小结

生态旅游者是生态旅游活动的主体。从生态旅游的范畴来看，生态旅游者有广义和狭义之分。

生态旅游者的产生跟传统大众旅游者有密切的联系，他们同属于旅游者的范畴，但两者之间又有着明显差异。

对于生态旅游者的分类，目前，根据学者们研究问题的角度和目的不同，划分的标准也各异。目前研究最为广泛的是“严格的和一般的生态旅游者”的分类方式。即将生态旅游者分为严格的生态旅游者、一般的生态旅游者和组织性生态旅游者。

生态旅游者的形成，既取决于他们所具有的客观条件，又取决于旅游者主体的主观条件，而且对其进行生态和环境教育的培养也非常重要。

生态旅游者的培养主要包括自然知识和环境意识两方面内容。对生态旅游者有效的培养途径主要有旅游者平时的自我学习、社会教育和生态旅游区现场教育。

生态旅游者保护性旅游行为分析主要包括生态旅游者保护性旅游行为特征、生态旅游者保护性旅游行为的层次与阶段、保护性旅游行为的保护行动指南。

国际生态旅游市场的分析，可以从国际生态旅游者的人口统计学特征、国际生态旅游者旅游动机和国际生态旅游者行为特征三个方面入手。

生态旅游市场具有基础市场大而实际规模小等五大基本特征。对生态旅游市场的培育既包括对生态旅游者的培养，也包括对生态旅游开发商和经销商的培养，还要取得生态旅游目的地居民的理解和支持以及建立健全生态旅游管理机制。

生态旅游市场营销的步骤包括生态旅游市场调查、市场细分、目标市场选择及营销战略和策略的确定。

生态旅游市场营销战略和策略包括生态旅游产品策略、价格策略、渠道策略和促销策略。

复习题

1. 什么叫生态旅游者？如何对其分类？不同类型的生态旅游者有什么不同的特征？

2. 比较分析生态旅游者与传统大众旅游者的区别。

3. 生态旅游者的形成需要哪些条件？如何培养合格的生态旅游者？

4. 试结合具体的生态旅游景区分析生态旅游者的保护性旅游行为。

5. 国际生态旅游者在人口统计学、旅游动机和旅游行为方面有哪些主要特征？

6. 简要阐述生态旅游市场的发育特点。

7. 作为某一景区的旅游经营管理者，开拓生态旅游市场应着重做好哪些工作？

📖 阅读材料 4-1

驾车生态旅游者灌丛保护行为指南

澳大利亚可持续旅游合作研究中心（Sustainable Tourism Cooperative Research Centre）2000年发布了驾车旅游者绿色指南，其中对于保护灌丛提出以下行为指南。

根据相关条件选择好您的路线；

行路要谨慎，不要猛撞灌木；

沿着已有的车道走；

如果没有车道就沿着原有胎印走；

在树丛中迂回穿行，尽量不要碰撞灌木；

尽量不要强行穿过浓密的灌丛，因为这样同时损害植物和您的车辆；

如果您确实需要越过海滩边沙丘，要注意避免压碎沙丘上的鸟巢和鸟蛋；

即使车辆使鸟妈妈离开鸟巢一会儿，有些鸥也会趁机掠食其鸟卵和幼雏；

只要安全许可和可操作，保持您的车低转速以节省燃料和减少噪声；

即使是没有植物生长的区域也可能有动物生存，车辆的噪声会干扰它们；

路过私人土地或牧场时，避免干扰畜群或毁坏排水沟；

尊重其他旅游者使用行驶车道和野营地的权利。

资料来源：杨桂华等．生态旅游［M］．北京：高等教育出版社，2013

📖 阅读材料 4-2

严格的生态旅游者

威廉夫妇住在英国伦敦的北部，威廉是一位退休的生态学教授，他妻子是一位图书管理员，他们在生态方面都有很浓厚的兴趣，每年利用 6 个短假在伦敦大学认真地研究生态与环境，并成为环境爱好者队伍成员。每隔一年他们都要出行 3~4 周，集中观察研究一个环境项目，往往带上嗜好相同的几个伙伴。三年前他们到圭亚那高地（委内瑞拉东南部）观察当地一种鸟类的生活习性；两年前，他们到南极地区企鹅聚居地帮助进行分类；去年他们到非洲中部观察狒狒种群的行为规律。他们到目的地后，既可以接受星级宾馆的住宿条件，也愿意住在家庭旅馆或者汽车旅馆，但需要好的解说、向导。

他们是一些相对富有、同时环保意识强的有良好教育的人，对他们来说，生态旅游并不仅仅是到自然地去度假，不是单单欣赏风景。他们对环境的感觉既敏感又强烈，比如在旅游区设置了竞赛项目以增加旅游者的体验，其实这与大众旅游没有多大区别，但是如果地点刚好选在了一个环境脆弱区域，就很容易使严格的生态旅游者生气。他们总在寻找教育机会，想通过旅游者增加环境知识，又能够满足其为改善环境做贡献的心情（一般是通过参与科学性活动，或真正参与当地环境改善工作）。这个群体在旅游市场中是最容易区分出来，但是这个群体类型却是最难描述的。

资料来源：杨桂华等．生态旅游 [M]．北京：高等教育出版社，2013

第五章

生态旅游资源及生态旅游开发

【学习目标】

- 掌握生态旅游资源概念
- 理解有关生态旅游资源概念的误区和争议
- 了解各种类型的生态旅游资源
- 了解旅游资源评价体系与标准
- 掌握生态旅游资源开发的四大原则
- 了解我国生态旅游开发的基本思路与目标
- 认识我国生态旅游开发实践的类型与层次

生态旅游资源一词是随着生态旅游活动而出现的概念。它是吸引生态旅游者“回归大自然”的客体，又是生态旅游活动得以实施和生态旅游得以形成和发展的物质基础。本章包括生态旅游资源概述和生态旅游开发两节内容。第一节着重介绍生态旅游资源的概念及内涵、生态旅游资源特征及与传统大众旅游资源的比较、生态旅游资源的分类以及我国主要的生态旅游资源。第二节围绕指导生态旅游开发的四大原则展开，主要阐述了四大原则的基本理论及其在生态旅游开发设计中的应用，最后介绍了我国生态旅游开发实践的类型与层次。

第一节　生态旅游资源概述

一、生态旅游资源的概念及其内涵

（一）旅游资源的概念

旅游资源是一个国家或地区发展旅游业的基础，旅游资源的研究一开始就是旅游研究的重要组成部分。虽然对旅游资源的概念尚无公认的说法，但综合分析各种各样对旅游资源的定义会发现，学者们在某些方面对旅游资源有着较为一致的理解，如强调旅游资源的吸引功能，强调旅游资源的作用对象，指明旅游资源的基本内容，说明旅游资源与旅游业的联系等。基于学术界对旅游资源概念的一些共识，旅游资源的概念可以表述为：旅游资源是指存在于一定地域空间，具有审美、愉悦价值和旅游功能，能够吸引人们产生旅游动机并实施旅游行为的因素的总和。它们能够被旅游业利用，并且在通常情况下能够产生社会效益、环境效益和经济效益。所以，旅游资源又称作“旅游吸引物（因素）”（Tourist Attraction）。

（二）生态旅游资源的概念类型

在生态旅游发展不够成熟的今天，由于生态旅游概念本身存在争议，致使作为生态旅游对象的生态旅游资源还没有一个被普遍认同的概念。生态旅游学界通过对生态旅游资源的争议，使学者对于生态旅游资源概念的内涵和外延的认识不断深入。人们对于生态旅游资源概念的界定也呈阶段性，出现了自然型、自然+人文型和综合型3种生态旅游资源概念。

1. 自然型概念

生态旅游传至中国后，我国有一部分学者在生态旅游资源最初概念的界定中也严格按生态旅游的最初要点即生态旅游的对象——生态旅游资源是“自然景物”来思考，认为只有自然的生态系统才是生态旅游资源，出现了只有自然保护区、森林才算生态旅游资源地、才能作为生态旅游资源的局面，由此引出了自然型生态旅游资源概念。代表定义如邓金阳、陈德东（1995）认为：森林生态旅游系统是生态旅游的主要形式，森林公园和自然保护区是我国生态旅游资源的主体；侯立军（1995）从微观区域生态角度认为：生态旅游资源，就是按照生态学的目标和要求，实现环境的优化组合、物质能量的良性循环以及经济和社会的协调发展，并有较高观光、欣赏价值的生态旅游区；马乃喜（1996）认为：我国保护自然资源和自然环境的就地保护设施（自然保护区、自然公园、人工生态系统保护区和文化遗产保护区），多数都有比较丰富的生态旅游资源；刘继生、孔强、陈娟（1997）认为：生态旅游资源主要是指可供游人开展生态旅游活动的自然生态系统，它包括各类自然保护区、各级森林公园、自然动植物园、复合生态区和人工模拟生态区等；汪华斌、周玲（2000）认为：生态旅游资源主要是以自然生态系统为主要内容，其开发利用的主要目的是为了加强自然环境的保护，促进社区经济可持续发展，生态旅游目的地主要包括自然保护区、森林公园、风景名胜区、自然动植物园、复合生态区以及人工模拟生态区等。

2. 自然+人文型概念

对于我国而言，悠久的历史文化已经将自然的山山水水熏染了浓浓的文化味，这些区域处处闪烁着人与自然和谐的“生态美”光芒。这些附在物质景观上的文化不仅是生态旅游资源，而且还是其灵魂，是旅游开发时需要发掘的、深层次吸引游客的精髓。因此，我国生态旅游学者认识到我国的生态旅游资源不仅仅要包括具有“自然美”的大自然，还应该包括与自然和谐、充满生态美的文化景观，从而出现了自然+人文型生态旅游资源概念。代表定义如廖荣华（2003）认为：生态旅游资源是一个天人合一的开放系统，其定义的核心是生态旅游产品，只要有开发为生态旅游产品潜力的事象，无论是自然的还是人文的，无论是有形的还是无形的，都可以视为生态旅游资源；赛江涛、张宝军（2004）认为：凡是能够造就对生态旅游者具有吸引力环境的自然事物和具有生态文化内涵的其他任何客观事物都可以构成生态旅游资源；程道品、阳柏苏（2004）认为：生态旅游资源是以自然生态景观和人文生态景观为吸引物，满足生态旅游者生态体验的，具有生态化物质的总称。

3. 综合型概念

有些学者在概念研究的过程中发现，在自然型、自然+人文型概念研究中，有些学者过于重视生态旅游资源中的自然和人文景观而忽视生态旅游作为一项产业与旅游业和生态旅游效益的关系。因此，这些学者在定义的过程中参照了旅游资源的定义，提出了生态旅游资源与旅游业和生态旅游效益之间关系的综合型概念。代表定义如杨桂华、钟林生、明庆忠（2000）认为：生态旅游资源，是指以生态美吸引游客前来进行生态旅游活动，为旅游业所利用，在保护的前提下，能够产生可持续的生态旅游综合效益的客体；吴楚材、张朝枝（2000）认为：生态旅游资源可以理解为自然界和人类社会，凡能激发生态旅游者旅游动机并能为生态旅游业所利用，产生经济效益、社会效益和生态效益的客观存在。

（三）生态旅游资源概念的误区和争议

1. 生态旅游资源认识误区

误区一：生态旅游资源就是“自然景物”

在生态旅游的最初概念的界定中，明确了生态旅游的对象即生态旅游资源是“自然景物”，西方不少国家也严格按此来规定生态旅游的对象，尤其是美国、加拿大、澳大利亚等几个生态旅游发展走在前面的国家，更是把生态旅游的对象限制在“国家公园”“野生动物园”“热带丛林”等纯“自然”的区域。生态旅游传至全球后，一些历史悠久的国家如东方的中国，自然的山水也充溢着浓厚的文化底蕴，如名山“五岳”、佛教名山、道教名山等，自然和文化是和谐统一而浑然一体的。可见，中国的生态旅游资源不仅只局限于自然生态旅游资源，还应该包括与自然和谐、充满生态美的人文生态旅游资源，即文化景观。实际上，自然的绿色是人类生存的条件，而文化的绿色是民族精神延续的基因。

误区二：生态旅游就是到自然保护区的旅游

在对“自然”生态旅游资源的认识上，人们的意见也没有统一。只有自然保护区才算生态旅游资源地的看法成为很多人的共识。西方国家的国家公园实质上是自然保护区。由于中国的自然保护区因环境质量好能得到生态旅游者的青睐，很自然地，就将生态旅游开发对象定位在自然保护区。近几年，中国生态旅游研究和开发也都把自然保护区作为聚焦点，这就造成了人们认识上的一个误区，即生态旅游就是到自然保护区的旅游。事实上，自然保护区只是生态旅游的主要基地之一，它还应包括国内外的国家公园、国家森林公园、风景名胜区、地质公园以及山川、湖泊、河流、社会风情、人文文化等。可以说，一切具有生态美感的旅游资源地都是生态旅游资源地，都可以用来发展生态旅游。

误区三：生态旅游资源主要指森林旅游资源

造成这种认识误区的原因也许就在于森林旅游的巨大魅力。众所周知，在大自然中，最具自然韵味的首推森林。森林是自然界中物质最丰富、功能最完备、多样性最复杂、层次结构最错综、生产力最大的陆地主体生态系统，也是自然界最重要的生物库、能源库、基因库、碳储库和蓄水库。森林及其环境所构成的生态景观是任何景观都不可替代的。由于森林所具有的生态美，在回归大自然的生态旅游中，人类很自然地就将森林作为自己回归的对象。过去我国许多森林公园发展不是很好，但随着生态旅游的兴盛，森林公园获得了发展的良机。所以说，虽然森林生态旅游并不等于生态旅游的全部，但森林毕竟是生态旅游的主要对象物。

2. 生态旅游资源概念的争议

由于对生态旅游资源是否仅仅为“自然景物”存在争议，因此，在实际操作中，有的学者逐渐将生态旅游资源的范畴进行拓展，包括了与自然和谐、充满生态美的文化景观。而后来，又有学者认为生态旅游资源还应该包括一种“生态现象”，即各种生态因子（物质、能量、空间、时间等）和生态现象（如大自然中的食物链、生物多样性、季相的变化等旅游吸引物），如森林或保护区里的动物与天敌、环境所呈现的生态系统动态现象，使游客真正体验到大自然的奥秘，受到环境教育。此外，还有一些人工恢复的生态景观能够吸引游客前来观赏并对游客起到教育作用，也有学者认为应该纳入生态旅游资源范畴。

（1）物质和精神的争论。物质性的自然保护区、森林公园等是重要的生态旅游资源类型，对此争论不大，但“精神”是不是生态旅游资源却存在争议。我们认为，附着在物质景观上的精神，不仅是生态旅游资源，而且还是其灵魂，是旅游资源开发时需要深层次发掘的、吸引游客的精髓。只是和物质相比，它是无形的。据此，我们可以将生态旅游资源的物质部分视为“有形生态旅游资源”，精神部分视为“无形生态旅游资源”。其中无形生态旅游资源的内涵是蕴藏在有形生态旅游资源中的美学内涵、科学内涵、文化内涵以及环境教育内涵。

（2）旅游设施与服务的争论。生态旅游接待设施从大的方面看应归为旅游业，但一些具有地方特色的旅游交通设施对游客有特别的吸引力，如骑马、溜索、吊桥等。从它对游客的吸引力这一点看，我们不能否认它的资源性。因此，凡是具有地方特色、能烘托旅游气氛的、具有当地生态特色的旅游接待设施都应被视为生态旅游资源。一些民风民俗中的民族歌舞接待（藏族迎宾献哈达、羌族迎宾献红绸、彝族迎宾喝竿竿酒等），还有少数民族的歌舞伴餐，如云南大理的“三道茶”等是一种旅游服务，但也有学者认为这种民俗风情对游客具有吸引力，能够体现当地生态旅游气氛，也应视为生态旅游资源。

（3）天然和开发的争论。有的学者认为，“资源”一词应解释为“生产资源和生产资料”的天然来源，即资源是指未经开发的天然的物质条件。也就是说，只有原始的生态系统才能算是生态旅游资源，而已经开发的就不能列入生态旅游资源的范畴。但有的学者却持相反的观点，认为只要对游客有吸引力，经生态旅游业利用以后能够产生效益的客体均可视为旅游资源。同时，根据对生态旅游的上百种定义的概括，重点均集中于具有环境教育功能、具有保护性、带动周边居民共同发展三方面。那么，同时具有此三方面功能的任何地域的旅游都可称为生态旅游，其发生地亦理应成为生态旅游目的地，其游览对象亦为生态旅游资源。

（四）生态旅游资源的内涵与定义

就我国国情而言，生态旅游资源应该具有以下内涵：

（1）生态旅游资源包括多个方面，既包括自然形成的，也包括人与自然共同作用的和人工恢复的生态旅游资源；既包括生态现象，也包括生态环境。

（2）具有地方特色、能烘托吸引游客的生态旅游气氛的旅游接待设施和旅游服务均可视为旅游资源。

（3）生态旅游资源包括物质——“有形的生态旅游资源”，也包括精神——“无形的生态旅游资源”。只要对游客有吸引力、旅游业开发和利用后能产生效益的生态系统均可视为生态旅游资源。

（4）生态旅游资源的开发除了满足生态旅游者回归自然、认知自然、体验自然的需求，促进旅游地的生态环境保护外，还应促进旅游地的社会和经济的发展，使生态效益、经济效益和社会效益能够得到有机的统一和协调。

（5）被生态旅游资源吸引的旅游者是具有环保意识、生态文明和较强社会责任感的特指群体，因此生态旅游资源的概念也不宜过分泛化，应该突出生态旅游资源与其他旅游资源相区别的环境教育功能。

根据上述对生态旅游资源内涵的归纳，生态旅游资源可定义为：生态旅游资源就是指具有生态美的吸引功能与生态功能，能够吸引游客前来进行生态旅游活动，能够对游客起到环境教育作用，能够被生态旅游业利用，并促进旅游地生态、经济、社会三大效益良性循环的自然事物和与人文资源相伴相生具有生态文化内涵的人文事物等旅游活动对象。

（五）生态旅游资源与传统大众旅游资源的比较

生态旅游资源诸多的独特性特点决定了其与传统大众旅游资源在吸引对象、效益功能、环境需要、美学需要等方面均有显著的差异（见表 5-1）。

表 5-1　传统大众旅游资源与生态旅游资源的比较

类型内容	传统大众旅游资源	生态旅游资源
吸引对象	吸引对象为大众旅游者，目的单一，很少注意自然界中生物之间的关系及所产生的自然现象，只是放松而已	希望获得有深度的“真正”经历；追求身体和精神的挑战；希望与当地居民交流学习文化；适应环境；探索未知现象，避免常规路线旅游；从个人和社会两个方面认为此经历是有益的；要求参与，而非被动；追求经历，而非舒适。此为真正的生态游者
效益功能	大多注重经济、社会效益，环境效益相对考虑较少	同时考虑经济、社会、文化和生态旅游 4 个效益，尤其更注重生态环境的保护和对游客的教育
环境需要	不提或提得少	环保思想贯穿于生态旅游地的规划、开发、利用、管理等各个方面
美学需要	大众资源，没有深层次的体会，仅仅是悦耳悦目的初浅感受	生态旅游资源能触动人类的内心深处，达到悦心悦意和悦志悦神的最高审美境界

资料来源：杨桂华．论生态旅游资源［J］．旅游经济，1999（6）

二、生态旅游资源的分类

（一）自然生态系统旅游资源

1. 森林

森林一词具有丰富的内涵。从生态学角度来看，森林是一个生态系统，是指以乔木为主体具有一定面积和密度的植物群落，是生物系统与环境系统之间进行能量流动、物质循环和信息传递，并具有一定结构的特定功能总体。

人类社会发展到今天，森林的旅游价值正在日益为人们认识和利用。风景秀丽、气候宜人的森林的旅游价值如下：①由于富含负氧离子能使人消除疲劳，促进新陈代谢，提高人体免疫能力；②一些植物分泌的芬芳和气味能够杀菌和治疗某些人体疾病；③森林的美景能给人以美的享受，陶冶情操；④森林中千姿百态的景物可以激发人的想象力和创造力；⑤森林中蕴含的大自然奥秘能够激发人们更深层次地认识生命的价值，热爱自然，树立自然的环境意识，是回归大自然的理想场所。从分布上看，森林可分为热带森林、亚热带森林、温带森林和寒带森林，其中热带森林的旅游价值较高。一因热带雨林生长繁茂，二因当今旅游客源多不位于热带，热带森林的不少生态现象均为“奇观”，从而对游客有吸引力。从外貌上看，森林可以分为常绿阔叶林、常绿针叶林、落叶阔叶林、落叶针叶林及针阔混交林，其中针叶林树种的平展树枝、塔形树冠具有较高的旅游审美价值。

森林生态旅游与森林旅游有些不同。森林旅游是指到林区所从事的任何形式的旅游活动，不管这些活动是直接利用森林还是间接以森林为背景，都属于森林旅游的范畴；而森林生态旅游则是符合生态旅游理念的森林旅游活动。森林生态系统以其丰富的自然景观、良好的生态环境、诱人的野趣及独到的保健功能，使越来越多游客被其所吸引，成为最重要的生态旅游对象之一。

森林生态系统内的景观资源包括自然与人文两方面。自然景观有地貌类、水文类、气象类、生物类。其中生物类景观最为突出，类型也极为丰富，包括植物群落景观、古树名木景观、珍稀动植物景观、奇花异草景观等。它们与自然地貌形态相结合，呈现出物种组成、林相结构在水平地域或垂直分布的不同的植物景观，并随气候、季节而变化。人文景观可能有林业生产活动、革命遗址、宗教建筑、水库大坝工程、民俗风情、生态文化现象等。

由于森林生态系统的环境复杂性，因而能开发出不少活动项目，如野营、野餐、登山、赏雪、观鸟、滑雪、狩猎、骑马、划船、漫步、垂钓、漂流、探险、摄影、野外生存训练、森林度假、观光和科学研究等，较为典型的形式有森林景观欣赏游、森林浴、植物观赏（奇花异草观赏、珍奇树木观赏、植物物候景观观赏）、野生动物观赏以及野营等。

2. 草原和草甸

草原是指在半干旱气候条件下，以旱生和半旱生多年生草本植物为主的生态系统，是最重要的陆地生态系统之一，在全世界广泛分布。世界草原总面积约5000万平方公里，占陆地总面积的33.5%，它是一种地带性的植物类型，可分为温带草原与热带草原两类生态系统。热带草原表现为草被上散生稀疏的乔木，即热带稀树草原；温带草原主要表现为禾本科植物连绵成片分布，缺乏散生乔木，是最典型的草原，旅游审美价值极高。城市绿化中，多模仿此种草坪。另外还有一种在湿生条件下形成的草甸，草甸据其生境又可分为河流旁的泛滥草甸、次生的大陆草甸及高海拔山地上的高山草甸，其中高山草甸夏秋之际特有的“五花草甸”景观具有极高的旅游价值。我国草原主要分布于温带内蒙古高原、黄土高原及新疆，高山草甸大面积分布于我国西部高海拔地区，这些区域同时为我国牧场所在地，结合牧民浓郁民族风情，是生态休闲度假的好去处。内蒙古的锡林郭勒、呼伦贝尔，四川的阿坝等都是备受关注的草原草甸生态旅游地。

生活在草原的游牧民族，在漫长的岁月长河中，不断与居住地区的自然环境相适应，创造、发展了与农业文化、工业文化并列的牧业文化，也称为草原文化。牧业文化是动态文化，具有开放性、包容性，崇尚力量，在服饰、饮食、住宿、行走等方面均与其他民族有所不同。如我国的蒙古族游牧在南起长城、北抵大漠、东达兴安岭、西越贺兰山的广袤土地上，形成了独具魅力的草原文化。

草原生态旅游是以草原生态系统为旅游对象的生态旅游产品。依托辽阔的草原，可以开发的系列生态旅游活动项目有：动植物资源观赏、特定地表景观观光、草原文化生态旅游、草原休闲度假、草原越野旅游等。另外，在草原生态旅游过程中还可以组织游客参加骑马、赛驼、射箭、摔跤、垂钓、自行车马拉松、登山、野营、美食、科学考察、生态牧业考察、人工植被重建等活动，增加参与性和趣味性。

3. 山地

山地生态系统是由山地中各类生物有机体与无机环境共同组成的一个自然综合体，它包括了众多的子系统，如山地森林、高山灌丛、高山草甸、冻原和流石滩等。由于人类对山地的干扰较平原小，因此山地的景色更自然。海拔较高的山地成为开展登山旅游的理想场所。千姿百态的山地地貌，又是自然生态美的重要组成因素，尤其是我国的石灰岩、花岗岩和砂岩山地，风景更是绝佳。广西桂林的喀斯特峰林景观、安徽黄山和陕西华山的花岗岩造型、湖南张家界的砂岩峰林、福建武夷山和广东丹霞山的丹霞地貌景观名闻中外，东北的长白山和五大连池则以火山地貌景观而著称。

4. 荒漠

荒漠是指在干旱、极端干旱地区降水量不足200毫米的条件下，地表裸露或植物生长极为贫乏之地，即所谓“不毛之地”。按其地表组成物质，分为岩漠、砾漠、沙漠、泥漠、盐漠等，其中以沙漠分布最广，砾漠（戈壁滩）次之。荒漠是陆地生态系统中最为脆弱又非常重要的子系统之一。全球的干旱和半干旱地区占到陆地表面的47%，这些地区不仅拥有丰富的生物多样性资源，还生活着大约2亿人口。由于荒漠特殊的景观及其内部的植被、文化遗迹、居民生活方式吸引着旅游者前往，因此荒漠地区成为重要的旅游目的地之一。

世界上荒漠分布的面积较广，典型的热带荒漠有非洲的撒哈拉沙漠、卡拉哈里沙漠、纳米布沙漠，西亚的阿拉伯沙漠，南亚的塔尔沙漠，北美的西南部沙漠，澳大利亚的中西部沙漠和南美的阿塔卡玛沙漠等。埃及的重点旅游产品就是沙漠探险游。游客前往圣凯瑟琳山、摩西山、达赫莱与哈里杰绿洲等地观赏沙漠动物和候鸟，并游览沙漠中的遗迹。澳大利亚沙漠中有乌鲁鲁岩与专门以乌鲁鲁为核心的红土中心之路的旅游产品。

荒漠生态系统是一种独特的生态系统，干旱是其特征，荒漠中的气候、自然景观以及人类的生产生活方式都显著区别于其他生态系统。在荒漠地区旅行，首先体验到的是气候。荒漠深居内陆地区，远离海洋，加上地形闭塞，四周高山阻挡了海洋的湿润气流深入，造成这里终年处在极端干燥的气候条件下，辐射强烈，日照充足，一年晴天的日数可占70%以上。降水稀少，年降水量通常不超过250~300毫米，最少的只有数10毫米。而蒸发量却比降水量大15~20倍，这是由于高温、风速大和云量低所造成的。

沙漠是较典型的荒漠景观。千姿百态的沙丘，细沙随风如流水般涌动，沙漠的瀚海风光以及“海市蜃楼”都充满了神秘的色彩。沙漠里还有在风力吹拂作用下或人从沙山向下滑动时发出各种声响而得名的鸣沙山。沙漠地区极富吸引力的景观有：“鬼斧神工”的雅丹景观、独特的旱生植物、荒漠地区人类最主要的聚居地——荒漠绿洲以及荒漠遗址等。

荒漠生态旅游是以荒漠景观为对象的旅游项目。近十年来，利用荒漠进行旅游开发的前景十分诱人，已逐步为各国政府所重视，如阿尔及利亚、突尼斯、俄罗斯等。

5. 湿地

湿地是介于陆地和水生系统之间的过渡带，《国际湿地公约》规定的重要湿地是指潮湿或湿水状的土地类型，它是一种处于水陆交接带的特殊生态系统，主要包括淡水和咸水沼泽、草泽、泥沼、滩涂、洼地积水区等，以其高度的多样性和独特性与农田、森林并列为世界三大生态系统。湿地生态系统物种丰富，不但在维持当地生态平衡和为一些珍稀动植物（特别是水鸟）提供野生生境等方面有不可替代的作用，而且也显示出了其作为旅游资源的开发潜力。

湿地生态旅游是以湿地生态系统为旅游对象的生态旅游产品。湿地被称为“地球之肾”，生机盎然，神秘而妩媚，是许多鸟类等动物的栖息繁衍地，具有开展观鸟生态旅游的优越条件。湿地自然观光游、湿地休闲旅游、湿地生态科普教育等，也都是湿地旅游的主要形式。

我国湿地类型多、数量大、分布广、区域差异显著、生物多样性丰富，为湿地生态旅游提供了优越的资源基础。如四川若尔盖、黑龙江扎龙、杭州西溪、江苏盐城、江西鄱阳湖湿地等都是湿地生态旅游的代表。

6. 水域

水域主要包括河流、湖泊、温泉及海洋和海岸。

河流从其段位上，可分为源头、上游、中游、下游及入海口（外流河）。其中最有旅游价值的是源头、上游及入海口。大河的源头往往位于高海拔的高原地，如我国的长江、黄河的源头均位于青藏高原。不仅源头特有的迷人风光对游人有吸引力，而且探大江大河之源，也具有较高的科考价值；上游河流多呈“V”形态，与两侧近乎直立的山地构成具有险峻之美的峡谷景观，是人们探险、漂流、观光向往的地方，如我国的长江三峡。上游河流往往多瀑布，气势宏大的瀑布历来都是旅游的佳品。有的河流的入海口与海潮共同构成了巨大的潮差，显示了自然界的壮丽之美，如我国的钱塘江大潮。世界著名的亚马孙河、恒河、多瑙河、伏尔加河、尼罗河等均有较高的旅游价值，我国的长江、黄河也被辟为黄金旅游线路。

地面上陆地积水形成的比较宽广的水域称为湖泊。湖泊以其烟波浩渺的旷远之美及与周围山地森林共同构成的“山清水秀”的景色，再加上湖滨的湖水潜在的游泳、潜水等水上娱乐功能，使湖泊成为对游客具有很大吸引力的旅游目的地。欧洲的日内瓦湖、中国咸水湖中面积最大的青海湖、淡水湖中面积最大的鄱阳湖、最深的长白山天池等湖泊所在地都是著名的旅游胜地。太湖及云南滇池则辟为中国国家级旅游度假区。不仅天然形成的湖泊具有极高的旅游价值，服务于人类农业灌溉的水库，即人工湖泊也成为生态旅游开发利用之地。

温泉是指水温超过20℃的泉水。由于温泉是地表水渗透后循环到地表深部，经地温加热，且溶解了大量的矿物质和微量元素，用于沐浴对身体有显著的医用疗效和恢复疲劳的功能，故人类很早就将温泉所在地辟为疗养之地，如我国著名的华清池。随着旅游业的发展，人们又进一步开发温泉，使温泉的旅游价值得到了很大程度的提升。现在全国各地均能见到的温泉疗养度假区，是游客享受大自然的最佳选择。

海洋和海岸在生态旅游中作用最突出的是海滨地带。海滨是指滨海的狭长地带，主要指平均低潮线与波浪作用所能达到最上界线之间的地带，由四部分组成：①固态的海滩（根据其质地分为砾滩、沙滩和泥滩）；②液态的海水；③气态的空气；④绿色的腹地。海滨的旅游价值较早为人们认识和利用，其中热带优质沙滩海滨所特有的充足的阳光（Sun）、温暖的海水（Sea）及优质的沙滩（Sand）被誉为旅游资源中的上品“三S”。“三S”特有的度假功能使不少海滨地成为世界著名旅游胜地，如美国的夏威夷、泰国的帕塔亚等。中国近几年也大力开发海滨旅游资源，我国12个国家级旅游度假区，除少量在内陆地区外，绝大部分均建在东南沿海的海滨地区。

海洋生态旅游是利用海洋环境开展的生态旅游活动。21世纪是海洋的世纪，海洋和海岛的开发是未来经济发展的大趋向，而与“海”有关的特色旅游项目的开发，亦将成为21世纪旅游休闲业发展的一大新热点。海洋生态旅游产品依据海洋空间的划分标准可分为海滨、海面、海底、海空等不同形式。目前利用海洋资源广泛开展的旅游项目主要有海水浴、日光浴、沙滩体育、品尝海鲜和买海货、帆船运动、滑水、邮轮、潜水、滑翔等。另外，近些年一些特色生态旅游活动在世界各地开展起来，例如观鲸旅游与岛屿旅游等。

（二）人与自然相伴相生的生态系统旅游资源

1. 农业类

农业是人类文明的起点，是人类社会适应自然、改造自然的最初方式，“农村”“田野”“农事”是都市人对原生农业生态环境回归的向往。乡村生态旅游是一种具有丰富实践性和较高体验性的旅游活动类型。乡村生态旅游可通过直接品尝农产品（蔬菜瓜果、畜禽蛋奶、水产等），或直接参与农业生产与生活实践活动（耕地、播种、采摘、垂钓、烧烤等）实现，如“做一天农夫”“当两天渔民”等活动，从中体验农民的生产劳动和农家生活，并获得相关的农业生产知识和乐趣。

乡村生态旅游依托资源的多样性决定了乡村生态旅游活动的丰富性。现阶段国内外主要的乡村生态旅游活动有：农事体验活动、田园风光欣赏活动、乡土特色食品品尝活动、乡村住宿活动、民俗文化活动、森林游乐活动等。

（1）农耕文化。我国的农耕文化源远流长，“重农抑商”“耕读为本”的儒家思想代代相传。历经数千年的浸润，形成了中华文明和文化的重要组成部分——农耕文化。不同民族在不同时期、不同自然条件下创造了各不相同的乡村景观，但无论是江南的水乡或是塞北的山寨，无论是桂林的龙胜梯田或是天山下的绿洲，优美的乡村景观都有一个共同点：那里的生产与生活顺应了自然生态的发展规律；生态平衡尚未遭受破坏；出于生活需要的人工构筑物朴实无华，与环境相协调在景观中展现出人与自然的和谐美。传统的耕作方式既保留了传统文化，也保护了环境，蕴含着深厚的生态文化。因此，与自然环境相适宜的农耕文化方式是一种极为重要的人文生态旅游资源。在漫长的农业耕作历史中，人类适应并利用自然生态发展规律，逐渐形成了农耕文化与简朴自然的生活方式，成为农事活动与生态文化的完美结合。

（2）田园。田园风光指的是传统农业顺应大自然、适应大自然、与大自然共同营造的具有一定规模和审美价值的种植景观。根据种植作物的不同，可以分为乔木、矮树、灌木与草本四类，其中矮树及草本种植景观旅游价值最高。矮树种植景观有温带水果的桃、梨、苹果等果园。果园中春之花、秋之果不仅具有观赏价值，而且其采摘过程中的参与及品尝活动更具生态旅游价值，因而近几年果园旅游成为农业旅游的重头戏。草本种植景观也十分具有旅游价值，其一是因为作为人类主食来源的小麦和水稻种植广泛，具有一望无际的规模效应；其二是这些种植景观具有明显的季相变化，春季绿油油、秋季黄灿灿，随风起伏，既有绿的气息，更有丰收的喜悦。尤其是山区的水稻梯田，沿着高山随地形有规律的弯曲形成的特有韵律，极具审美价值。我国云南元阳哈尼族人所建的梯田堪称人间一绝，有“元阳梯田甲天下”之美誉。

(3) 牧场。在草原地区，大规模地放牧牛、羊等动物所形成的动物与自然环境和谐的牧场景观，对久居闹市的城市人来说堪称世外桃源。那“风吹草低见牛羊”的景色，历来为人们所称颂；那万马奔腾的气势不仅场面壮观，更有深刻的精神文化价值；那牧民特有的游牧生活，也具有深刻的顺应自然的人生哲理和地方特色。上述种种均对游客回归大自然有着独特的吸引力。我国东北草原牧区、内蒙古牧区及高山草甸牧区均以此作为吸引游客的生态旅游资源。

(4) 渔区。渔区泛指渔业生产的区域。从范围上看，主要是以海上和湖上的捕捞区为主，例如位于东海舟山群岛附近的海域，盛产大黄鱼、小黄鱼、墨鱼和带鱼，是我国著名的渔场之一。从类型上看，渔业也随着社会经济的发展由单纯的捕捞发展为放养，近几年又发展了不少鱼塘，与人们喜爱的钓鱼休闲活动结合起来。如今的钓鱼已不满足于自然水域的耐心等待，钓鱼活动移入了鱼塘，将观鱼、钓鱼、品尝鲜鱼融为一体的渔业生态旅游备受游客喜爱。

(5) 农家。远离城市以农业为主要生产方式的传统农村居家生活，对日趋现代化、远离大自然的城市人有着特殊的吸引力。其原因有三个方面：①传统农家生活以大自然为背景，过的是一种人与自然和谐的生活；②传统农家位于偏僻之地，交通不便，使其形成与当地环境和谐的地方性特色，其民族风情保留较为浓郁；③传统农家具有的好客传统，给竞争激烈、人情淡漠的城市人带来一种久违的亲切感。我国作为一个发展中国家，不少地区仍保留着传统农业生活方式，民族风情浓郁，其农家生态旅游大有发展前途。

2. 园林类

(1) 中国古典园林。中国园林是效法大自然的山水画的立体再现，建园的目的主要基于人们亲近自然的愿望与需求。为了真切地感受大自然，择地建园以“虽由人作，宛自天开”为其最高境界。这就要求一方面所有造园景物都要尽可能多地载有自然信息，如园中地形地貌顺其高低起伏，花石树木顺其原形，不修剪造型。中国园林这种风格在世界上独树一帜，被称为“自然或山水园林”。另一方面，中国园林还有深刻的精神文化和审美情趣，即追求自然景物中引申出的精神文化内涵，如中国园林中喜种的“松、竹、梅——岁寒三友”，从各自的自然特征中体现了园主崇高的精神追求。

中国园林根据其地方差异可分为北方园林、江南园林和岭南园林；根据园林的所有权又分为皇家园林（如承德避暑山庄）和私家园林（如苏州拙政园）。在众多传统园林中，颐和园、承德避暑山庄可作为皇家园林的代表，而沧浪亭、狮子林、拙政园和留园被称为苏州四大名园，它们则可作为私家园林的代表。

（2）城市公园绿地。城市里最适合发展生态旅游的地方，包括公园、高尔夫球场、公共绿地等。这样看来，城市生态旅游资源具有人造自然的特征。有些学者认为生态旅游的理念与城市环境格格不入，但开展城市生态旅游可促进生物多样性的保护。加拿大绿色旅游协会认为在城市旅游中注重生态旅游原则在某种意义上来说对环境有更积极的作用，因为相对于荒野而言，城市更能吸纳旅游业的影响。

3. 宗教类

（1）图腾崇拜。中国古代生态文化是华夏民族在漫长的历史进程中自觉不自觉地意识到人与自然相互关系的集中表现。人与自然的关系，可以说是人类自诞生以来所直接面对的最基本的课题。由于自身力量有限，人们总是在努力突破大自然对自己的束缚的同时，又在很多方面依赖大自然，敬畏大自然的巨大力量，于是出现了人与自然相互关系的另一个方面——人对自然的崇敬与膜拜，即认为各种自然物都具有灵魂。这种在颇带愚昧神秘色彩的“万物有灵”的思想观念中所包含的朴素的生态平衡的深层内涵，在宗教发展缓慢乃至落后的表面现象中潜藏着一个民族特殊的文化精神。中华民族以其独特的智慧和富有人情味的心态来处理人与自然的关系，为人类生态思想的丰富做出了自己的贡献。而这种图腾崇拜本身应该是一种原始宗教，具有很深的文化内涵，也是一种很重要的人文生态旅游资源。

（2）对自然界的禁忌习俗。各民族的自然禁忌是出于对自然的敬畏与感恩，因而对自然的保护性禁忌是一种非常自觉的行为，即必须要这样做，否则会引起灾难的心理倾向与道德规范。这样，自然崇敬观念、自然禁忌机制、道德规范与世俗法令共同构成了保护自然环境的网络。这可以通过一个藏族聚居实例来说明，藏族聚居自古到今，对自然的禁忌已涉及各个方面，成为一种系统的禁忌网，具体如对神山的禁忌、对神湖的禁忌、对土地的禁忌、对鸟类和兽类的禁忌、对其他动物的禁忌等。

不同民族、不同地域都有自己独特的自然禁忌习俗。自然禁忌习俗不仅具有深刻的地域文化内涵和极高的观赏价值；除此之外，自然禁忌习俗还对生态环境有直接保护的意义，而生态旅游的核心就是保护。因此，自然禁忌习俗本身也是一种重要的生态旅游资源。

（3）传统宗教生态文化。佛教、道教和伊斯兰教在我国有悠久的历史，这些宗教在历史上留下了许多杰出的建筑奇观。由于佛教、道教都讲究超凡脱俗，并认为神仙居住在名山大川，所以我国的宗教建筑大都依山而建，形成了宗教名山。由于原始宗教的影响，民间则将涵养水土的山林视为“龙脉”加以保护，形成“龙山”和“神山”，湖泊则视为“圣湖”。这些文化传统起到了保护自然景观与人文景观的作用，并将两者有机地融合成完整的生态系统，为生态旅游提供了富有中国特色的生态旅游资源。

4. 民俗类

（1）传统民俗生态文化。民俗是社会群体后天养成、长期沿袭所共有的行为方式。起先是在不自觉的情况下产生，以后经过长期的持续，在形成过程中又不断地受到自然环境、文化环境和经济环境的影响成为独具地方特色的民俗。民俗生动地体现着一个民族的民众的生活习惯、行动方式、伦理观念以及心理结构等方面的传统特点，是构成民众生活文化的主体与核心。

民俗生态旅游资源范围广泛，包括人类生活的各个领域和各个层面，并通过心理的、语言的和行为的方式表现出来。据其存在和表现形式可分为：物质民俗资源，包括生产民俗、消费民俗和流通民俗，如采集、居住和通信等；社会民俗资源，包括村落、礼俗和岁时节日民俗，如乡规民约、成年礼俗和节日等；精神民俗资源，包括信仰、祭祀民俗和口承语言民俗，如民间宗教信仰和民俗谚语等。

民俗生态旅游资源，无论是物质表现形式的、社会表现形式的还是心理表现形式的，都在民俗事象的表层之下蕴含着十分丰富的深层心理和思想背景，体现着不同民族、不同地区的人民在长期的生产劳动、社会生活中积累下来的与自然协调共处、和平发展的经验。如云南哈尼族地区的“梯田文化”、珠江三角洲地区的“桑基鱼塘”，无一不是各族群众与自然环境协调共处的结晶。

（2）俭朴自然的生活方式。俭朴自然的生活方式也是一种生态文化。如藏族游牧人常年维持清贫生活，这并不是低贱人的生活。它是整个部落社会成员的共同生活，人们心甘情愿维持普遍的清贫生活，并不刻意追求财富，过奢侈生活，这已成为做人的准则和普遍认可的道德规范。因此，对于游牧人来说，最珍贵的物品也是最平常的，它们都是自然界所拥有的，山石、水土、植物、动物等是这些地区常见的，而别的社会视为宝贝的金、银、钱、财等珍稀物，游牧人并没有特别看重。因为在传统的牧业社会里，金钱并没有特殊意义，人们的交易是物物交换。在这里人们遵循着一条古老的人际相处原则：人类皆兄弟。不仅要与人类共享财富，而且要考虑到同一环境中其他生物的需求。在部落地域既留有家畜食用的草场，也留出足够的草地供野生食草动物食用。比如，低洼处放牧家畜，高山处留给野生动物；夏季野生食草动物到牧场时，牧人一般不会惊扰它们。由于普遍奉行一种清贫的生活方式，游牧社会维持着全社会普遍的清淡生活。正是因为对获取财富持一种淡漠态度，也就减少了人际之间为利益的竞争，竞争的淡化又促使人际之间一种互助、协商、和平的道德风尚的形成。这样的处世态度，也维护了该地区生态环境的完整。这种俭朴的生活方式蕴含着丰富的生态文化，使外面的人类对其永远充满着好奇和向往之心，也是一种重要的生态旅游资源。

5. 科普类

旨在科学研究、科普教育及休闲旅游的植物园、动物园、世界园艺博览园及自然博物馆，既是提高游客自然科学知识、增长环境意识的大课堂，也是人们获得高层次理性愉悦的场所，是开展生态旅游活动难得的好地方。

（1）植物园。植物园是种植植物的园地。种植的植物主要为研究和普及植物科学知识。植物园的科研及科普双重功能决定了其在科普活动中的重要价值。英国200多年前（1759年）建立的英国皇家植物园（邱园）、美国的阿诺德树木园、加拿大的蒙特利尔植物园都是世界闻名的植物园。我国的中山植物园、庐山植物园、北京植物园、华南植物园、西双版纳热带植物园等，均是对游客有强烈吸引力的园地。

（2）野生动物园。野生动物园将几十种乃至上百种的野生动物集养于一园。根据野生动物活动受限的差异又可分为两类：第一类是动物活动空间受限的“动物园”，如北京动物园；第二类是动物散居于园中的“天然野生动物园”。后者对生态旅游者吸引力较大，如非洲坦桑尼亚的寒伦格蒂国家公园是坦桑尼亚野生动物最集中的地方，园内野生兽类总数达300多万头。

（3）世界园艺博览园。世界园艺博览园是举办汇集各国园林精品、奇花异草大联展后留下的永久性园地。目前世界上共举办过20次世界园艺博览会，分别在其举办的9个国家16个城市留下了世界园艺博览园。中国于1993年申请加入国际园艺生产者协会，并于1999年5月至10月在四季如春的春城昆明举办中国99昆明世界园艺博览会。其主题是：人与自然——迈向21世纪，会址坐落于昆明东北郊的金殿国家级森林公园旁。整个博览园分室内展馆和室外展场，室内展馆有中国馆、人与自然馆、科技馆、国际馆和大温室；室外展场有国外展区、国内展区和企业展区。其中，国内室外展区分为两大部分，其一为各省市的特色和代表性的园林景观园区；其二为专业园区，即树木园、月季园、兰花园、蔬菜瓜果园、药草园、传统花木园区、水上植物园、竹园、茶文化园等14个专业园。中国99昆明世界园艺博览园现已成为中国一大生态旅游景区。

（4）自然博物馆。自然博物馆是“立体”的大自然百科全书，主要展览自然界和人类认识自然、利用自然和保护自然的知识，按其展览内容性质进一步区分为一般性自然博物馆和专业性自然博物馆。如美国自然历史博物馆、中国北京自然博物馆是一般性的自然博物馆；英国格林威治天文博物馆、北京地质博物馆、四川自贡恐龙博物馆是专门性的自然博物馆。

6. 城市类

旅游城市如何有效地发展生态旅游是一个值得探讨的话题，尽管国内外一些学者对城市生态旅游进行了讨论和质疑，但可以肯定的是在城市内进行生态旅游可使游客不仅能欣赏和享受到城市的自然区域和文化资源，还能够对保护环境做出贡献。而这些活动也符合生态旅游的理念，因此开展城市生态旅游是可行的。城市生态旅游资源是自然、人文以及恢复类旅游资源的综合体，且更侧重于人文方面，所以我们把城市生态旅游资源划归人文生态旅游资源中。

相当多的学者将城市列于生态旅游之外，这是一个不小的误解。城市依然有绿色天地，城市里最适合于发展生态旅游的地方包括公园、墓地、高尔夫球场、小湖泊、景观恢复地，以及动物园、植物园和一些自然保护区等。这些旅游场所离市民最近，是市民经常去的地方。都市绿色旅游不仅是生态旅游的组成部分，而且是相当重要的组成部分。园林的功能不仅只限于游憩，而且在保护和改善城市生态环境中具有很大的作用。尤为重要的是园林对于调节城市居民的心理有很大帮助。大部分的城市园林具有离市中心较近、交通方便、类型多样的特点，因此便于开展旅游活动。

7. 历史遗迹类

中国5000年的文明史和灿烂的古代文化是独一无二的旅游资源，历史遗迹遍布中华大地，如北京周口店遗迹、秦岭兵马俑和半坡遗址，以及神秘莫测的四川广汉三星堆文化、耐人寻觅的夜郎古国等。随着考古事业的发展，这类名胜区还在不断增加。

岩画是史前艺术的代表遗迹，它记载了古代先民们狩猎、游牧、祭祀、欢呼、舞蹈以及部落间的征战等一系列活动，与周围环境浑然融为一体，具有极具震撼力的审美效果。不仅带给人们无限的遐想，还反映了当时的历史状况，是一种重要的文化旅游资源。

历史古都及其相应的文化遗产是历史遗迹中的重要组成部分。位于中原腹地的周秦汉唐文化中心，有西安、洛阳、开封，有号称六朝古都的南京，更有从辽金元明清因沿而来的古都北京。此外，南宋杭州、越国绍兴、蜀都成都、南诏大理都因其历史而成为名胜古迹之地。

8. 景观恢复类

景观生态恢复必须是在生态学思想的指导下，避开科技的片面性，从整体和关联的原则出发，对退化生态系统的成因、特征和发展进行全面的勘察，综合考虑地理、生物、经济、技术、历史、人文和艺术等因素，最终形成一个健康的、发展的、永续的、艺术的状态，并重新融入自然并与人类和谐发展的进程中。

景观生态恢复的实践最初起源于对工业废弃地、废弃矿地的改建和在此基础上的植被再生。但是随着环境的日益恶化，景观生态恢复学科的发展和研究范围也越来越大，不仅仅包括工业废弃地、垃圾填埋场等退化生态系统的改建，还包括生物多样性退化的恢复、水土流失的恢复性保护、湿地的重建、城市恢复等。关于景观生态恢复的方法很多，也较为复杂。我们这里所关注的是恢复了的景观生态类旅游资源，因其独特的美感和现成的环境教育素材而成为一种独特的旅游资源，它能很好地将保护、环境教育、社会利益、道德和可持续性几方面结合起来，符合生态旅游的理念，吸引了大批游客和关注环境的人们，从而成为一个极其重要的生态旅游场所。

（三）自然保护生态系统旅游资源

这一类的旅游资源通常是指在极端的环境条件下人类难以涉足，或即使涉足，影响也在其承受范围内的北极、南极及高海拔山岳冰川等区域，从而使其原生生态系统得以较为完善地保留下来。这些区域随着人类科技、经济及旅游发展，已日益成为一种重要的潜在生态旅游资源。

1. 北极地区

北极地区指以北极点为中心，北极圈以内的广大区域，其主体是世界四大洋中面积最小的北冰洋。北冰洋是一个非常寒冷的海洋，洋面常年不化的冰层占其总面积的2/3，厚度多在2~4米，冰层相当坚硬，可行驶车辆和降落中型飞机。北极圈半年是极昼，半年是极夜，极夜的严冬气温极低，最冷月平均气温达-40℃左右，而且越靠近北极点气候越寒冷，冰层也越厚，极点附近冰层厚达30米。北极圈的北冰洋上有许多岛屿，主要岛屿有格陵兰岛、斯匹次卑尔根岛、维多利亚岛等。由于严寒，其生物种类极少，植物以地衣、苔藓为主，动物主要有北极熊和海象、海豹、鹿、鲸等，但数量不多。生活在那里的人主要为因纽特人。在严酷的环境条件下，因纽特人的日常生产生活也极具特色，对生活于温暖地区的人具有巨大的吸引力。

2. 南极地区

南极地区指位于南极圈范围内的南极洲，南极洲是世界七大洲中最寒冷的冰雪大陆，包括南极大陆及附近的大小岛屿，19世纪20年代以前还不为人所知。直到1911年12月14日，挪威探险家阿蒙森率领南极探险队第一次到达南极点，南极洲才逐渐被人们所认识。南极洲四周被太平洋、大西洋和印度洋所包围，平均海拔2350米，其中冰层厚2000米左右，是世界上最厚的冰库。南极洲气温很低，年平均气温-15℃以下。即使在夏季，气温仍在-0℃以下，比北极更为寒冷，有“世界寒极”之称。南极不仅酷冷，而且也是世界上风暴最频繁、最大的地方。有的地方一年有340天的暴风雪，其风速比台风大3~4倍。在如此严酷的气候条件下，几乎见不到绿色植物，只是偶尔在背风的石头下有少量地衣和苔藓。南极的动物种类虽稀少，但数量可观，如企鹅。此外，还有鲸、海豹、海狮、海象等动物。南极地区是目前地球上唯一没有常住居民的大洲，只有一些科学考察站。我国于1985年也在此建立了科学考察站。现在有不少国家成批的组织科学家去进行科学考察，这块未开垦的处女地对生态旅游者有较大的吸引力。

3. 山岳冰川

南北极均存在巨厚的冰层，属大陆冰川。在地球表面高海拔山地区域，由于气候寒冷，当降雪积累的量超过消融量，积雪逐年增厚，经一系列物理过程，冰在重力的作用下向下滑动形成山岳冰川。山岳冰川的寒冻风化和侵蚀作用，使所在地的山峰棱角分明，山脊呈“刃”状，山谷呈“斗”状，在白雪和冰川覆盖下具有极高的观赏价值。山岳冰川地区气候酷冷、多变，气势宏大的冰川随处可见。在此，大自然的洁美和严酷融为一体，使生活在山岳冰川附近的居民常把它奉为神，畏惧和敬慕之情使他们拜倒在大自然的山岳冰川之下。如青藏高原喜马拉雅山上的珠穆朗玛峰是世界最高的山岳冰川，被当地人奉为“朗玛”女神峰。位于尼泊尔东侧的喜马拉雅山已经开发了以直升机为交通工具的生态旅游。欧洲著名的阿尔卑斯山岳冰川也在很早就成为了旅游的胜地。

三、中外典型的生态旅游区

（一）西方发达国家典型的生态旅游区——国家公园和保护区

生态旅游多发生于未受干扰的自然地带，公园和保护区是最符合这一标准的地域，从而也成为最为典型的自然生态旅游资源。公园和保护区对旅游者具有特殊的吸引力，因为这些地区是一个国家或地区中最有代表性的自然景区，同时保持相对原始的景观。

1. 国家公园（自然保护区）的定义

国家公园是自然保护的一种重要形式，兴起于美国，随后在世界范围得到发展并逐步走向成熟。国际自然保护联盟（1UCN）对国家公园的定义得到了全球学术组织的普遍认同，即：“一个国家公园，是这样一片比较广大的区域：①它有一个或多个生态系统，通常没有或很少受到人类占据及开发的影响。这里的物种具有科学的、教育的或游憩的特定作用，或者这里存在着具有高度美学价值的自然景观；②在这里，国家最高管理机构一旦有可能就会采取措施，在整个范围内阻止或取缔人类的占据和开发并切实尊重这里的生态、地貌或美学实体，以此证明国家公园的设立；③到此观光需以游憩、教育及文化陶冶为目的，并得到批准。”1872 年美国建立了世界上第一座国家公园——黄石国家公园，也是世界上第一个自然保护区。100 多年以来，保护区已在全球范围内建成网络，并有世界、国家及地方等多级别。据不完全统计，目前世界已有近 100 多个国家共建立了 8000 多个国家公园（自然保护区）。随着旅游业的兴起，优良的国家公园生态景观的美学价值为人们所认识，自然保护区成了旅游开发之“源”。我国的不少旅游地都源于自然保护区。随着生态旅游的兴起，自然保护区成为生态旅游开发的首选对象。然而自然保护区并不是整个都可作为生态旅游对象的，核心区是保护区最重要的地段，应严格保护，一般不允许旅游开发。外围的缓冲区和试验区可作为保护前提下的旅游开发利用区。

2. 国家公园（自然保护区）的功能

尽管有关国家公园的定义和标准各国不一，但国家公园所具有的价值及功能相当一致。即提供保护性环境；保护生物多样性；提供国民游憩、繁荣地方经济的手段；促进学术研究及国民环境教育。

3. 世界保护联盟（IUCN）推广的保护区体系

国家公园是世界自然保护事业中的一项重要建设和基本设置，也是开展自然保护工作的重要基地。随着自然保护事业的发展，保护区的类型和种类在不断增添，在不同国家不同历史时期对同一种保护区的名称各不相同。1993 年国际保护联盟（IUCN）形成了一个“保护区管理类型指南”，将保护区类型最后确定为 6 种。“保护区管理类型指南”不仅解释了 6 种保护区名称的含义，同时还规定了各类型保护区的类型要以保护目标为分类依据，具体分类见表 5-2。

表 5-2 IUCN 新提出的保护区分类体系

类型	名称	建立目的	定义
I	严格的自然保护区	为科研服务	典型的陆地和海洋区域或是反映生态系统、地理和物理特性及动植物种类的区域。能够为科学研究和环境监测服务
	野生地	保护野生地	没有或很少受到轻微侵扰的陆地和海洋。保留有自然特色和影响力。没有永久性居民的大面积区域。对其保护是为了保持其自然状态

续表

类型	名称	建立目的	定义
Ⅱ	国家公园	生态保护和游憩	具有如下功能的陆地和海洋自然区，（1）为当代和子孙后代保护一个或多个生态系统的完整性；（2）拒绝与既定目的相抵触的开发或占据；（3）在保证环境与文化相协调的基础上，为人们提供科研、教育、游憩和游览的机会
Ⅲ	自然纪念保护区	保持特殊的自然景观	包括一个或多个特定的自然或自然/文化特色，由于它本身的特色使其具有显著的和特有的价值
Ⅳ	野生动植物生境管理区	通过管理活动保护其自然特色	对陆地或海洋规划区域进行管理以保护栖息地的自然特色和满足某些特殊动植物群对环境的要求
Ⅴ	景观保护区	陆地和海洋景观的保护及游憩	由于长期人类活动和自然作用形成的，具有独特美景和生态与文化价值的陆地、海岸和相应的海域
Ⅵ	资源管理保护区	自然生态系统的可持续利用	保护区未受到人类活动影响的自然系统。管理目的是促使对生物多样性长期保护的同时，为满足当地人们的需要而持续利用自然资源

4. 国际性的保护区系统

国际社会为了推动全球的保护事业，还利用公约与计划等形式建立了一些全球性的保护区系统。主要有世界遗产保护公约——世界遗产保护区、人与生物圈计划——生物圈保护区、国际重要湿地保护公约和世界地质公园计划。

（二）我国典型的生态旅游区——保护区体系

中国的自然保护区类型是在自然保护区逐步发展中建立的，最早建立的自然保护区都是森林类型自然保护区。随着自然保护区数量的增加，保护区的保护对象慢慢扩大。在我国，保护区体系主要由自然保护区、森林公园和风景名胜区三类组成，近年刚开始兴起的地质公园也是保护区的一个种类。1993 年国家环保总局批准了《自然保护区类型与级别划分原则》，并设为中国的国家标准，将自然保护区分为 3 个类别 9 个类型（见表 5-3）。

表 5-3　中国自然保护区类别表

类别	类型
自然生态系统类	森林生态系统类型
	草原与草甸生态系统类型
	荒漠生态系统类型
	内陆湿地和水域生态系统类型
	海洋和海岸生态系统类型
野生生物类	野生动物类型
	野生植物类型
自然遗迹类	地质遗迹类型
	古生物遗迹类型

目前我国自然保护区的分类只是按照保护对象划分，而没有按照管理类型划分，因此与 IUCN 的划分标准和世界大多数国家的划分类型有很大的不同。国内一些专家学者和自然保护区主管部门已开始研究和讨论按管理类型来划分中国的自然保护区。

第二节　生态旅游资源开发

一、生态旅游资源评价

（一）生态旅游资源评价体系

对旅游资源的评价主要是对旅游区的旅游资源的整体价值的评估。它评估的范围主要包括现有的（已开发的）旅游资源和潜在的旅游资源，评估的目的是着眼于对不同地域的旅游资源进行开发价值比较。评价工作遵循一个统一的评价系统，有着确定的评价标准，评价系统中的各指标（因子）大都含有合适的权重值，评价的结果多为定性评价结论与数量化的指数值的结合。

根据《旅游资源分类、调查与评价》(GB/T 18972—2003)、《中国国家森林公园风景资源质量等级评定》(GB/T 18005—1999)、《森林景观质量评价理论、内容与方法》《模糊理论在旅游资源评价中的应用》《自然保护区生态评价指标和评价标准》《森林旅游资源分级》所设立的相关评价指标以及生态旅游的特殊性，按照何平教授对生态旅游资源的分类（可视生态旅游资源和可感觉生态旅游资源）体系来构筑生态旅游资源质量评价体系（见图 5-1）。

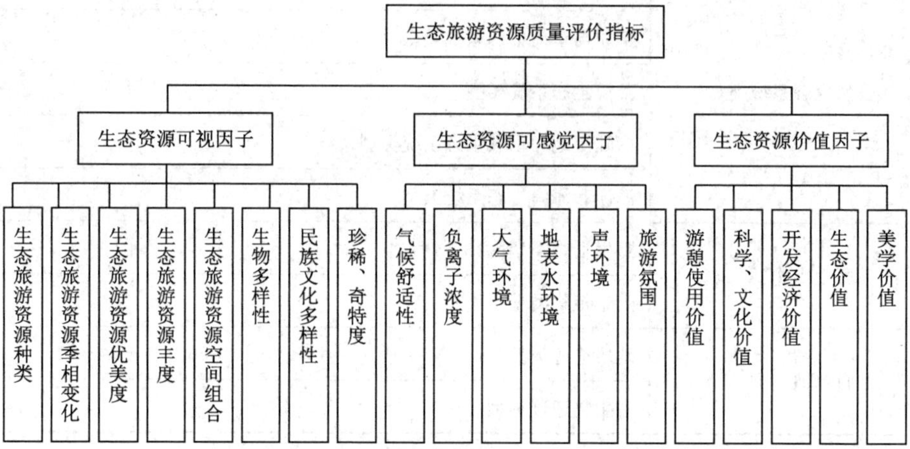

图 5-1　生态旅游资源质量评价指标体系

（二）评价等级标准

根据《旅游资源分类、调查与评价》（GB/T 18972—2003）的标准，生态旅游资源等级可分为五级，从高级到低级依次为：

五级生态旅游资源，得分值域≥90 分；

四级生态旅游资源，得分值域 75~89 分；

三级生态旅游资源，得分值域 60~74 分；

二级生态旅游资源，得分值域 45~59 分；

一级生态旅游资源，得分值域 30~44 分；

得分<30 分（不含 30）的旅游资源单体列为“未获等级”生态旅游资源。

其中五级生态旅游资源被通称为“特品级生态旅游资源”；四级、三级生态旅游资源被通称为“优良级生态旅游资源”；二级、一级旅游资源被通称为“普通级生态旅游资源”。五级生态旅游资源属于最佳优质生态旅游资源，在国内具有很高的垄断地位，国外也有很高的知名度；四级生态旅游资源属于优质生态旅游资源，在国内享有很高的声誉，在国外也有一定的影响，在某一区域具有垄断地位；三级生态旅游资源属于优良旅游资源，在国内占有重要地位：二级生态旅游资源则属于中等旅游资源，在省区内占有重要地位；一级生态旅游资源属于普通型旅游资源，它只是在某区域内占有一定的地位，具有一定的开发利用前景。

二、生态旅游资源开发原则

生态旅游区属于自然生态环境敏感区，开展旅游业极易对其生态环境造成破坏。因此，对生态旅游的开发和建设，必须制定一系列原则。

（一）保护性开发原则

生态旅游的保护性开发是美国学者芬纳（Fenell）和伊格尔斯（Eagles，1990）提出的概念，认为生态旅游的核心是生态旅游资源的保护。

生态旅游是一种可持续发展的旅游。在一个地区开发生态旅游，进行项目引进，需要充分估计当地环境和文化的敏感性，将对当地生态旅游资源的保护放在第一位，开发应服从于保护，在保护的前提下进行开发。资源得到妥善保护，开发才能获取收益；开发取得收益，反过来又可用于保护工作。当开发与保护出现矛盾时，开发应服从于保护。

保护性开发原则在生态旅游开发中的应用具体体现在：

1. 承载力控制

生态旅游可持续发展的关键是生态旅游区承载力的控制。在自然保护区开发生态旅游项目，必须有效地控制游客容量。自然保护区的生态平衡主要取决于人对保护区环境和资源影响的方式和强度，以及大自然消除这种影响的能力。当自然保护区游客数量达到使自然环境和自然资源遭到破坏而靠自然力又不能恢复的数值时，这个数值就是该保护区的游客临界容量。自然保护区管理者必须在特定时间内，对承载自然单元进行监测，以取得各项科学数据，把游客容量控制在保护区临界容量之下。

2. 环境评估与环境监控

规避保护区开发的风险需要在开发之前开展环境影响评估。环境影响评估有法定的环境评估和非正式的环境评估。无论采取哪一种评估，评估的内容都包括生态、社会、文化和经济的评估。如果开发项目确实有必要，要制订降低环境影响的计划。旅游者的心理容量、生理容量和旅游区的环境容量皆有阈值，当超过这个阈值时，不但干扰旅游者的体验过程，更主要是破坏旅游区自然生态系统。因此，生态旅游开发与传统旅游开发不同之处在于，生态旅游必须实施环境监控。通过建立包括环境负面影响评估、容量评估，以及允许接受的变化程度等环境反馈机制，既不影响旅游者希望所选择的旅游区质量期望值，更让旅游者体验其所选择的旅游区“物超所值”的感知。

3. 原汁原味

在旅游开发时要尽量保持旅游资源的原始性和真实性，具体表现在不仅保护大自然的原生韵味，而且保护当地特有的传统文化，避免因开发造成文化污染，避免把城市现代化建设移置到旅游景区，旅游接待设施应与当地自然及文化协调，保证当地自然与人类和谐的意境不受损害，提供原汁原味的“真品”和“精品”给游客。

4. 多元参与

国家、企业经营者、专家、社区居民等都应该参与到生态旅游服务中，可以利用多方力量增强生态旅游资源保护与开发的动力，使各方真正从旅游中受益。

5. 环境教育

生态旅游与传统大众旅游最大的区别之一就是对游客的环境教育功能。欲使游客在愉悦中提高环保意识，旅游开发时，就必须认真考虑在旅游区中设计一些能启迪游客环境意识的设施和旅游项目，如环境解说系统等。

6. 依法开发

旅游开发必须遵循相应的保护法规，如自然保护区的开发必须遵循《野生动物保护法》《森林法》和《自然保护区管理条例》等。当然，旅游开发方面的法制不够健全，这方面的工作以后会不断充实。

7. 资源和知识有价

旅游开发综合投入的新思路应该贯彻到旅游开发之中。只有充分认识“资源有价”，开发者、管理者、旅游者才会自觉地去保护它；只有让资源占旅游开发效益的一部分，这种保护才有经济支撑。“知识有价”能减少传统大众旅游的粗放性开发，避免开发中的破坏行为。

8. 清洁生产和节约资源

清洁生产就是要最大限度地限制旅游企业向环境中排放废物，使整个生产过程成为一个无法污染的“清洁生产”体系，把旅游对环境质量的不利影响控制在环境承载力范围内。节约资源，即开发中采用“消耗最小”的准则，具体表现为一要节约自然资源，二要适度消费。提倡用诸如太阳能、风能、潮汐能等可再生资源，建筑时尽量采用砖瓦、石头、沙子等不会造成污染的建筑材料。

9. 资金回投

为了使保护资源环境落到实处，旅游所得的经济收入要回投到环保中，用于保护和修复因旅游造成的对环境的破坏，保证其具有可持续利用的潜力。

10. 技术培训

保护欲落到实处，旅游从业人员的保护意识、保护素质是保证。在从业人员技术培训中，过去仅注意旅游业的操作培训，保护方面的培训很少，甚至没有。而没有保护意识和保护知识的人是难以承担保护性的生态旅游服务之责任的。

（二）生态系统整体性原则

自海克尔创立“生态学”至今，生态学在130多年里有了突飞猛进的发展，为社会、经济和环境的协调发展提供了坚实的理论基础。生态学的一个基本的理论是任何事物不能够从与其他事物的关系中分离出去。这是因为，地球上生态系统中的各种生态因子不是孤立存在的，而是彼此联系、互相促进、互相制约的，任何一个单因子的变化，都必将产生其他因子不同程度的变化及其反作用（李博，2000）。

生态系统整体性原则可以体现在生态旅游区游憩设施的建设之中。生态旅游区的游憩设施是整个自然保护区环境中的一个有机组成部分，它们是一个统一的整体，游憩设施与保护区周围环境之间存在着相互影响和相互作用。因此，生态旅游区游憩设施的数量和种类的选择必须慎重，其开发建设都应遵循自然规律，不应该破坏其他物种的生存环境，同时这些设施应尽可能地同周围环境相协调，体现它们之间的整体协调感。

下面是代表美国国家和州个性的生态旅游设施，主要是公园博物馆、石屋、小木屋、指示牌与野餐、野营地设施。从设施性质的角度可分为管理设施、游憩设施、文化设施、特许设施、解说设施、基础设施以及环境改造设施等（见表5-4）。

表5-4 代表美国国家和州个性的生态旅游设施种类

设施种类	管理设施	文化设施	特许设施	游憩设施	解说设施	环境改造设施	基础设施
设施细分	办公建筑 大门 门房 栅栏 瞭望塔 售票处	博物馆 历史遗存 自然俱乐部	住宿设施 小旅馆 小木屋 帐篷 挂车 员工住所 餐饮设施 商业设施	路边座椅 野营地 野餐桌 野餐亭 野餐炉 游步道 船库 马厩 医疗室 洗衣房 浴室 营火剧场 工艺品商店	指示牌 标志牌 解说中心	水坝 挡土墙 石墙	厕所 供水设施 饮水塔 污水处理设施 垃圾收运设施 垃圾焚化炉 棚屋 设施维护建筑 桥梁

资料来源：（美）艾伯特·H. 古德. 国家公园游憩设计［M］. 吴承照，姚雪艳，严诣青译. 北京：中国建筑工业出版社，2003

在以保护自然美为主要目标的生态旅游地，任何改变自然景观的项目都应该经过深思熟虑。无论是修建一条小道还是竖起一个亭子，生态旅游地建设工程管理的基本目标就是将对自然景观的改变降至最低程度，对一些设施的设计要求除了注重美观性，更强调与环境的融合性。

（三）地域性原则

在整个生态系统中，总会形成占有特定地域空间的自然环境。不同地区，具有各不相同的地域环境特点，分布着不同的生物群落。生态学家哈沃德·奥德姆将生态系统看成是“一张处于相对稳定状态的能量网”（Odum，1972）。利用此观点分析生态系统的空间置换可以发现，正是来自其他地点的能量和物质材料的输入和输出状态，最终导致环境网的异常和生物结构的变化。利用生态系统的地域性原则，从地域性特点着手，分析和解释采用地方性材料和技术的优势所在。即由于生态系统的空间交换作用的影响，减少外来物质的引入，有助于减少对原有生态系统的破坏。同时，用地方资源生产来满足地方需要，也是最合理的经济方式。地域性原则在生态旅游开发中主要体现在乡土风格的创造和乡土材料的使用。

体现乡土特色是生态旅游景区中使用最多的建筑风格。影响生态旅游区设施风格的因素主要有材料、色彩、屋面、建筑体量等，其中材料对风格的影响最大。在高原、山地和森林地带，乡村式建筑的各种结构要素——原木、木材、石头等，与周围环境相和谐，营造出一种原始质朴的生态美。天然材料能否赋予生态旅游区的建筑以原始特征，这完全取决于怎样巧妙地使用它们，应该充分发挥材料本身的自然性。当地所产的石材如果被加工成规整尺寸的切割石块或水泥块的样子，或者将当地的圆木加工成像电线杆一样整齐的商用材料，就完全失去其天然特色。

改变基地条件的任何设计方案都会导致灾难性的后果，因为自然性很容易消失，而人工性却容易留存。如一个生态旅游景区选用石质栅栏还是木质栅栏应取决于每种材料对本土的适用性。一般来说，在不产石材的地方引进石材作为材料是不合适的，除非可以使用本地石料建造栅栏；而在某些地区，当地丰富的木材资源使木材成为更合适、更经济的建材。只有这样，设计出来的设施才能与当地环境更好地融合，同时节约成本。

（四）“减法原则”

减法原则是对自然原始型旅游资源在时间与空间上的统筹规划。这类资源主要以风景名胜古迹、自然山水、景观环境、森林区域为载体，由于自然天成和历史积淀，其资源本身就已形成对旅游者强大的吸引力。因此，在生态旅游规划设计的过程中，既无须移植、汇集各地自然人文景点，也不一定要引入高科技的、代表时尚潮流的休闲娱乐项目，而是要根据现有资源特征，最大限度地为旅游者创造时空差异、文化差异的感受。

生态旅游资源大多属于自然资源，如动物资源、植物资源、生物资源、土地资源、水资源和气候资源等。这些资源是当地生态系统的物质组成部分，并在系统中体现出各自相互和谐的物质形态和运动形态。人类活动的介入，将对现存稳定平衡的生态系统产生影响。因此，对那些自然景观较为良好的生态旅游地的开发设计，运用减法原则进行规划设计，尽可能地减少影响自然美的人工雕琢，要通过减少人工雕琢之类的减法来增加强化自然之美。

“减法原则”在生态旅游开发中的应用表现在以下几个方面。

1. 作为景观生态的“少”

第一，旅游开发时间和发展速度减慢。由于自然环境的适应过程，生态系统的动态平衡往往具有滞后性。为了与自然过程相协调，适当放慢发展速度有利于生态系统通过自我调节达到新的动态平衡。第二，保护范围扩大，开发空间最小化。通过减法原则的运用，可减少人为破坏，从而增加保护面积。第三，控制游人数量，降低使用强度。通过环境容量的合理确定控制游客数量。在旅游活动场所相对集中的同时，降低构筑密度，景观旅游道路自然化，从而缩小旅游活动的影响范围。

2. 作为景观美学的“少”

第一，突出景观主体，净化观赏画面。在以自然景观为主的风景旅游规划设计中，其景观主体应该是自然天成的风景资源，人工构筑物应尽可能隐蔽。第二，自然与人工相统一的景观风格。多样统一的和谐之美是景观美的最高境界，如何使自然原始景观与新增人工设施相互融合显得尤为重要。最简单的设计方法就是使材料、颜色、风格等方面与周边景观协调一致。

3. 一种新型的旅游行为模式

第一，以旅游保护为先导的旅游活动。解决旅游开发和景观旅游保护之间的矛盾是实现景观旅游地可持续发展的核心。第二，使游客享受到返璞归真的旅游文化。通过减法原则的应用，带给旅游者欣赏高品位资源的享受。第三，以“高质量的旅游供给”代替“数量多的旅游项目”。减少旅游项目的数量，提高旅游项目的质量是减法原则的重要思想。

4. 最大限度地降低开发成本并保护环境

旅游资源开发成本不仅包括旅游服务设施的建设费用，还包括风景资源的损耗。因此，应用减法原则进行旅游规划设计，可降低旅游开发综合成本。

三、我国生态旅游开发的基本思路与目标

（一）生态旅游开发的基本思路

中国生态旅游开发的基本思路是，全面贯彻落实科学发展观，坚持以旅游业

可持续发展为根本，转变开发观念，创新开发模式，提高开发质量。全面实施以生态环境保护为主的生态旅游开发战略，大力保护、积极培育和合理利用旅游资源。在切实保护生态环境的基础上积极发展生态旅游，确保生态旅游地生态和景观的完整性，自觉遵守旅游地的文化习俗。依靠政府推动作用，走分级管理、系统开发的生态旅游开发之路。不断开发多层次的生态旅游产品以满足社会多元化需求，努力促进生态旅游业发展与社会经济进步相适应，以实现生态旅游开发的奋斗目标。

（二）生态旅游开发的基本目标

未来10年，我国旅游业将保持年均10%左右的增长速度。到2020年，中国将成为世界第一大旅游目的地国和第四大客源输出国。未来10年，我国的生态旅游资源将基本得到开发利用。尤其在进行西部大开发的同时，使西部生态旅游开发有长足的进步，使生态旅游成为人们认识西部、了解西部、促进西部经济发展的重要动力。在规划指导下，使适宜生态旅游开发的旅游资源丰富的地区，都建设适度配套的基本的旅游基础设施、接待设施和服务设施，使生态旅游成为中国旅游的重要组成部分，使中国成为世界重要的生态旅游目的地国。经过努力，争取全国具有自然和文化生态吸引力的主要旅游目的地，基本实现生态旅游开发与经济、社会文化、环境的相协调。在旅游经济发展的同时，生态旅游区的文化环境基本稳定，保证所有利益相关者，尤其是当地社区、旅游者、旅游企业、保护区的综合收益最大化。

四、我国生态旅游开发实践的类型与层次

（一）我国开发生态旅游产品的主要类型

1982年，我国第一个国家级森林公园——张家界国家森林公园的建设，促进了森林生态旅游的迅猛兴起。虽然森林旅游并不等同于生态旅游，但却为生态旅游的发展提供了良好的基础。随后，四川成都、湖南张家界分别推出生态产品。以湖南和四川为起点，生态旅游逐渐在全国范围内迅速发展起来。

目前在国内，开放的生态旅游区主要有森林公园、风景名胜区、自然保护区、地质公园等。生态旅游开发较早、开发较为成熟的地区主要有香格里拉、西双版纳、长白山、澜沧江流域、鼎湖山、广东肇庆、新疆喀纳斯等地区。按开展生态旅游的类型划分，目前我国著名的生态旅游景区可以分为以下11大类（见表5-5）。

表 5-5 我国生态旅游景区分类与代表区域

类型	代表区域
山岳生态景区	五岳、佛教名山、道教名山和近代风景名山（黄山、庐山、雁荡山、武夷山、张家界、长白山、天山）等
湖泊生态景区	长白山天池、肇庆星湖、青海湖、宁夏沙湖、武汉东湖、湖南洞庭湖等
森林生态景区	吉林长白山、湖北神农架、云南西双版纳热带雨林、陕西太白山国家森林公园、海南吊罗山国家森林公园等
湿地生态景区	黑龙江扎龙、贵州草海、云南三江并流地区
草原生态景区	内蒙古呼伦贝尔草原等
海洋生态景区	广西北海及海南文昌的红树林海岸、北京太平洋海底世界博物馆等
观鸟生态景区	江西鄱阳湖越冬候鸟自然保护区、青海湖鸟岛等
冰雪生态景区	云南丽江玉龙雪山、吉林延边长白山、河北坝上草原等
漂流生态景区	湖北神农架等
徒步探险生态景区	西藏珠穆朗玛峰、塔克拉玛干沙漠、雅鲁藏布大峡谷等
农业生态景区	湖北随州炎帝神农故里旅游区、海南热带瓜果观光园、广东珠海梅溪高科技观光农业等

（二）我国开发生态旅游产品的层次

1. 大众化生态旅游产品

我国的生态旅游自20世纪90年代以来已初步推出了一批具有生态旅游特点的旅游线路、景点、项目和节庆活动。其中大多数是大众化的生态旅游，而专业性很强的特种生态旅游项目尚属试办性质。比较典型的大众生态旅游产品有森林生态旅游（包括登山、健行和森林浴等）、乡村旅游和农业生态旅游、高山生态旅游、海洋生态旅游、草原生态旅游等，其中最为广大旅游者钟情的也是最容易接受的还是森林生态旅游（即森林旅游）。

2. 特种生态旅游产品

特种生态旅游产品是指具有特殊优势的在市场上形成独特吸引力的生态旅游产品。我国具有独特自然地理特征和生态系统的高山地区、草原地带、湖泊河流、戈壁沙漠、峡谷、丛林等，都具有发展特种生态旅游的潜在资源基础。特种生态旅游产品专业性强，需在对国内外市场进行充分调研的基础上，并充分考虑项目的多样性、新奇性和参与性及文化内涵的渗透，进行高水平的设计。

本章小结

生态旅游学界通过对生态旅游资源的争议，推动了学者对于生态旅游资源概念的内涵和外延的认识不断深入。人们对于生态旅游资源概念的界定也呈阶段性，出现了自然型、自然+人文型和综合型3种生态旅游资源概念。

对生态旅游资源概念的认识存在一定的误区和争议。

生态旅游资源的分类包括自然生态系统旅游资源、人与自然相伴相生的生态系统旅游资源、自然保护生态系统旅游资源三大类。

西方发达国家典型的生态旅游区是国家公园和保护区；在我国，保护区体系主要由自然保护区、森林公园和风景名胜区三类组成，近年来刚开始兴起的地质公园也是保护区的一个种类。

生态旅游资源的开发应遵循四大原则：保护性开发原则、生态系统整体性原则、地域性原则、减法原则。

我国生态旅游开发实践是：目前在国内，开放的生态旅游区主要有森林公园、风景名胜区、自然保护区、地质公园等。我国开发的生态旅游产品层次主要有两类：大众化生态旅游产品、特种生态旅游产品。

复习题

1. 生态旅游资源的概念有几种类型？如何理解生态旅游资源的概念？
2. 简单谈谈对生态旅游资源的认识误区与争议焦点。
3. 列举我国主要的生态旅游资源类型。
4. 说明生态旅游资源与传统大众旅游资源的差异。
5. 中外有哪些典型的生态旅游区？
6. 如何对生态旅游资源进行评价？
7. 结合具体的生态旅游区谈谈生态旅游开发的原则及其应用。
8. 谈谈我国生态旅游的开发实践与层次。

📖 阅读材料5-1

南部非洲生态旅游产品开发

南部非洲拥有世界上最丰富的生态旅游资源。凭借资源优势，南部非洲很多国家都将其作为保护本国资源和振兴经济的最佳选择，南部非洲也成为当今国际生态旅游的热点地区。

因为南非特别重视和致力于生态旅游产品的开发，先后规划建设和开发利用了一批世界著名的生态旅游项目，实现了环境保护与利用的有机结合，因而被联合国环境规划署、世界旅游组织誉为环境保护与生态旅游发展的成功典范。

1. 自然生态观光产品

自然生态观光产品是以某种特定的生态景观为核心吸引物，以观光为主要目的的旅游产品。南部非洲自然生态观光旅游产品特征包括：

主要活动区域集中于动植物资源丰富、自然生态景观优美、人为干扰和人为活动较少的区域，包括国家公园、自然保护区、野生动物保护区等。如肯尼亚的纳库鲁湖国家公园、马赛马拉野生动物自然保护区、南非的海豹岛、企鹅岛等都是这样的生态观光地。

（1）设计符合生态规律、满足市场需求的观光方式和活动内容

除了传统的步行、乘坐越野车等方式外，访问野生动物保护区、鸟类庇护所、淡水保护区、野生动物观光船观光、小艇和独木舟观光、观鸟旅游、骑象旅游、赏花旅游、观鲸旅游、潜水观鲨等符合市场需求、多样化的观光方式也受到了游客的喜爱。

（2）独特的室内生态观光场所

为了满足游客近距离观察南部非洲充满生机的生态世界和动物行为，很多度假区设计了独特的室内生态观光场所。如树顶旅馆在建筑外围通过设置舔盐池和水面诱导动物前来，建筑内部设立了各层室外观景平台、屋顶观景平台，在三楼公共活动区域设有落地窗，二楼住宿间里设有小窗，使游客在休闲、睡觉的时候，随时可以看到外面动物的活动。加纳 Kakum 空中走廊使游客得以在空中欣赏热带雨林景观，成为当地生态旅游热点景区。

（3）较少的人为设施

与国内很多知名景区不同，南部非洲在自然生态保护区的核心地段，基本没有或建了很少的观光和服务设施，从而将对自然环境的破坏和影响控制在最低程度。如在马赛马拉的火烈鸟观赏区、南非的好望角等著名的观光旅游地，我们基本上看不到人工设施。肯尼亚很多著名的动物保护区核心地段甚至没有修建任何道路，更不要说餐饮等服务设施了，这在国内生态旅游区建设中是无法想象的。

（4）提供专业解说方式

南部非洲生态旅游区中的雇员，大都了解有关的生态知识，如在海豚的喂食过程中会告诉你野生海豚的生活习性，会讲解岛上沙丘的成因和其中蕴含的矿物资源。在对当地植被进行介绍时，除了介绍植被特点外，还介绍这些物种在当地人生活中的使用和当地人对于这些物种的态度，以及当地的生产生活方式和文化、习俗与当地自然环境之间的相互影响。

（5）对观光行为的有效约束与严格管理

在南部非洲自然保护区或国家公园内，司机、导游等工作人员都经过严格的培训，明确自己的责任，会协助国家公园和保护区的警察，对游客不当的行为提出劝诫，进行约束。我们在肯尼亚马拉河边观看角马迁徙时，就看到了警察对越野车超出允许的道路边界（实际上没有道路，只是轧出的车辙痕迹）、观光游客坐在越野车顶部等行为当场罚款的场面。

（6）对安全的高度重视

南部非洲很多生态旅游区都有动物频繁出没，因此安全保障成为生态旅游产品开发的重要内容，主要保障措施包括修建一些防护措施、规范游客行为等。如著名的树顶旅馆外有个

观景高地，观景高地至树顶旅馆15分钟步行路程不仅有猎手护送，沿途还设有若干防护栅栏，以备猛兽突然出现时藏身之用。游客乘坐越野吉普在动物出没区活动时，要按照规定的路线、规定的停车地点行驶，并遵守不许下车、不许开窗等相应的行为规定。

2. 生态度假产品

生态度假产品主要是以休闲度假为主要目的的旅游产品，生态度假产品的主要特征包括：

产品主要分布于原生环境优良的地方，一般在自然公园和野生动物保护区内，但距离核心观赏区有一定距离。如纳库鲁湖景酒店（Lake Nakuru Lodge）位于纳库鲁湖国家公园内，距离纳库鲁湖火烈鸟观赏区不到50公里路程。

产品主要包括度假村、野营地、乡村旅馆等形式。但无论何种形式，都体现了浓郁的地方特色以及与自然环境的高度融合。如马赛马拉的Kee Korok度假村外围种植有热带雨林植被，度假村甚至没有外部围栏，斑马、长颈鹿、鼹鼠等动物随处可见，外围还有热带植被景观区和小池塘，河马等动物在池塘中休憩，整个度假村与自然环境浑然一体。

很多自然保护区将生态理念和技术广泛应用于生态度假设施中。南非萨比萨比野生动物自然保护区中的大地度假区，废水自动流向地下中央化粪池，生活污水被抽到一个湿地水库中，再通过一个自然水渠到达一个人工湖，垃圾分类处理后运到另一个度假区中进行集中处理。

南部非洲很多度假村雇用了大批的当地居民在度假村中工作，并对他们进行了全面的培训，从而使当地居民能从旅游业发展中受益。肯尼亚就制定了《野生动物发展与利益分享计划》。马赛马拉Figtree Camp中也有关于度假村的员工培训计划，里面对员工的行为规范、游客心理了解等方面提出了明确的要求。

3. 生态休闲娱乐旅游产品

生态休闲娱乐旅游产品是在原生态环境中提供以休闲娱乐为主要目的的旅游活动。该种产品的主要特征包括：

产品多与观光型和度假型生态旅游产品组合开发，如在维多利亚下游区域，木筏和橡皮艇激流一日游和冲浪板冲浪产品在国际旅游市场上久负盛名。在旅行途中不仅可以体验搏击激流的刺激和兴奋，还可以观赏千奇百怪的野生动物，如赞比西鳄鱼。

产品多为高端产品，具有较高的产品附加值。如肯尼亚等国家公园内开展的乘热气球观看野生动物花费约每人300美元，即使乘坐小型直升机也需要100美元左右。

产品具有较为浓郁的非洲特色。如肯尼亚Kee Korok酒店的马赛人表演、南非奥次颂鸵鸟山庄的骑鸵鸟比赛、摩梭湾的航海、开普敦的潜水、滑浪风帆、葡萄酒园观光及美食品尝、肯尼亚的狩猎等娱乐项目，都具有极为浓郁的当地特色。

4. 生态科普修学旅游产品

生态科普修学旅游产品是在生态旅游产品设计中加入了较多科普教育内容，科考修学是这一类产品的主要目的。该类产品主要具有以下特征：

主要产品形式包括夏令营、游学之旅、生态研究游等（如触摸被麻醉大象的鼻子以及感受大象巨大的心脏在自己手下跳动）。

提供有教育意义的“环境解说”服务是产品的重要组成。环境解说水平对产品质量有重要影响。博茨瓦纳杰克露营区让游客在当地布须曼人的引导下去认识卡拉哈里沙漠的生态系统，观摩布须曼人的武器和工具的制作，解释如何根据不同动物的足迹设置陷阱，如何制作箭头上的毒药，如何用蚂蚁颚和植物汁治疗伤口，被游客评价为最有趣、最有教育意义的旅游活动之一。

5. 其他专项生态旅游产品

其他专项生态旅游产品类型主要包括：

摄影专项游：包括陆地摄影、水下摄影等。

康体保健类旅游产品：包括高尔夫亲子游、保健温泉、爬山、山地自行车等。探险旅游：主要产品形式包括攀岩、潜水滑浪、骑马穿越马赛地带、岩壁绳索下滑、蹦极、木筏激流探险等。

自驾游。

文化生态旅游：包括“探访奥巴马家乡之旅”、自然遗产观光、考古旅游、参观博物馆、名人故居、走进原始部落等。

第六章

生态旅游业及生态旅游管理

【学习目标】

- 掌握生态旅游业的概念和特点
- 了解生态旅游业的产业结构
- 了解生态旅游者的管理措施
- 认识西方国家对保护区游客行为管理的常用手段
- 了解生态旅游企业（旅行社、旅游饭店、旅游交通）的绿色管理措施
- 认识生态旅游管理的原则和内容
- 了解社区参与生态旅游的内容和对策

生态旅游发展的根本保障在于建立起一套科学规范的管理机制，在政府部门、旅游业者、游客和旅游地所在社区之间形成良性互动。本章主要围绕生态旅游业和生态旅游管理两大部分展开。第一部分着重介绍生态旅游业的概念、特点与结构；第二部分阐述生态旅游管理的原则和内容，并在此基础上分别对生态旅游者、生态旅游企业（旅行社、旅游饭店、旅游交通）和当地社区居民的管理对策进行了探讨。

第一节　生态旅游业概述

无论生态旅游具有多么显著的环境及社会、文化可持续性影响，只有当经营生态旅游产品的企业也能够可持续发展时，生态旅游才能够生存下去。而这些企业组成的生态旅游业是生态旅游系统中沟通生态旅游主体（生态旅游者）和生态旅游客体（生态旅游资源）之间的媒介，在推动生态旅游的发展方面起到了供给、组织和便利的作用。

一、生态旅游业的定义

国内学者杨桂华（2000）在其编著的《生态旅游》一书中对生态旅游业的界定是：生态旅游业是以生态旅游资源为凭借，以旅游设施为基础，为生态旅游者的生态旅游活动创造便利条件并提供其所需商品和服务的综合性产业。仔细分析此定义可以发现它仍然是个需求趋向的定义，并且它对生态旅游业与传统大众旅游业的区别并未作出严格区分。澳大利亚著名生态旅游学者大卫·韦弗则作出了如下的定义："生态旅游业是指那些直接与生态旅游者相互作用的机构，即从计划阶段到结束帮助生态旅游者进行生态旅游体验的产业。"（David Weaver，2004）这个定义的长处是把生态旅游体验引入其中，并且还用"直接"两字缩小了该产业的范围，以避免混乱，无疑这是一种明智的做法。不足之处是他仍旧坚持生态旅游业是"产业"集合，而不是"企业"集合。

因此，在分析以上定义优缺点的基础上，鲁小波将生态旅游业的定义界定为：生态旅游业是指直接满足生态旅游者的生态旅游需求，并帮助其完成生态旅游体验的企业的集合。

二、生态旅游业与传统大众旅游业的区别

生态旅游业是在传统大众旅游业发展过程中出现环境问题的基础上兴起的，它与人类正在经历的生态时代相适应，代表了旅游发展的新潮流，是旅游发展的一个新阶段。其与传统大众旅游业相比，在追求目标、管理方式、受益者和影响方式等方面具有不同的特征。

对于传统旅游业，利润最大化是开发商追求的目标，而追求享乐是旅游者的主要目标，其最大受益者是开发商和旅游者，由旅游活动所带来的环境代价则主要由社区居民承担。它以牺牲环境资源的持续价值来获取短期经济效益，这种旅游是不可能持续发展的。生态旅游业在实现经济、社会和美学价值的同时，寻求适宜的利润和环境资源价值的维持，开发商、旅游者、社区及其居民都是直接受益者，环境得到有效措施的保护，是可持续发展的旅游业。

三、生态旅游业的特点

生态旅游业脱胎于传统旅游业，但它并不是旅游业的一个部门或一个分支，而是旅游业的一个崭新的发展阶段。生态旅游业的兴起，解决了旅游业与生态环境保护协调发展、旅游资源的可持续利用以及旅游收益的合理分配等一系列曾长期困扰传统旅游业的问题，从而使旅游业的发展走上了一条良性健康的发展道路。

因而生态旅游业既有传统旅游业所具有的一些产业特点，又有与传统旅游业截然不同的新特点。

（一）生态旅游业是一个高收益的产业

生态旅游业是一个高收益的产业。由于城市生态环境日趋恶化，人们渴望回归自然和亲近自然的需求也日趋强烈，但质量优良的自然生态资源正逐渐减少。需求的膨胀和供给的短缺，使得以生态环境资源为主要“生产”对象的生态旅游业拥有充足的客源市场和有利的市场地位，并成为生态旅游业获得较高收益的重要保证。此外，相对于其他自然生态资源的利用方式来说，生态旅游业的资源利用率较高也是促成其高收益的重要原因。如在非洲的许多国家公园依靠野生动物来吸引生态旅游者。据有关研究，一头野象每年可创收 61 万美元，一头狮子每年可创收 2.7 万美元，一头雄狮一生能创收 51.5 万美元。而用作狩猎品，每只狮子只能获得 8500 美元。肯尼亚的安波沙第国家公园通过开展生态旅游，每年可创收 800 万美元。如果用于养牛，年收入只有 45 万美元。按面积计算，发展生态旅游每年每公顷土地的纯收入为 40 万美元，而用于发展农业只有 0.8 万美元。

（二）生态旅游业是建立在高科技基础上的产业

生态旅游业的理论基础是生态学、旅游学和规划理论等，所依托的技术包括环境技术、信息技术、系统工程等。生态旅游资源的本底调查、资源信息系统的建立、生态环境的动态监测、生态环境的影响评价、生物多样性与生态环境的保护、合理环境容量的确定以及生态旅游产品的设计等都是在科学技术的密切参与下进行的。离开科学技术这个基础，生态旅游业就会偏离其方向，无法肩负起资源保护与合理利用协调发展的重任。因此生态旅游业是知识密集型、技术密集型的产业，特别是生态旅游区的规划、研究、管理、解说等都要求从业人员有较高的素质和丰富的生态知识。这与传统旅游业劳动密集型的从业人员结构是截然不同的。

（三）生态旅游业是集生态、社会、经济效益多重目标于一身的综合性产业系统

传统旅游业是以经济效益最大化为主要目标的产业。特别是在发展中国家，增加外汇收入，加快货币回笼，积累建设资金，是发展旅游业的初始动机。而生态旅游业是社会经济结构理性化的产物，保护生态环境、促进旅游地经济和社会的可持续发展、获得生态旅游投资收益共同构成了生态旅游业的复合型利益目标。这些目标从长远看是一致的，但在发展过程中必然会出现矛盾和冲突。生态旅游业从其形成之日起就注定要担负起协调产业内部各方利益的责任。因此生态旅游业的运作既要符合生态规律，又要符合市场经济规律；既要考虑当地社区居民的利益，又要顾及旅游投资方的利益；既要保证自然生态环境不会因旅游活动而发生难以接受的改变，又要满足旅游者的需求，保证其旅游体验的质量不会因为必要的限制而出现难以接受的下降。因而，生态旅游业是集生态、社会、经济多重目标于一身的综合性产业体系。

四、生态旅游业的结构

“吃、住、行、游、购、娱”是旅游业的六大要素，与之相对应的旅游餐饮、旅游住宿、旅游交通、旅游景区、旅游购物和旅游娱乐等企业以及以旅行社为代表的旅游中介服务企业共同构成了旅游业在常规模式下的基本产业结构。生态旅游业的产业结构在基本组成上与常规旅游业大致相同。但生态旅游业在利益目标和运作模式等方面与常规旅游业有较大差异，这些差异也在生态旅游业的各组成部门之中体现出来。因此，生态旅游业主要有生态旅游景区、生态旅行社、生态旅游饭店、生态旅游交通、生态旅游商品等不同的门类和企业。

（一）生态旅游景区

虽然在某种意义上地球就是一个大的生态系统，在地球的任何一个角落进行的旅游活动或旅游开发，只要符合生态保护的原则，都可以视为生态旅游的范畴。但是严格地说，生态旅游资源富集的地区才是生态旅游开展的主要区域，我们把这些区域统称为“生态旅游景区”。值得注意的是，生态旅游景区与常规旅游景区有较大的差别。常规旅游景区的建立是以满足旅游者需求、获取最大经济利益为其主要目标，景区的功能也主要是围绕为旅游者服务这一主题来设计。而生态旅游景区则是以生态、社会和经济综合效益最大化为主要目标，旅游和娱乐只是景区的多种功能之一。除此之外，生态旅游景区还具有科学研究、物种及其遗传多样性的保存、环境效益保持、自然和文化景观的保护以及教育等多种功能。另外，生态旅游景区并不像常规旅游景区那样全方位向游人开放，其开放的范围是根据生态环境保护的要求来确定的。例如美国的黄石国家公园是世界上第一个也是最古老的国家公园，总面积达 8910 平方公里，但有 99%的面积没有开放，任其保持原始状态，其主要目的是为野生动植物提供良好的生长和栖息环境。

（二）生态旅行社

旅行社在旅游业中的主要作用，一是对各种旅游资源、旅游交通设施和各种食、宿、娱设施进行组合、设计、加工，使其成为旅游包价线路产品；二是招徕、组织和接待旅游者，也就是对所加工出的旅游产品进行销售和售后服务。事实上旅行社提供的旅游线路产品只是对一些旅游服务产品所进行的简单组合和包装，是一种低附加值的生产。在信息自由化、电子商务普及化以及旅游者重游率提高、旅游经验日益丰富的新的时代背景下，旅行社的工作很容易被旅游者通过技术手段轻松完成（如网上自由预订机票、饭店，甚至景区门票），旅行社业务的这种低门槛性质使得旅行社的地位趋于下降。更为重要的是在旅游业生态化的大潮下，要求旅游活动应该是小规模、多批量、分散化的，这既符合生态恢复规律，又能满足旅游者个性化的旅游需求。这正好与旅行社传统业务所要求的大规模、集体化旅游活动相悖。而且在未来的旅游业中，真正稀缺的生产要素既不是中介服务也不是交通食宿，而是高质量的生态旅游产品。谁能提供高质量的生态旅游产品，谁就能成为旅游业的龙头。对此，生态旅游景区将比旅行社更具优势。

虽然旅行社在生态旅游业中的地位和作用有所下降，但若旅行社能把握住生态旅游业发展的脉络，主动调整业务范围和运作模式仍然可以大有作为。首先，旅行社的重组将不可避免，一些仅靠订票、接待为生的小旅行社将面临生存困难，专业化、规模化、集团化将是旅行社发展的方向；其次，生态旅游产品的开发与投资将成为旅行社的重要业务。生态旅游产品的生产不仅仅再是对原有资源的组合和包装，而是要有较多的科技投入和资金投入。旅行社与生态旅游景区的资本融合、业务融合将是生态旅游业发展的必然趋势。

（三）生态旅游饭店（绿色饭店）

1. 生态旅游饭店的产生

饭店伴随人类的旅游活动已经有几千年的历史。但是在现代意义的旅游业出现以前，为旅游者提供食宿的饭店无论数量还是规模都非常有限，并不足以对生态环境造成威胁。从 19 世纪末起，随着大众旅游的快速发展，旅游饭店也告别了简易客栈阶段而进入大饭店阶段，并迅速经历了商业旅馆阶段和新型旅馆阶段。在 20 世纪中期进入了现代饭店时代，成为现代旅游业发展的重要支柱行业。这时的饭店不仅数量众多而且规模巨大、内部装修豪华，已经成为能提供众多设施和服务的旅游接待综合体。同时，现代饭店对生态环境的影响和破坏也越来越明显。据统计，一座建筑面积在 8 万~10 万平方米的大型高层饭店，全年能源的消耗为 1.3 万~1.8 万吨标准煤，其能耗量并不亚于一个大型工厂。同时饭店每天还向外界排放大量的烟尘、污水和垃圾，例如在我国目前还有 60%以上的饭店使用燃煤锅炉。一座中等规模的饭店一年大约要消耗 1400 吨煤，一年会向大气层排放 50 吨烟尘、28 吨二氧化硫和约 3000 吨二氧化碳。三星级以上的饭店日均用水量达 250 吨，也就是说一座饭店一年要排放 10 万吨污水，而且这些污水中除了生活污水外，还包括含油量很高的厨房污水以及含有多种有机物的洗衣房污水，这些污水都将对环境造成不同程度的污染。饭店还产生大量的生活垃圾，若不进行分类收集和处理，会产生一些严重污染的废弃物，如各种不能降解的塑料袋、塑料制品和废电池等，它们往往会混入普通垃圾中，造成对环境的污染。

20世纪后期，随着人们环保意识和生态意识在全球范围内的普遍觉醒，现代旅游业的常规发展模式受到越来越多的质疑和挑战，旅游业的生态化成为行业发展的趋势。在此背景之下，80年代末期，一些发达国家的饭店开始改变经营策略，加强环保意识，实施环境管理。1993年，由世界著名的11家国际饭店管理集团组成的一个委员会召开了“旅馆环境保护国际会议”，通过了这11个国际饭店管理集团签署的“实施环保计划，改进生态环境，加强国际合作”的倡议，并出版了《旅馆环境管理》一书。从那时起欧美许多国家的饭店纷纷开始重新审视企业的经营方式和服务程序是否符合环境保护的要求，并着手改进经营和服务方式，极力塑造“绿色饭店”的企业形象。此外，由于近年来旅游饭店的有效供给能力的增长大大快于旅游住宿需求的增长速度，饭店业的竞争日趋激烈。于是许多饭店在积极招徕客人做好开源工作的同时，也开始在如何节能、降耗、减少开支等节流工作上下功夫，以便能降低成本，提高经济效益和竞争能力。

正是在多种内外市场因素的共同作用下，以充分利用能源，并提供对生态环境和人体健康无害的饭店产品，把既满足当代人的需要，又不对后代构成危害作为经营理念和发展模式的“绿色饭店”便应运而生了。

2. 生态旅游饭店（绿色饭店）的标准

绿色饭店不仅是一种新的饭店经营理念，而且还应有具体的评定标准和运作模式。对此浙江省旅游局率先制定出国内首部《“绿色饭店”评定标准》，并以该标准为依据在全省旅游饭店业倡导开展了“创建绿色饭店”的活动。浙江省“绿色饭店”评定标准分为必备条件和备选条件两大类。其中必备条件有五条：

（1）参加创建“绿色饭店”的活动，建立“创绿”组织，主要领导分管，配备专门管理人员，各部门设有负责“创绿”的分管人员，形成管理网络。

（2）制定本饭店明确的“创绿”目标指标，建立健全有关节能、环保和降耗的规章制度，能按要求准确、及时地填报有关报表。

（3）饭店领导每季度定期检查“创绿”活动中存在的问题，有记录、有整改措施，并有成效。

（4）能自觉遵守国家各项有关节能、环保、卫生、防疫等法律法规。

（5）饭店主要公共场所和部门有“创建绿色饭店”活动的气氛，饭店装饰体现生态内容，有倡导绿色消费的告示和文字说明，有相关的报纸、杂志展示。

评定标准的备选条件包括节能管理、环境保护、降低物资消耗、提供绿色产品、提高社会环境经济效益等5大项74个分项，共130分。

旅游饭店是旅游业的重要产业支柱，旅游饭店的生态化也是旅游业生态化的一个重要组成部分和标志之一。由于有社会舆论的支持、饭店业内在利益的驱动以及市场需求的推动，旅游饭店的生态化进程比旅游业的其他组成部分更容易，也更具有可操作性。

（四）生态旅游交通

1. 生态旅游业中交通的特性

旅游交通是一个交叉产业，而同时又是一个相对独立的产业。既有与国民经济交通运输业和旅游业共有的某些特性，又有区别于传统旅游业旅游交通的显著特性：

（1）环保性。生态旅游业交通工具的环保性是指生态旅游业应采用符合环保要求的新型交通工具。传统的交通工具对环境影响很大，如传统汽车。据调查统计每燃烧 1 公斤汽油，要消耗 15 公斤新鲜空气，同时排出 0.15~0.2 公斤的一氧化碳、4~8 克的碳氢化合物、4~40 克的氧化氮及少量的四乙基铅，这种铅的毒性要比无机铅大 100 倍。又如我国以前火车采用煤燃料，这些对环境危害都很大。因此要采取措施减少交通工具对景区环境的污染，一方面减少机动交通工具进入生态旅游区；另一方面寻求解决的方法，如推广使用无铅汽油，以防止四乙基铅的污染，用电力作动力，减少机动交通工具尾气。

（2）自然性。生态旅游业交通工具的自然性是指在生态旅游区内，尤其是生态较为脆弱的地区尽量采用非机动的、自然的交通工具，提倡畜力、人力、自然能（风能、漂流）交通工具或徒步旅行，以减少对自然生态的污染，贴近大自然、贴近百姓生活，随心所欲游山玩水。即使是由于某种原因需要符合环保要求的机动车辆，在色调与风格上也应与该区域的自然文化环境相协调，避免产生视觉污染。而且在线路设计上要考虑生物生境，不靠近、不干扰珍稀濒危物种的正常生存。

（3）地方性。生态旅游业交通工具的地方性是指使用的交通工具符合生态旅游区及其社区的气候条件、地形地貌等自然特点和传统习俗、风土人情等文化特色。比如，云南迪庆香格里拉，马是当地藏族同胞传统的交通工具，养马是他们的传统习惯。因此在碧塔海景区骑马就是一个主要的交通方式，这样不但使生态旅游者有纵马高原的豪壮之气，而且社区居民也乐意参与，会主动把自家养的马加入到旅游服务行业中去。

2. 生态旅游交通的基本构成

根据使用地点，生态旅游业中的交通主要有两个部分：生态旅游区外交通工具方式和生态旅游区内交通工具方式。

（1）生态旅游区外交通工具方式。生态旅游区外交通工具方式也就是生态旅游者使用何种交通工具到达生态旅游区，这主要取决于生态旅游区外的旅游交通运输网络。该网络由公路、航空、水运和铁路四大现代交通方式有机结合构成。生态旅游者到达旅游目的地，常常是上述四种方式的相互结合，优势互补、综合运用。

（2）生态旅游区内交通工具方式。生态旅游区内交通工具除运输功能外，还有旅游参与功能。从运输功能考虑，应满足环保性的要求。而从旅游参与功能出发，应有地方性，也就是富有地方民族特色。因此，交通工具方式应丰富多彩，各具特色，旅中有游，旅游结合，从而能对生态旅游者产生极大的吸引力，能最大限度地满足生态旅游者的不同需求。

生态旅游区内交通方式主要有陆运交通工具、水上交通工具和空中交通工具三大类。

（五）生态旅游商品

"购"是生态旅游业六要素之一，大力开展生态旅游商品的生产和经营，可以增加旅游收入，繁荣市场，传播传统的优秀文化艺术，促进轻工业水平的提高，还能提高资源利用率，变废为宝。

1. 生态旅游商品的概念及类型

生态旅游商品，专指生态旅游者在生态旅游过程中所购买的实物商品，这些商品一般具有纪念、欣赏、保值、馈赠意义或实用价值。生态旅游商品主要包括旅游纪念品、旅游工艺品、旅游用品、旅游食品及其他商品五大类。

2. 生态旅游商品的特点

生态旅游商品要突出其特色，也即突出说明其特点的"四性"。

（1）地方性。地方性是体现其特色的关键。地方性越强，越能给旅客引起长久的回忆，其纪念意义就越深远。主要表现在地方性的原材料、地方性的设计、地方性的文化内涵、地方性的艺术风格及地方性的包装。

（2）环保性。传统的旅游商品有些在原材料利用、加工过程或包装材料上并不符合环保要求，因此生态旅游商品的制作及包装要求在保证特色的前提上加以改进，使之无污染无公害，符合环保、卫生的标准，品质更加优良。

（3）实用性。实用性是指生态旅游商品做到实用化，能够满足生态旅游者的各种需求，如旅游食品要软包装，洗刷用品小型化、系列化，旅游鞋帽要舒适、轻便、安全等。

（4）方便性。生态旅游者在目的地停留时间是短暂的，不可能有很多时间来购物，所以小巧玲珑、包装精美的商品容易引起注意。而且旅游者旅途劳累，为避免负重累累，商品不宜重、大、笨、粗，迫切要求旅游商品小型化，包装牢固又轻便，以便于携带。

（六）生态旅游康乐

生态旅游康乐即指旅游企业为生态旅游者进行健身锻炼和文化娱乐活动提供

的各种设施和服务，它与其他生态旅游业要素有机结合，构成生态旅游业体系。

1. 生态旅游康乐活动的意义

在“吃、住、行、游、娱、购”这个为人们公认的旅游活动模式中，“娱”是必不可少的一环，其意义有：

（1）可以满足生态旅游者求乐、求新、求知、健身的心理需求。生态旅游业的存在和发展是以能否满足生态旅游者的需求为条件的。生态旅游者来到大自然，除了需要了解自然、保护自然外，还要以大自然为舞台，进行丰富多彩的生态旅游娱乐活动，以满足其求乐、求新、求知和健身的心理需求和生理需求，如参与当地有民族特色的歌舞晚会、攀岩、登山探险、漂流、滑雪等。

（2）可以用来调动客流、调整客源结构。生态旅游业具有动态性，在时间上有淡季、旺季和平季之分，在空间上有热点和冷点之分。而康乐活动的安排可以增加或减少生态旅游者在一地的逗留时间，在全局上起到均衡客流的作用。不仅如此，还可以缓解季节对生态旅游业的不利影响，在旺季加速客流，在淡季吸引客源。如以文化交流为主旨的中日青少年友好交流大会连续几年安排在冬季举行，起到补充淡季客源的作用。

（3）可以增加旅游收入。生态旅游者参与生态旅游康乐活动，一方面有些活动本身需要交纳一定的费用，直接增加了旅游收入，比如滑雪活动出租滑雪工具。另一方面延长了在目的地的逗留时间，对增加旅游收入有间接的作用。

2. 生态旅游康乐活动的种类

生态旅游康乐活动可按活动场所分为旅游饭店的康乐活动、游乐园的康乐活动、专项旅游的康乐活动3类：

（1）旅游饭店的康乐活动。三星级以上的旅游饭店和旅游度假村一般都有比较完备的康乐设施，作为配套服务设施提供给生态旅游者，主要有歌舞厅、健身房、桑拿浴、保龄球、桌球、壁球、游泳池、网球场、冲浪等。生态旅游者在旅游之余，可借助上述设施进行自己喜欢的康乐活动。

（2）游乐园的康乐活动。在一些生态旅游区，设立了游乐园或游乐场。它们根据不同年龄层次、不同肤色、不同性别的需求来设计活动设施，如适合儿童的童话世界、秋千、转盘、滑梯、跷跷板等，适合青年人的攀登人工岩壁、模拟野战、“飞越太空”等惊险项目等。

（3）专项旅游的康乐活动。生态旅游活动由丰富多彩的专项旅游构成，如自行车旅游、森林生态旅游、草原生态旅游、登山探险旅游等。这些专项旅游中，不乏康乐活动。以森林生态旅游为例，可以在森林生态环境中进行野营、野餐、钓鱼、篝火晚会、野外生存、体能训练、滑雪、溜冰、骑马、划船、团体聚会、打高尔夫球等活动。

第二节 生态旅游管理概述

在当今世界经济发展的过程中，几乎到处都存在着生态环境与旅游经济之间的矛盾，它们严重阻碍着现代旅游产业的健康发展。自20世纪60年代以来，各国的旅游专家、学者一直在寻找解决上述问题的方法，以便使旅游经济活动走上协调、持续发展的道路。生态环境与旅游经济之间的矛盾，主要是由人们在发展旅游产业中的错误指导思想和错误开发行为造成的。因此，解决问题的出路就在于实施能够促进生态环境与旅游经济协调发展的生态旅游管理工程，从而在实践中指导并规范人们的旅游行为。21世纪是可持续发展的世纪，建立并实行生态旅游管理制度，是历史的要求和选择。近年来，世界各国生态旅游发展的实践已表明：要实现生态旅游的可持续发展仅有科学的规划还不够，还必须有强有力的制度及各种管理措施作保障。

一、生态旅游管理的定义

生态旅游管理是以生态学为原理，以生物多样性保护为前提，以实现生态环境、旅游经济和社会道德优化为目标，通过科学、有效的方式对生态旅游区的开发实行管理的决策过程。生态旅游管理的目的是在向旅游者提供满意的生态旅游产品和服务的同时，长时期地维护旅游区的生物多样性、生态整体性及其生态服务功能和美学价值，维护旅游区的生态系统不受旅游业及其相关活动的过度干扰和人为破坏。由于生态系统是生物要素和环境要素在特定空间的组合，因此，生态旅游管理的实质就是对环境要素和与其相适应的生物要素进行有效管理。

二、生态旅游管理的基本原则

根据卢云亭（2001）的理解，生态旅游管理有下列几方面的原则。

1. 人与自然和谐发展的原则

生态旅游管理中的主要矛盾是人与自然之间的矛盾。因此，如何正确处理人与自然之间的关系，促进两者之间的和谐发展，就成为指导生态旅游管理的一个重要原则。

人类对人与自然之间关系的认识经历了蒙昧、对立、和谐三个阶段。第一阶段，人类生产活动对自然界干扰破坏不大，两者之间尚处于低水平的协调状态。人类对自然界的破坏主要发生在第二阶段，即社会生产力大发展的阶段。在这一阶段，人们不仅认识了某些自然现象和本质，而且以主人公的身份对自然进行了利用和改造，从而创造了人类社会前所未有的物质文明和精神文明。这一时期人们对人与自然关系的认识是片面的，人们错误地认为自然资源是取之不尽、用之不竭的，人们可以任意向自然界索取而不受惩罚。这一阶段人与自然的关系是对立的，整个地球开始出现全面的生态危机。第三阶段是人与自然和谐发展的阶段。人们在长期的生产实践中逐渐认识到了人与自然的对立，不仅会破坏生态环境，而且会危及人类自身的生存和发展。人们只能充分合理地利用自然、保护自然，而不应该超越限度对自然资源进行掠夺式开发。可见，人与自然之间的关系不是对立的，而是和谐共处与协调发展的。生态旅游囊括了人与自然之间的诸多关系，所以对其进行管理时必须树立人与自然的和谐观，并以此为指导，形成生态环境和旅游经济双向持续发展的新格局。

2. 经济主导与生态基础相结合的原则

这一原则主要包含三个方面的内容：一是经济与生态在生态经济系统中同时存在，两者同等重要，在实际操作中不可顾此失彼；二是两者是主导与基础的关系，经济在生态系统中处于主导地位，生态处于基础地位，主导依托于基础，没有基础就不能发挥主导作用；三是生态和经济是相互联系、相互制约、相互促进的。在生态旅游的实际管理工作中，要始终坚持上述理论和原则。只有在利用中保护和在保护中利用，才能使资源发挥最大的潜力与作用，以便形成经济主导与生态基础有机结合的良性管理体制。

3. 经济有效性与生态安全性兼容原则

所谓经济有效性是指人们在积极发展旅游经济时，应最有效地利用生态资源。旅游经济活动的目的在于充分利用自然风景资源，以最小的耗费取得最大的经济收益。所谓生态安全性是指人们在组织旅游经济活动时，应该有效地保护自然生态系统和自然资源，使之保持存在和再生的能力。

经济有效性与生态安全性兼容协调的原则把生态旅游管理的着眼点具体定位在经济的有效性和生态的安全性上，管理的重点主要集中在衡量经济的有效性上，衡量的内容主要包括三个方面：第一，管理体制对经济发展是积极而不是消极的，要把促进经济发展放在第一位；第二，向自然生态系统索取资源要适度，坚持控制外延无限扩大的生产方式，反对掠夺式利用自然风景资源和旅游生态资源；第三，对自然生态系统的利用要充分，以便能够为游客提供更多的生态感受和生态知识。要重视挖掘自然景观资源的潜力，走内涵扩大的旅游，反对粗放经营，提倡精品开发。运用经济有效性和生态安全性相结合的原则，还需对生态安全性进行定位，生态安全性的基本内涵就是对生态资源的积极保护。生态旅游管理者应该时刻观察生态环境承受能力的动态变化，把游客接待量限定在生态系统持续存在和运行的能力之下，以保证生态安全性。

通过对经济有效性和生态安全性两个定位指标的分析，我们可以清楚地看到：旅游经济的顺利发展必须有生态安全性作保证，生态的安全性必须有一定的经济投入作基础。经济有效性与生态安全性的统一和协调，为生态旅游提供了一个极其重要的原则，推动了区域经济的可持续发展。

4. 三大效益整体统一的原则

经济效益、社会效益、生态效益整体统一的原则是生态旅游管理的一个普遍原则，其理论基础是现代生态经济学的三个最基本的理论范畴，它们是：①作为经济活动载体的生态经济系统；②作为经济发展动力的生态经济平衡；③作为经济活动目的的生态经济效益。其中，生态经济效益是人们从事经济活动的出发点和落脚点。生态环境与旅游经济协调发展是人类进入生态时代的基本特征。

运用经济、社会、生态三个效益整体统一的原则指导生态旅游，最重要的是要强化生态与经济的时空关联性，即在生态旅游管理中正确处理局部与全部、目前利益与长远利益之间的生态经济结合问题。为正确处理生态与经济在时空上的关联性问题，各旅游企业必须用经济、社会、生态三效益统一的原则来检验自己的行为，顾全大局和长远效益，把经济的可持续发展建立在生态与经济协调发展的稳固基础上。

三、生态旅游管理的内容

生态旅游的最终目的是改进旅游方式，促进旅游目的地旅游可持续发展，促进目的地生态环境良性循环。但我们也很清楚地认识到，任何形式的旅游活动，即使是生态旅游，也会对生态旅游环境产生一定的影响，只是在程度上、强度上比其他旅游形式有所减轻而已。如稍有不慎，就有可能导致严重的生态旅游环境问题。因此，生态旅游业能否持续、健康、协调地发展，关键在于有效、科学的管理。生态旅游管理涉及的范围很广，包括对生态旅游者、生态旅游企业以及当地社区等的管理。下面将对此进行详细介绍。

第三节 生态旅游者管理——塑造负责任的旅游者

生态旅游者是生态旅游的主体，也是生态旅游管理的主要对象之一。对生态旅游者的管理主要从两个方面进行：一是对生态旅游者提出明确的环境要求；二是对生态旅游者采取严格的生态管理。对生态旅游者的生态管理要在对其教育的基础上，通过法律、法规、制度等手段对旅游者的行为进行制约。

一、生态旅游者行为管理对策

对生态旅游者行为的管理对策主要可通过人性化管理、分类管理和技术管理三个方面完成。

（一）实行人性化管理

目前对生态旅游区游客的管理方式大致可分为直接管理法和间接管理法两种。直接管理法主要是通过直接改变旅游者的意愿和行为，使其意识到自己的行动受到一定的限制，其具体措施主要包括巡视、罚款、监视、分区、限制（游客数量、规模、停留时间）、禁止活动（如禁止野营等）。直接管理对游客给资源的负面影响起着直接的遏止作用，对保护不可逆的、不可再生的、脆弱的资源起着重要作用，但是直接管理也存在被动、对抗、技术性强和高成本等局限。而间接管理法给予旅游者选择的自由，不具对抗性，注重对游客行为的提前干预（教育、沟通、解说和劝说）和隐性控制（如物理变更、信息引导和价格变动等）。其成本虽然一般比直接管理低，但却在很多情况下收到的效果与直接管理一样大，甚至更大，解决问题也更彻底。

目前，我国在对生态旅游者行为的管理上，多以直接的管理措施对旅游者进行强硬的限制。如宣传牌通常都是以“严禁”“罚款”等强制性的语言为主。这种强制式的传达方式容易使游客产生逆反心理，从而刺激其对环境保护行为规范视而不见。

人性化管理属于间接管理，通过对旅游者的关心、理解和尊重换取他们对生态环境的爱护和保护。这种管理是对旅游者思想意识上的根本转变，所以生态旅游区应该在旅游者的间接管理上多下一些功夫，改变过去单一的强制性的游客管理方式。

（二）实行分类管理

不同类型的生态旅游者的生态意识和环境行为存在着较大差异，这就要求管理者采取不同的具体管理办法。

1. 严格的生态旅游者的行为管理措施

严格的生态旅游者具有较强的环境意识，环境素养较高。针对这一团体应该强调的是希望他们不但能具有生态保护性行为，而且能够帮助其他游客纠正其破坏环境的行为，从而协助保护区管理人员对环境的管理。对于严格的生态旅游者的管理可以借鉴《美国国家公园管理局的公园志愿者制度》。

为了自然环境的保护，在美国有很多人志愿贡献自己的时间和才华协助公园管理机构开展工作。这些志愿者包括社区居民、大学生、退休老人、科学家、律师等，主要贡献是帮助国家公园管理局保护公园的自然资源和历史资源。他们的共同之处是具备公园所需的一技之长，拥有强烈的生态意识，并愿意为环境保护工作做出自己的努力。

据统计，目前在我国严格意义上的生态旅游者非常有限。因此，我们应该努力在国家机关工作人员、企事业单位工作人员、在校大学生等中多培养一些严格的生态旅游者。另外，也可以招募环保组织的志愿者来协助保护区的管理工作。志愿者在保护区服务，他们的行为会成为榜样，并将逐步影响那些一般的生态旅游者，使其日渐符合严格的生态旅游者的要求。

2. *一般的生态旅游者的行为管理措施*

一般的生态旅游者是指生态意识比较淡薄的旅游团体，在旅游过程中可能产生非生态旅游行为。对这一团体的管理的基本点应立足于软硬措施的结合，既要通过宣传教育培养他们较强的生态意识，从而指导其行为逐渐符合生态旅游的要求，并能逐步向严格的生态旅游者转化；同时又要制定一些强制性的法规和制度去制约旅游者的行为。

（1）对生态旅游者的环境解说与环境教育。对生态旅游者管理的基本点应立足于通过宣传教育，提高他们的环境保护意识，将一个普通旅游者逐渐塑造成一个能够自觉维护生态环境、具有良好的生态保护知识、积极参加保护生态的各种有益活动、能遵守生态旅游规范的负责任的旅游者。

通过完善的解说系统，对游客进行环境教育，是对旅游者进行管理的一个有效手段。环境解说已成为生态旅游的重要管理工具，通过环境解说进行环境教育是生态旅游经营者最重要的职责之一。目前，国内很多生态旅游景区还没有建立起完善的环境解说系统，不能有效发挥其生态教育的功能。

环境解说系统通常分为人员解说系统和非人员解说系统。其中，人员解说就是主要利用解说人员直接向游客进行主动的、动态的信息传导。此种解说系统的关键是要有针对性地加强对环境解说员或导游员生态意识及知识的培养和培训，以使他们具备更高更全面的素质。非人员解说是运用各种器材或设施设备等向游客提供静态的信息传导服务。非人员解说又可分为解说牌示、解说印刷品、视听多媒体、互联网、自导式步道、生态景观小品等。

（2）对生态旅游者的行为制约。对旅游者进行管理的第二步就是对旅游者行为进行制约，可通过法规、制度等手段去实现。一些旅游协会和旅行社制定了生态旅游者遵守的准则。下面以美国旅行社协会（ASTA）提供的生态旅游者十条“道德标准”（Mclntosh，1995）作为参考。

美国旅行社协会（ASTA）的生态旅游者十条“道德标准”：

①尊重地理的脆弱性。意识到如果不保护环境，后代可能不会再看到独特而美丽的目的地。

②只留下脚印，只带走照片。不乱写乱涂，不乱扔垃圾，不从历史遗迹和自然景观上取走纪念品。

③了解目的地地理、习惯、风俗和文化，使旅程更有意义。倾听当地人的谈话，鼓励当地居民参加环保活动。

④尊重别人的隐私和尊严。征求对方意见后再拍照。

⑤不买由濒危动植物制成的产品，如象牙、龟壳、动物皮毛等。阅读美国海关不能进口物品清单——《行前须知》。

⑥走已设计好的线路，不打扰动物及其栖息地，不破坏植物。

⑦了解并支持环保计划和组织。

⑧尽量徒步或使用对环境无害的交通工具，鼓励司机停车时关闭发动机。

⑨支持节约能源、环保的企业（饭店、航空公司、度假区、游船、旅行社及其行为），包括改善水和空气的质量，废物利用，安全管理有毒材料，消除噪声，鼓励社区参与和雇用致力于环保且经验丰富的员工。

⑩询问美国旅行社协会会员，找出赞同美国旅行社协会关于航空、陆地和水上旅游环境指南的组织。建议这些组织采用自己的环境规范，约束在特殊景点和生态系统的行为。

（三）实行技术管理

1. 选择合适容量

任何生态旅游景区可接受的变化程度都是有限的。如果对游客的总量不加以限制，突破了容量极限，对生态环境就会造成一定程度的负面影响。所以，对游客总量进行适当的限制是必要的。如奥地利的莱希和楚尔斯滑雪场，当滑雪者经过滑雪道旋转栅门时，计算机对人数进行统计，一旦达到 1.4 万人次的限额，旅游者便被转移到其他场地。当然，生态旅游区的管理者必须设法在游客数量控制与获得环保等综合效益上求得平衡。

2. 划区引导

对旅游者还可进行空间上和时间上的划区引导，尽可能使景区不要出现游客高峰，应把游客尽可能分散在景区的各个区域，设法控制单位时间内进入景区的旅游团队数量。充分利用道路、池塘、天然小径、停车场、厕所、餐厅及信息中心等设施的布局，引导旅游者分流。同时还可实施生态旅游区的规划模式，合理划分保护区功能分区，如一般的核心区、缓冲区、外围区等，根据不同保护区段的特点采取限制使用、降低使用甚至是封闭或关闭的办法，以减少游客不当行为对旅游资源环境的冲击。

3. 进行长期定位监测

要实现真正意义上的生态旅游，应该在重点旅游区设立环境质量的长期定位监测点，进行长期定位监测，从而清楚地掌握旅游区由游客引起的环境质量的动态变化。通过长期定位监测，建立旅游区的环境质量监测标准，如有异常发生随时采取动态的游客管理措施。

二、西方国家对保护区游客行为管理的常用手段

引导游客行为的管理手段，在西方国家的自然保护区与国家公园管理中已经有比较成熟的方法。针对保护区与国家公园内的游客管理，西方国家提出了更为细化、更具有可操作性的方法与手段（见表6-1）。

表6-1　对保护区游客行为管理的常用手段

手段	定义	优点	缺点	举例
使用限制	直接限制可能进入游憩区域人数	维持了预先设计的资源作用程度，潜在地控制了超速增长与过度使用的后果	容易导致冲突矛盾	通过限制停车位来限制日游客量
团队规模限制	限制同时旅行的旅游团队或者游憩群体的最大人数	使小团队规模成为习惯，降低游客影响	执行管理成本较高	规定某些地域游览的团队规模
预订与预约	通过预约的方式在游客到来之前将相关游憩区分配给个体的个人或团队	优化已知区域容量，方便管理	需要维护预订管理的成本	所有到某区域的游客必须提高预订
关闭区域	禁止所有的或部分类型的游客使用待定区域	关闭区域的旅游负面影响直接消除	需要向游客解释，需要控制管理成本	禁止在特定区域内野营或烧烤
用火限制	在特定区域禁止或限制用火	减少火灾隐患	需要管理成本	在特定旅游区全面禁止烟火
群体限制	限制某些特征的游客进行某些区域	明显地减少生态冲击和与其他游客冲击，增加其他游客的满意度	限制了竞价游客的自由，需要解释成本	禁止自驾车进入/禁止狩猎者进入等

续表

手段	定义	优点	缺点	举例
停留时间限制	在某个游憩区对游客个人或群体设定一个停留时限	可以让更多的游客进入该区域	减少了部分游客的游览机会，需要强制管理成本	不允许在景区内过夜
技术要求	根据环境或安全的需要强制性要求游客携带某些装备	可以降低生态影响，提高安全水平	需要执行管理，设备可能较贵	必须穿登山鞋才能上山
行程计划	对单个群体使用某个区域进行位置与时间安排	可以减少拥挤，方便解说，降低生态影响	游客失去想看什么就看什么的自由，需要管理成本	指定游览某区域必须在某些时段出发
设置障碍	有意设置一些阻碍游客移动的设施	减少游客冲击，减少破坏行为，提高游客移动的效率	游客失去想去哪就去哪的自由，需要执行与管理成本	设置一个篱笆将游客与动物栖息地隔离
场所硬化	通过建设设施、开辟注道等方式来减少游客对土壤和植物的冲击，也满足游客使用的需要	能够减少游憩活动对生态环境表面的直接冲击	需要建设成本	用硬质材料铺设小路表面，减少风险

资料来源：张朝枝、罗秋菊等译，2005，袁新华整理。

第四节　生态旅游企业管理——创造绿色企业

一、旅行社绿色管理

旅行社是旅游业的龙头和先锋，在沟通旅游者和旅游企业之间的关系、了解需求及指导供给方面起着非常重要的作用。同样的，旅行社在生态旅游业中起着沟通生态旅游目的地与生态旅游市场的媒介作用。在不同的国家，其称呼也有一些不同，有旅行代理商、旅游批发商和旅游经营商等几种叫法，但它们的实际业务和经营管理还是有着许多相同或相似之处的。旅行社的基本业务有组合产品、设计线路，促销产品、传递信息，销售产品、招徕客源，组织协调、安排客源，实地接待、提供服务等。旅行社在生态旅游业中的作用与一般旅行社的基本业务并无二致，只是在具体的操作手段、方法上有所不同。旅行社绿色经营管理的途径包括以下几个方面。

（一）建立旅行社绿色产品体系

旅行社绿色产品的直接含义是生态旅游产品，如森林旅游、观鸟旅游、野生动植物观赏游、滑雪旅游、海洋旅游、生态农业旅游等；符合生态保护原则的人工产品，如野生动物园、海洋公园等，也包括恶劣生态环境的产品，如沙漠旅游、探险旅游等。总之，只要符合可持续发展要求的产品，都可以称为绿色旅游产品。

（二）树立绿色经营观念

旅行社在开展绿色旅游、生态旅游时应尽量选择具备生态条件的旅游目的地，避开那些脆弱、敏感的生态区域。对于那些只想利用自然生态资源而不重视保护或接待体制不完备的旅游目的地，旅行社应该回避。旅行社要树立全新的绿色营销观念，将经济、社会、环境三大效益的统一落实到具体业务中。旅游团的人数要控制在适当的范围内，提倡小团体旅游，以便于领队实施有效的管理，从而减少对生态旅游的影响和破坏。

（三）开展旅游教育与培训

其一，加强对导游的培养与教育。旅行社要注意对员工进行绿色教育与培训，包括培养具有丰富环境和生态保护知识的专业领队，培训熟知自然及文化的有责任心的导游等。领队和导游与游客接触的时间最长，所以培养出一批有事业心、有丰富的环境专业知识、有责任感的旅游领队和导游对旅行社来说是十分必要的。

其二，加强对旅游者的教育。除了对员工的教育外，旅行社还应承担对旅游者进行教育的责任。教育内容大致有：对旅游者进行事前教育，以提高游客对生态保护重要性的认识，从而引导旅游者保护自然的观念——对自然的博爱之心，对生态保护重要性的认识，对目的地的生态、人文情况的了解，对旅游的行为规范及注意事项的熟识，对目的地的有关生态保护的法律、规定及垃圾处理措施的学习等。还要建议旅游者购买不影响当地自然环境的土特产品，指导旅游者与当地人进行交流，组织各种有助于自然生态保护的公益活动。

（四）注意绿色宣传与促销

旅行社要多组织各种有助于生态环境保护的公益活动。如组织游客、企业、友好团体向自然生态保护区域提供资金、技术、教育方面的援助，组织游客参加沿途分发宣传材料、修复自然环境的义务劳动等。

（五）旅游活动反思

生态旅游活动结束之后，旅行社要及时进行总结，积累经验：分析本次旅游活动的成功之处，以便在今后的工作中继续发扬；同时还要找出不足之处，以便在下一次生态旅游活动的组织实施中加以改进。另外，旅行社也可以向参加生态旅游的旅游者征求反馈信息，如关于此次生态旅游的感受如何，活动组织安排是否合理，是否实现旅游目的以及是否从旅游中受到启发和教育等。

二、旅游饭店绿色管理

随着大众旅游在世界范围内的迅速发展，旅游饭店的规模也迅速扩大，服务项目不断增多，对建筑和装饰材料的讲究以及餐饮供给的推陈出新使得它们对资源的需求量越来越大，种类越来越多，从而产生的废弃物和对环境造成的污染也越来越严重。在很多地方，旅游饭店已成了资源消耗大户和环境污染的罪魁祸首。随着人们环境保护意识的增强、对旅游业理解的深入以及对自身健康状况的关注，怎样改变饭店的资源利用模式和减少对环境的负面影响越来越受到人们的广泛重视，“绿色饭店”（又称为“生态饭店”或“生态旅馆”）便应运而生。

（一）注重绿色营销理念

营销理念是企业文化的核心，也是创建企业的基础和关键。绿色饭店的“绿色”营销理念是伴随着世界绿色消费兴起的一种市场营销新思维，它旨在树立保护环境、崇尚自然和促进可持续发展的意识，这是饭店实行绿色管理的前提条件。具体说，绿色营销是饭店以环境保护观念作为其经营指导思想，以绿色消费为出发点，为满足顾客的绿色消费需求而进行的营销活动。饭店绿色营销是绿色饭店的主题，饭店所有的经营管理活动都应该围绕这一主题进行。从特质上说，生态旅游饭店应符合“绿色饭店”形象和标准，即应是“那些为旅客提供的产品与服务符合充分利用资源、保护生态环境要求和对人体无害”的饭店。饭店应通过“绿色认证”，如国际标准组织 ISO 14000 环境质量标准认证。从内容上说，绿色饭店应包括绿色意识、绿色服务、绿色生产、绿色企业文化等方面。

（二）清洁化生产

据联合国规划署于 1989 年的定义，清洁生产是指对生态过程与产品采取整体预防性的环境策略，以减少其对环境可能产生的危害。结合饭店的实际情况，主要强调三个重点：

1. 清洁能源

主要是合理利用常规能源，如供热系统用煤气等作为燃料，制冷系统采用环保型制冷剂（不排放氟里昂），采用节能技术，提高能源效率，推广使用节能灶；尽量利用可再生能源，如在高原地区用太阳能来加热水，要重视充分结合本地能源优势，考虑利用自然能。

2. 清洁生产过程

饭店使用的物品和生产的食品尽量少用或不用有污染、有毒的材料与中间产品，减少生产过程中的具有高风险性因素的加入，如高温、高压、易燃、易爆、噪声等。所使用的原材料与中间产品还应回收利用，如对生活垃圾进行分类盛装处理，电池、废油等统一回收。

3. 清洁产品

在产品制造过程以及使用后，以不危害人体健康和生态环境为主要考虑因素，少用贵重或稀有原料，以免加速该资源的减少。如不用珍稀濒危物种做菜，饭店里的生活用品强调使用寿命，经久耐用。一些如一次性牙刷、一次性筷子消耗了大量的原材料，不宜提倡，应优先采购具有绿色标志的商品。

（三）生态化服务

1. 设计开发绿色客房

绿色客房是指无多余装修，无噪声污染，室内环境符合人体健康要求的客房。当今世界，饭店建筑已进入了环境建筑时代，从设计开始到提供产品的全过程所涉及的环境行为都必须符合环保要求。客房内所有物品、用具及对它们的使用都应该符合环保要求。房屋建筑物必须采用绿色环保的建筑材料，客房装修要选用生态装饰材料，如天然的木材、天然的涂料、天然的石料、玻璃制品等。客房用品需选用绿色物品，如天然棉、麻织品等。饭店应把节能性和环保性作为设施设备和物品的采购标准，即把能耗低、噪声小和有害物质少作为选择依据。如采用先进的中央能源管理控制系统和无纸办公系统，使用绿色冰箱和空调、节能灯泡、纯植物油的生态香皂以及不刺激皮肤的沐浴液、洗衣液、洗头液等各类洗涤用品，使用可再生利用的产品，如布制洗衣袋、购物袋、纸质包装、方便盒等。放置一些有利人体健康的绿色植物，既有利于净化空气，又美化了环境。总之，绿色客房里方方面面都应呈现“绿色”，突出“环保”两字。

2. 提供绿色餐饮食品

绿色食品是指遵循可持续发展原则，按照特定的要求进行生产，经专业机构认定、许可使用绿色食品标志的无污染、安全、优质、营养的食品。餐饮食品是饭店产品的重要组成部分，它必须和绿色挂钩，即提供“无公害、无污染、安全、优质”可绝对放心食用的绿色食品。同时，在生态环境下进行生产操作，储运、包装等方面都必须符合环境标准。如购买不施化肥的绿色食品原料；不选择国家禁止宰杀的禽畜来开发特色餐饮；对排放的污物及食品垃圾进行及时技术处理。饭店还可以与附近农村联合，设立专门的生产基地，缩短供应链，减少成本，实现经济效益。

3. 营造绿色环境气氛

饭店提供的是高气氛产品，气氛也能创造价值，所以绿色饭店必须注意营造绿色环境气氛。饭店选址不应该破坏周围的生态环境，通过绿地、假山、喷水池、人工湖、树木等营造饭店外部的绿色环境；饭店建筑材料要符合国家环保规定；通过绿色植被、观赏花卉、人工瀑布、壁画、古玩增强内部环境的绿色空间和装饰物的文化品位。

4. 实行绿色服务

绿色服务是指在服务过程中使用环保型的设备、设施、用具，并倡导绿色消费的服务。饭店在服务中给顾客提供绿色提醒，如客房内设有洗涤征询牌、一次性用品使用征询牌、绿色消费宣传单，引导客人展示环保，绿色消费。再以就餐为例，饭店要通过绿色服务，引导顾客理性消费。旅游者点菜时，服务员在推荐、介绍菜肴时不能只考虑推销产品，为企业赢利，还应考虑旅游者利益，力求做到经济实惠，营养配置合理，资源不浪费。服务员向旅游者推荐绿色含量高的菜肴，在就餐后，需要根据环保要求对快餐容器等进行有效处理。若有剩菜，要提供“打包”服务。

（四）集约化消耗

绿色饭店要倡导绿色行为，要遵循减量、再使用、再循环、替代等原则来指导饭店资源的消耗。

1. 减量原则（Reducing）

指饭店用较少的原料和能源投入，通过产品体积小型化、重量轻型化、包装简朴化的途径，做到既降低成本，又减少垃圾，从而实现既定的经济效益和环境效益目标。据国外统计，高级饭店每天每间客房产生垃圾 3.2 磅，每个客人每餐产生垃圾 2 磅；中档饭店每天每间客房产生垃圾 1.7 磅，每个客人每餐产生垃圾 1.2 磅。由此可见，饭店越高档，消费越大，产生垃圾越多。而我国饭店产生的垃圾重量要更多些，这是因为除了高档饭店较多的原因之外，还有饭店环保意识不强、客人总体消费量大、食品并非净菜等原因。为此，饭店必须采取减量化的措施。

2. 再使用原则（Reusing）

要求饭店在确保设施和服务不降低标准的前提下，物品尽可能地反复使用，把一次性使用变为多次反复使用。客房盥洗室尽量采用能够重新灌装的容器，减少一次性用品的用量。另外，很多饭店已改变传统的客房布件一天一洗的习惯，改一天一洗为一客一洗，改一次性使用为多次反复使用，以延长物品的使用周期，降低消耗和成本。如在瑞士，雅高集团的一家饭店在一个通知上写道：“每天，饭店洗许多毛巾，其中多数毛巾是不必洗的。这使得大量的洗涤剂污染我们的水系统。你也能够对保护环境做出贡献——不止一次地使用你的毛巾。”

3. 再循环原则（Recycling）

就是在物品完成其使用功能之后，将其回收，把它重新变成可以利用的资源。应将废弃物分类收集，便于无害化。绿色饭店要求设立专门回收容器，放置在适当位置，上面应有醒目标记。如设置废旧电池收集箱、废旧塑料制品收集箱等。

4. 替代原则（Replacling）

为了节约资源，减少污染，可以使用无污染物品或再生物品，作为某些物品的替代物。如使用纸质餐具替代塑料餐具，使用种植过程中未曾使用过化肥和化学杀虫剂的棉花或亚麻制成床单、毛巾，布袋替代塑料袋，多次使用竹筷子替代一次性木筷子等，以减少污染。

三、旅游交通绿色管理

旅游交通是旅游者实现外出旅游的必备条件，是旅游地、旅游业发展的命脉，旅游业的可持续发展要求建立绿色旅游交通体系。绿色交通是一个理念，也是一个实践目标，是实现可持续发展交通的一种有效的手段。可持续发展所要求的绿色交通对现有的交通设施提出了更高的要求。绿色交通不仅要具备游览性、舒适性、快捷高效的条件，而且要具备环保性、自然性和地方特性，以减少对环境的压力，更加贴近自然和生活，更好地融入当地的人文环境和自然环境之中。

（一）绿色陆运交通

绿色陆运交通主要有自行车、三轮车等人力车；马车、大象、毛驴、骆驼以及牛车等各种畜力车；流动旅馆汽车、住宿车、游览车等；还有徒步等。

在陆运交通方面，首先要解决的问题是景区内道路的设计。道路的位置、走向、宽度、铺面、道路延伸的范围以及是否修建索道等都必须经过严格的环境影响评价和承载力评价。其次是交通工具的选择和使用。根据自然保护区的不同要求，应减少或彻底限制机动交通工具的使用，提倡畜力、人力、自然能（风力、漂流）交通工具或徒步旅行，以减少对自然环境的污染。应鼓励游客多使用公共交通工具，尽量少使用私人交通工具。

对于进入景区的汽车也要进行有效的选择和使用。普通汽车排放的尾气对环境污染较为严重，因而改革燃料和设备是减少汽车尾气污染的有效措施。而研制、发展无公害汽车和高效交通系统，则是长远措施。在燃料改革方面，可采用无铅汽油代替有铅汽油，使用新型燃油添加剂以提高燃烧效率；在汽车设备改革方面，主要是改进内燃机结构，以及安装漏气回流管、补燃器、废气催化净化器等。当然以电动车、太阳能车代替现在的普通汽车作为景区内交通车应是旅游交通生态化的一个方向。此外，在生态旅游景区还应划定区域只允许步行者少量进入。

（二）绿色水上交通

绿色水上交通大致有风景河段上的游船、游艇、竹筏、独木船、羊皮筏、潜水装备等；漂流河段上的漂流筏、救生装备等。

轮船对生态环境的影响主要是船只滴油、冒油、跑油、漏油对景区水域的水质的影响。据监测，一滴油就可污染近 1 平方米的水面。因此在生态旅游景区应尽量避免使用油动力船，而应使用电动船或无动力船。

（三）绿色空中交通

在空中交通方面，适合生态旅游景区的空中交通和观光工具有：鸟瞰全景的直升机、大气球、观光飞艇、降落伞等；空中登高的缆车、索道等。某些景区，特别是海洋旅游区、较大的河流或湖泊旅游区、较大的峡谷旅游区、草原旅游区和条件较好的原始森林、热带雨林等生态旅游景区，空中观光交通工具可能更具优势，更有利于生态多样性和植被的保护，对野生动物的自然生活状态干扰更小，因而可行性更高。

第五节　生态旅游社区管理——社区参与

一、生态旅游社区管理的概念和目标

（一）生态旅游社区管理的概念

生态旅游社区，就是指在生态旅游目的地中具有相对稳定和完整的结构、功能、动态演化特征以及一定认同感的社会空间，是生态旅游目的地社会的基本构成单元和空间缩影。一个较大的功能相对完备的村落可以构成一个生态旅游社区；几个临近的村落，彼此相互联系，设施配套建设和利用，社区居民有一种共同的归属感，也可成为一个大的社区。而生态旅游社区管理指的就是对生态旅游目的地所在社区加强管理，促进社区参与生态旅游业，让生态旅游区与社区共同繁荣和持续发展。

生态旅游发展中引入社区参与有其产生的主观原因。旅游发展在带来经济利益的同时也产生了诸如环境污染、噪声、拥挤等环境和社会问题。这些往往都要由旅游发展中经常被忽视的社区来承担，这时社区参与旅游发展就提上了议事日程。墨菲（P. E. Murphy，1985）第一次把社区参与的概念引入到旅游研究中，尝试从社区的角度研究和把握旅游。随后国外学者的研究趋势表明社区应该越来越主动地参与到旅游发展中去。1997 年在世界旅游组织、世界旅游理事会与地球理事会颁发的《关于旅游业的 21 世纪议程——实现与环境相适应的可持续发展》中明确提出了社区参与是旅游可持续发展的重要内容和环节，进一步确立了社区参与旅游发展理论的意义和影响。此后，这一理论在国外旅游发展中得到了更加广泛的应用。其中之一就是旅游扶贫，即通过社区旅游的发展来消除居民的贫困。英国国际发展局提出了“有利于贫困人口发展的旅游”（Pro Poor Tourism，PPT）的全新理念，通过社区的广泛参与来消除发展中国家社区居民的贫困。社区参与的旅游发展是旅游可持续发展的一个重要内容和评判依据。

（二）生态旅游社区管理的目标

生态旅游社区管理的总目标是生态旅游区与社区协调、持续的发展，主要包括以下内容。

1. 社区居民生活质量的提高

社区居民生活质量的提高包含生活水平的改善、区域经济的增长、特色文化的昌盛、道德水平的提高、社会秩序的和谐以及居民素质的改进等内容。社区居民生活质量的提高是社区自身发展的要求，也是旅游扶贫的主要目标与体现。

2. 生态旅游者高质量的体验

生态旅游者来到旅游目的地，主要是为了获得一种基于某种动机的旅游体验，体验质量的高低直接影响着其旅游需求的满足程度。社区参与旅游开发和管理，能让生态旅游者体会到人与自然和谐相处的原汁原味的原生态环境和文化，能更大程度上提高旅游者的旅游体验水平和质量。

3. 社区和生态旅游者所共同依赖的环境质量得到维护

对自然资源和文化遗产的保护和维护是地方乃至整个世界所共同关心的问题。环境既是自然和文化资源的存在基础，又能对人类经济活动产生的废物进行自我净化，还可以满足人们对舒适性的要求。因此，维护环境是生态旅游业和社区经济持续发展的必要条件。

二、社区参与生态旅游管理的内容与措施

（一）社区参与生态旅游与否的表征比较

以上研究只是提出社区参与旅游发展的必要性，并没有在理论和实践的层面上具体而深入地探讨其实现的可能性和可操作性。社区参与旅游发展的内容、形式、方法和目前我国社区参与旅游发展的制约因素及其对策等都是亟待解决的问题。郑向敏等提出了社区参与旅游业发展的三个层次：社区参与旅游发展可分为初级参与、积极参与和成熟参与三个不同层次。初级是社区参与的最低层次，处于这个层次的社区居民的参与仅仅是表面的、被动的参与。表现出参与的人数少、范围窄、对旅游业的了解程度低、处于被动参与状态的特点；积极参与层次是比初级参与层次上一层次的社区参与，处于这个层次的社区居民对旅游业的认识已从最初的朦胧状态转为较为清晰的认识，管理部门在这个阶段也从忽视居民参与转化到有意识的引导居民积极参与上来。表现出参与的主动性强，注意对环

境的保护，但参与意识不够宽广、民主参与意识较弱的特点；成熟参与层次是最高的社区参与层次，表现为以下特点：参与意识强烈、注重旅游业可持续发展、具备较为完善的社区参与机制、社区开放度高、参与范围广等。表6-2列举了生态旅游中社区是否参与的表征比较。

表6-2　社区参与生态旅游与否的表征比较

项目	社区参与的表征	社区不参与的表征
经济方面	生态旅游对当地社区带来持续的经济利益。社区中许多家庭都有现金收入，相应的生活条件能得到改善	生态旅游给当地社区带来的经济收益是小额的、暂时的，更多的利益给了当地的头面人物、外来的从业者和政府机构。大多数的个人与家庭由于缺乏资金或技能难以从生态旅游业获得直接经济收入
心理方面	由于社区独特的文化与自然资源为外界所认可，许多社区居民的自尊心得到了加强，从而促使他们去寻求进一步的教育与培训机会	由于许多人没有从生态旅游中获益，他们可能面临困境，对生态旅游抑郁困惑、沮丧、漠不关心或失望等情绪
社会方面	生态旅游维持或加强当地社区的稳定，他们将团结在一起促使生态旅游事业的成功。一些生态旅游的收入将用于社区的发展	当地社区社会状况不够稳定。许多社区居民盲目接受外来的文化，对传统文化逐渐失去应有的尊重。个人、家庭与团体相互恶性竞争以追求生态旅游利益，憎恨与嫉妒的情绪较为普遍
政治方面	社区的政治机构能够代表社区各界的需求和利益，能提供生态旅游企业听到社区居民意见的机会，并让社区居民参与与生态旅游的决策中来	社区的领导是专制的或是关注自身利益的。生态旅游企业把社区当作被动接受者，不让他们参与决策。这样大多数社区成员感觉他们与生态旅游的动作关系不大

资料来源：钟永德等．生态旅游管理［M］．北京：中国林业出版社，2006

（二）社区参与生态旅游管理的内容

1. 参与生态旅游规划决策

参与生态旅游规划决策包括当地居民自行决定生态旅游业发展目标，地方政府及管理部门倾听居民对发展生态旅游业的希望与看法，并将这些意见纳入到生态旅游规划与政府决策之中。已有研究表明，旅游地若能充分考虑居民要求并使其受益，则居民表现出支持旅游进一步发展的倾向，并以更积极的姿态继续介入到生态旅游环境保护中来，反之亦然。1996年5月，秘鲁的一个名为CNI的土著社区与一个私有的秘鲁旅游经营者“热带雨林远征队”签署合同，决定共同建造并管理为 Posadas Amazonas 的住宿点。合约双方同意将 60%的利润划归社区，40%归公司，双方管理职责各占一半。协议还要求社区居民不只是作为企业员工，同时也作为主人、规划者和管理者，并且享有决策权。同时，合约双方同意 20 年后，住宿点归 CNI 土著社区所有。项目实施一年后，调查发现大多数社区居民都以主人翁的意识投入到项目运作之中。

2. 参与旅游发展带来的利益分配

这与参与旅游发展决策是相辅相成的，能够分享到旅游带来的利益，就有机会参与旅游发展决策，有时这种情况也是在不自觉状态下进行的。如从事旅游经营活动而上缴给政府税金的居民，会受到政府当局的重视，主动征求居民的意见，进而采取反映社情民意的措施。居民经济地位的抬升，也意味着其发言分量的加重。反过来，参与旅游决策的多层面和高强度亦更容易使居民获得受益的机会。主要包括不断增加居民的就业机会和商业机会；保证本地居民优先被雇用的权利；旅游商品尽量采用本地原料进行加工；向居民开放为旅游者而兴建的服务设施和环保（回收水和废水处理等）设施。目前的问题是由于单个人经济力量有限，政府又无具体保障措施，参与利益分配大多有心无力，结果这种“特权”只集中在少数人或少数部门之中。而大多数人则承担起了旅游发展的各项成本（包括环境、社会成本等）。虽然这与可持续发展理论中代内公平的原则背道而驰，却是众多发展中国家一个不争的事实。

3. 参与有关生态旅游知识和技能的教育培训

生态旅游知识和技能的教育培训目标是：激发社区居民的环境意识，形成正确的环境观；拓宽社区居民的环境知识，增强环境保护技能；促进社区居民环境保护行为的养成及延续。其内容包括两个方面：

一是接受生态旅游知识和环境意识的教育，切实了解生态旅游业的可持续发展将会给自己的生活带来怎样的影响以及如何正确看待生态旅游业，如何在日常工作及生活中促进生态旅游环境的保护及改善和生态旅游业的可持续发展。

二是进行生态旅游环境保护技能的训练，切实提高社区居民在生态旅游环境保护中的作用。

4. 参与自然环境和文化环境的保护

生态旅游区的自然环境和文化环境是社区居民赖以生存的基础，也是生态旅游业发展的依托，而当地自然环境和文化环境的保护也离不开居民的支持和参与。社区必须建立一定的渠道，反映居民的要求，让居民参与生态旅游政策的制定；监督和参与生态旅游政策的实施，参与生态旅游环境保护设备设施、机构的组织和运作；敦促生态旅游企业在开发和经营活动中减少对生态旅游环境的破坏和污染，致力于形成良好的保护生态旅游环境的社会氛围，同时对生态旅游者也形成良好的示范作用。

在文化环境的保护方面，以社区经济发展推动社区社会进步进程，努力改变生态旅游地社区文化的弱势地位；通过舆论、媒体等多种途径强化社区居民的文化认同感和自豪感，让其充分了解生态旅游的发展对社区文化的影响和社区文化的未来发展方向；在青少年教育过程中，注意植入社区传统文化内容，确保传统文化核心的传承。

（三）社区参与生态旅游管理的措施

1. 建立和健全有效的管理机制

所谓机制即系统内各要素之间相互作用、相互联系、相互制约的原理和方式。一个良好的机制能实现系统结构的优化，从而保证系统功能的充分发挥。旅游可持续发展犹如一个宏观系统。在这个大系统中，社区参与旅游发展和规划是可持续发展不可或缺的机制，是民主思想和民主意识在旅游发展和规划中的体现。社区参与生态旅游管理的机制包括：

（1）参与机制。社区参与旅游发展可分为初级参与、积极参与和成熟参与三个不同层次。是否具备完善的社区参与机制是影响社区参与旅游发展层次的重要因素。在旅游发展的途径中，只有健全的参与机制才能使社区居民的参与从低层次上升到高层次，才能保障这种参与的延续。因此，达到成熟参与层次的社区参与旅游发展必须具备健全的社区参与机制。通过建立社区参与机制，逐步完善社区参与自治体系，实现社区的民主选举、民主决策、民主管理和民主监督，保证社区参与的可持续发展。

（2）激励机制。成熟参与层次的社区参与旅游发展要求有完善的激励机制鼓励社区居民积极持久地参与到旅游业的发展中来。完善的社区参与激励机制是评价社区参与程度的一个有效的标准。

（3）咨询机制。包括旅游发展决策咨询、旅游发展具体思路咨询、旅游发展引发影响问题的咨询等。

（4）利益分享机制。其根本点在于使居民成为旅游发展积极影响的受益者，而非消极影响的受害者。其一，提供居民赢利的机会，包括尽量提供给本地居民就业机会和商业机会；其二，旅游企业注意自身的经营行为，最大限度地减轻对环境的污染和对当地居民生活质量的副作用；其三，旅游行政管理部门要在政策上和财政上给当地居民以扶持。

（5）培训和教育机制。对社区居民进行旅游专业知识和技能培训，努力使每一个具有劳动能力的居民掌握一门专业技术，能在旅游发展过程中充分体现出自身的价值。

（6）规范与监督机制。政策法规是社区参与旅游发展的重要保障。首先，缺乏法律上的规范，社区参与旅游发展的过程中便容易陷入各部门间的相互争夺和排挤的局面，不便于社区管理部门进行管理和协调。其次，没有相应的法律制度，社区工作职能缺乏规定，大量本属于政府、企业的事情就会落到社区居民的头上，这样会引起社区居民极大的反感。再次，若对社区参与旅游不出台有关的支持性、保障性法律制度，就会使社区参与旅游发展处于无法可依的混乱状态，影响社区参与旅游发展的层次的提高。除了政策法规的规范之外，社区参与的监督机制就是要建立地方政府、社区和保护区管理机构的互相监督机制，互相制衡，避免权利的过分集中，制定和完善相应的政策和措施。

2. 健全和完善管理机构及其职能

社区参与旅游发展范围的宽窄、频率的强弱、程度的大小在很大程度上要受到旅游主管部门的影响。若主管部门重视社区参与，并为居民提供资金和政策上的扶持，居民就会踊跃地参与到旅游的发展中来。为使社区居民能够有效参与生态旅游环境的管理，应对生态旅游区管理机构进行适当的调整，提供人员编制，发挥社区在资源保护与可持续发展方面的作用。生态旅游区管理机构统一行使区内资源保护、管理职责，并提供让社区参与旅游环境管理的机会，同时负责监督和规范当地居民的参与行为。如生态旅游区与当地社区建立联合共管委员会，由政府牵头，各相关部门参加，形成合力，共同协调和解决旅游发展过程中出现的问题。

3. 提供社区参与机会

要从与旅游业相关的要素着手，积极创造机会，让当地居民参与经营和管理，以求得可持续发展。首先，让当地居民参与规划，使他们了解生态旅游发展规划的进行情况，征求他们的意见。任何的旅游开发都必须立足本地，尊重当地居民意见，维护其权益，才能被他们所接受。其次，从管理和经营的角度而言，尽量由社区居民担任旅游接待服务和经营管理工作。生态旅游是建立在社区参与的基础上的，生态旅游区的保护管理工作相当大程度上需依赖当地居民的支持和配合才能得到落实执行。

本章小结

生态旅游业是沟通生态旅游主体和生态旅游客体之间的媒介，但其与传统大众旅游业有很多的不同。

生态旅游产业结构由以下企业组成：生态旅游景区、生态旅行社、生态旅游饭店、生态旅游交通、生态旅游商品和生态旅游康乐。

生态旅游管理应遵循一系列原则。

对生态旅游者的管理主要是通过一系列手段塑造负责任的旅游者，主要可通过人性化管理、分类管理和技术管理三个方面的措施来实现。

对生态旅游企业的管理包括旅行社的绿色管理、旅游饭店的绿色管理和旅游交通企业的绿色管理，最终目的是创造绿色企业。

生态旅游社区管理主要是提高社区参与生态旅游的范围和程度。

复习题

1. 结合传统大众旅游业的基本内容谈谈你对生态旅游业的概念、特点与结构等的基本认识。

2. 结合具体的生态旅游景区谈谈如何对生态旅游者进行有效管理。

3. 旅行社、旅游饭店、旅游交通三大生态旅游企业在目前的绿色营销与管理中存在哪些主要问题？创建绿色企业的具体途径有哪些？

4. 你认为社区参与生态旅游开发的意义是什么？结合具体案例谈谈社区如何参与生态旅游的开发与管理。

📖 阅读材料 6-1

世界几大生态旅馆

黑石旅馆

黑石旅馆隐藏在中美洲国家伯利兹最大的城市伯利兹城附近的一片雨林中，旅馆只有14间客房，全是轻盈、结实的茅草屋式建筑，山风吹进，空气十分通透。旅馆的电力供应主要依靠太阳能和水力发电，以水力发电为主。旅馆的水利设备将附近600英尺（约合183米）高山上的山泉输送到山下，将泉水在重力作用下形成的水压转化为电能。旅馆里有一个大型的蓄电池组，储存的电能可以为旅馆提供120伏的交流电。

有机水果占据了旅馆几乎所有的菜单，利用雨林优越的气候环境和地理条件，旅馆在周围开辟出大面积的果园，种植着上百棵果树，水果随摘随吃，避免了运输环节中尾气的污染。种植水果的肥料也是旅馆用树叶、马粪堆积成的有机肥，这使得雨林中的环境始终没有遭到破坏。除了在这里居住，游客还可跟随当地导游穿过雨林，观察栖息在林中的200种热带鸟类，或探访玛雅遗迹、乘坐独木舟沿玛寇河顺流而下，这些旅游项目也十分环保。

阳光牧场旅馆

阳光牧场旅馆坐落于美国蒙大拿州的阳光牧场的中心，临近麦迪逊河，距离黄石国家公园大约40分钟的车程。旅馆由再生木材建成，四周是壮阔的草原，云杉环绕。旅馆总面积1万平方英尺（约合992平方米），仅提供5间客房和旅馆附近的3所独立小屋，最多可同时入住16名客人。

阳光牧场隶属于美国阳光牧场集团，这家公司以开发生态旅游、经营牧场为主，注重保护蒙大拿当地的生态圈。建造旅馆时，该公司采用的是当地生产的可再生建材，雇用的也是本地的建筑承包商。因此，碳排放量比建造同类旅馆要少得多。住客所吃的牛羊肉也都由牧场新鲜供应。这里每周还会举行一次演讲活动，科学家、环保分子和艺术家一起交流近期在当地的环保成果。住客可以到附近的麦迪逊河飞钓，也可以在 2.6 英亩（约合 0.21 公顷）的牧场中骑马、散步或登山，尽情享受人与自然和谐共处的乐趣。

威瑟茨帐篷旅馆

威瑟茨帐篷旅馆，是野外住宿旅游组织“非洲环保公司”在南非博茨瓦纳共和国的乔贝野生动物园内开办的临时性旅店。乔贝野生动物园是全世界顶级的野生动物保护区之一，栖息着非洲象、斑马、角马和印度豹等难得一见的珍稀野生动物。

威瑟茨帐篷旅馆并没有传统意义上的房间，只有 6 顶豪华帐篷。想象一下，在非洲大草原上还能用上抽水马桶和洗上热水澡该是多么惬意的事。此外，每顶帐篷都配有一名专职男管家。由于在野生动物园内，帐篷式旅馆不仅方便而且环保，无论搭建还是拆卸过程中都不会留下任何痕迹和污染。威瑟茨帐篷旅馆在保护当地原始生态环境的同时，也为当地居民提供了相应的经济收益。

“阿里纳斯的海”旅馆

该旅馆可以说是一座名副其实的生态旅馆，它是哥斯达黎加第一座经过当地环境部门“可持续发展”认证的旅店。旅馆距哥斯达黎加最小、风景最优美的安东尼奥国家公园约 2 公里，周围是成片的热带雨林。旅馆中的任何一个细节都可以体现它极度环保的一面。热水供应依靠的是太阳能加热装置，照明使用的都是亮度较低的节能灯泡。既不会惊扰附近雨林中的野生动物，又降低了能耗。

旅馆所有的电力系统都被埋于地下，目的是保护野生动物不致受到电击。此外，旅馆还回收污水用于灌溉农作物。为了减少空气和噪声污染，旅馆还规定仅用电力作为能源的汽车才可以在周围通行。洗衣房内用于干燥衣物的也是太阳能。客房内所有的床单和毛巾全用 100%的天然竹纤维制成，家具用的也是牧场中的木材（而不是雨林中的木材）和可回收材料。

拜格湾旅馆

拜格湾（Baghvan）这个名字来源于印度国虎孟加拉虎。这座迷人的旅馆位于印度蓬其国家公园内，进入公园步行 5 分钟就可以找到它。旅馆门前有一条小溪，周围是以柚木为主的茂密森林。

旱季溪水干涸时，住客可以在这里近在咫尺地看到孟加拉虎、美洲豹以及其他栖息在树林周边的野生动物。旅馆规模不大，共有 12 间独立的套房。最近又经过重新粉刷和扩建，并增加了一座游泳池。为了与周围的自然环境相融合，旅馆的设计和装潢都尽量贴近自然。整座旅馆采用木质结构，所有房间屋顶都有露台，顶棚安装了蚊帐和吊扇，在这里休息感觉就像在露营，但这里的居住条件却是可以和任何星级酒店相媲美的。

资料来源：陈玲玲等．生态旅游——理论与实践［M］．上海：复旦大学出版社，2012：9

📖 阅读材料6-2

聚焦台湾环保之路：给电子废弃物找归宿

在各种类别的废弃物处理中，电子垃圾的回收与处理，是复杂的难题。台湾经过15年的摸索与努力，已然取得不俗成绩。根据台湾环保部门的统计，2011年，台湾共回收了580万台电脑、电视机、电冰箱、洗衣机、冷暖气机等13项电子废弃物，重达11.47万吨，平均每人每年回收量为4.94公斤，已超过欧盟2012年每人每年回收量4公斤的目标值。

"绿牡蛎事件"教训深刻

二仁溪，是台南市和高雄市的界河。在这悠悠溪水里，曾经藏着一个伤心故事。1986年，在二仁溪出海口，台湾业者发现，他们养殖的牡蛎全都变绿了。原来，当时的二仁溪两岸，都是电子废弃物回收厂家的天地。他们将从美国进口和岛内各地收集来的电子废弃物汇聚在这里，先进行拆解，然后将拆解下来的电路板、废五金、废电缆进行焚烧。在焚烧过程中，造成第一阶段的二噁英污染。接下来，这些厂家又用强酸进行清洗。之后，未经处理他们就将含有高浓度重金属的废酸液，直接排放到二仁溪中，这些污染物随着溪水流到海里。出海口养殖的牡蛎，大量吸收铜离子后，颜色变成绿色。而拆解剩下的其他废弃材料就任意弃置，一堆又一堆电子废弃物，成为那时二仁溪两岸的"风景"。

"绿牡蛎事件"引起全岛震撼，也就是从那一刻起，电子废弃物不当处理引起的污染问题开始为人们所关注。事件发生后，在岛内环保主管部门的强力干预下，二仁溪沿岸50多家五金工厂全数强制拆除，其中的合法从业者被移转至高雄本洲工业区、台南科学工业区及彰滨工业区。然而问题才刚开始，虽然因为减少了污染源，二仁溪的污染度逐渐降低，但要真正整治、恢复周边生态环境，却是任重而道远。根据台湾"环保署"的估算，在二仁溪河川流域，有25万吨的电子废弃物，还有10处场址的土壤或地下水遭到重金属污染。光是清除电子废弃物就要花掉20亿元新台币，遑论河川复育。说起"绿牡蛎事件"的惨痛教训，台南市市长赖清德表示，当年熔炼废五金产值不到20亿元新台币，如今却要付出这么大的代价整治，值得我们好好警惕！

"四合一计划"化解纠结

面对包括电子废弃物在内各种垃圾随意处置造成的严重后果，从民间到主管部门，岛内各界进行了自省与反思。从1987年开始，台湾逐步建立废弃物回收再利用的制度。台湾"环保署"废弃物管理处处长吴天基表示，"资源回收四合一计划"让台湾的垃圾处理问题找到了解决之道。

就电子废弃物来说，这"四合一计划"就是结合小区居民、回收商、地方政府及回收基金四方面，实施资源回收、垃圾减量工作，通过回馈方式鼓励全民参与。第一，小区居民必须将电子废弃物与其他家庭垃圾分类，交给回收点、清洁队、回收商处理。第二，回收商参考回收基金管理委员会公告的补贴费率，按照市场价格向居民、小区团体及清洁队或传统回收网络收购电子废弃物。第三，地方政府的清洁队向居民收集电子废弃物，变卖后所得按照一定比例返回给参与的居民及工作人员。第四，在回收基金方面，采取对民众提供回收奖励金，及对清除处理业者提供回收及处理补贴费的方式，提高回收率，确保废家电的回收量。

台湾主妇联盟环境保护基金会董事长陈曼丽说，很多人不知道回收电子废弃物的钱是从哪里来的，其实都是电子产品进口商和制造商缴交的资源回收费用。她说，1997年台湾修正废弃物清理法，明令电子产品制造及输入业者，必须依核定之费率百分之百缴交回收清除处理费，并成立资源回收基金。1998年7月，资源回收管理基金纳入政府预算，接受“立法院”直接监督，“环保署”则成立“资源回收管理基金管理委员会”。基金管理委员会的主任委员为“环保署长”，委员则由官员、工商团体代表、学者专家等组成。

陈曼丽介绍说，自从业者缴交资源回收基金以来，目前每年可收入65亿~70亿元新台币，其中80%为“信托基金”，20%为“非营业基金”。而今，资源回收在台湾形成专业化的体系，不论任何人的资源回收物品透过清洁队、小区、学校、社团回收，它们都会进入回收商的手中，再进入处理管道。处理业者经过稽核认证后，就可以向基金管理委员会取得费用。一般而言，基金管理委员会每年都会支出45亿~50亿元新台币的信托基金。

环保政策需与时俱进

“四合一计划”集合了各方力量，将岛内的资源回收工作做得风生水起。但面对近年来电子产品使用普及、淘汰速度加快的态势，岛内各界各司其职，将电子废弃物最大限度地纳入回收体系。

今年8月5日，台北市政府环保局与岛内好市多、大润发、灿坤等11家通路业者签署了一份“四机回收工作自律公约”。未来民众购买冰箱、空调、电视机、洗衣机这四种电器时，业者应告知回收服务内容，免费提供同数量、地点的旧机回收服务，并开立三联单给消费者、回执给环保局。业者需7天内上网登录回收联单。旧机则要在收受日起3个月内，交给合格回收业者或环保局清洁队。台北市环保局长吴盛忠表示，业者如违规，可开罚6万~30万元新台币的罚款。

与此同时，台湾的环保主管部门也针对电子废弃物的新态势，不断增加资源回收品项目。针对废旧手机，台湾“环保署”于2006年正式公告废旧手机为清洁队资源回收项目，2008年又增列手机充电器为清洁队资源回收项目。2009年，台湾“环保署”与手机制造业者、电信业者及通信门市等业者签署“通信产品回收合作备忘录”，扩大回收渠道，免费回收民众的废手机及配件。几年下来，岛内的废手机及配件的回收量逐渐提高，2012年的回收量约436吨，而2006年这个数字是110吨。不久前，台湾“环保署”正式发布公告，将平板电脑、外接硬盘纳入应回收项目，制造、输入业者应负回收、清除与处理责任，并自2014年3月1日起实施。

陈曼丽表示，现行的制度有其不完美之处，希望有更宏观进步的环保政策提出来，让台湾一直能跑在前面。

第七章

生态旅游环境及其保护

【学习目标】

- 掌握生态旅游环境的概念及内涵
- 了解生态旅游环境的构成
- 认识环境和生态旅游的关系
- 生态旅游环境承载力的概念、特征与类型
- 掌握生态旅游环境容量的定义和特征
- 了解生态旅游环境容量的不同类型
- 认识生态旅游环境容量的量测方法
- 了解对生态旅游环境容量的调控措施
- 了解生态旅游环境保护的对策

生态旅游环境是生态旅游活动、生态旅游资源所依附的基础，生态旅游能得以蓬勃发展都根植于生态旅游环境这个坚实的基础。“皮之不存，毛将焉附”，生态旅游环境可谓是生态旅游发展的生命之源。没有高质量的生态旅游环境，也就没有生态旅游的发展。本章围绕生态旅游环境及其保护展开，着重介绍生态旅游环境的概念、内涵及构成，生态旅游发展与环境的关系，生态旅游环境容量的定义、分类、量测和调控，最后对生态旅游环境管理和保护对策进行了探讨。

第一节　环境与生态旅游

一、生态旅游环境的概念

环境、旅游环境、生态旅游环境是有联系的几个概念，一般来说，这三者的

范畴是由大到小的。本节着重对生态旅游环境进行界定。

（一）环境

“环境”一词的含义和应用范围十分广泛，在政治、军事、经济、社会文化乃至日常生活等各个方面随处可遇。这就是说，它是一个相对的概念，总是与某一中心事物同时存在。用唯物辩证的眼光来看，任何事物都不是孤立存在的，当某个事物成为中心事物时，与它相联系的有关事物就变成了该事物的环境。如果中心事物发生变化，“环境”的定义就相应地发生变化；反之，“环境”变了，中心事物也就变了。总之，从一般意义上讲，环境就是指环绕某一中心事物的周围要素，亦即围绕某中心事物的外部世界的总称。环境总是相对于某一中心事物而言的，环境因中心事物的不同而不同，随中心事物的变化而变化。

（二）旅游环境

旅游环境是以旅游活动为中心的环境，是指旅游活动得以存在、进行和发展的一切外部条件的总和，是旅游业赖以生存和发展的前提和基础。人们对于旅游环境的认识也有一个在范围上由窄变宽、在内涵上由片面到全面的认识过程。旅游环境主要指自然旅游环境，即由旅游地域的地质地貌、大气、水、动植物等自然要素组合而成的环境，即是狭义的旅游环境。广义的旅游环境还包括了人文旅游环境（图 7-1）。

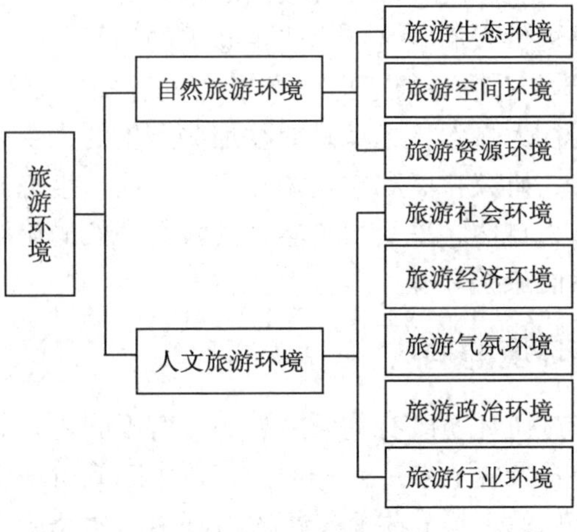

图 7-1　旅游环境的构成

（三）生态旅游环境

生态旅游环境作为旅游环境的重要组成部分，主要是针对生态旅游这一中心事物而提出的，是生态旅游发展的基础。其着眼点在于保护资源与环境，以求得可持续发展。因而，生态旅游环境是以生态旅游活动为中心的环境，是指生态旅游活动得以生存、进行和发展的外部条件的总和。生态旅游环境既是旅游环境的一部分，同时又与旅游环境有所区别，其内涵有以下几个方面：

（1）生态旅游环境是在符合生态学和环境学基本原理、方法和手段下运行的旅游环境，以维护和建立良好的景观生态、旅游生态为目的，从而促进景观生态学和旅游生态学的发展。

（2）生态旅游环境是以系统良性运行为目的、统筹规划和运行，使旅游环境与旅游发展相适应、相协调，使其自然资源和自然环境能继续繁衍生息，使人文环境能延续和得到保护，创造一种文明的、对后代负责的旅游环境。

（3）生态旅游环境是以某一旅游地域的旅游容量为限度而建立的旅游环境。在该旅游容量的阈值范围内，就可使生态旅游活动不破坏当地的生态系统，从而达到旅游发展、经济发展、资源保护利用、环境改良协调发展的目的。

（4）生态旅游环境不仅包括自然生态旅游环境和人文生态环境，而且还特别重视“天人合一”的旅游环境。既注重于生态环境本身，还注重于一些环境要素和环境所包含的生态文化。

（5）生态旅游环境还是运用生态美学原理与方法建立起来的旅游环境。旅游是集自然生态学、人文生态学的一项综合性的审美活动，生态旅游更是人类追求美的高级文化生活以及广度和深度都较高的审美活动。生态旅游环境既是培养生态美的场所，也是提供人们欣赏、享受生态美的场所。

（6）生态旅游环境还是一种考虑旅游者心理感知的旅游环境。生态旅游者的旅游动机主要是向往大自然，尤其是向往那些野生的、受人类干扰较小的原生自然区域，兼有学习、研究自然和文化的动机。因而，生态旅游环境的建立要考虑到生态旅游者回归大自然、享受大自然、了解大自然的旅游动机，着意建设起能让旅游者感知自然的旅游环境。

二、生态旅游环境的构成

生态旅游环境与旅游环境既有共同之处，又有不同之处。旅游环境的内涵和外延较之生态旅游环境要深、要广。一般而言，生态旅游环境是由自然生态旅游环境、社会文化生态旅游环境、生态经济旅游环境、生态旅游气氛环境四个子系统所构成，如图 7-2 所示。

- 生态旅游环境
  - 自然生态旅游环境
    - 天然生态旅游环境
    - 生态旅游空间环境
    - 自然资源环境
  - 社会文化生态旅游环境
    - 生态旅游政治环境
    - “天人合一”文化旅游环境
  - 生态经济旅游环境
    - 外部生态经济旅游环境
    - 内部生态经济旅游环境
  - 生态旅游气氛环境
    - 区域生态旅游气氛环境
    - 社会生态旅游气氛环境
    - 旅游者生态旅游气氛环境

图 7–2　生态旅游环境构成图

（一）自然生态旅游环境

自然生态旅游环境是指由自然界的一些自然要素，诸如旅游地地质、地貌、气候、水体、动植物等所组成的自然环境综合体，即狭义的旅游环境。它是由天然生态旅游环境、生态旅游空间环境以及自然资源环境所组成的。

1. 天然生态旅游环境

天然生态旅游环境是指由自然界的力量所形成的、受人类活动干扰少的生态旅游环境。主要包括自然保护区、森林公园、风景名胜区、植物园、动物园、国有林场及散布的一些古树名木等。根据天然生态旅游环境的不同主体，可以划分为森林生态旅游环境、草原生态旅游环境、荒漠生态旅游环境、内陆湿地水域生态旅游环境（如沼泽、湖泊、河流等）、海洋生态旅游环境（如海域、海岸、海岛、河口、珊瑚礁、港湾、红树林等）、自然遗迹生态旅游环境（如奇特地质景观、地质灾害遗迹、古人类及古生物化石产地和活动遗迹等所在地的生态环境）。

2. 生态旅游空间环境

生态旅游空间环境主要指能开展生态旅游的景点、景区、旅游地、旅游区域的自然空间范围的大小。主要作用是为生态旅游资源提供储存地，为生态旅游者提供活动范围，包括生态旅游者对旅游资源欣赏、享受时对空间和时间上的占有。

3. 自然资源环境

自然资源环境主要指水资源、土地资源、自然能源等自然资源对生态旅游业生存和发展的影响与作用，也包括自然资源对生态旅游活动的敏感程度。其作用主要体现在这些自然资源对生态旅游业生存和发展的支持或限制作用，同时也会影响到旅游地容纳生态旅游者的数量。

（二）社会文化生态旅游环境

社会文化生态旅游环境是指政府或有关组织及政治局势对生态旅游的支持程

度以及人们在人与自然和谐发展思想指导下的文化氛围。据此，可以说社会文化生态旅游环境包括生态旅游政治环境和“天人合一”的文化环境。

1. 生态旅游政治环境

生态旅游政治环境是指政府或相关组织在区域旅游政策、旅游管理技能、政治局势等方面影响（支持或限制）生态旅游发展的软环境。主要作用是对生态旅游环境发展起到一种促进或阻碍作用。区域旅游政策环境不仅影响到生态旅游业的产业结构和资源配置，而且对生态旅游业发展起着至关重要的作用。伯利兹、哥斯达黎加、多米尼加、马达加斯加等国家和地区积极支持生态旅游业，使得生态旅游业快速发展，旅游收入增长明显。此外，政治局势稳定与否、社会治安状况如何，也会影响到生态旅游者的安全感。在同样条件下，一国或一地政治局势、社会治安状况往往影响到生态旅游业的发展程度，甚至影响生态旅游业的兴衰。

2. “天人合一”文化旅游环境

“天人合一”文化旅游环境是指在人类与自然界互利、共生关系的思想指导下，在进行旅游开发，特别是生态旅游开发过程中，树立人与自然和谐发展的观念。“天人合一”的文化思想在我国古代思想中能找到其萌芽，我国人民早已在实际生活中加以运用。

（三）生态经济旅游环境

生态经济旅游环境，包括外部生态经济旅游环境和内部生态经济旅游环境。

1. 外部生态经济旅游环境

外部生态经济旅游环境是指满足生态旅游者开展生态旅游活动的一切生态经济条件。众所周知，经济条件或经济环境是旅游活动的物质基础条件和质量好坏的关键，包括基础设施条件、旅游设施条件以及对旅游投资能力大小和接纳旅游投资能力的大小等。基础设施条件包括区域内外交通条件、通信能力、供水供电能力、物质供应能力等，旅游设施条件包括旅行社、旅游饭店、旅游娱乐设施等硬件建设。在进行基础设施、旅游设施等建设过程中，甚至是整个旅游区经济发展中，是否遵循了生态学、生态经济学的基本原则，是否考虑了经济、资源、环境等的协调发展，往往会影响到生态旅游业的发展。如果区域经济一味地强调经济发展，造成了环境破坏、环境污染、资源损耗等，必然会影响到生态旅游业的可持续发展。

2. 内部生态经济旅游环境

内部生态经济旅游环境主要指旅游行业（产业）内部的管理制度、秩序、政策倾向、人员等对生态旅游的认识和支持程度。生态旅游同其他旅游形式一样，公平的市场环境、良好的市场秩序、规范的市场运行机制、有效的旅游市场主体等，有利于旅游企业在市场经济中竞争，有利于克服市场混乱、管理混乱等弊端，有利于建立良好的行业竞争环境，促进旅游产业各部门良性运行。不仅限于此，生态旅游发展也需要其他旅游形式、其他旅游经济成分均按生态经济原则运行，以利于协调统一发展。生态旅游发展还需要旅游行业内部对生态旅游有较高的认识、较多的理解、较多的支持，以使旅游业可持续发展。

（四）生态旅游气氛环境

生态旅游气氛环境是指由历史和现代旅游开发所形成的反映地方生态或民族生态、社区以及旅游者的生态旅游意识等环境。它对生态旅游开发和发展往往影响很大。具体可分为区域生态旅游气氛环境、社区生态旅游气氛环境、旅游者生态旅游气氛环境。

1. 区域生态旅游气氛环境

区域生态旅游气氛环境主要指在洁净、优美、少污染的生态环境基础上，由历史和现代开发所形成的反映该区域历史生态、地方生态或民族生态气息的环境。区域生态旅游气氛环境在一个旅游地往往是独特的，是当地长期的各种生态气氛演替、社会发展以及社会与自然共生条件下所形成的，对旅游者充满着神秘的吸引力；往往也是一个生态旅游区域的历史的、地方的、民族的特色在某些方面的体现，也是旅游者所能感知的一种气氛环境，是由组成生态旅游气氛环境的要素及其组合的典型性、独特性和浓郁性所决定的；往往也是一地旅游生命力和灵魂所在，开发时要特别加以注意。

2. 社区生态旅游气氛环境

社区生态旅游气氛环境是基于生态旅游社区居民对于生态旅游的观点、看法、行为等形成的一种软环境。生态旅游地社区居民是否支持发展生态旅游，往往也是该地生态旅游发展是否成功的关键之一。在以前的旅游开发中，有过这样的事例，由于旅游者的到来干扰了当地社区居民的生活秩序，社区居民点燃了旅游设施，甚至危害到旅游者的生命财产安全。

3. 旅游者生态旅游气氛环境

旅游者生态旅游气氛环境是指旅游者生态旅游素质和生态旅游者在进行旅游活动时的行为反映出来的旅游气氛环境。生态旅游者应该是一种素质高、行为文明的旅游者，但各个旅游团体、旅游者知识程度不一，关键在于广泛宣传生态旅游，提高旅游者的生态意识和环境保护意识，规范和引导生态旅游者的行为。

三、环境与生态旅游的关系

（一）健康发展的生态旅游有利于生态环境的保护

1. 生态旅游是对传统高消耗产业的替代

在很多地区，发展生态旅游可以替代部分资源消耗大、污染重的传统产业，达到减轻污染排放、减少生态破坏的目的。特别是对生态脆弱的贫困山区的环境保护，可产生积极作用。在一些生态环境较好的贫困地区，如果没有其他有效的发展途径，当地人们为了生存和发展的需要，往往比较容易出现砍伐林木、过度开垦、过度放牧等破坏生态环境的现象。但通过发展生态旅游，培育新兴产业，既可以较快地增加社区居民收入，促进脱贫致富，又保护了当地珍贵的资源和脆弱的生态环境。例如云南省的丽江市和迪庆藏族自治州，正是由于实施了旅游发展战略，一度贫穷落后、边远封闭、以森林采伐为主的滇西北地区，短短十年时间一跃成为世界瞩目的“香格里拉”旅游胜地。

2. 生态旅游增强了地方政府、社区居民和旅游者的环境保护意识

通过发展生态旅游，一些地方政府逐步认识到，优良的环境就是区域竞争优势和发展优势，保护环境就是保护生产力，改善环境就是发展生产力。在全国许多地区，保护资源和环境，正通过生态旅游业的发展，越来越多地成为共识，深入人心。特别是一些生态旅游景区的老百姓，从开发生态旅游中尝到了甜头，开始倍加珍惜和爱护自己的家园，地方生态环境得到了有效保护。例如在国家级贫困县湖南省桑植县，政府欲与香港客商合作建一座万吨造纸场。该项目不仅可以使当地每年获取4000多万元的财税收入，还可以安排上千人就业。但是如果这座造纸厂上马，不仅将对上游九天洞和茅岩河风景区造成极大污染，还会因原料供给对桑植县的森林植被带来不可估量的后果。考虑到环境保护的需要和生态旅游业的可持续发展，在已投入上百万元资金，即将完成各项前期准备工作的情况下，该项目还是被地方政府坚决否定了。

3. 生态旅游为环境保护提供资金支持

资金不足一直是制约我国环境保护事业发展的重要因素。长期以来，保护区的建设和管理都没有规范的投入渠道和稳定的经费来源。随着全国保护工程的启动，国家开始为保护区事业发展安排专项投入，但仍远远不能满足事业发展的要求。主要体现在：投资范围有限，国家安排的自然保护区建设投入主要是针对国家级自然保护区，其他级别的保护区没有列入范围；同时，投资的总额还很少。据统计，发达国家每年用于环境保护的投入约为2058美元/平方公里，发展中国家每年约157美元/平方公里，而我国却不到20美元/平方公里，差距之大，令人惊叹。另外，地方的配套经费也难以兑现。要想解决这个问题，大力发展生态旅游业是有效的方法之一。生态旅游业的开发，不仅可以为保护区筹集大量资金以维持其健康发展，而且也能为当地居民提供大量的就业机会，促进当地经济的发展和人民生活水平的提高，极大地改善当地居民与保护区的环境，使其成为自然保护事业的拥护者、支持者和实施者。

（二）不合理的生态旅游开发对旅游环境的不利影响

生态旅游的最终目的是要改进旅游方式，促进旅游地生态环境良性循环，对

生态环境既加以利用又加以保护。但我们应该认识到生态旅游活动对生态环境固然较之传统旅游方式有着更多的良性影响，然而也会产生一些不利影响。如规划或管理不当，也有可能造成更大的危害。因为生态旅游地多处于生态环境脆弱区，一旦造成生态环境破坏或退化，将很难恢复其原生生态系统及其功能。下面我们分别从自然生态环境、人文社会环境和文化环境三个方面来讨论不合理的生态旅游开发对旅游环境的不利影响。

1. 对自然生态环境的不利影响

（1）对地质地貌的影响。随着各自然区域内旅游活动的开展，旅游设施开发与日俱增，已使很多完整的生态地区被逐渐分割，形成岛屿化，使生态环境面临前所未有的人工化改造，如地表铺面、植被更新、外来物种引入等。换句话说，地球上能完整地保持原始状态的生态地区正在逐渐消失。无论是陆地还是水域表面都可能受到旅游活动的影响，岩岸、沙滩、湿地、泥沼地、天然洞穴、土壤等不同的地表覆盖都可能需要承受不同类型的旅游冲击。

（2）对植物的影响。生态旅游活动对植物覆盖率、生长率及种群结构等可能有不同程度的不利影响。鲜花、苗木和真菌等的采集，会引起物种组成成分变化；旅游者不慎或管理不善可能导致森林火灾，从而致使植被覆盖率下降；旅游者蜂拥而至践踏草地使一些地面裸露荒芜；大量垃圾堆积，导致土壤营养状态改变，还会造成空气和光线堵塞，从而致使生态系统受到破坏；基础设施和旅游设施建设必然占据一定空间，也会破坏一些植被，还有可能损伤一些珍稀濒危植物，还会割裂野生生物环境；所排放的污水、废气等也会影响一些植物的存活。

（3）对野生动物的影响。野生动物也是生态旅游资源的重要组成部分，生态旅游活动也会对野生动物资源产生不良影响。一些鸟类繁殖状态的调查表明，几个繁殖失败的事例都和钓鱼者和日光浴者有关；在旅游者经常出现的地方，野生动物的取食习性会发生急剧变化；在娱乐性狩猎的情况下动物可能完全迁移到新的无人的栖息地，从而引起野生动物的迁移和繁殖能力的下降；动物繁殖能力的下降又会导致野生动物数量的减少，部分野生动物数量的变化可能引起整个食物链上生物数量、种类及结构的改变，进一步导致整个生态系统的平衡被破坏和演替的重新开始。

（4）对水体环境的影响。尽管生态旅游强调对环境的保育，但是如果不注意规划管理也有可能会造成一些风景水体水质恶化、景观退化，制约生态旅游业的发展。大量未经处理的生活污水进入海滩、湖泊、河流等水体，造成水体质量下降，给水体环境带来严重污染和破坏；过多的生物污染、有机污染进入水体将加快富营养化的过程；过量的杂草生长也会影响水中溶解氧的含量，不仅影响水质感官功能，而且将导致湖泊等水体的衰亡速度加快；溶解氧含量变化会制约鱼等水生生物数量、种类和生长速度，甚至导致死亡；流域生态环境恶化，枯水问题突出；身体与水接触的水上运动、生活废水等可能将各种水媒介传染病毒带入水中，造成疾病传播。

（5）对大气环境质量的影响。旅游饭店的供水、供热、供能的锅炉烟囱、煤灶的排气、旅游区域小吃摊点排放的废气等，总量虽比较小，但排放源分散、高度低、距景点近，且多无除尘设施，对旅游区大气质量影响很大；汽车、轮船、火车等所排放出来的一氧化碳、氮氧化物、碳氢化合物和铅化合物也对大气产生不良影响；溶洞、餐厅、娱乐场所等，除受外界大气影响外，还受内部污染物排放影响：旅游者呼吸释放的二氧化碳和水汽、携带的病毒和细菌、吸烟增加的二氧化碳和烟雾、使用电子设备释放出的大量正离子、装修释放的有害物质、取暖散发出来的一氧化碳、二氧化硫、烟尘等，由于空气流动性差，空气污浊，令人头痛、气闷、食欲不振、精神不佳，甚至导致某些疾病的传播和发生。

2. 对旅游区社会环境的不利影响

（1）生态旅游者涌入可能会导致社会关系紧张。旅游者涌入会引起当地居民与旅游者的紧张关系，道克西曾提出了“伊里戴克斯模式”说明了两者之间的关系。甚至有报道说，当地居民烧毁旅游设施以对抗旅游者的涌入。

（2）生态旅游开发可能导致当地居民生活方式和价值观念的改变。有些人因看到旅游者生活方式和生活水平高，从而认为外面的世界更精彩，个别人甚至丧失国格和人格，出卖灵魂，丧失应有的气节；一些人对自己的传统生活方式不满，先从装束打扮和娱乐等开始模仿，继而刻意追求高消费，进而出现赌博、吸毒、卖淫、嫖娼、投机诈骗、走私贩私等丑恶现象；一些人开始“一切向钱看”，没有了社会友谊；也有一些人因自己的劳动收入不及旅游从业人员多，开始怀疑自身价值，不再重视掌握文化知识和专业技术；等等。

（3）生态旅游发展可能会导致政治信仰危机和社会危机。在与旅游者交往中，受旅游者诸如不同世界观、方法论等形形色色的思想意识的影响，一些思想单纯、意志力不强的人开始怀疑、动摇自己的政治信仰，产生崇洋媚外的思想，进而盲目追求，不爱家乡，不爱祖国。由于生态旅游业的发展，在旅游就业和旅游者示范效应的影响下生态旅游区家庭或多或少引起了一些变化，如老年人被遗弃和隔离，离婚率上升，社会犯罪增多，原有家庭关系和社会纽带发生一些解体，社会内聚力降低，从而出现诸多的社会危机。

（4）生态旅游者涌入可能导致人流拥挤、道路拥挤。生态旅游者大量涌入后，可能导致交通拥堵，特别是在道路的出入口、核心区域、停车场等，使当地居民正常生活受到严重的影响。

（5）在一些“天人合一”的旅游环境中，旅游可能破坏宗教气氛。在一些“天人合一”的自然宗教圣地，一些生态旅游者的言谈举止、服装服饰、旅游项目开发等破坏了宗教气氛，引起虔诚的宗教徒的不满。如著名的佛教圣地普陀山，商贩的叫卖声、海滨浴场裸露的身躯、夜晚歌舞厅的欢歌漫舞等与佛教意境极为不符，已根本无“清境法界”可言。

（6）生态旅游者亦可能导致疾病流行。生态旅游者的到来，可能带入某些疾病和病菌，特别是像艾滋病等不易觉察和检查的疾病。另外旅游者所遗弃的垃圾等会滋生某些疾病，导致旅游区域疾病的流行。

（7）生态旅游可能会造成社区隔离。生态旅游社区不为当地居民所享受，旅游者又被当地社区所包围，不能融合造成社区隔离。

（8）生态旅游可能会造成某些视觉污染。生态旅游可能造成的某些视觉污染有：一是旅游设施与当地自然环境等不协调，如其体量、颜色等与自然环境格格不入；二是建筑设计死气沉沉，与所在区域的自然、文化生态毫不相关；三是旅游者乱丢废弃物，造成满目疮痍；四是乱涂乱画，不堪入目。

3. 对旅游区文化环境的不利影响

（1）民俗文化的同化。文化的同化是指原来的民族文化特征在内部和外部因素的作用下逐渐消失，被异族异地的文化取代。有些学者经过实地考察研究指出，当接待地是一个较小的、朴实的、封闭的社会时，外来游客的到来，给他们以社会和心理上的极大影响；如果接待地是一个技术十分发达的社会，则外来游客与当地居民之间的沟壑不会很大，接触对当地居民造成的影响也比较小。即文化的同化往往是弱态势的文化被强态势的文化所同化。此种例子很多，就拿湖南湘西来说，当地居民与外来游客接触后，当地年轻人的服饰习惯就发生了变化：包头的、穿深色中式服装的少了，穿西服、衬衫、夹克的多了，外来流行式样的裙衣在女青年的身上也常见了。青石板铺的街道和吊脚楼也慢慢地被柏油路和水泥建筑所代替。湘西长期生活在传统文化中的城镇居民，在意识行为和表现行为方面发生了巨变。

（2）民俗文化的庸俗化。在发展旅游业、开发民俗风情旅游的过程中，容易出现对淳朴民情风俗的亵渎和歪曲，从而使民俗文化庸俗化。其表现有：①过分宣传渲染，造成庸俗化。例如，福建崇武惠安女的服饰，具有浓厚的民族色彩与文化内涵。但经宣传与渲染后，竟出现了“节约衫，浪费裤”“封建头、文明肚”等庸俗化的说法，在一定程度上亵渎和歪曲了原有的淳朴性。②优劣不分，精华与糟粕混杂，低格调猎奇。如有些旅游地在开发民族文化资源时，不是正确地去表现民族风情中追求美好、崇尚光明、与黑暗作斗争的一面，而是以发掘民族文化为名，广修“鬼府冥宫”。③生搬硬套，肆意拼合，制造一些民族地区根本不存在的假民族文化。在民俗风情丰厚的地区，总有一些民族的图腾信仰。例如古闽越的蛇图腾、畲族的祖杖上的龙头、苗族师公的法杖等。有些旅游地在开发此类资源时，不是深入研究其丰富的内涵和表现其浓厚的民族性和淳朴性，而是把它简单化，生搬硬套，随意拼合而使其庸俗化。如很多的人造民族村旅游景点立的所谓“图腾柱”，就是把各种傩面具雕在一根柱上。不仅亵渎神灵，而且与图腾柱离题万里。

(3) 民族文化的商品化。在旅游市场上，以现代艺术形式包装民族文化并将其推向舞台是目前民族旅游开发的主要手段。虽然此种手段在特定的时间和环境里，能有效刺激游客，使之产生一定的经济效益，然而它也有其致命的弱点，它会使民族文化失去原有的文化内涵，日益商品化。虽然各少数民族文化价值观的差异很大，但各民族仍有共同的价值观，如热情好客、忠诚朴实、吃苦耐劳、重义不重利等，民风十分淳朴。但是，随着民族旅游的开发，一些地区的民族文化价值观出现了明显的退化甚至遗失，给人一种民风日下的恶劣印象。

第二节 生态旅游环境容量

目前，鉴于生态旅游在世界范围内的普遍发展，必须及早对其加强规划和管理，以保证生态旅游业的最终可持续发展。其中，一个很有用的手段或工具就是，通过对生态旅游环境容量进行确定，从而采取相应的调控和生态旅游环境保护措施。

一、生态旅游环境容量的定义

同生态旅游概念一样，生态旅游环境容量也是生态旅游学科内一个争议颇多的研究领域。对于生态旅游环境容量的界定，虽然不同的学者从不同的学科视角给出了有着一定差别的定义，但其核心思想或基本概念是相容的。生态旅游环境容量的界定可以有不同的角度，因为其容量值的大小受制于多种因素，并表现出明显的时空动态性。但生态旅游环境容量的核心内容仍然是明确的，即生态旅游环境容量是以环境保护为先导，以促进生态旅游地环境、经济、社会和谐发展为目标，在特定时空条件下的生态旅游业限定规模。

从概念层面上看，生态旅游环境容量是一个表征生态旅游环境系统属性的客观的量。不仅是生态旅游环境系统活力的表现，也是生态旅游环境系统产出能力和自我调节能力的表现。

从技术层面上看，生态旅游环境容量是在一定程度上对旅游活动质与量的规定性，是衡量生态旅游发展与生态旅游环境保护之间是否和谐统一的重要指标。因此，生态旅游环境容量可以作为生态旅游规划与管理的一种重要指标。

二、生态旅游环境容量的特征

（一）时空差异特征

从时间分布上看，生态旅游活动具有季节性。由于旅游区的自然生态环境因子、经济环境因子、社会环境因子等都随着时间的变化而有规律地变化，因此，由这些影响因子决定的自然环境容量、经济环境容量、社会环境容量也都随着季节的变化而变化，这样就最终决定了生态旅游环境容量具有时间分布特征。从空间分布上看，由于作为旅游环境容量基础的自然生态环境，其生态恢复力、敏感性等特征存在空间差异，社会经济环境和社会心理也存在区域性差异，因此生态旅游环境容量也具有空间分布特征。

（二）静态与动态特征

静态特征主要是由游客进行某一游览活动所必需的停留时间决定的。在这一活动过程中，环境容量不会发生任何变化，即具有一个瞬时环境容量。动态特征是指由停留时间的有限性和旅游区开放时间的无限性这一关系决定的，这一特征决定了生态旅游环境容量在一定时段内可以达到可观的数量。

（三）可控性因素与不可控因素并存

按照人类活动对影响生态旅游环境容量的因素的控制能力，可把影响生态旅游环境容量的因素分为可控性因素和不可控性因素。一般而言，生态旅游环境容量之中，资源空间容量、社会心理容量刚性大，弹性小；而经济容量、环境管理容量弹性较大，调控较容易。因此，生态旅游环境容量增长的瓶颈通常是资源空间环境容量与社会心理容量。

三、生态旅游环境容量的类型

事实上，生态旅游环境容量是个多因子的复合概念体系，依据不同的标准可对生态旅游环境容量进行不同的分类。

（一）按属性或内容划分生态旅游环境容量

按属性或内容可将生态旅游环境容量划分为生态旅游自然环境容量、经济环境容量和社会文化环境容量。

1. 生态旅游自然环境容量

（1）自然生态系统环境容量。指生态旅游地自然生态系统的纳污自净能力和抗干扰能力所能承载的生态旅游活动强度。

（2）景观空间环境容量。指生态旅游地游览线路、景点、景区等旅游空间范围内所能承载的生态旅游活动强度。

（3）自然资源环境容量。指生态旅游地的水资源、土地资源、大气资源等自然资源所能承载的生态旅游活动强度。

2. 生态旅游经济环境容量

（1）生态旅游内部经济环境容量。指生态旅游产业（主要指旅游设施业和基础设施业）及旅游经营管理水平所能承载的生态旅游活动强度。

（2）生态旅游外部经济环境容量。指生态旅游地内其他相关生态旅游产业及相应经济政策制度所能承载的生态旅游活动强度。

3. 生态旅游社会文化环境容量

（1）生态旅游社会氛围环境容量。指生态旅游地域内有关生态旅游政策与管理、历史文化氛围、社会局势等所能承载的生态旅游活动强度。

（2）生态旅游者心理环境容量。指生态旅游者在心理感知上所能承载的生态旅游活动强度。

（3）生态旅游社区居民心理环境容量。指生态旅游社区居民在心理感知上所能承载的生态旅游活动强度。

（二）按照对生态旅游环境利用程度划分

从广义范畴和动态上可以根据人们对生态旅游环境的利用程度，将生态旅游环境容量分为以下类型。

1. 生态旅游环境容量的疏载

指生态旅游地（或景区、景点）的旅游容量过于稀疏，活动强度远低于生态旅游环境容量的最适容量，造成很多生态旅游资源闲置浪费，旅游体系的整体功能得不到全面充分发挥。

2. 生态旅游环境最佳容量

生态旅游环境最佳容量，也称合理容量，或最适容量，指生态旅游体系的整体功能能够正常发挥的状态下，生态旅游环境系统所承载的旅游活动强度。

3. 生态旅游环境极限容量

生态旅游环境极限容量也称旅游饱和容量，指生态旅游环境系统在不发生毁灭性崩溃的状态下所承载的最大生态旅游活动强度。

4. 生态旅游环境容量超载

生态旅游环境容量超载即超过生态旅游环境极限容量，使生态旅游环境系统发生破坏以至崩溃状态下所承受的生态旅游活动强度。

四、生态旅游环境容量的影响因素

（一）自然环境因素

一般生态环境系统都有一定的纳污自净能力，即通过稀释、扩散等物理作用，氧化和还原、化合和分解、凝聚等化学作用，以及吸收和降解等生物作用来消除污染，使生态环境系统达到自然净化，保持生态系统的平衡和稳定。如果生态系统长期或超量接纳外部输入，尤其是人为的输入时，稳定性就会被破坏，平衡关系被打乱，生态系统将陷入自萎状态，自我调节能力下降，最终可能导致整个生态系统出现崩溃。

（二）经济环境因素

生态旅游发展受很多经济环境因素的影响，区域经济发展水平、产业结构状况、交通等基础设施条件，特别是保障生态旅游业持续发展的相关产业的供给能力等，往往成为区域生态旅游业容量大小的重要限制因素。通常情况下，基础设施易于通过建设消除“瓶颈”因素，在管理或规划中不将其作为生态旅游环境容量的重要指标，而更多考虑的是生态经济要素，即旅游地域内建立在清洁生产理念基础上的生态旅游经济条件，及相关的其他生态经济产业条件，并将其作为确定生态旅游地域内的社会经济环境容量的重要指标或影响因素。

（三）社会环境因素

20 世纪 80 年代之后，随着“人本思想”的兴盛，研究者日益重视各项开发活动中“人的因素”的作用，“以人为本”的社会环境因素因此也成为生态旅游环境容量研究中所要考虑的重要内容。旅游者和旅游目的地社区居民的心理感知状况也自然成为衡量社会环境容量的重要指标或影响因素。

五、生态旅游环境容量的量测

生态旅游环境容量是进行生态旅游规划和管理的重要依据，对其进行调控是保证生态旅游良性循环的重要手段。生态旅游环境容量具有可测量性，其主要原因是生态旅游环境系统具有一定的稳定性，生态旅游环境容量一般变化于一定的阈值范围之内。

科学、合理地确定生态旅游环境容量是生态旅游目的地健康、可持续发展的前提和保证。确定生态旅游环境容量应遵循以下三个原则：

（1）生态效益原则。在允许的旅游环境容量范围内，游客对生态旅游区的不利影响要降到最低程度，使旅游区的自然生态环境不受破坏。

（2）经济效益原则。生态旅游环境容量的确定要有利于促进生态旅游目的地社会经济发展和居民生活水平的提高，同时也要使经营者获得一定的利润，以激发其从事经营管理并促进环境保护工作的积极性。

（3）游客需求原则。确定的旅游环境容量要保证生态旅游区能够为游客提供一定程度的舒适环境，保障他们能够获得较高质量的旅游体验。

借鉴目前旅游环境容量确定与量测的一些方法，生态旅游环境容量的确定与量测方法主要有以下几种。

（一）经验量测法

生态旅游环境容量的经验量测法是通过大量的实地调查研究而得出的经验值或经验公式。常用的具体方法有：

（1）自我体验法。调查工作者作为一名生态旅游者，在生态旅游过程中体验所需要的最小空间，体验在不同旅游者密度情况下的感受，感知旅游者数量、活动强度对生态环境的影响等。

（2）统计分析法。借助统计分析工具（如 SPSS），通过构筑分析假设、检验假设、理论分析等过程对第一手资料进行分析，最终形成研究结论。

（3）问卷调查法。采取问卷形式调查生态旅游者或社区居民的看法，比较分析后得出生态旅游环境容量的经验值或相关结论。

（4）遥感和计算机技术法。运用地理信息系统（GIS）、遥感（RS）和多媒体信息等技术来获取生态旅游者人数和分布情况等信息，然后对此信息进行分析得出生态旅游环境容量的经验值。

（二）理论推测法

理论推测法是在调查研究或经验量测的基础上，对生态旅游环境容量进行推算，以求得确立更合适的生态旅游环境容量。生态旅游环境容量的理论推测法主要有单项推测法和综合推测法。目前常用的是单项推测法。

1. 单项推测法

单项推测法是对生态旅游环境容量体系中某一方面的容量进行推测，一般是根据各旅游环境要素容量的最大值进行量测，具体包括以下六方面的内容。

（1）生态旅游生态系统环境容量的测定。维持旅游地的自然生态环境质量，包括两个基本方面：第一，自然环境对旅游活动造成的直接消极影响能够承受住，即自然环境本身的再生能力能很快消除这些消极影响；第二，自然环境对旅游者所产生的污染物能够吸收与净化。例如，旅游者的大量集中对水的污染可在较短的时间内为当地自然生态系统所净化。

对于无须由人工处理方法处理部分旅游污染物的生态旅游地，其旅游的生态环境容量量测公式为：

$$F = \frac{\sum_{i=1}^{n} S_i}{\sum_{i=1}^{n} P_i}$$

式中：F 为生态容量（日容量），即每日接待游客的最大允许值；P_i 为每位旅游者一天内产生的第 i 种污染物量；S_i 为自然生态环境净化吸收第 i 种污染物的数量

(kg/d)；n 为旅游污染物种类数。

在绝大多数的生态旅游目的地，旅游污染物的产出量已明显超过了旅游目的地生态系统净化和吸收的能力。因此，一般都要对污染物进行人工处理。用人工方法处理旅游污染物，可以提高旅游目的地接待旅游者的能力。但这种扩大了的旅游容量同原有生态环境闲置下的旅游接待能力（生态容量）已不一样，可以称为扩展性的生态旅游环境容量。其计算公式如下：

$$F=\frac{\sum_{i=1}^{n} S_i+\sum_{i=1}^{n} Q_i}{\sum_{i=1}^{n} P_i}$$

式中：F 为扩展性的生态旅游环境容量（日容量）；Q_i 为每天人工处理掉的第 i 种污染物量。其他符号意义与没有人工处理方法的生态旅游环境容量的计算公式相同。

从上述公式中可以得出，生态旅游环境容量的确定，最重要的是确定每位游客一天所产生的各种污染物和自然环境净化与吸收各种污染物的数量这两个参数。但这两个参数会随着生态旅游活动的性质以及旅游地所处的自然环境状况的不同而不同。旅游者每人每天产生的主要污染物量如表 7-1 所示；而生态旅游地自然环境对旅游污染物的自然净化能力，目前尚缺少这方面的系统研究。

表 7-1 国内旅游者每人每天主要污染物产生量

污染物	排泄物	BOD	氨氮	悬浮固体	不过夜游人垃圾	过夜游人垃圾
产生量/g	400	40	7	60	200	500

资料来源：严力蛟．生态旅游学［M］．北京：中国环境科学出版社，2007

（2）生态旅游景观空间环境容量的测定。生态旅游景观空间环境容量的量测，一般是在对生态旅游地直接调查的基础上，以生态旅游的基本空间标准为依据。最常用的方法有面积法和线路法。

①面积法。以面积为限制性因子的计算模式，适用于游人游览的面状空间环境容量测定。计算公式如下：

$$C=\frac{A}{A_0}D$$

式中：C 为日环境容量（人次/d）；A 为可游览面积（m^2）；A_0 为每位游客最低空间标准（m^2/人）；D 为周转率（D=景点开放时间/游客游览该景点所需时间）。

②线路法。以长度为限制性因子的计算模型，适用于游人只能沿线路步行游

览观赏风景地段的环境容量测定。根据旅游线路设置的不同及游道是否重复，分为完全线路法和不完全线路法。完全线路是指进出口不在同一位置而与其他道路相通联的游道；不完全线路是指进出口在同一位置的游道，游客只能沿原路返回。

完全线路法计算公式如下：

$$R = \frac{M}{m} \mathrm{D}$$

式中：R 为日环境容量（人次/d）；M 为旅游线路总长度（m）；m 为平均每位游客占有的游览线合理长度（m/人）；D 为周转率（D=游道开放时间/游客在游道上游览所需的时间）。

不完全线路法计算公式如下：

$$R = \frac{M}{m + m\frac{t}{T}} D$$

式中：t 为沿原游道返回所需的时间；T 为游完全部游道所需的时间。其他符号含义与完全线路法计算公式中的符号相同。

生态旅游地总的景观空间环境容量是旅游景区、旅游线路和非活动区接待旅游者人数之和，公式如下：

$$T = \sum_{i=1}^{m} C_i + \sum_{i=1}^{p} R_i + C_0 \qquad \text{其中 } C_i = \sum_{i=1}^{n} S_i$$

式中：T 为生态旅游地容量；C_i 为第 i 个旅游景区容量；S_i 为第 i 个旅游景点容量；R_i 为第 i 个景区内游道容量；m、n、p 为景区数、景点数、景区内游道条数；C_0 为非活动区接纳游容量。

（3）生态旅游资源环境容量的量测。一般按一些主要自然资源数量的限制程度来计算。在较多生态旅游区，往往以水资源供应量为限制因素。计算公式如下：

$$W = \frac{T}{W_e}$$

式中：W 为水资源环境容量；T 为该生态旅游区的总供水量；W_e 为人均用水量，包括住宿旅游者人均用水量和流动旅游者人均用水量两部分。

（4）生态旅游内部经济环境容量的量测。生态旅游内部经济环境容量是生态旅游产业（主要是绿色旅游基础设施和旅游设施业）及旅游经营管理水平所能承载的生态旅游活动强度，函数表示为：

$$\mathrm{EEBC} = \min(\mathrm{EEB}\ C_1, \mathrm{EEB}\ C_2, \mathrm{EEB}\ C_3 \cdots, \mathrm{EEB}\ C_i)$$

其中：EEBC 为生态旅游经济环境容量；EEB C_i 为第 i 种生态经济要素供给量所形成的承载力分量。

（5）生态旅游者心理环境容量的量测。生态旅游者心理环境容量是生态旅游者在心理感知上所能承载的生态旅游活动强度。不同类型的旅游活动场所，不同的设施，其基本空间标准是不一致的。我国《风景名胜区规划规范》对于不同类型游憩用地的空间容量做了相应规定，如表7-2所示。我国旅游设施的基本空间标准则主要沿用欧美的空间标准参数，具体见表7-3。

表7-2 游憩用地生态容量标准

用地类型	允许容量和用地指标	
	人/hm^2	m^2/人
针叶林地	2~3	3300~5000
阔叶林地	4~8	1250~2500
森林公园	20~25	400~500
疏叶林地	<70	>140
草地公园	<15~20	>500~600
城镇公园	30~200	50~330
专用浴场	<50	>20
浴场水域	1000~2000	10~20
浴场沙滩	1000~2000	5~10

资料来源：严力蛟．生态旅游学［M］．北京：中国环境科学出版社，2007

表7-3 旅游设施基本空间标准（欧美）

住宿设施建筑面积	旅馆	10~35m^2/人
	海滨假日饭店	15 m^2/人
	山区饭店	19m^2/人
饮食区	超过500张床位，旅游外餐饮用地	24m^2/人
娱乐区	海滨胜地	0.1m^2/人
	山区滑雪旅游地	0.25m^2/人
	室外电影场	最多1000人/场
	夜间俱乐部	最多1000人/处

续表

开放空间（户外娱乐、赏景用）	海滨或乡村旅游地	20~40 m^2/床
	滑雪旅游地	5~15m^2/床
行政中心和服务中心	集中服务（洗衣和食物处理等）	最少 0.3 m^2/床
	行政、健康与卫生服务	0.2 m^2/床

资料来源：保继刚，楚义芳．旅游地理学［M］．北京：高等教育出版社，1999.

（6）生态旅游社区居民心理环境容量的量测。生态旅游社区居民心理环境容量的测量与生态旅游者心理环境容量测量的思路大体相同，具体内容略。

2. 综合推测法

综合推测法是对生态旅游环境容量的各个方面作出综合判断。综合推测往往遵循“木桶原理”，即生态旅游环境综合容量由生态旅游生态系统环境容量、景观空间环境容量、自然资源环境容量、内部生态经济环境容量、生态旅游者心理环境容量和生态旅游社区居民心理环境容量中的一或两个因素决定。无论每种容量有多大，“木桶”的最大容量取决于“最短”的那块“木板”的高度。当然，到底哪种容量对生态旅游环境容量影响最大，还是要视景区景点具体情况而定。一般地，湿地生态旅游区的旅游环境容量，主要取决于水资源的环境容量；森林生态旅游区的旅游环境容量，主要取决于森林资源的规模和森林生态系统的抗干扰强度。此推测方法以函数表示为：

$$E=min\ (E_1,\ E_2,\ E_3,\ \cdots,\ E_i)$$

式中：E 为某生态旅游区的环境容量；E_i 为该生态旅游地的第 i 种环境因素所决定的环境容量值。

生态旅游环境容量的分析是生态旅游可持续发展的重要科学依据之一，也是旅游科学研究的热门课题，有众多专家学者给予关注并投入心血，也取得了一些研究成果。但总体来说，我国对生态旅游环境容量的研究还远远不够深入。其概念、内涵、分类体系及其量测方法等尚有待于进一步统一和规范，同时还要注意理论联系实际，通过提高研究成果的可操作性提升生态旅游环境容量的研究水平。有关生态旅游环境容量的一般测量方法，如图 7-3 所示。

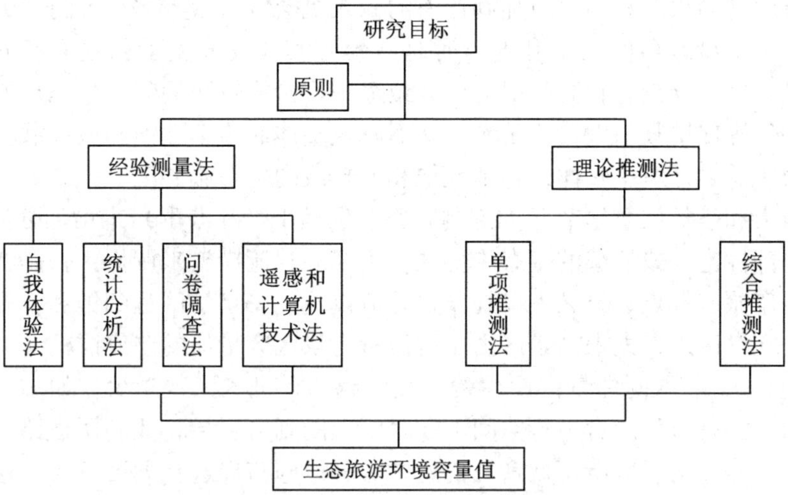

图 7-3　生态旅游环境容量测量方法

资料来源：佟玉权，王辉．环境与生态旅游［M］．北京：中国环境出版社，2009.

六、生态旅游环境容量的调控

生态旅游环境容量的调控是生态旅游区实现旅游业可持续发展的重要手段之一。法国地中海沿岸新旅游区、爱尔兰布列塔斯湾旅游开发中较成功地运用了生态旅游环境容量进行规划与管理，澳大利亚、加拿大等国生态旅游有声有色，很大程度上应用了生态旅游环境容量的调控。在生态旅游开发与管理中，实施生态旅游环境容量调控主要有以下几个方面。

（一）生态旅游环境容量饱和和超载的调控

生态旅游地域承受的旅游者人数或活动量达到其极限容量，叫作生态旅游饱和，而超过极限容量就叫作超载。对生态旅游环境承载力饱和和超载的调整应该注意以下几点：

1. 协调好旅游供求关系，适当分流

针对整体性或长期连续性饱和或超载，适当地采取分流性措施：一是通过大众传播媒介，向潜在的生态旅游者陈述已发生的饱和或超载现象及由此给旅游者带来的诸多不便与危害、所造成的生态环境后果等，使旅游者改变旅游目的地的选择决策；二是允许或以立法形式要求生态旅游区经营者和管理者采取浮动价格，在旅游旺季提高门票、食宿、交通等费用，以使部分旅游者因经济原因而改变流向；三是替代性开辟新的生态旅游区，选择一个总体旅游效果近似，而在时间上、价格上更节省的生态旅游区以替代生态旅游环境容量饱和或超载的旅游区，如墨西哥的坎昆利用了对加勒比海的介入机会（北美市场）而于20世纪70年代末成了世界闻名的旅游胜地，河北昌黎海滨开发分流了北戴河海滨旅游者等；四是选择本身具有较高吸引力、区位适中、价格较廉的邻近生态旅游区，通过强大的传媒促销吸引大量旅游者，从而减轻整体或连续性饱和或超载生态旅游区的压力。总之，对于整体或连续性饱和或超载的生态旅游区，主要是靠扩大旅游供给能力和延长旅游季节（如抑制旺季、促销平季和淡季）来增加分流。

对局部性饱和或超载的生态旅游区，主要靠分流措施来调控：一是在饱和或超载的生态旅游景点、景区入口处设置计流设施。一旦景区达到饱和，则停止进入；二是在景区入口处根据景区内旅游流量与景区容量值的差值情况（尚未饱和或趋近饱和），收取附加景区使用费，收费越高，进入人数越少，如一旦饱和也禁止入内；三是对旅游者进行空间上和时间上的划区引导，如利用道路、天然小径、池塘、停车场、厕所、饮食及信息中心等设施布局进行划区分流，达到控制旅游者人数，进行生态管理的目的；四是对一些生态敏感景区实行申请许可证制度来拦截客流。

2. 淡季的休生养息与环境补给

对短期生态旅游环境饱和或超载的生态旅游区应充分重视旅游淡季的休生养息和环境补给。由于在旅游旺季，生态旅游环境系统的物质、能量、信息等消耗过量，在旅游淡季时，就不能仅靠环境本身的调节能力去休生养息，而需要人工地补给大量物质、能量和信息等来促使生态旅游环境尽快恢复，保持其容纳能力。

3. 轮流开放，分区恢复

对局部性生态旅游环境容量饱和或超载的生态旅游区，除了上述“排斥”旅游者进入饱和或超载旅游景区以及划分区引流外，还有一个可以利用的方法就是为避免饱和或超载的旅游景区生态环境遭受破坏，采取轮流开放，分区恢复。其措施是将该类景区关闭一段时间，让受损的生态旅游环境系统有一个恢复阶段，以期可持续发展。在轮流开放时，要注意开放的景区类型的搭配，不要同时将同一类型、同一功能的景区或景点全部关闭，以免影响游人游兴和影响整个旅游区的形象。

4. 人工治理受损环境，加快旅游环境恢复

生态旅游环境受损大的地域，单靠短期的环境自净能力和自我恢复能力难以解决其生态环境问题，应采取人工治理措施。对受干扰严重的自然生态环境系统要靠人工干扰恢复其生态平衡；对受污染的水体等要采取相应的措施加以治理，如政府投资160多亿元治理滇池等；对造成的生态旅游者与当地居民紧张的关系要多做疏导、宣传教育工作，以使生态旅游环境保持其较佳的容量。

（二）生态旅游环境容量疏载的调控

疏载虽然不会导致生态旅游环境系统的失调和破坏，但会影响生态旅游资源价值的实现，影响其旅游经济效益。从谋求经济、资源、环境协调发展的旅游可持续发展观点出发，也可以说是一种环境问题，因为它从经济上否定了环境的价值。因而有必要重视疏载的生态旅游环境容量的调控。

1. 充分挖掘生态旅游资源特色，实行特色开发与保护

开发吸引力大的生态旅游产品，以市场为导向，以资源为基础，以项目为支撑，突出特色为目标，完善旅游功能，抓龙头产品，依托基础设施，注重特色的挖掘、保护，深化生态旅游资源的特色开发，实施“名牌”战略，吸引生态旅游者。

2. 充分实现资源和环境价值，实施综合开发

生态旅游资源和环境同样也存在着功能上的多宜性，世界旅游产品开发也日趋多样化和综合化，因此要充分实现生态旅游资源和环境的价值，开发多种多样的生态旅游产品，增加对不同层次的生态旅游者的吸引力，扩大旅游流量。如澳大利亚开展的丛林远足、自然史探访游行、内地的野生动物观赏、观鲸鱼旅游、观企鹅旅行等。

3. 重视旅游宣传促销，实施“引风”工程

通过各种传播媒介，尤其是结合国家旅游促销主题，如“98 华夏城之游”“99 生态环境游”等，以及举办各种与生态旅游有关的节庆活动，如“99 昆明世界园艺博览会”、每年 4 月的洛阳牡丹花节等，加大旅游促销投资，灵活运用多种促销手段，使信息及时传播给广大民众，激发其旅游动机，采取独具特色的“引风”工程，吸引旅游者前往。

4. 注意生态旅游产品更新换代，克服衰退现象

一些开发较早的生态旅游区因其产品逐渐进入衰退期，对生态旅游者吸引力下降，应不断开发出新的生态旅游产品，推出新的生态旅游项目，延缓其衰退速度，重新激发旅游者的旅游动机，实现生态旅游资源和环境的深层价值。

5. 以“热”带“冷”，促进生态旅游全面发展

区域旅游开发中存在着“热点”“热线”“冷点”“冷线”等现象，生态旅游开发中也存在着类似现象，往往“热点”“热线”出现生态旅游环境容量的饱和或超载，而“冷点”“冷线”则出现疏载。要想办法吸引旅游者前往“冷点”“冷线”，分流旅游者，实施“冷”“热”搭配，以“热”带“冷”，推动区域生态旅游环境容量相对均衡，促进生态旅游的全面发展。

第三节　生态旅游环境管理及保护

一、生态旅游环境保护规律

（一）生态旅游开发与生态旅游环境容量规律

鉴于生态旅游是一种高级的视觉消费，应有利于生态环境。因而利用优美的环境条件，开发建设各种各样的生态旅游地，并按视觉美要求装饰以满足人类需求，使自然能保持其“原汁原味”，这才是生态旅游开发的真谛。生态旅游开发也必须建立在生态旅游环境容量限度之内，以促使生态旅游与自然、社会文化和环境形成合理的平衡关系，为人类自身和子孙后代留下优美和谐的环境。

（二）生态旅游开发与环境保护滞后规律

先污染、后治理已成为世界性的普遍规律，在生态旅游开发中环境保护滞后规律虽尚未被人们所认识，但已客观存在。导致这一规律存在的原因在于：只有当生态旅游开发对生态环境破坏的综合强度达到一定程度，甚至持续一段时间，使人们的感官消费严重受碍时，才会真正意识到。一些生态旅游地环境恶化状况的实例已证明了这一点。这就要求做好环境生态旅游规划和环保教育工作，做好环保立法和执法，加大对环保的投入以及加强对环境的评估与监测等。

（三）生态旅游开发与环境污染扩散规律

随着生态旅游的兴起与发展，旅游活动迅速向那些美丽的、洁净的地区蔓延和扩散；一些工业企业也随之而来，较易造成污染。所以生态旅游开发一开始就应充分认识到环境污染扩散的客观性和危害性，并对其给予高度重视。从生态旅游规划到生态旅游开发、区域社会经济发展，都应自始至终贯穿生态环境保护意识，并采取切实有效的措施与方法，保护和治理生态环境；杜绝那些对生态旅游环境损害大的开发项目，发展那些对生态旅游环境损害小、有利于生态旅游环境良性循环的项目，避免或减少生态旅游开发中的环境污染及扩散。

（四）生态旅游开发与环境保护后发优势规律

生态旅游开发中遵循环保后发优势并加以有效利用的办法是：首先要认真分析和研究生态旅游发展较早的国家和地区对生态旅游环境保护和治理的措施与方法，特别是借鉴处理生态旅游开发与环境协调发展的各种先进经验和对策，结合本国或本地区实际，形成生态旅游开发与环境保护的良性循环机制，避免走“先污染、后治理”的老路，促进生态旅游的持续发展；其次是要认真研究发达国家或先行者的环保技术与管理经验，充分利用环保后发优势，尽可能采用先进环保工艺和工程设备，节约环保单位成本支出，提高环保和治理综合效益，促进环保产业发育与成长；最后，要认识到生态旅游开发中环保后发优势规律作用也是有限的，切不要亦步亦趋地模仿，应努力探索本地区的生态旅游开发与环境和谐发展的道路。

（五）生态旅游开发与可持续发展规律

可持续发展概念是基于各国环境污染和生态破坏日益加剧的情况而提出的，可持续发展规律是人类反思其历史经验与教训，谋求人类在未来发展中实现发展与环境相互协调的客观需求和规律而得出的结论。根据可持续发展规律，旅游开发特别是生态旅游开发的目标也要符合期望目标和环境要求，要对生态旅游环境良性循环担负起更多责任。生态旅游作为一种高级旅游形式和产品，是实施可持续发展的重要方式和行动，应充分考虑对资源、环境、生物多样性的影响，应充分考虑对当地文化遗产、传统习俗和社会生活方式的影响。只有把其开发建立在生态旅游环境容量之内，才能对旅游可持续发展做出积极的贡献。

二、生态旅游环境管理手段

在生态旅游管理中，要实现对生态环境和旅游经济双重目标的优化管理，通常可采用法律手段、行政手段、经济手段、教育手段、规划手段和科技手段 6 种手段。

（一）法律手段

生态旅游管理的法律手段，就是利用各种涉及旅游资源与环境保护的有关法律、法规来约束旅游开发者和旅游者的行为，以达到对生态旅游环境进行保护的目的。法律手段是环境管理的一个最基本的手段，是其他手段的保障和支撑，通常亦成为“最终手段”。

法律、法规是通过各级立法机构制定和颁布的，是一切经济活动的重要管理工具，也是生态旅游和生态环境的重要管理工具。法律手段的基本特点是权威性、强制性、规范性和综合性。在生态旅游中，应当充分运用法律手段的权威性，把行之有效的政策进一步条例化、规范化和稳定化，要求所有生态旅游者和管理者严格遵守并认真执行，以防止、制止和减少违反生态客观规律的行为。因此，在旅游业环境保护中，要重视法律手段的应用，完善旅游业环境保护法律体系。

我国现行旅游环境保护法律体系包括宪法、综合性环境保护基本法、环境保护单行法及一些地方性法规等。

1. 宪法

宪法是我国的根本大法。《中华人民共和国宪法》对旅游业环境保护的规定是制定其他法律法规的基础。

2. 综合性环境保护基本法

即综合性的实体法，它是对环境保护的目的范围、基本原则、方针政策、重要措施、组织机构等做出的原则性规定。这种基本立法一般会成为一个国家的其他单行和专项环境法规的基本依据，是一个国家环境保护的基本法，如我国 1989 年 12 月 26 日颁布的《中华人民共和国环境保护法》。

3. 环境保护单行法

我国的环境保护单行法主要包括旅游环境法和旅游资源法两部分。旅游环境法是调整人们在保护旅游资源及环境、防治旅游环境污染和破坏等活动中而产生的各种社会关系的法律规范的总称，如《中华人民共和国土地管理法》《中华人民共和国环境噪声污染防治条例》等。旅游资源法是调整旅游资源开发、利用和保护之间的关系的法律规范的统称，如《中华人民共和国森林法》《中华人民共和国水法》《中华人民共和国自然保护区条例》等。

4. 地方性法规

我国许多地方为保护旅游资源及环境，颁布了地方旅游法规和专项法规。如杭州市制定《杭州西湖风景名胜区保护管理条例》、厦门市制定《厦门市旅游资源保护和开发管理暂行规定》等。

（二）行政手段

行政管理手段就是依靠各级行政机关或企业行政组织的权威，采取各种行政手段，如国家标准、行业标准、规章及文件，行政命令、决定、通知、通告，以及政策、倡议、信息舆论引导等办法，对旅游环境实行行政系统管理。

以生态旅游区规划为例，在对生态旅游区进行规划时，需要通过各级行政组织立项，然后由行政机关组织技术力量逐项开展。各项工作如批准规划经费、启动规划程序、研讨规划方案、鉴定规划成果、批准规划实施计划等，都离不开行政组织的管理。如果发生了破坏生态旅游环境的行为，还需通过行政组织下达命令，予以强制性的制止、制裁和治理。可见，按行政系统、行政区划、行政层次管理生态旅游的主要特点就在于权威性和调控性，这种权威性根源于国家是全体人民利益和意志的代表。它担负着组织包括生态旅游在内的各种社会经济活动，以及保护生态环境和调节人类活动与自然之间关系的任务，体现了政府在生态旅游管理中的主导作用。

行政手段还包括一些国际性组织或机构为保护某些特殊价值的生态旅游资源与环境而推出的公约、协议、标准等，以及一些特殊行政手段。如联合国教科文组织于 1972 年通过并公布的《保护世界文化和自然遗产公约》，简称《世界遗产公约》；再如《人与生物圈计划》，它是联合国教科文组织在其他组织的配合下，从 1971 年起实施的一项着重对人和环境进行生态学研究的多学科的综合研究计划；又如《绿色环球 21》，它是目前全球旅行旅游业公认的可持续旅游标准体系，包括了旅行旅游企业、社区、生态旅游和设计建设四大标准和 20 多个旅游部门的达标评估指标体系。还有各国为保留、保护一批珍稀宝贵的自然景观和人文景观而确定公布的特殊保护地域，如国家公园、地质公园、自然保护区、自然纪念地以及风景名胜区、历史文化名城和文物保护单位。

环境影响评价和环境审计对生态旅游环境管理和保护也是非常重要的行政手段。

环境影响评价又称为环境效应评价（Environmental Impact Assessment，EIA），是进行环境预防管理的有效方法。现在 EIA 具有更广泛的意义：将环境理解为由生物、物理、社会、经济、文化诸要素组成的一个复杂系统。EIA 是一个包括行政管理部门、环境部门、公众在内的参与决策的过程。其作用主要是减少投资损失、降低项目运行成本、避免对环境造成无法预见的重大损害。对实施生态旅游而言，主要是确认风险，减少不利影响，确定环境容量。通过研究、管理和监测，以及有效的公众参与过程，提出合理的保护生态环境的措施。

环境审计一般被认为是评价、检验和证实企业组织运行是否依从已制定的环境规章制度、标准和政策的过程。很明显，环境审计对管理生态旅游企业、保护生态旅游环境具有重要意义。近年来，新的法律、技术和设备不断出现，使环境保护、管理、规划有了长足进步。随着公众对环境问题日益关注及对可持续发展战略的广泛认同，EIA 和环境审计也将为生态旅游的环境保护、规划和管理提供有效的方法。

（三）经济手段

经济手段是指运用价格、工资、利润、税收、奖金、罚款等经济杠杆和价值工具等进行生态旅游管理。经济手段的核心与实质在于物质利益原则，即从物质利益方面来处理调节国家、集体、个体等生态旅游开发经营者之间的分配关系。

具体来说，旅游环境管理的主要经济手段有以下几方面。

1. 税收

税收是国家按照法律规定，对经济单位或个人无偿征收实物或货币所发生的一种特殊分配活动。它是国家取得财政收入的一种重要方式，它取之于民、用之于民，体现国家与纳税人在根本利益一致的基础上，为实现国家的职能，调整整体与局部、长远与眼前利益的收入分配关系而努力。旅游税、资源税、排污税、产品税都是税收用于旅游环境管理的具体形式。

2. 排污收费

根据我国的“谁污染，谁付费”，即污染者付费的原则，排污收费是一项主要的环境保护的经济手段。它有很多优点。如果收费的标准设计得准确，它可使企业花费恰当比例的钱用于治理污染，达到有效控制污染的目的。

3. 财政补贴

补贴是监管者给予生产者的某种形式的财务支持。补贴可以用来作为一种激励机制来刺激生产者进行污染控制，或者通过给予生产者补偿来减少监管所带来的经济影响。补贴通常采用的形式是拨款、贷款和税金减免。补贴被广泛应用于许多国家。如意大利为固体废弃物的回收和再利用提供补贴，尤其是优先提供给那些为治理污染而改进生产程序的企业。

4. 运行保证金制度

保证金是一种行之有效的经济手段，值得在旅游业中进行尝试和推广。比如，在旅游资源的开发、利用及旅游服务设施的建设中，可尝试实行“三同时”保证金制度。凡是对环境可能造成影响的新建、扩建和改建项目，由环境保护主管部门按该建设项目总投资的0.1%~0.5%收取保证金。保证金不准挪作他用，待该项目竣工完成并验收合格后，保证金全部返还，而且给予表彰和奖励；否则，不但不返还保证金，还要给予一定的处罚。

5. 抵押—返还制（押金）

产生污染的产品的购买者要付出一笔额外费用，即押金。当他们将用过的产品或容器送到再循环中心或指定堆放地点时，这笔钱会返还给他们。这种方法使得人们能自觉采取环保行为。

6. 物质奖励与罚金

物质奖励是指对旅游环境保护做出成绩和贡献的单位或个人给予的赞扬和鼓励。罚金是对污染和破坏旅游环境的单位或个人给予的经济制裁。执行物质奖励和罚金制度的目的是对污染者提供一种附加的经济刺激，使其遵守法律规定的环境要求，其最终目标和作用都是为了促进旅游环境的保护。

除以上列举的经济手段外，还有通过使用者收费、污染赔款、信贷、环保市场交易、责任保险等经济手段来治理污染、净化美化环境。

（四）教育手段

当前世界各国都非常重视环境教育问题，“环境保护，教育为本”概括地说明了环境教育对环境保护的重要性。

环境保护与旅游经济发展的不协调性，主要是由人们缺乏环保意识和过分追求经济效益的思想和行为支配所造成的。要解决这一问题，最重要的是要对全民不间断地进行生态环境教育。

生态旅游环境教育是指在生态旅游活动的全过程对旅游者传播生态知识、环境保护知识和技能、生态伦理道德，并对旅游者的环境行为进行实时动态的引导、监控和激励的服务管理活动的总称。这是对生态旅游环境教育所作出的狭义的界定，而对生态旅游环境教育的广义的界定却是：教育对象不仅包括生态旅游者，也包括利益相关者，如生态旅游的经营管理者、社区居民、潜在的生态旅游者以及已完成生态旅游活动的公众等；而教育过程则以“游中”教育为主的同时，也包括某些“游前”教育和“游后”教育；生态旅游环境教育的内容和目标则表现为知识、技能、意识、伦理、行为、评价和意愿等方面。

在旅游区必须加强对旅游者、旅游经营管理服务人员、当地居民及领导干部的环境意识和生态知识教育，形成保护生态环境的合力。由于上述各类人员在旅游环境保护中的地位、作用和影响不同，实施环境教育的具体内容及方法也就不同。首先，加强生态旅游人才体系建设，有针对性地加强生态旅游的培训工作，建立一支具备先进理念、善于经营管理的生态旅游人员队伍。其次，提高游客的环保意识和可持续发展意识，主要通过各种宣传教育手段，激发其对自然环境的热爱，并且对于破坏生态环境的行为予以监督和处罚，从正反两方面促使游客实现自律。最后，对当地居民和社会公众进行系统宣传，通过标本、图片、影视、录像及宣传资料普及生态旅游知识，使生态旅游真正成为人与自然和谐统一的高尚体验，促进生态旅游产业的可持续发展。

（五）规划手段

生态旅游规划是应用生态学原理和方法将旅游者活动与环境特性有机结合，对旅游活动在空间环境中的合理布局所进行的一种规划。旅游规划在旅游环境保护中的应用十分重要。为了确保风景区合理利用资源，达到旅游开发与生态保护的双重目的，旅游规划应在资源评价和区划的基础上，划分出保护对象的空间范围。同时旅游规划须确定旅游发展目标以及实现目标的具体对策，包括旅游发展的进度与布局。

在规划时，还要考虑生态旅游资源状况、特性及分布，旅游者类别及需求特征，生态旅游环境容量大小，旅游地生物多样性程度、保护条件及自然资源的可持续利用程度，旅游地各方面的公平发展与各方利益状况等。在不破坏生态旅游环境的基本原则指导下，分析生态旅游地的重要性，进行功能分区，选择适合动物栖息、植物生长、旅游者旅游和居民居住的各种规划方案，充分利用河、湖、山、绿地和气候条件，为旅游者创造优美景观，为当地居民创造舒适、卫生、静谧的居住环境。因此，生态旅游开发和环境保护应规划先行，用规划做指导，各方面携手合作，以保证旅游发展与环境和谐。

目前已有多种多样的生态旅游功能分区和规划模式，如国外所倡导的同心圆模式（将国家公园从里到外分为核心保护区、游憩缓冲区和密集游憩区）和生态旅游分区模式（重点资源区、低利用荒野区、分散游憩区、密集游憩区和服务社区)，以及加拿大的国家公园生态旅游功能分区模式、中国香港郊野公园的生态旅游分区模式，及陈传康先生主张的以文脉（地理背景）特征为基础的“分地段开发生态旅游产品、形成不同生态回归情调”的规划方式等。

为了对旅游环境实施保护，旅游规划之初就应确定开发、利用和保护风景名胜资源的措施，旅游规划中也应对各个风景名胜区进行实际调查研究，确定旅游容量，避免出现“超载”现象。

（六）**科技手段**

科技的管理手段是指行业主管部门运用电脑网络、管理软件等现代科学的机器设备和方法、工艺等，对管理对象实施计划、组织、协调、控制、监督等职能的管理方法。它是现代科技发展的产物，也是旅游业迈向国际化、科学化的重要标志。科技的管理手段主要包括建立环境管理信息系统、开展旅游环境保护科学研究、交流国内外有关旅游环境保护的科学技术情报、开展国际间的旅游环境科学技术合作、实行旅游区动态环境监测、利用数据库软件进行客源增减、客源结构等方面的数据处理以及通过互联网设置网站发布旅游信息、实施投诉监督、实施行业企业资料档案管理等。

早在20世纪80年代初，我国就曾提出：防止环境污染，一靠政策，二靠管理，三靠技术。在环境保护领域，离开了科学技术的进步，不仅难以实现改善环境质量的目标，就是要做到控制环境污染的泛滥也将很困难。正如《中国环境保护21世纪议程》中所说，“在本世纪和21世纪中期，必须以科学技术的发展作为环境保护事业的先导”。发达国家的经验表明，只有以先进的防治技术为基础，通过实施严格的法律监督，才能实现控制污染、改善环境的目标。

本章小结

环境、旅游环境、生态旅游环境是有联系的几个概念。生态旅游环境作为旅游环境的重要组成部分，主要是针对生态旅游这一中心事物而提出的，是生态旅游发展的基础。

生态旅游环境与旅游环境既有共同之处，又有不同之处。生态旅游环境是由自然生态旅游环境、社会文化生态旅游环境、生态经济旅游环境、生态旅游气氛环境四个子系统所构成的。

环境与生态旅游的关系主要表现为两方面：健康发展的生态旅游有利于生态环境的保护，不合理的生态旅游开发对旅游环境的不利影响则表现为对自然生态环境的不利影响、对旅游社会环境的不利影响、对旅游区文化环境的不利影响三大方面。

生态旅游环境容量的界定可以有不同的角度，其容量值的大小受制于多种因素，并表现出明显的时空动态性。

生态旅游环境容量是个多因子的复合概念体系，依据不同的标准可对生态旅游环境容量进行不同的分类。

生态旅游环境容量的量测方法主要有经验量测法和理论推测法两种。而理论推测法又有单项推测法和综合推测法两种。

生态旅游环境容量的调控必须根据饱和和超载以及疏载的不同情况而采取不同的措施。

生态旅游环境管理的六大基本手段是法律手段、经济手段、行政手段、规划手段、教育手段和科技手段。

复习题

1. 如何理解环境、旅游环境和生态旅游环境三个概念?

2. 试分析某一生态旅游景区的生态旅游环境构成情况。

3. 如何正确理解环境与生态旅游发展的关系? 不合理的生态旅游开发会对环境造成何种影响?

4. 对一个具体的生态旅游景区而言，哪些生态旅游环境容量是必须要考虑的?

5. 如何对生态旅游景区的环境容量进行有效的量测?

6. 如何对生态旅游景区的环境容量进行合理的调控?

7. 你认为保护生态旅游环境可采取哪些方面的措施?

📖 阅读材料 7-1

塞内伯尔岛的旅游容量控制

塞内伯尔岛位于美国佛罗里达的西南海域，长 19.3 公里，全岛 4856 平方公里的面积被划定为保护区。塞内伯尔是很多涉禽和候鸟的天堂，其内陆的淡水湿地是美洲鳄的家园，而海滨则覆盖着五彩斑斓的贝壳。

该岛位于台风频发地区，原来人口很少。继 1963 年修建了通往佛罗里达的堤坝大桥之后，门户洞开，机动车进出变得容易，旅游日盛，随之而来的便是无序的开发。墨西哥湾的绵长海岸线上很快被成片的公寓和饭店所覆盖，而内陆湿地则成了高尔夫球场和人工湖。常住人口猛增到 3000 人，另外季节性居住的还有 12000 多人。

在发展过程中，塞内伯尔的居民一直关注对人口增长的敏感性管理以及土地利用方面的变化。面对堤坝大桥建成后的人口迅速发展势头，当地政府聘请了各个学科的咨询专家，协助政府制定了一个具有法律效力的、综合性的、全面的土地利用规划以及相应的开发标准。

针对旅游的快速发展，在规划中最为关注的3个方面是：该岛在经受台风时对生命、海滩和建筑物的保护能力，该岛的自然资源能够忍受快速增长的人类活动的能力，以及为进一步的开发提供足够的淡水和解决排污问题的能力。

📖 阅读材料7-2

澳大利亚大堡礁的保护

位于澳大利亚东北部的大堡礁是世界上规模最大、最为变化多端和最美丽的堡礁。自1960年以来，由于各种自然和人为的原因，大堡礁遭到了严重的破坏。为保护大堡礁，澳大利亚划出沿海岸绵长2300公里的绿色保护带，在此区域内违规的开发公司将受到高达110万澳元的罚款，个人违规者将面临最高22万澳元的罚款。为了保护大堡礁的生态环境，澳大利亚政府于2003年12月采取新措施，扩大对大堡礁的保护范围，将其受保护的面积从4.5%增加到33.3%，并将大堡礁1/3的地区确定为非捕鱼区。实施保护措施后，收入因保护大堡礁而减少的当地渔民每户可获得最高为20万澳元的补偿。

从2004年7月起澳大利亚开发采取一项新措施：加大食草鱼的养殖，以保障大堡礁礁体的“健康成长”。早些时候，澳大利亚昆士兰大学海洋研究中心的科研报告显示，海水温度异常已经导致超过20%的珊瑚发生“白化”现象，而“白化”是珊瑚即将死亡的前兆。尽管部分珊瑚的死亡不会导致礁群消失，但会使之逐渐变少。与此同时，海草将会越来越多。珊瑚的基本单位——珊瑚虫对外界环境要求很高，水质如果不够清澈，它们将因得不到足够的能量而停止代谢，进而影响礁体的生成。为了还珊瑚虫一片清澈的水域，从2004年7月1日起，澳大利亚开始大量养殖食草鱼，让它们吃掉附着在礁体上的多余海草，同时清理那些已经死亡的珊瑚虫尸体。通过限制人类的开发活动、保护大堡礁的生物多样性和维持生态系统的平衡来实现沿海区域经济的可持续发展。

第八章

生态旅游规划与绿色设计

【学习目标】

- 理解生态旅游规划的概念
- 了解生态旅游规划的目标和原则
- 了解生态旅游规划的内容和程序
- 掌握生态旅游规划的原理及方法
- 了解不同类型生态旅游景区规划的要求和思路
- 理解生态旅游的绿色设计理念
- 认识和生态旅游相关的绿色技术

生态旅游规划是生态旅游理念的集中体现，是实现真正意义上的生态旅游的前提。生态旅游区规划是生态旅游规划中难度和挑战性较大的规划，也是最能体现特色与创新性的一个规划层次。本章包括生态旅游规划和生态设计两节内容。第一节着重介绍生态旅游规划的基本概念、规划原则、规划内容和程序等，并以自然保护区、森林公园、地质公园为例，分门别类地阐述不同类型生态旅游区的规划方案。第二节主要围绕生态旅游规划的核心——绿色设计展开，阐述生态旅游各组成部分的绿色设计和相应的绿色技术应用。

第一节　生态旅游规划

一、生态旅游规划概述

（一）概念

旅游规划不仅是一门科学，更是一门艺术。旅游规划从区域理论中衍生出来，尚未有统一的概念。我国学者认为，旅游规划是对旅游业及其相关行业未来发展的设想和策划，旅游规划的核心概念是“旅游资源优化配置”（邹统钎，2001）。这里的旅游资源是广义的概念，即以旅游业为导向的人力资源、资本与物质资源。其目标是以稀缺的资源最大限度地满足游客、开发商及社区的需求。

旅游业生产与销售给顾客的产品是一种经历，旅游科学的核心概念是“经历（Travel Experience）”，这里“经历”的定义是：“旅游者通过对旅游目的地（广义上指旅游过程）的事物或事件的直接观察或参与而形成的感受与体验”。经历是旅游主体（游客）与客体（旅游吸引物、设施、服务与人）角色互动的产物（邹统钎，2001）。旅游规划的核心则致力于有效地组织各种资源，为旅游者创造某种特殊的经历，为开发商创造良好的经济效益，促进当地社区社会经济发展，保护自然环境。

生态旅游规划是在一定范围内和一定时期内对生态旅游发展的一种谋划。它是在对旅游资源评价和生态旅游者市场需求调查分析的基础上进行的生态旅游资源与市场的优化配置以及旅游活动在空间上的合理布局，从而为生态旅游制定发展目标和相应的实施方案。

生态旅游规划是旅游规划的一个分支，它在调查研究的基础上，根据旅游规划理论与生态学的观点，以可持续发展为指导，通过对未来生态旅游发展状况的构想与安排，将旅游者的旅游活动与环境特征有机地结合起来，将生态旅游活动在空间环境上进行合理布局，寻求生态旅游业对环境的保护和对人类福利的最优贡献，保持生态旅游业永续、健康的发展与经营。

（二）生态旅游规划的必要性

将生态旅游定义为考虑环境保护的、人与自然协调的旅游，并不能保证生态旅游中游客和从业者都能注意保护环境，并不能保证生态旅游就一定能做到可持续发展，因为旅游的实践比它的定义更加重要。在我国，近年来兴起的生态旅游热中，1400 多个自然保护区中已有 80%以上的保护区开展了生态旅游。“在已开展生态旅游活动的自然保护区中，有 44%的保护区存在垃圾公害，2%出现水污染，11%有噪声污染，3%有空气污染，22%的自然保护区由于开展生态旅游而造成保护对象受到损害，11%出现旅游资源退化”（陆红青等，1999）。

外来文化对生态旅游目的地原始古朴土著文化的冲击，则远未引起人们的注意。过分的商业化已经使某些少数民族生态旅游目的地的吸引力急剧下降。来自发达地区和国家游客的生活方式和意识，正对生态旅游目的地土著文化多样性产生前所未有的冲击。这些冲击并没有因为生态旅游的定义包含有环境保护和人与自然相互协调的内容而不存在，事实上它正从根本上无情地使作为生态旅游资源的生物多样性和文化多样性迅速丧失。

由于生态旅游具有潜在的开发破坏性，强调生态旅游科学规划就十分重要。

为促进旅游业健康发展，生态旅游开发之初，必须首先进行规划。只有规划先行，保护性开发才能落实，生态旅游的发展目标才能实现。生态旅游必须在制定合理规划的基础上，才能保护生物多样性和文化多样性，从而做到资源的可持续利用，保证环境保护与旅游活动同步健康发展。

（三）生态旅游规划的目标和原则

1. 生态旅游规划的目标

生态旅游规划是一种特殊的旅游规划形式，是涉及旅游者的旅游活动与其环境间相互关系的规划。它是应用生态学的原理方法将旅游者的旅游活动和环境特性有机地结合起来，以保护为前提，进行旅游活动在空间环境上的合理布局，并能为当地居民带来公平的收益。

在制定生态旅游规划时，必须分析生态旅游地的重要性，合理划分功能区，拟订适合动物栖息、植物生长、旅游者观光游览和居民居住的各种规划方案；充分利用河、湖、山、绿地和气候条件，为旅游者创造优美的景观，为当地居民创造卫生、舒服和安谧的居住环境。生态旅游规划应与当地的社会经济持续发展目标相一致。合理的规划不仅应该提出当前旅游活动的场地安排，而且应为未来的旅游发展指出方向，留出空间。

2. 生态旅游规划的原则

（1）保护性开发原则。针对生态旅游资源的开发而言，开发和保护的关系体现的总原则是：开发应服从保护，在保护的前提下进行开发。资源得到合理保护，开发才能得到收益；开发获得收益，反过来才能促进保护工作。

自然和文化资源是开展旅游业的基础，而自然生态系统又是极其脆弱的，保护生态旅游资源关键是保护自然生态系统。生态旅游资源的保护措施有：保护区发展旅游业应严格控制在核心区活动，发展旅游业可先在实验区开展，待积累经验后再逐步推广；编制科学合理的生态旅游规划；规划应遵循生态学原理和经济学原理，在两者产生矛盾时应遵循生态学原理；控制环境负载力，一个地区的负载力是该地区产生休闲价值的生物和社会特征未受到显著的长期影响所能承受的使用强度；建立环境监测站，严格监控旅游业发展对环境造成的负面影响，以便做出及时准确的反应；基础设施建设应遵循以下原则：① 以“少”为原则；② 以对自然改造最小为原则；③ 以“人与自然和谐共处”为原则。

（2）可持续发展原则。生态旅游是一种旅游发展模式，将旅游发展与社区发展、环境保护结合起来，是生态旅游的一个重要特征。旅游资源大多数是不可再生的，一旦遭到破坏就失去了观赏价值和人文科学价值，旅游业发展也就成了无源之水。因此，旅游地开发应注意与生态环境、与当地居民生活和生产的协调，力争做到保护、适度开发和永续利用。

事实上，任何一个环境问题的产生都有其显著的经济特征。环境污染的出现是人类发展机械和石油等工业的副产品，生态破坏是人类发展能源、交通运输等工业的副产品。如果没有这些工业的发展也可能不会出现这些环境问题。然而，为减少环境问题而限制人类的经济发展是消极的、无所作为的观点，也是人类进步和社会繁荣的障碍。所以说环境问题实质上是经济问题，是人类建设和发展自身文明的问题。从这个意义上说，生态旅游是最能够体现可持续发展思想的经济活动。

（3）文化创意原则。生态旅游者通过贴近民众生活，深入民风，可使其领略各民族绚丽多彩的文化活动和民情风俗，了解各民族、各地区的历史现状和风俗习惯，由此感知中华民族的悠久文化和光辉历史，增强民族自豪感，珍视自己的文化传统，提高民族自强意识。对民俗风情旅游资源的规划开发还有诸如审美情趣、猎奇探险、科学考察、风味饮食、民族特种工艺品、购物等切入点。在规划开发时，应重视其文化内涵，表现形式要富创造性，应因地制宜，突出地域民族特点，应忠实于民族历史文化，尊重各民族传统。

立足本土文化，借鉴外来文化，文化具有的地域性、民族性越强，对求新、求异、求知的生态旅游者来说感召力也越大。所以，充分重视对本国、本土文化的发掘、利用，应是生态旅游区文化创意的首要原则。

（4）特色原则。旅游资源贵在稀有，其质量在很大程度上取决于它与众不同的独特程度，即特色。有特色，才有吸引力；有特色，才有竞争力。特色是旅游资源的灵魂，在开发建设中，生态旅游资源区别于一般旅游资源的特色就在于它的原始性和自然性。在开发后不仅要使它原有的特色得以保持，同时应该使其更加鲜明和有所发展，绝不能在开发后使其原有的特色遭受破坏。

（5）宏观和微观相结合的原则。一个旅游区的规划不是孤立的。第一，开发建设规划要与本区域的总体规划相结合，与其周边规划相结合。第二，旅游业是当地经济和社会体系的一个子系统，它既受系统总体和其他子系统的制约，又影响其他子系统和系统总体的发展。其发展规划必须与当地经济和社会发展总体部署相结合，将它的区位、环境、地区经济发展水平、建设条件等影响旅游业发展的因素纳入规划中来。第三，旅游业是多层次、多维度、多要素相互联系组成的复杂系统，其规划必须做到总体规划、专题规划相结合，即点、线、面相结合。

（6）经济效益、社会效益和生态效益兼顾原则。在规划中我们必须以市场为导向，充分发挥市场机制在旅游发展中的地位和作用，体现市场化的要求。市场经济就是追求效益最大化，生态旅游作为旅游的一种形式，也追求效益最大化。但这个效益包括三方面的内容：经济效益、社会效益和生态效益。生态旅游资源开发必须做到生态、社会和经济效益的统一。当三者出现矛盾时，以生态效益高于一切为指导原则，即经济效益和社会效益必须从属于生态效益。

（四）生态旅游规划的内容和程序

1. 区域生态旅游规划的内容

（1）功能分区的科学划分。生态旅游规划与一般旅游业规划的明显区别在于生态旅游规划必须遵循生态学原理和方法，以风景区和保护区生态系统特点、空间结构和功能分区为规划基础。典型的生态旅游规划多以自然保护区为代表。对于开展生态旅游的自然保护区，要根据不同保护区内不同区域的重要性和脆弱性，划分为核心保护区、缓冲区和试验区等不同层次。将核心区限定为绝对保护区，禁止建设任何旅游设施；缓冲区只可开发科学考察旅游；而旅游设施如娱乐活动区、停车场及生活服务区、管理用地区等则应规划在生产实验区或保护区的外围。保护区的旅游发展规划和建设，必须在划分好这三个功能区的基础上进行，并把旅游参观活动的线路、范围尽可能地限定在实验区内。通过合理划分功能区，拟订适合动物栖息、植物生长、旅游者观光游览和居民居住的各种规划方案。

（2）容量标准的制定。生态旅游规划的核心是保护，而保护的基本措施就是确定生态旅游合理容量，这是合理开发生态旅游的基本依据之一。影响旅游容量的环境因子是多种多样的，但主要的有交通、床位、空间、游乐设施和停留时间。旅游环境容量是一个庞大复杂的系统，受到各种自然因素和社会经济因素的综合作用，我们把上面这几个因子称为限制性因子，这些因子将对旅游环境容量起着直接的限定作用。然而，旅游容量的大小常常取决于那些表现为不佳状况的限制性因子。如某一生态旅游区交通等非常便利，但是非常缺水，那么，这个地区的决定性限制性因子就是水，能供多少游客用水，就是其环境容量。

（3）环境保护和生态保育规划。生态旅游地能否永葆清新、自然、安静，能否向游客提供鸟语花香、青山滴翠、生机盎然的环境，是保持和提高旅游吸引力的根本性保障。生态环境是一个整体，旅游规划在结构布局、旅游项目安排、旅游承载容量、建筑开发强度、建筑形象等与此有关的诸多方面，均须予以充分的考虑。在此基础上，旅游规划应对下述几个主要的、相互密切联系的生态环境因素进行专门的规划安排，人们将其称为“环境保护与生态保育规划”。

环境保护与生态保育规划意义重大，理想的规划所涉及的内容包括：旅游发展的环境影响评价、环境保护规划、环境卫生设施规划、绿化与生态保育规划。其中的绿化与生态保育规划，将绿地系统规划、野生动植物保护、水土保护构成一个整体。其中，对旅游发展的环境影响评价（Environment Impact Assessment, EIA），将对不同开发方案进行生态、社会和经济影响的评估，从而为各地开发管理提供环保依据。环境影响评价的内容主要包括以下8个方面：空气污染；水污染（包括地表水、地下水）；噪声；固体废物；对生物种类、数量、结构的影响；水土流失、地貌侵蚀（包括溶洞等）；对历史遗址保护的影响（包括壁画、陵寝等）；对视觉环境的影响（国家旅游局人事劳动教育司，1999）。

（4）文化保护和社会发展规划。文化是生态旅游的灵魂，文化保护与发展规划是保护我国旅游资源及其特色的必然要求，应当突出保护与发展的重点，同时需注意对文化内涵的发掘与继承。文化保护与社会发展规划的内容一般包括：历史文化演变及价值概述；确定文化的性质、类型、规模、现状和特点；因地制宜地确定保护原则和工作重点；划定保护区（如民族文化保护区、建筑风貌保护区）及必要的用地调整、建设控制地带保护措施；对重要的实物保护对象的修整、利用和展示的规划意见（文物古迹、古城历史地段、传统村落）；对传统文化、民俗精华、特色手工艺的保护、传授及旅游开发意见（包括传说、歌舞、节庆、传统工艺品、服装、食品、生活器物）；对传统或特色产业（农林牧副渔及手工业）的保护与旅游开发意见。

与旅游规划同步进行的社会事业发展规划的主要内容包括：社会发展现状概述；精神文明建设与社会发展目标；人口控制和居民区发展（计划生育、外来劳动力管理、风景区与自然保护区人口搬迁与就业、居民与游客集聚区的合理布局等）；公共服务设施发展与地方社区需要的协调（文化博览设施、体育娱乐设施等）；科教、卫生与社会保障体系安排；其他有关措施。

（5）导游培训规划。生态旅游对导游水平的要求很高，从事生态旅游的导游人员需要掌握丰富的生态旅游专业知识。为此，应对其进行生态旅游知识培训，制订导游培训的具体计划，如导游的数量、培训方式、导游词的编写以及其他相关知识的学习等。

（6）居民安排和规划。生态旅游的一大特征就是使当地居民受益，开展生态旅游离不开当地居民的支持。因此，应尽可能使其参与旅游区的工作，给他们提供就业机会，协助他们开办家庭旅馆、风味餐馆、手工制品等服务业，使其融入旅游区。

2. 区域生态旅游规划的程序

生态旅游规划是涉及旅游者的旅游活动与其环境间相互关系的规划，是一项复杂的系统工程，需要旅游开发管理部门、环境保护部门以及公众的参与和合作。生态旅游规划程序如下：

（1）研究准备。明确规划范围，组建规划队伍。规划队伍包括规划设计、市场营销、经济和财务分析、环境和基础设施规划、社会学等方面的专家学者。他们要对规划地进行可行性研究，对准备规划的地区是否可以进行生态旅游开发进行潜力评价。

（2）确定规划目标和保护对象。对区域生态旅游的规划，首先应确定规划目标，即解决规划什么、为什么规划的问题。在确定目标的同时要考虑区域性的重要生态系统、关键物种的保护和主要环境问题。

（3）实地调查与分析。主要包括生态旅游环境的调查评价、生态旅游资源的调查评价以及生态旅游市场的调查评价等。

（4）分析和综合。在调查分析的基础上，确定市场目标、生态旅游开发计划、促销方案，对住宿、道路、交通、基础设施需求进行预测，对旅游开发的经济、环境和社会影响进行评价，明确发展旅游业的重大机会和制约因素。

（5）形成规划方案。在满足既定规划目标的前提下，依据可持续发展的原则和生态学规律，根据规划内容编制规划草案，再经过进一步的筛选、修改形成最后方案。方案中既应有空间上各类设施的布局，从时间纵向上还应有分阶段开发的具体安排，同时分析生态旅游开发将会给环境带来的正负影响，为规划方案的优化提供生态学依据。规划方案应包括生态旅游产品的策划和生态旅游配套设施的设计，还应拟订让社区居民参与生态旅游事业的方案，使社区居民真正从旅游中获得利益。

（6）修正反馈。规划方案制订后，可以应用定性或定量的方法进行初步评价，根据评价结果分析是否达到规划目标。如果有偏差，要及时修正。进入建设实施阶段后，还要进行定位或半定位的环境监测，分析旅游开发规划将会给区域环境带来的正负影响。根据监测反馈回来的信息及客观情况的变化，对区域的规划设计及时修正，使区域生态旅游规划趋于完善，为区域的生态旅游可持续发展奠定基础。

二、生态旅游规划原理与方法

（一）自然保护区生态旅游规划

1. 概述

自然保护区是受到人为保护的特定自然区域。1872 年，世界上第一个国家公园——黄石国家公园在美国诞生。20 世纪 20 年代以来，自然保护区首先在发达国家得到快速发展。1972 年，斯德哥尔摩第一次人类环境与发展会议后，自然保护开始受到全世界的关注。许多自然保护的国际机构，如联合国环境规划署（UNEP）、国际自然与自然保护联盟（IUCN）等，都在该领域开展工作。自然保护区和国家公园成为各国保护自然生态、野生动植物等文化遗产的主要手段和途径。

2. 自然保护区生态旅游规划编制

国家级自然保护区需要编制《国家级自然保护区总体规划》。生态旅游作为保护区总体规划的一部分，包括了开展生态旅游的原则和指导思想等 11 个部分，但仅仅包含这些内容还是不够详细。在具体编制生态旅游规划时，还应参照国家林业局野生动植物保护司 2002 年的《自然保护区管理计划编写指南》中“自然保护区旅游计划大纲”。

（1）规划指导思想。以保护区内自然环境和自然资源为对象，贯彻“全面规划、积极保护、科学管理、永续利用”的自然保护工作方针，坚持以保护森林生态环境和动植物为中心，严格核心区的保护，最大限度地减少人为活动对动物的干扰和对生态环境的破坏；充分利用保护区的生物多样性和生态完整性，大力开展科学研究、科普教育；在保护、恢复、发展生物资源和不降低环境质量的前提下，适当开展经营利用和生态旅游，达到社会、经济、环境协调发展，实现人与自然和谐共存。

（2）规划基本原则。①从实际出发，高标准起步，突出科学性、超前性和可操作性。②规划要本着精简节约、讲求实效、结合实际、逐步提高的原则，积极采用先进技术，着眼未来，满足保护区的保护和管理需要，充分考虑与国际接轨。③坚持保护第一、持续发展的原则，遵循自然规律，使认识自然、改善和利用自然相结合，力求自然资源的永续利用，最大限度地发挥保护区的社会、生态和经济功能。

（3）规划内容大纲。自然保护区生态旅游规划内容见表 8-1。

表 8-1　国家级自然保护区总体规划大纲纲要

章名称	节名称
1. 总论	1.1 前言 1.2 规划依据 1.3 规划指导思想和原则 1.4 规划期限
2. 基本概况及现状评价	2.1 基本概况 2.2 现状评价
3. 存在的主要问题和矛盾	3.1 来自保护区内部的威胁 3.2 来自保护区外部的威胁 3.3 土地权属矛盾
4. 总体布局	4.1 保护区性质和保护对象 4.2 规划目标 4.3 保护区功能区划 4.4 总体布局

续表

章名称	节名称
5. 保护管理规划	5.1 保护的原则和目标 5.2 保护措施 5.3 野生动植物保护规划 5.4 防火规划 5.5 保护方式 5.6 病虫害防治规划
6. 科研监测规划	6.1 任务与目标 6.2 开展科研的原则 6.3 科研和监测项目规划 6.4 科研队伍建设
7. 宣传教育规划	7.1 对游客和参观者的宣传教育 7.2 对周边社区的宣传教育 7.3 对外宣传 7.4 职业培训
8. 基础设施规划	8.1 保护所、保护点址规划 8.2 界、碑、桩和指示牌规划 8.3 道路建设规划 8.4 供电与通信规划 8.5 生活设施规划
9. 社区共管规划	9.1 社区共管的原则和目标 9.2 社区共管规划 9.3 周边最佳产业结构模式 9.4 人口控制和社区建设
10. 生态旅游规划	10.1 本区生态旅游的原则 10.2 旅游资源评价 10.3 旅游发展前景预测 10.4 环境质量控制 10.5 绿化美化规划
11. 组织机构与人员配置	11.1 组织机构设置原则 11.2 组织机构 11.3 人员编制 11.4 组织机构的任务、作用和职能

续表

章名称	节名称
12. 实施规划的保障措施	12.1 政策保障 12.2 组织保障 12.3 资金保障 12.4 人才保障 12.5 管理保障
13. 投资概（估）算	13.1 投资概算依据 13.2 投资概算
14. 效益评价	14.1 生态效益 14.2 经济效益 14.3 社会效益 14.4 总体评价

资料来源：国家级自然保护区总体规划大纲．2002

（4）自然保护区功能区的划分、适应性管理措施及评价。对自然保护区划分功能区以适应科学管理的需要，既是自然保护区保护目标的体现，也是为了更好实现保护目标。按现行《中华人民共和国自然保护区条例》的规定，自然保护区可以划分为核心区、缓冲区和实验区。核心区应是最具保护价值或在生态进化中起到关键作用的保护地区，所占面积不得低于该自然保护区总面积的 1/3，实验区所占面积不得超过总面积的 1/3。三种区的划分不应人为割断自然生态的连续性，可尽量利用山脊、河流、道路等地形地物作为区划界线。

（5）重点项目建设规划。重点项目为实施主要规划内容和实现规划期目标提供支持，并将作为编制自然保护区能力建设项目可行性研究报告的依据。重点项目建设规划中基础设施如房产、道路等，应以在原有基础上完善为主，尽量简约、节能、多功能；条件装备应实用高效；软件建设应给予足够重视。重点项目可分别列出项目名称、建设内容、工作/工程量、投资估算及来源、执行年度等，并列表汇总。

3. 自然保护区生态旅游规划应注意的几个问题

（1）生物多样性评价。从可持续发展的目的出发，在保护区特定区域开展生态旅游，在进行旅游资源评价的同时必须进行生物多样性评价。评价有两个方面：一是针对现状的本底性生物多样性质量评价；二是针对建设项目预测性的生物多样性影响评价，包括地理环境评价、生物物种评价、生物群落评价、生态环境和人文环境评价等，从而为生态旅游的规划和后续管理提供科学依据。

（2）生态旅游小区规划。生态旅游只能在保护区的实验区内选择有特色、有代表性的适当地域，划出一处或几处具有一定面积范围的区域，严格划定边界，选定旅游主题，规划成生态旅游小区（或称景区），在小区内规划旅游内容，如资源评价、开发规模、景点设置、基础设施、容量计算、市场测定、效益分析等。

（3）与地方旅游规划相衔接。自然保护区地处偏僻山区，市场局限性很大，旅游业开展规模往往不能自成体系。在进行自然保护区生态旅游总体规划时不能忽视其外部环境，在维护自主经营和突出特色的前提下，应尽量融入地方旅游业系统，成为地方旅游规划的重要组成，在基础设施建设（交通、能源、通信等）、资金调剂、市场经营等方面依托地方旅游业才能事半功倍。

（二）森林公园生态旅游规划

1. 规划的指导思想和基本原则

（1）指导思想。森林公园总体设计的指导思想：应以良好的森林生态环境为主体，充分利用森林旅游资源，在已有的基础上进行科学保护、合理布局、适度开发建设，为人们提供旅游度假、休憩、疗养、科学教育、文化娱乐的场所，以开展森林旅游为宗旨，逐步提高经济效益、生态效益和社会效益。

（2）基本原则。根据森林公园规划的“规范”要求，在制定森林公园总体规划时应遵循以下基本原则：

①森林公园开发要以生态经济理论为指导，以保护为前提，遵循开发与保护相结合的原则；②森林公园的建设规模必须与游客规模和环境容量规模相适应，充分利用林场的原有设施进行适度改造和建设，建筑风格与环境和谐，污染物实现达标排放；③森林公园的旅游开发项目应充分考虑森林生态环境的特点，因地制宜，突出自然野趣和森林保健等特色和功能，建成公众休闲和健身旅游的基地；④加强森林公园的科学教育功能，向公众普及森林生态系统的科学知识和环保知识，建成科学教育基地；⑤规划与社区发展相结合，通过社区参与生态旅游促进资源保护和可持续利用，促进社区经济、社会和文化水平的提高；⑥统一布局，统筹安排，在项目建设上突出重点，遵循功能分区和阶段性发展、稳步发展的原则。

2. 总体规划的基本内容

林业部《森林公园总体设计规划》对森林公园规划设计有明确的要求，通常规划文件应包括总体设计说明书、设计图纸和有关附件。与自然保护区相比，森林公园保护的要求一般低于自然保护区，大众休闲娱乐和发展经济的功能大于自然保护区。这些特点通常也体现在旅游规划中。

（1）总体设计规划说明书编写提纲。（见表8-2）。

表8-2 总体设计规划说明书编写提纲

章名称	节名称
第一章 基本情况	第一节 自然地理概况 第二节 社会经济概况 第三节 历史沿革 第四节 公园建设与旅游现状
第二章 森林旅游资源与开发建设条件评价	第一节 森林旅游资源评价 第二节 开发建设条件评价
第三章 总体设计依据和原则	第一节 总体设计依据 第二节 总体设计原则
第四章 总体布局	第一节 森林公园性质 第二节 森林公园范围 第三节 总体布局
第五章 环境容量与游客规模	第一节 环境容量 第二节 游客规模
第六章 景点与游览线路设计	第一节 景点设计 第二节 游览线路设计
第七章 植物景观设计	第一节 设计原则 第二节 植物景观设计
第八章 保护工程设计	第一节 设计原则 第二节 生物资源保护 第三节 景观资源保护 第四节 生态环境保护 第五节 安全、卫生工程
第九章 旅游服务设施设计	第一节 餐饮 第二节 住宿 第三节 娱乐 第四节 购物 第五节 医疗 第六节 导游标志

续表

章名称	节名称
第十章　基础设施工程设计	第一节　道路交通设计 第二节　给水工程设计 第三节　排水工程设计 第四节　供电工程设计 第五节　供热工程设计 第六节　通信工程设计 第七节　广播电视工程设计 第八节　燃气工程设计
第十一章　组织管理	第一节　管理体制 第二节　组织机构 第三节　人员编制
第十二章　投资概算与开发建设顺序	第一节　概算依据 第二节　投资概算 第三节　资金筹措 第四节　开发建设顺序
第十三章　效益评价	第一节　经济效益评价 第二节　生态效益评价 第三节　社会效益评价

资料来源：中华人民共和国林业行业标准《森林公园总体设计规范》（LY/T 5132—1995）

（2）设计图纸。①森林公园现状图。比例尺一般为 1：10000～1：50000。主要内容：森林公园境界、地理要素（山脉、水系、居民点、道路交通等）、森林植被类型及景观资源分布、已有景点景物、主要建（构）筑设施及基础设施等。②森林公园总体布局图。比例尺一般为 1：10000～1：50000。主要内容：森林公园境界及四邻、内部功能分区、景区、景点、主要地理要素、道路、建（构）筑物、居民点等。③景区景点设计图。比例尺一般为 1：1000～1：10000。主要内容：游览区界、景区划分、景点景物平面布置、游览线路组织等。④单项工程设计图。比例尺一般为 1：500～1：10000。主要内容应按有关专业标准、规范、规定执行。图种包括：植物景观设计图、保护工程设计图、道路交通设计图、给水工程设计图、排水工程设计图、供电工程设计图、供热工程设计图、通信工程设计图、广播电视工程设计图、燃气工程设计图、旅游服务设施工程设计图以及其他。

3. 森林公园总体布局

（1）一般规定。总体布局必须全面贯彻有关各项方针、政策及法规；有利于保护和改善生态环境，妥善处理开发利用与保护之间、游览与生产和服务及生活等诸多方面之间的关系；从公园的全局出发，统一安排；充分合理利用地域空间，因地制宜地满足森林公园多种功能需要；在充分分析各种功能特点及其相互关系的基础上，以游览区为核心，合理组织各种功能系统，既要突出各功能区特点，又要注意总体的协调性，使各功能区之间相互配合、协调发展，构成一个有机整体；要有长远观点，为今后发展留有余地。

（2）森林公园功能分区。根据森林公园综合发展需要，结合地域特点，应因地制宜设置不同功能区（见表 8-3）。

表 8-3　森林公园功能分区区划

区划	主要功能
游览区	为游客游览观光区域。主要用于景区、景点建设；在不降低景观质量的条件下，为方便游客及充实活动内容，可根据需要适当设置一定规模的饮食、购物、照相等服务与游艺项目
游乐区	对于距城市 50 公里之内的近郊森林公园，为添补景观不足、吸引游客，在条件允许的情况下，需建设大型游乐与体育活动项目时，应单独划分区域
狩猎区	为狩猎场建设用地
野营区	为开展野营、露宿、野炊等活动用地
休、疗养区	主要用于游客较长时间的休憩疗养、增进身心健康之用地
接待服务区	用于相对集中建设宾馆、饭店、购物、娱乐、医疗等接待服务项目及其配套设施
生态保护区	以涵养水源、保持水土、维护公园生态环境为主要功能的区域
生产经营区	从事木材生产、林副产品等非森林旅游业的各种林业生产区域
行政管理区	为行政管理建设用地。主要建设项目为办公楼、仓库、车库、停车场等
居民生活区	为森林公园职工及公园境内居民集中建设住宅及其配套设施用地

资料来源：中华人民共和国林业行业标准《森林公园总体设计规范》（LY/T 5132—1995）

4. 景点设计

（1）景点设计内容。景点设计内容包括景点平面布置、景点主题与特色、景点内各种建筑设施及其占地面积、体量、风格、色彩、材料及建设标准。

（2）景点布局。突出森林公园主题，从公园整体到局部都应围绕公园主题安排；总体布局应突出主要景区，以主要景区为中心；景区内应突出主要景点，以主要景点为中心；运用烘托与陪衬等手段，合理安排背景与配景；静态空间布局与动态序列布局紧密结合，处理好动与静之间的关系，使之协调，构成一个有机的艺术整体。

（3）景点命名。高度概括景色特点，主题应恰如其分，充分揭示景观的内涵精髓；雅俗共赏，应满足各层次多数游人游览需要；不得单纯追求艺术、片面标新立异、古僻、抽象、令人费解；具有新颖性、知识性与趣味性，能激发游人的探索和游赏兴趣；景点构思应虚实并举，达到意境与景物形体的完美结合。

5. 游览线路设计

（1）游览线路设计。包括选择游览方式、组织游览线路、确定游览内容。

（2）游览方式选择。游览方式选择原则是合理利用地形、地势等自然地理条件，充分体现景点特点，紧密结合游览功能需要，因地因景制宜、统筹安排。

陆游：主要为步行或利用必要的代步工具进行游览，游览和活动内容比较丰富，经济简便。是目前主要的游览方式。

水游：利用自然或人工水体，乘舟游览，可充分利用水面，开展水上游览，丰富游览内容。

空游：乘直升机、滑翔机、热气球、缆车等开展空中游览，主要适用于较大型森林公园。空游设施选址必须以不降低景观质量和有利于资源保护为原则。

地下游览：主要利用溶洞或人防工事等，组织地下游览活动。

（3）游览线路组织。合理布局，充分利用各种游览方式，形成有机结合，提供丰富的游览内容；游览线路应有鲜明的阶段性和空间序列变化的节奏感，由起景开始、发展到高潮、结束，逐渐引人入胜；游览线路应便捷、安全，使游客在尽可能短的时间内观赏到景观精华；使游人能感受和利用森林公园的多种效益功能；有利于森林公园景观资源和环境保护；有利于合理安排游人的吃、住、行、购、娱等旅游服务设施。

6. 森林生态旅游产品设计

与自然保护区以保护为主不同，森林公园主要是为公众提供回归自然、观赏自然风光，特别是休闲度假的场所。其旅游产品设计应围绕此目的进行。

按照游客对产品体验的不同深度，可以将森林生态旅游产品分为三大类：观光型、认知型、体验型（见图8-1）。观光型旅游产品是指那些能够满足旅游者基本审美需要，但只局限于游赏观光性质的旅游产品；认知型旅游产品是指在满足一般审美需求的基础上，注重于学习知识、研究学术一类的旅游产品；体验型旅游产品是指能为游客提供参与体验机会，关注他们精神需求的一类旅游产品。

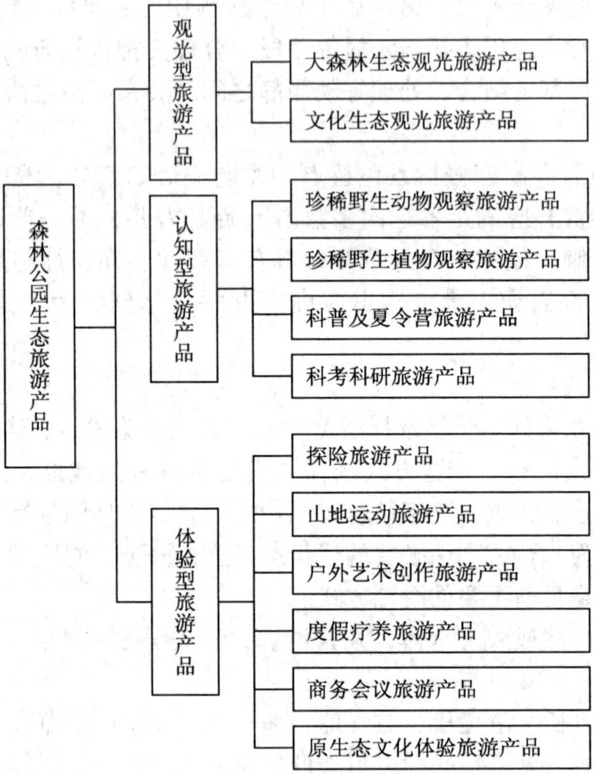

图 8-1 森林公园生态旅游产品谱系

（三）地质公园生态旅游规划

1. 地质公园概念

地质公园（Geopark）是以具有特殊的科学意义、稀有的自然属性、优雅的美学观赏价值、具有一定规模和分布范围的地质遗址景观为主体；融合自然景观与人文景观并具有考古、生态、历史和文化价值；以地质景观保护支持当地经济、文化和环境的可持续发展为宗旨；为人们提供具有较高科学品位的观光游览、度假休闲、保健疗养、科学教育、文化娱乐的场所。地质公园同时也是地质遗迹景观和生态环境的重点保护区、地质科学研究与普及的基地。

2. 地质公园总体规划报告编写纲要

为规范地质公园的建设，保护好珍贵的地质遗迹，将其精美绝伦的面貌及其形成的历史和科学知识展现给当代人和子孙后代，国土资源部发布了《国家地质公园总体规划工作指南》(试行)(以下简称《指南》)。有关各项规划的细节部分可参看《指南》(见表8-4)。

表8-4　地质公园总体规划报告编写纲要指南

章名称	节名称
第一章　基本情况	第一节　自然地理概况 第二节　社会经济概况 第三节　历史沿革 第四节　公园建设与旅游现状
第二章　地质景观资源开发建设条件评价	第一节　区域地质概况 第二节　区域旅游地学资源 第三节　地质遗迹景观 第四节　地质旅游资源评价 第五节　开发建设条件评价
第三章　总体规划依据和原则	第一节　总体设计依据 第二节　总体设计原则
第四章　总体布局	第一节　地质公园性质 第二节　地质公园范围 第三节　总体布局
第五章　环境容量与游客规模	第一节　环境容量 第二节　游客规模
第六章　地质生产资料教育游览线路规划	第一节　景点规划 第二节　旅游线路规划
第七章　保护工程规划	第一节　地质遗迹景观保护 第二节　其他资源保护 第三节　生态环境保护 第四节　安全、卫生工程
第八章　旅游服务设施规划	第一节　餐饮与住宿 第二节　科普娱乐 第三节　购物（地质工艺品） 第四节　医疗与地学保健 第五节　导游标志

续表

章名称	节名称
第九章 基础设施工程规划	第一节 道路交通规划 第二节 给水工程规划 第三节 排水工程规划 第四节 供电工程规划 第五节 供热工程规划 第六节 通信广播电视工程规划
第十章 组织管理	第一节 管理体制 第二节 组织机构 第三节 人员编制
第十一章 投资概算与开发建设顺序	第一节 概算依据 第二节 投资概算 第三节 资金筹措 第四节 开发建设顺序
第十二章 效益评价	第一节 经济效益评价 第二节 生态效益评价 第三节 社会效益评价

资料来源：国家地质公园总体规划工作指南

地质公园作为一种新的广义的保护区类型，正在进入旅游开发规划的高潮期，对于它的保护、科学性解说系统和适度开发的要求都使它适于开展生态旅游活动。

3. 地质公园规划的指导思想和原则

（1）指导思想。《指南》明确指出“总体规划的指导思想，应以独特的地质地貌与地质遗迹景观资源为主体，充分利用各种自然与人文旅游资源，在保护的前提下合理规划布局，适度开发建设，为人们提供旅游观光、休闲度假、保健疗养、科学研究、教育普及、文化娱乐的场所，以开展地质旅游促进地区经济发展为宗旨，逐步提高经济效益、生态环境效益和社会效益”。

（2）地质公园总体规划原则。地质公园应以地质遗迹景观和地质生态环境为主体，突出自然科学情趣、山野风韵观光和保健旅游等多种功能，因地制宜，发挥自身优势，形成独特风格和地域特色的科学公园。

以保护地质遗迹景观为前提，遵循开发与保护相结合的原则，严格保护自然与文化遗产，保护原有的景观特征和地方特色，维护生态环境的良性循环，防止污染和其他地质灾害，坚持可持续发展。

为促进当地社会经济可持续发展服务，依据地质自然景观资源与人文旅游资源特征、环境条件、历史情况、现状特点，以及国民经济和社会发展趋势，以旅游市场为导向，总体规划布局，统筹安排建设项目，切实注重发展经济的实效。

要协调处理好景区环境效益、社会效益和经济效益之间的关系，协调处理景区开发建设与社会需求的关系，努力创造一个风景优美、设施完善、社会文明、生态环境良好、景观形象和旅游观光魅力独特、人与自然协调发展的地质公园。

4. 地质公园的总体布局

（1）区划原则。根据地质公园综合发展需要，结合地域特点，应因地制宜地设置不同功能区，使地质公园能提供给游客丰富多彩、引人入胜的旅游活动和优质便捷的旅游服务。

（2）功能区划。地质公园功能区划见表 8-5。

表 8-5　地质公园功能区划

区划	主要功能
生态保护区	保护地质遗迹及生态环境，涵养水源，保持水土，维持公园生态环境为主要功能的地区
特别景观区	具有独特的地质遗迹景观和自然、人文景观的地区
史迹保存区	地质遗迹与历史遗迹需要特别突出保护的地区
地质游览区	为游客游览观光区域。主要用于景区、景点建设；在不降低景观质量的条件下，为方便游客及充实活动内容，可根据需要适当设置一定规模的饮食、购物、照相等服务与游艺项目
野营区	为开展野营、露宿、野炊，模拟野外地质科考调查生活区
休、疗养区	利用特殊的地质条件与自然环境和资源，为游客提供较长时期的休憩疗养、增进身心健康之用地
游乐区	对于距城市 50 公里之内的近郊地质公园，为吸引游客，在条件允许的情况下，需建设大型游乐与体育活动项目时，应单独划分区域
接待服务区	用于相对集中建设宾馆、饭店、购物、娱乐、医疗等接待服务项目及其配套设施

续表

区划	主要功能
生产经营区	从事石材生产、矿产开发等非地质旅游业的各种生产活动区
行政管理区	为行政管理建设用地。主要建设项目为办公厅、仓库、车库、停车场等
居民生活区	为地质公园职工及公园境内居民集体建设住宅及其配套设施用地

资料来源：国家地质公园总体规划工作指南

5. 旅游景点景区和线路规划

景点景区规划要突出地质公园主题，从公园整体到局部都应围绕公园主题安排。景点以地质自然景观为主，突出科技情趣、自然历史，以人文景观做必要点缀，画龙点睛。景点布局处理好静态空间与动态序列的关系，景点应沿山势、河流水系等自然地形和地物设置、展开，运用多种手法表现多样化的景观与统一的主题。景区内不搞大型人造景点。

6. 地质公园生态旅游项目和产品设计

地质公园旅游活动不同于一般的风景观赏，需要有专业性很强的地质历史知识作为基础，这使地质公园的旅游活动具有生态旅游科普与环境教育的特点。地质公园的生态旅游项目和产品设计既要突出地质公园自然景观本身的特色，又要通过利用多样化，特别是高科技手段，充分展示地质遗迹和地质景观的美学价值、科学价值、实用价值与人文价值。同时，通过充分挖掘和利用当地的自然环境、经济生产与传统文化特色的潜力，形成以地质公园为中心的系列生态旅游产品。

地质公园的生态旅游是与地质旅游、科普旅游、农家田园休闲旅游相结合的旅游。地质公园内的生态旅游应该包括地质景观元素、生态元素、人文元素。由上述三大元素构成生态旅游产品还应具备以下特点：

第一，生态旅游将对环境的冲击降到最小。生态旅游线路范围内，维护生态景观，不大兴土木，不搞城市式公园，不建传统概念的景区。

第二，让游客切身成为对自然环境保护的正面贡献者。在旅游活动中，管理者与旅游者对生态环境保护达到共识，响亮地提出“除了摄影什么也不取，除了足迹什么都不留”的口号，强化环保意识。

第三，让游客沉浸在自然环境中，摆脱都市生活压力，行走方式上以徒步为主，或者徒步与车行（接送）、徒步与自驾车相结合。不建大型步道，尽量利用乡间、山间的羊肠小道。

第四，让游客得到游憩的满足，在细细欣赏中获取知识，乐在自然，解读大自然的神秘。

第五，以最尊重的态度对待当地的文化，游玩的活动具有一定互动性、参与性，内容如耕作体验（种植、收割、采摘等）；与村民交流，和小朋友共同学习、游戏等。

第六，建立一套适合当地的经营管理制度，在行动上、经济上回馈地方。

第二节 生态旅游规划的核心——绿色设计

一、生态旅游的绿色设计

所谓绿色设计（Green Design），即人们在改造自然环境的设计构想中，遵循自然环境的客观规律，尽量保持环境的自然原始状态，不污染环境，不破坏环境。按联合国教科文组织（UNESCO）的解释，“绿色（Green）”意味着自然的、无污染的状态。

生态旅游的绿色设计所追求的根本目标是：倡导全球旅游业与“绿色”建立伙伴关系。即保持一个绿色的地球，建立绿色旅游区和绿色工程，发展绿色通信技术，进行绿色旅游产品设计、包装，树立绿色消费观念等。生态旅游涉及生态旅游主体（生态旅游者）、生态旅游的供给和服务企业（饭店、交通运输、旅行社、景区），以及生态旅游行政管理部门和社区居民。因此，生态旅游的绿色设计自然围绕生态旅游者、生态旅游经营和服务企业、社区居民展开。

（一）绿色交通

绿色交通在整个生态旅游活动中起着支配作用，是人们实现生态旅游活动的必要手段。按习惯可分为绿色陆运交通、绿色水上交通、绿色空中交通三大类。

绿色陆运游览线设计应遵循以下原则：道路和人行小径、桥梁不应很突出和显眼，尽可能和自然地形地貌相一致；修建停车场时，关注可能对环境产生的影响；若要使用沥青路面，面积最好不要超过最低要求；人行道可以选用木柱、板石、人造石或水泥板等铺设，色彩要自然，将要修建的路面宽度降低到最小。在湿地、草甸、沟谷等生态脆弱地区，可修筑简单的栈道代替大面积硬化地面筑路，减少对环境的侵扰。

大多数水上绿色交通工具都比一般的旅游船只小一些，不需修建专用码头，可以到达人迹罕至的游览区。

开展空中绿色交通，应特别注意安全，需向当地政府或民航机构申请，并在特定的空间范围内开展活动。加强对从业人员的技术培训，凭证上岗，并落实严格的安全检查制度。空中索道、缆车的建设，应不以破坏景观为原则，并将环境影响降低至最低限度。

（二）绿色饭店

尽管许多生态旅游者被自然环境的美和唯一性所吸引并参与生态旅游，但仍对宾馆设施具有较高的期望。因此，为其提供基本的、合理的住宿要求显得非常重要。宾馆设施的设计应满足融入自然环境的生态旅游者在游览一天之后享受一些舒适设施的要求。生态旅游者的期望形式多样，随个人动机和需求而发生变化。一些生态旅游者可能中意野营帐篷，而其他人可能更喜欢有私人淋浴和其他设施的封闭客房。

绿色饭店是根据可持续发展理论，采用对环境友好的方式开发经营，为游客提供绿色服务和清新舒适的旅居环境。其特点是：低容量、低密度、中小型化、风格特异、本土化；融于当地自然环境与文化环境中，以家庭经营为主；古朴、自然、舒适，能完全被当地人接纳；房屋坐北向南，通过使用储能建筑材料，采用直接利用太阳能的采能器、种植落叶乔木等来节能。

大自然是生态旅游设施建筑设计的思想源泉，为了拉近与自然的距离，设计者应抛弃传统的建筑设计形状、结构，亲身体验生态旅游区的景观资源特色，将其设计与环境形成协调一致的风格。绿色建筑的主要设计因素及设计方法见表 8-6。

表 8-6 绿色建筑的主要设计因素及其设计方法

主要设计因素	设计方法
材料与制造方法	限制排放氟利昂气体 谨慎使用热带雨林的木材 使用对人体无害的材料 使用耐久材料 使用对环境影响最小的材料
功能的可持续	易于维护的建筑和服务体系 灵活的空间规划 满足经营需要的功能设置和布局

续表

主要设计因素	设计方法
防护措施	隔热、密封、遮荫 利用地热资源 利用太阳的光和热 利用自然光 自然通风和通气道 利用水利和生物能 利用风能
资源与能源的有效使用	循环使用建筑材料 废物再生利用 水的循环使用 有效利用未开发的能源 能源的多层次使用 使用高效的设备和控制系统
保证健康和舒适的环境	高质量的声环境 高质量的空气环境 高质量的热环境 高质量的采光和良好的视觉景观
设计与地方结合	使社区充满活力 保护和复兴历史 表演地方色彩
设计与地理环境结合	选址 合适的体量 合适的高度 与环境相协调的外观色彩
保护生态系统、控制城市气候的变化	控制空气污染 考虑建筑带来的通风和遮阳 合理处理工业废弃物 植被和可渗透性铺地

（1）选址。绿色宾馆选址应注意避免大面积砍伐树木、破坏植被和文物古迹，少占林地，减轻对植被、土壤环境的影响；对昆虫、爬虫和啮齿动物控制给予特殊关注，将设计给它们造成的侵扰降至最轻；自然保护区、森林公园内的生态宾馆只

能在实验区或周边地区选址，尽可能避免干扰动物的生物学、生态学习性；宾馆建筑体体量、高度、布局结构、建筑格调、装饰风格、基调色彩等与长期的环境标准保持一致，并与其他基础设施和功能区形成协调统一，不形成景观环境的破坏。

（2）材料选择。绿色宾馆可对建筑材料（如木材、竹林、禾草、石材等）、电能供给、能源消耗的节约、废弃物处理等全方位实行全新的管理。在建筑材料和建筑技术方面，尽可能采用当地建筑技术；使用内含能量低的材料，减少钢、铝、混凝土等高内含能量材料使用（所谓内含能量是指建筑材料在开采、运输、建造、装配以及施工、运输过程中消耗的能量以及建筑体建设时本身施工和场地处理的能量消耗）；尽量采用当地建筑材料；重复利用宾馆原有建筑设施的一些建筑材料、构件与设备；内部装饰和设施应采用当地的资源，如将栎树、松木、桦木、枫杨、杉木、竹子、杨树等树种用作加工制作家具和装饰材料。

（3）水资源利用。绿色宾馆的水资源利用应建立循环利用系统，特别是在降水量小的偏远地区，应建立雨水收集和循环使用制度。在不改变自然水域的情况下，建立小水库，还可以采用低流量的冲水马桶、无水厕所、特别的淋浴喷水龙头。

（4）能源消耗。目前宾馆、酒店设备容量都很大。能源消耗量非常可观，一般单位面积年耗电量达到 160 千瓦·小时/平方米以上，能源费用占宾馆、酒店总营业额的 5%~6%。对于大型酒店来说，每年要支出近 1000 万元的能源费用。如果存在能源浪费现象，这个数值还要增长。因此，绿色宾馆采取能源节省措施不仅有利于降低经营成本，而且有利于环境保护。绿色宾馆的能源节省设计应包括：电气系统节能技术、空调系统节能技术、锅炉及管道节能技术以及其他节能技术（合理地确定房屋的朝向；种植落叶乔木，增加冬季光照；水力资源丰富地区考虑水力发电，实现电力部分或全部自给）。

（5）废弃物处理设计。废弃物运输或处理应使用对环境无污染的技术；设置安全的垃圾储存设施；从源头上控制废弃物的产生，实行绿色采购，减少物品包装材料的使用；废水回收后可用滴灌系统来灌溉植物；对有机物和非有机物垃圾分别进行分拣收集；推广无水厕所（无水厕所是绿色宾馆和生态景区常用的技术，它有一个放在马桶下的大箱子，粪便通过与马桶相连的开口进入箱子后，在富氧环境下开始分解，无须用水，制成的肥料每年只需要从箱底清理一次）。

（6）社区利益。从理论上说，上述生态旅游宾馆及其设施的设计应在当地社区及开发商之间充分对话的基础上产生。如果开发商是外来的，就需要征募社区居民参与规划过程、招聘他们成为宾馆员工，这样有利于体现当地文化、生态伦理。给社区居民提供参与规划和受益的机会，确保社区对生态旅游的长期支持，减少负面的文化影响，是非常重要的。

（三）绿色景区

2006 年深圳市旅游局正式颁布了全国第一部绿色景区行业标准，借鉴绿色酒店行业标准，并结合旅游景区管理实际，为全国推广绿色景区进行了先期试验，具有深远意义。绿色标准要求：景区规划建设要采用绿色设计。即：设计中有保护本区域自然景观和生物的技术安排，景区建设未造成区域内和周边植被、水系及生态恶化，绿地面积充分等；要求节约使用水资源，使用中水浇灌绿地和环卫用水，不使用一次性用品，简化包装，节约使用清洁剂，做到资源再利用；要求控制污染排放，保护景区内景观和文物资源，使用环保型设备（用品）和材料；提供绿色服务和绿色食品，倡导绿色消费，拒绝使用污染环境的用品等。

在景区的规划建设中，纳入环境因素和预防污染措施。在建筑设计、室内设计与装修等方面，充分考虑能源节约和生态环境保护。特别是新建景区景点，应全面使用节能设施和环保材料。景区有节能改造计划，积极采用太阳能、地热能、风能等。

绿色景区是一种全新的管理理念，要求将循环经济发展模式融入管理中，使景区建设对环境破坏性最小，物质消耗最少，积极引导游客绿色消费，节约资源，以达到建设节约型、环保型、生态型景区的目的。

绿色景区是生态旅游的核心，是整个旅游活动的依托。它具有原始性、自然性、保护性、生态资源脆弱性、限制大规模开发活动等特点。因此，绿色景区主要需要关注以下内容：重视自然本身的价值；规划和实施的目的是为了控制任何形式的冒险行为；认识到增长和发展的有限性；相信并关注子孙后代的需求；鼓励个人的参与活动。

任何一个绿色景区都应该符合以下九项标准：促进积极的环境道德，强化参与者们的受欢迎的行为模式和行为规范；不让资源退化；关注内在价值而不是外在价值；以环境为中心；有益于野生动植物和自然环境；提供和自然环境的直接接触；积极鼓励当地社区参与旅游活动并使其受益，从而有利于对环境价值更好的认识；根据提供的教育功能和满意度来对绿色景区进行等级评定，而不是看它的刺激程度或令人兴奋的程度；绿色景区对管理者和参与者有较高的知识要求和知识储备要求（中国人与生物圈国家委员会秘书处，2000）。

（四）绿色娱乐场

绿色娱乐场是为生态旅游者进行健身锻炼和文化娱乐活动提供各种设施和服务的地方，它与其他生态旅游要素有机结合，共同构成生态旅游体系。按照休闲娱乐活动的性质可分为：参与性活动，如舞厅设施、体育活动设施；休闲公园，如绿色主题公园；表演性演出活动，如各种文艺活动；营地、宾馆和度假村中的娱乐活动；地方性、民族性表演；休闲娱乐产品。

（五）绿色旅游商品

所谓绿色旅游商品是具有资源耗用低、亲和环境、健康安全、具有审美价值、实用价值的天然商品或人工制成品，一般具有纪念、欣赏、保值、馈赠等意义（中国人与生物圈国家委员会秘书处等，2000）。如土著居民自己手工制作的雕塑或家庭主妇们染织的民族工艺品。生态旅游者购买这种商品，不会对当地的环境、生物多样性产生不利影响。

绿色旅游商品的开发一定不能对濒危物种和动物构成威胁。生态旅游者最好不要购买海洋产品，如壳制成品，也不要购买野生保护动物的皮毛及其他野生动物的禁卖品，严禁收集野生动物、生物标本，限制购买具有较高地方文化价值的商品，比如，只在特定场合使用的、为特定仪式活动而设计和穿戴的服装。绿色旅游商品的开发以不导致对濒危物种的滥杀为原则。

二、生态旅游的绿色技术

（一）同时发热发电

同时发热发电意味着在发电过程中，把产生的热量收集起来加以利用。使用这种系统，每年大约可以节约40%的费用。并且这种安装方便、占用空间小、噪声小、安装费用少的系统，可以使用户自行控制用电量，减少了输电的成本。澳大利亚亚康拉德·朱庇特饭店（conrad Jupiters）利用 Alfa Laval 盘式热交换机，将空调制冷器主机产生的冷凝水加热，作为游泳池水，无论冬季或夏季，池水都能得到充足的供热（中国人与生物圈国家委员会秘书处译，1995）。

这一节能设备，比较适用于大中型饭店，或是需要使用空调的大型办公楼。

（二）太阳能热水系统

太阳能热水系统是对太阳光能的有效利用。其原理是利用收集的太阳光能，将水加热。一套太阳能热水系统包括：太阳能收集板、蓄水池或蓄水箱，有时配一个热交换介质。在日照时间较长的地区开展生态旅游时，应鼓励使用这种清洁能源系统。

（三）光生电系统

光生电系统的核心部件是太阳能电池，它可以将太阳能转化为电能。一个光生电系统包括的部件有：并排的多块光生电电板；电池支撑架；用来储存电能的电池组；交流电和直流电转换器。使用光生电系统的好处是：太阳能电池无噪声，不排放有害气体，对保护环境有利；就地发电，减少运输费用；安装灵活，不易损坏。最适于采用光生电的旅游企业是：岛屿度假区、偏远地区的旅游景点、野外旅游企业。

（四）风力涡轮（风轮）

风力涡轮是通过1~3片叶片的快速转动，达到发电所需要的较高转速。叶片被安装在高塔上，以最大限度地获取风能。风轮的类型分为大风轮（100~500

千瓦)、小风轮(0.25~100千瓦)。

发展风轮发电的原因是:与太阳能相比,风轮发电投资少,成本核算低;适合用不上电网的偏远地区;有商业特征等。如彩虹能源公司位于沃宁火山口旁,他们利用风能发电,然后将电储存于蓄电池中,在需要时供给工厂。该公司把风力发电机与太阳能发电机联合使用,产生的电能大大超过需求。

(五) 生物燃料

生物燃料是指以生物质(植物或动物质)为原料生产的,用于汽车或其他动力装置的燃料,主要指甲醇、乙醇、生物柴油。生产生物燃料的物质主要分为五类:森林废弃物,主要指废弃的树枝、树皮、树叶,包括果园、公园修剪的树枝等废弃物;工厂废弃物,主要包括木材类废弃物、动植物油脂等;农业废弃物,如秸秆、废弃的木材门窗、纸张、锯末等;专用能源作物,包括速生林木和草本植物,如杨、柳、竹子,以及玉米、红薯、马铃薯等。生物燃料开发的意义体现在国家战略及安全、农业发展和区域经济、环境保护三个方面(傅尧信,2001)。

(六) 小型水电系统

水力发电是指水流进入某一高度的入口后,通过管道降落到在低处的涡轮机的叶轮上来发电,水流过涡轮而回归溪流。降落的水产生的能量取决于水的势能和流过涡轮的水量。水力发电没有环境污染,属于绿色能源。

莱蒙撒穆·洛奇公司位于澳大利亚塔斯马尼亚岛北部的cathana湖边的山林中,有一个风景优美的度假区,拥有18栋小屋。公司在度假区投资兴建了涡轮机和基础设施,将小屋度假区附近流过的河水引进水管,然后经一定距离后降落200多米,获得了启动52千瓦涡轮机所需的必需水压。涡轮机产生的电可以为整个度假区提供所需的照明、制冷和部分供暖用电,还可以为度假区提供饮用水和生活用水。

我国南方一些山区降水量大,水源充足。采用就地发电,可以减少燃料运输,使输电损耗电量降低。如海南岛某国有林场在实行天然林禁伐后,利用当地的充足的水利资源,通过股份制集资,兴建了一个中等规模的水电站,所发电一方面提供林场开发森林旅游、旅游宾馆之用,另一方面提供给周边社区,减少了周边社区生活能源消耗导致的对天然林的采伐。多余的电量还可以向外销售,水力发电给林场带来了良好的经济效益、社会效益。

本章小结

旅游规划从区域理论中衍生出来,尚未有统一的概念。生态旅游规划是在一定范围内和一定时期内对生态旅游发展的一种谋划。

生态旅游规划的原则包括保护性开发原则、可持续发展原则、文化创意原则、特色原则、宏观和微观相结合的原则以及经济效益、社会效益和生态效益兼顾原则。

生态旅游规划主要应围绕以下内容展开：功能分区的科学划分、容量标准的制定、环境保护和生态保育规划、文化保护和社会发展规划、导游培训规划、居民安排和规划等。

生态旅游规划是涉及旅游者的旅游活动与其环境间相互关系的规划，是一项复杂的系统工程，需要遵循相应的程序。

自然保护区、森林公园、地质公园等不同类型的生态旅游区应根据旅游区资源特色和开发需要等而有不同的要求和思路，并提出不同的规划方案。

生态旅游的绿色设计所追求的根本目标是倡导全球旅游业与“绿色”建立伙伴关系。生态旅游的绿色设计包括绿色交通、绿色饭店、绿色景区、绿色娱乐场和绿色旅游商品等。

复习题

1. 请谈谈生态旅游规划与区域旅游规划的异同点。

2. 结合具体旅游景区谈谈生态旅游规划中如何贯穿生态旅游规划原则、规划内容和程序。

3. 对自然保护区、森林公园和地质公园的生态旅游规划方案的设计有什么不同的要求和思路?

4. 谈谈你对生态旅游绿色设计的理解。

📖 阅读材料 8-1

美国奥兰多迪士尼动物王国的生态体验设计

迪士尼动物王国主题公园巧妙地将一般的现代综合性动物园与著名的迪士尼主题乐园结合起来，创造出内容更加丰富多彩的动物王国主题公园。当然，这样的结合并不是简单而机械地叠加，迪士尼公司在动物园与迪士尼乐园之间找到了根本的一致性：通过活泼可爱的动物表达热爱自然和保护自然的理念。在这一最高共同理念的指导下，规划师将以动物为主题的迪士尼乐园游艺项目与动物展馆、动物散养区按照一定规律穿插起来，组成七个主题区域，它们分别是：绿洲、发现岛、米妮-米奇营地、非洲原野、Rafiki 的星球观测站、亚洲森林、恐龙岛等。在这样的动物王国里，游客不仅能够观赏到来自世界各地的珍稀野生动物，了解它们的生活习性、与它们近距离接触，感受各大洲不同的自然风情。同时也能参与刺激的游艺项目，观看迪士尼卡通动物明星带来的 4D 电影和舞台剧等。

在 Rafiki 的星球观测站中，游客可以与温顺的食草动物零距离接触，了解动物的生活习性，也可以在资深的动物研究人员的帮助下了解生物多样性的重要意义。

在恐龙岛中游人可以看到史前地球统治者恐龙的骨架化石、学习恐龙化石的考古发掘过程，更可以坐上穿越时空的游览车回到6700万年前的恐龙山谷探险。该恐龙谷以1990年在美国南达科他州发现的黑山恐龙洞为蓝本，再现了恐龙时代的景象。

在亚洲森林展区游客不仅能够看见占山为王的老虎，乘坐竹排穿越热带雨林，更可以乘坐世界最高最惊险的过山车探秘喜马拉雅雪山，由包括鹰、秃鹫等猛禽在内的20多种鸟类参演的鸟类表演能够让游人体验到别样的精彩。

登上非洲原野的观光车，人们便离开了美国来到了原始的非洲，狮子、河马、长颈鹿、斑马等动物自由自在地生活着。

发现岛中，荫庇整个动物王国的生命之树里，精彩的4D电影《做昆虫好难》的昆虫主人公们让游客在轻松诙谐的氛围中感受到了面对人类的扑杀、环境的破坏，小小的昆虫十分无奈的场景。

在米妮-米奇营地，狮子王的节日派对舞台剧和马戏表演正在上演，在这里游人还可以尽情地与自己喜爱的迪士尼卡通动物明星合影留念。

迪士尼动物王国主题公园成为了奥兰多迪士尼世界的重要组成部分之一，它充分体现了动物主题，又以迪士尼动画片一直倡导的热爱自然、热爱生活为情感主线，通过真实的野生动物唤起人们回归自然的向往，又通过卡通动物明星展现出了真实动物所不能表达出来的复杂而又纯净的内心世界，给游客带来了全新而又全方位的感官体验，将动物保护、教育、科研与娱乐、休闲有机地结合起来，成为了动物主题乐园的典范。

与此同时，其他动物园也纷纷将新鲜刺激的游艺活动融入园中，迪拜海洋世界就将人们司空见惯的玻璃海底观赏隧道演变成了由普通管道和冲浪管道相结合的双重管道，冲浪管道为游客增添了几分与鱼儿同游的乐趣，丰富了游客体验，也为海洋世界赢得了更多的游客。主题公园式的发展方向给动物园游客带来了更多的快乐体验，也使动物园的科普教育活动更加活泼、更加具有感染力，同时也给动物园带来了更多的门票收入。

📖 阅读材料 8-2

1999年中国推出的“十大”生态旅游主题

地球是人类赖以生存的家园。如何保护生态环境，是包括我国在内的全世界都关注的问题。“99生态环境旅游年”，以生态环境游为主题，把保护生态环境与开展生态旅游有机地结合起来，这在中国尚属首次。

中国拥有十分丰富和独特的生态旅游资源，举办“99生态环境游”，是在保护生态环境的基础上，合理开发生态旅游产品。这既符合国际旅游发展的潮流，也符合中国环境保护的国策。因此，国家旅游局与国家环境保护总局、国家林业局、中国科学院共同主办了这项主题活动，并得到6家相关单位的支持。这是继“98华夏城乡游”之后，再次把世人的目光聚焦在东方文明古国这块美丽而又神奇的土地上。

“十大”主题是：①野生动物观赏游；②自行车旅游；③沙漠探险游；④漂河流旅游；

⑤登山探险游；⑥自然生态考察游；⑦滑雪旅游；⑧保护环境行动之旅；⑨海洋之旅；⑩香格里拉探秘游等。

具体讲中国生态规划的两大基本要求如下。

第一，对住宿设施的要求：

生态旅游目的地的住宅设施不应设在脆弱敏感的生态区域。

建筑物以方便简洁为主，不要给旅游者提供不必要的舒适和服务。

住宿设施要由当地人自主经营管理，以保持地域文化的完整。

采用节能设备，所有能源及物质不要给周围的自然生态环境造成不良影响。

提供以地域产品为主的饮食（最好是绿色食品）及旅游纪念品。尽量向旅游者介绍当地的自然和文化。

加入地域的经济、文化、生态保护网络，加强与地域教育部门的联系和交流。

第二，对自然生态区的要求：

研究保护区的适宜游客容量，以便控制和阻止过度利用旅游资源。

推荐对自然影响最小的活动，限制对自然有负面影响的活动。

设立相应的生态保护基金制度，以便使旅游获得的利润用于保护区的保护。

建立环境教育设施，提供有关自然和地方文化的信息和环境教育材料。

培训生态旅游的策划者和导游。

监测旅游的影响，并通报给经营者、自然保护团体及地方社区，并监督协调在保护区及周边地区的旅游经营活动。

配合非政府组织和志愿团体开展环境教育活动。

把生态旅游作为保护区管理计划的重要组成部分。

📖 阅读材料 8-3

香格里拉生态旅游第一村——霞给藏族文化村

霞给村以其特有的“天时、地利、人和”的旅游开发优势，成为香格里拉地区民族生态旅游接待示范村。其开发特点是“双向参与”，即不仅当地社区居民参与旅游接待，旅游者旅游活动也是参与性的，他们可以直接参与到霞给村藏族群众的日常生活中。

藏族群众参与：霞给村“民族生态旅游接待示范户”的参与范围涵盖了生态旅游的食宿行游娱等方面。即提供藏族特色饮食、藏族民居、马帮旅游交通工具、村寨导游、藏族歌舞表演等。

旅游者参与：

1. 藏族民居观光，即了解藏族民居的特色、精华以及家居的风俗；

2. 了解藏族的生活起居，即体验藏族群众的乐趣，与他们同吃、同住、同劳动，学打酥油茶、捏糌粑，学挤牛奶、制奶渣，学织氆氇、绘唐卡；

3. 感受藏族文化氛围，即感受火塘文化的传承，听藏族歌、学藏族语、跳藏族舞，参与民族节庆和宗教活动，感受“热水塘”露天沐浴。

第九章

生态旅游环境教育与环境解说

【学习目标】

- 掌握环境教育的概念、内涵与性质
- 理解生态旅游与环境教育的关系
- 认识我国生态旅游环境教育发展中存在的问题
- 了解国内外生态旅游环境教育的成绩
- 认识生态旅游、环境教育、环境解说三者之间的关系
- 掌握环境解说的概念与原则
- 了解环境解说的技术与技巧
- 了解环境解说形式与解说媒介的种类与优缺点

生态旅游是进行环境教育的知识之旅，环境保护教育和生态知识普及是生态旅游的核心内容，只有把环境教育贯穿于生态旅游的全过程，才能保证生态旅游达到寓教于游的预期目标，才能保证生态旅游可持续地健康发展。环境解说是生态旅游实施环境教育的有效途径之一，一个科学完善的生态旅游环境解说系统能充分挖掘生态旅游景区的自然和文化价值，在丰富游客旅游经历和体验的同时，对游客进行生态环境教育。本章包括生态旅游与环境教育、生态旅游与环境解说两节内容。第一节着重阐述环境教育的概念与内涵，生态旅游开展环境教育的意义，我国生态旅游环境教育存在的问题以及国内外生态旅游环境教育的成绩；第二节在探讨生态旅游、环境教育、环境解说三者之间的关系的基础上，重点探讨环境解说的概念与原则，环境解说的技术与技巧以及环境解说形式与解说媒介的种类与优缺点。

第一节　生态旅游与环境教育

一、环境教育的概念与内涵

（一）环境教育的定义

“环境教育”这一术语是1920年苏格兰植物学家Patrick Geddles（1854-1933）首次将“环境”与“教育”两词并列使用后才出现的。在国际上，“环境教育”一词可追溯到1948年。当时威尔士自然保护协会主席托马斯·普瑞查（Thomas Pritchard）在巴黎提出“……我们需要有一种教育方法，可以将自然与社会科学加以综合”，他同时建议将这种方法称为“环境教育”。1957年美国的布伦南（Brennen）在文章中首次将“环境教育”作为专有名词使用。此后，“环境教育”一直被视为“保护教育”的同义词，直到20世纪70年代“环境教育”才随着人类对环境问题的关注确立了自己的地位，开始进入蓬勃发展时期。

自1948年，国际自然与自然保护联盟巴黎会议首次使用了“环境教育”一词以来，“环境教育”这个术语被普遍认可，但对“环境教育”这一概念却一直没有一个统一的界定，公认比较经典的看法有三种：

一是国际自然与自然保护联盟（IUCN）1970年在美国内华达州召开的会议上提出的定义：“环境教育是以达到改善环境为目标的教育过程。它是一个澄清观念与形成价值的教育过程；是为了便于发展人们在了解与认识人与其文化、生物、物理环境之间的相互关系时所必需的态度和技能。环境教育教导人在实际面对环境品质相关课题时如何做决定，并且是发展自我行为的依据准则。”（IUCN，1970）1974年，联合国教科文组织指出环境教育就是达到环境保护目标的一种途径，它不是科学或学习课程的一个分支，而是应该按照终身的原则来进行的整体教育。

这一定义也是一种具有广泛代表性的对环境教育的理解方式，该概念突出了环境教育的发展目标，即要培养人们理解人类与环境的关系、对待环境的态度和解决环境问题的技能。明确了环境教育的实质不仅在于对环境知识与技能的培养，还在于对包括价值观和态度在内的环境素质的培养。

二是1972年《贝尔格莱德宪章——环境教育的全球框架》所给出的定义：“环境教育是培养人们对城乡地区经济、社会、政治和生态之间的相互关系的清晰意识和关注，向每一个人提供获得保护和改善环境所必需的知识、价值观念、态度、义务和技能的各种机会；创造个人、群体和作为整体的社会对待环境的新的行为模式。”这一概念不仅肯定了环境教育的目标、跨学科的性质，还确定了环境教育的对象是社会中的“每一个人”。

三是第比利斯会议所给出的定义，即“环境教育是一门属于教育范畴的跨学科课程，其目的直接指向问题的解决和当地环境现实，它涉及普通的和专业的、校内的和校外的所有形式的教育过程”。

美国在 1970 年颁布实施的《环境教育法》中提出，“环境教育是教育过程，它涉及人与自然及人造环境的关系，包括人口、污染、资源分配与保护、运输、科技，城市与乡村的规划与整个人类环境复杂问题的教学，它们是政治的、经济的、哲学的和技术的”。

《中国大百科全书（环境科学）》（1983）认为，环境教育是“借助于教育手段使人们认识环境，了解环境问题，获得治理环境污染和防止新的环境问题产生的知识和技能，并在人与环境的关系上树立正确的态度，以便通过社会成员的共同努力保护人类环境”。

从上述对环境教育概念的不同界定中，可以总结出环境教育的共同点：

第一，环境教育是一个综合的全面的过程，既包括环境保护知识的传授，同时更是一个“价值澄清”“态度形成”的过程，树立正确的态度和价值观是所有定义都十分强调的。

第二，环境教育的手段是“教育”。这种教育要达到的结果不仅是环境知识、技能的习得，更是情感、态度、价值观的形成，并最终切实转化为人们保护环境的行为。

环境教育的目的就是使人们正确认识环境和环境问题，树立良好的环境思想意识，养成文明的环境行为习惯，从而投身于防治环境污染，改善生态环境的行列。环境教育是使受教育者获取环境知识，形成环境意识、环境技能、环境心理和环境素质的综合性教育活动。

（二）环境教育的特质

环境教育的特质则可以概括为：

第一，环境教育是一个认知的教育过程。它和所有其他的学科领域相关，而且实际上建立在所有其他学科及领域的工作上。因此它是一项整合性的跨学科教育。其目的是促进人们对人与生态环境及自然资源间的整体性认知，并因此而能够进行清晰正确的思考。

第二，环境教育也是一种情意教育过程。它是强调以前述的认知为基础，借着教育的过程发展个人的道德伦理观、生活价值观，以及生命的信念等有关的意念、情意及美感等内蕴情绪。

第三，环境教育也是拟定自我行为准则的技能教育过程。期望使个人对环境抱持的价值观及态度可转化成具体的行为与行动。这些行为是透过个人对“人与环境关系”的认知及对有关资讯的理性判断（综合考虑政治、经济、社会、科技等广义文化层面中的各个部分），从众多的替代方案中抉择后，做出决策并付诸实施。

二、生态旅游与环境教育

（一）生态旅游与环境教育的关系

最早明确提出生态旅游中的环境教育问题的是1993年9月在北京召开的第一届东亚地区国家与自然保护区会议。会上指出“生态旅游应倡导增加对大众关注的旅游活动提供必要设施，实行环境教育以便游人能参观、理解、珍视和享受自然和文化资源，并且同时不对生态系统或社区产生无法接受的影响”。这一定义通常也被认为是关于生态旅游的比较成熟的一个定义。

1. 生态旅游是进行生态环境教育的知识之旅

生态旅游的根本目的是寓教于游，而寓教于游是生态旅游中实现生态环境教育最直接、最有效的手段之一。生态旅游不仅具有享受、认识、保护自然和文化遗产的功能，还强调对自然生态和文化多样性及当地社会负责，有较强的生态环境教育功能，是一种可行的生态环境教育新途径。生态旅游环境教育对于一个国家的国民素质来说，既是全民教育，又是全程教育，也是终身教育。生态旅游正好可以是一个进行生态环境教育的无形的大学校，具有全民性、全程性和终身性，还体现了公众参与性。在生态旅游中进行生态环境教育时，大自然是课堂，大自然本身便可唤起游客的绿色激情、绿色的愉悦、绿色的思考，让游客体验大自然的和谐、有序，体会“天人合一”的传统文化，最终达到热爱自然、师法自然、启迪人生的目的，使每一个旅游者从自己做起，从每一件保护自然的小事做起，这种教育作用的力量将是无穷的。所以在生态旅游开展的过程中，自始至终不可忽视的一个基本工作就是进行环境教育，只有把环境教育的教育工作贯穿于生态旅游的全过程，才能保证生态旅游达到预期的目的，才能保证生态旅游的可持续健康发展。

2. 环境教育是生态旅游独具的基本特征

从一些有代表性的生态旅游定义来看，尽管在生态旅游的特性中，自然性和保护性非常重要，但仅具备自然性只是自然旅游而不是生态旅游，仅重视保护性就很难将生态旅游与可持续发展旅游相区别，因为生态旅游只是可持续发展旅游的一部分，而精品性又是在各种旅游类型中都可以开发的，因此，生态旅游独具和基本的特性应该而且只能是它的教育性——生态旅游中的环境教育。

（1）环境教育是实现生态旅游保护性的前提。生态旅游具有保护环境的功能，这一观念已广为人知，但是人们往往忽略了这种保护作用并不是旅游活动的自然结果。如果生态旅游的相关各方如旅游开发商、经销商、旅游者和当地居民不在旅游运作中贯彻环境保护的原则，生态旅游的保护性就只是一纸空文，生态旅游同样会给环境带来不可逆转的破坏趋势。对旅游地的资源保护，要求旅游开发商有良好的环境意识，对旅游地生态系统、生态过程和人文特征有深入的了解，并且能因地制宜地解决生态旅游开发和管理中的环境问题；要求生态旅游者有环境保护的知识和自觉性，珍视自然和文化的价值；要求当地居民和政府有足够的环境意识和知识，能较好地解决经济发展与环境保护的矛盾。而这一切都有赖于环境教育的良好开展。

（2）环境教育是生态旅游自然性的一种高级形式。生态旅游具有自然性，但不是具备自然性就可以成为生态旅游。生态旅游与其他自然旅游的区别在于它不仅不破坏自然，而且以认识自然、理解自然和保护自然为自己的宗旨和实践方式。在生态旅游中，大自然不是人们掠夺的对象，也不仅仅是人们享乐的对象，而是人们接受环境教育的课堂和实施保护行为的对象。从本质上说，环境教育是对人与自然、人与环境关系的深层次解读。环境教育使生态旅游的自然性得到了某种升华。

（3）环境教育是生态旅游教育性的实质体现。生态旅游的教育性是通过环境教育来实现的。生态旅游不仅在客观上体现出教育功能、产生教育结果，在主观上它是借助环境教育设施、经过周密设计而进行的一种自觉的环境教育活动。生态旅游中的教育功能是有意识的环境教育行为的必然结果。

（4）环境教育是生态旅游精品性的保证。大众旅游除了要求旅游者具备金钱和闲暇以外，对旅游者的素质没有任何要求，可以说是一种没有门槛不需要准备的旅游，因而大众旅游产品通常是大批量和粗放型的。但生态旅游者往往受过良好的教育，有一定的环境意识和对自然的兴趣。生态旅游通过环境教育这一产品，给生态旅游者带来知识、美感和参与的乐趣，提升了旅游者的旅游体验。

（二）生态旅游开展环境教育的意义

将生态旅游与其他类型的旅游产品进行比较，我们不难发现只有生态旅游从开展之初就和环境教育结下了不解之缘。环境教育一直是生态旅游活动中的一项重要内容，这已得到了实践和理论的双重认同，没有环境教育的旅游不称其为生态旅游，环境教育是生态旅游独具的特征。

环境保护教育和知识普及是生态旅游的核心内容，生态旅游开展环境教育的意义主要有：

1. 有利于提高国民的环境意识和生态知识的普及

环境意识和生态知识的缺乏是我国目前在环境保护方面存在的最大问题。在国外，尤其是欧美发达国家，公民的环境意识及生态知识的普及都已取得了很大成绩。而我国公民的环境保护意识还比较薄弱，在一些历史文化区，乱写乱画、践踏草坪、乱扔垃圾的现象不断出现，生态环境保护方面的知识还相当缺乏，这种欠缺不仅是一般公民普遍存在的问题，即使是一些目前正在从事生态旅游经营管理与服务的人员，也对生态旅游的相关知识缺乏了解。生态旅游是通过旅游者走进自然、认识自然，从而达到自觉保护自然的目的。游客通过参加生态旅游，在大自然的环境中接受环境保护教育和生态道德教育，这种形式要比其他教育更生动、更直接、更有说服力。因此生态旅游中的环境保护教育是非常重要的。

2. 有利于协助解决区域问题和促进当地经济的发展

我国生态旅游的开发是以自然保护区、国家森林公园、风景名胜区等资源为基础。以自然保护区为例，在保护区进行生态环境教育，可以使当地居民对区域生态环境的现状、区域生态问题产生的原因、解决生态问题的对策等有更多的认识和了解，从而吸引地方居民和其他各方面力量，共同解决生态问题。通过发展当地经济，从而更好地保护生态环境，促进地方生态经济的可持续发展。

3. 环境教育是开展生态旅游活动的有利保证

生态旅游需要有高素质的参与者，包括经营者与管理者等，要实现这一点，其基础工作就是对有关人员进行教育和培训，只有如此，生态旅游才能有健康发展的基础与保证。

从我国的情况看，我国生态旅游的发展尤其离不开环境保护教育这个基础和保证。因为我国是一个发展中国家，环境保护意识的欠缺是国民普遍存在的问题，加上环境保护知识的贫乏和环境保护手段的落后等，以至于有意或无意破坏和损害生态环境的行为时有发生，环境问题日益严重，长此下去则必然会对我国的生态环境构成严重威胁，使生态旅游失去发展的基础和条件，并从整体上影响我国旅游业可持续发展战略的实施。解决环境问题的一条根本途径就是加强环境教育，提高人们的环境意识，使人的行为和环境相和谐。

三、我国生态旅游环境教育发展中存在问题

在中国大陆的生态旅游热潮中，真正重视并开展环境教育的很少。一般的风景区既不具备环境教育的意识，也没有开展环境教育的科研和人力资源条件，即使开展生态旅游的自然保护区，也只有少数在进行环境教育的初步探索。所以生态旅游的热潮中没有环境教育这个核心内容是目前的基本国情。究其原因主要体现在以下几个方面：

1. 环境教育的重视程度不够

对环境教育的重视程度不够是影响我国环境教育发展的根本原因，可分别从政府和公民两个不同角度来分析。首先，在我国一些不发达地区，由于人口膨

胀，资源匮乏，建设资金投入不够等因素严重制约其经济的发展，必然使政府的工作重心放在了机构及建设上，推动经济发展、实现经济利用最大化成了政府工作的重中之重。在促进经济发展过程中往往以牺牲环境为代价，致使环境教育问题被忽视。其次，公民自身的重视程度不够。在一些不发达地区，由于家庭生活条件较差，很多人还在为解决温饱问题而努力奋斗，导致很少有时间放在保护环境、接受环境教育上。很多人都抱着自然资源是取之不尽、用之不竭的思想，进行杀鸡取卵、竭泽而渔的开发行为，他们还未充分认识到在环境保护问题上应该扮演的角色和承担的责任。

2. 环境教育体系发展不完善

环境教育体系发展的程度直接制约着环境教育整体的发展程度、影响着环境教育的成效。我国环境教育体系发展不完善，第一，环境教育者队伍建设落后。由于国家对环境教育经费投入不足，对环境教育专业人才的培养重视程度不够，致使专业的高素质环境教育人才缺乏，在我国大部分高校，从事环境教育的老师并非环境专业的毕业生，也未接受过系统的环境保护知识和技能培训。第二，环境教育的内容不充实。目前，公民的环境教育大多停留在生活型环境教育方面，只对身边的环境问题和环境事件关心了解，但对生态型环境教育重视不够，公民环境教育的内容还应该包括环境科学教育、环境法制教育和环境伦理教育，三者缺一不可。第三，教学方法单一。传统的环境教育方法灌输式教育、公民被动接受为主，这种方法已经很难适应当前人类社会与环境的和谐发展。应通过各种环境保护互动活动，积极引导公民自觉梳理环境保护的意识，主动地参与到环境保护的活动中来。

3. 环境教育地区发展不平衡

经济是社会发展的基础和动力，经济条件的现状决定了人们的意识现状。由于经济发展与公众的环境保护意识密切相关，加之我国经济地区发展不平衡，因此，环境教育在我国呈现出地区发展不平衡的现象。随着社会经济的发展，生活水平的提高，人们对生活质量的要求也会越来越高，对环境质量的期望值也会越来越大，进而带动环境意识水平的提高，从而促进环境教育的发展。但是在一些经济不发达地区，特别是西部地区以及贫困地区，由于地理条件差、交通阻塞、经济水平低、人们文化程度不高、与外界信息交流不畅等原因决定了环境教育的起点低，因而严重阻碍了环境教育的推广。

四、国内外生态旅游环境教育成绩

发达国家在倡导生态环境保护教育方面，已取得一系列成功的经验。他们的自然保护区基本上都是旅游区，自然保护区的宗旨是保护第一。这些国家对自然保护区的认识有四点：第一，目前保护的基本点是防止人的干扰；第二，保护区必须树立保护第一的思想；第三，科学是建设保护区的根本保证，科学家、领导者和群众的通力合作，是办好保护区的基础；第四，自然保护区重在生态教育。

（一）美国国家公园解说系统规划中的环境教育

美国国家公园设立的主要目的：一是保护公园范围内的自然和文化遗产，二是向公众提供游憩机会。这两种目的的实现，都离不开解说系统的支持。因此美国国家公园管理局（NPS）在每个公园内都规划设计了功能完备的国家公园解说和教育系统。美国国家公园解说系统的规划编制有严格、规范的要求。每一个公园都要向旅游者提供良好的解说服务和解说设施。解说系统规划编制的依据包括关于国家公园的法律、管理条例、公园管理规划、资源管理规划、解说条例等。解说规划的编制必须建立在科学研究的基础上，必须对当地的历史、资源条件、生态环境有深入的研究，同时还需要对旅游者对公园的需求、期望和行为进行科学地研究。编制时需要参照一定的标准，如游客的使用程度、景区资源的特征、公园管理的目标等。美国国家公园的解说规划还设立了园外解说、环境解说和遗产解说功能。所谓园外解说就是在公园的边界以外建立宣传和说明系统，作为园内解说系统的补充，以增加公众对景区景点的了解。环境解说目的是向旅游者进行环境教育，一般在于介绍自然史和自然资源的知识，如生态系统、地质现象、以及与二者有关的人类活动。遗产解说的目的在于进行历史文化教育，包括增加游客对文化景观、历史建筑以及与其相关的人类活动的了解。环境教育和遗产教育一般与当地学校的师生、社会教育机构、专业团体结合进行，对社会素质的提高具有重要作用。旅游解说系统的规划还考虑特殊人群的需要，包括残疾人、儿童、老人、国际游客等。这些人群与一般公众对旅游区的解说的要求是各不相同的。如残疾人需要更加方便的设计、专门化的媒体形式；而国际游客需要公园向他们提供翻译成他们能够阅读的文字的解说服务。为了保证解说系统的质量，国家公园管理部门负有指导、监督、评价所有解说服务的责任。

（二）德国的巴伐利亚森林公园的环境教育

德国的巴伐利亚森林公园，建于 1970 年，是德国的第一个国家公园，1973 年制定的《巴伐利亚自然保护法》，规定了这个国家公园的三项任务：一是自然保护；二是科学研究；三是环境教育。这个国家公园每年大约要接待 150 万名旅游者，除了大自然的魅力外，生动、活泼，富有创造性的教育设施也是重要因素。这里的旅游中心、博物馆、动物园、植物园、高山、湖泊、森林、动物等迷人的自然景观吸引着众多的旅游者。这里提供各种展览、影像、书籍、资料以及专家指导，设有让孩子们探索自然的森林游乐场和森林学校。为了方便残疾人体验大自然，许多地方设立了轮椅道、盲文说明、抚摸展品。植物园只是公园中很小的部分，在这里生长着欧洲的各种各样的普通植物，包括高山植物、岩石植物、草原植物、荒漠植物、沼泽植物、湖泊植物、溪流植物以及本地历史上有过而现在消失了的植物，也有来自中国、印度、俄罗斯的客籍植物，每种植物不仅挂牌说明它的植物名称和特性，更重要的是展示它的生态环境。人们看到这些熟悉的植物以及它们的生长环境，自然会联想和渴望获得更多的科学知识。其动物园有自己的特别之处，动物围圈在广阔的自然环境之中，游客只能站在特别设置的瞭望台上，用望远镜才能搜索到它们的踪影。在这偌大的一个公园里，几乎看不到一个纸团，偶尔的一个纸团也不是游客扔的，而是乌鸦寻食时从垃圾箱里叼出来的。

（三）菲律宾的环境教育

作为东南亚环境立法最严格的国家之一，我国的近邻菲律宾的环境教育开始于环境破坏严重的20世纪70年代后期。1977年，教育、文化和体育部把环境教育纳入所有层次的学校课程中，相关政府机构也开展了各种信息服务活动，以促进公众对环境保护的了解和参与。1987年，菲律宾环境教育网络（The Environmental Education Network of the Philippines，Inc）组建。1998年出台，并从1999至2000年开始实施对使用《环境教育课程框架》教师的培训。2008年年底颁布了《国家环境意识与教育法》，在亚洲成为继日本和韩国之后第三个颁布环境教育法的国家。这部法律充分考虑到了菲律宾的国情和环境教育发展的实际状况，在内容上形成了自己的特色：明确了菲律宾环境教育的基本法制政策；规定了环境法制教育的内容和实施的范围；明确政府部门在环境法制教育中的职责，强调各部门的协作；重视环境法制教育能力建设，并把环境教育和活动作为国家服务培训计划的组成部分。上述这些均是对我国环境教育立法具有借鉴意义的尝试，值得我们在此方面进一步学习。

（四）我国台湾地区的环境教育

我国在生态旅游环境教育方面距发达国家尚有一段距离，但经过不断努力，也取得了一定的成绩，尤其是台湾地区，政府非常注重对公共环境教育资源的开发，特别是一些生态旅游景区、景点，如台北市立动物园、阳明山国家公园、关渡国家公园等地方，其教育功能都得到了很好的发挥。它们都会向参观者提供许多文字和音像资料，游客和学生们不仅可以欣赏到美丽的自然风光，而且可以增长知识。例如台北植物园的工作人员编写了大量的环境教育书刊，向公众进行环境教育，包括《台北植物园》《台北植物园昆虫篇》《台北植物园手札》《台北植物园蛾类篇》《台北植物园自然教育解说手册》《台北植物园的蝴蝶》《民俗植物》《植物园亲子活动教师手册》等。台北市立动物园不仅开发了各种教育资料，帮助他们学习有关动物保护的知识，而且还布置了一个与老百姓的生活联系十分密切的展厅：在抽屉中摆放了一些真假难辨的各类老鼠，透明的下水道管中爬了许多蟑螂，在一面墙上，有许多家中的“墙上居民”，还有一张图专门介绍“室内食物网”……这种形象的教育方式，使参观者一目了然，明白了动物与人类生活息息相关的道理。为了将环境教育工作做得更好，动物园还设立了专门的教育中心，布置有动物生态及恐龙博物馆、动物园图书馆、演讲厅、半球体放映室、小教室和动物生态书店等；另外还办有动物园自己的杂志，介绍环境科学知识，甚至做解说工作的人员也受过专门的训练。

以上这些国家和地区生态旅游环境教育的成功经验都是值得我国大陆地区学习和借鉴的。中国大陆地区更应发挥好生态旅游的环境教育功能，对游客进行生态环境教育，从而培养更多的生态旅游者，促进生态旅游的可持续发展。

第二节　生态旅游与环境解说

一、环境解说的概念

环境解说的定义是在解说、旅游解说定义的基础上发展而来的，同时又包含了一定的环境教育内容和目的。

（一）解说的定义

解说源于20世纪早期，但是一直到了20世纪50年代，才得到广泛应用。一般认为最早、也是被广泛接受的一个定义是由“解说之父”费门·提尔顿于1957年在《解说我们的遗产》一书中所做的定义：“解说并非简单的信息传递，而是一项通过原真事物、亲身体验以及展示媒介来揭示事物内在意义与相互联系的教育活动。”在这个定义中，费门·提尔顿提供了两个重要的概念，一个是就解说员个人意图而言，真正的解说者不应该停留在任何字典的解释上，解说是对事实陈述背后更重要的实质意义的揭示；另一个是针对与游客的接触而言，解说应该致力于能丰富人们心灵与精神的好奇心。费门·提尔顿认为解说的定义应包括以下三个要素：解说是一种教育导向的活动；解说的目的在于揭示人类与自然之间的含义和关系，而非现象的描述；这些事实的信息需要中介或媒体来展示。

（二）环境解说的概念

环境解说于20世纪早期起源于美国国家公园的服务中心，伴随着人们对环境教育的重视而逐渐发展起来。环境教育是着眼于人类与环境的关系，通过教育手段使人们认识环境问题，树立正确的环境态度，具备必要的环境保护知识与技能的一种教育活动。伴随着环境教育概念的界定，人们对环境教育的目标、性质、受教育者都有了明确的认识。随着环境教育概念和特点的日益明确，人类解决环境问题、强化环境教育的浪潮开始频频出现。在环境教育的推动下，环境解说也就应运而生了。

梳理国外专家学者们对环境解说的定义，可以发现它也经历了一个逐步深入和不断完善的过程。虽然学者们对环境解说给出了各种各样的定义，但总体来说，这些定义中还是存在着一些共同点的，可以总结出5个共同之处（陈晨，2005）：

（1）环境解说是一种融教育、管理和信息传递为一体的交流服务过程。

（2）解说员应提供更多元化的沟通方式，以引起听众的兴趣、使听众有更深刻的游憩体验。

（3）环境解说尝试帮助人们了解景点的文化与特性，培养欣赏能力，进而培养人们对遗产、资源及环境保护的道德、行为和价值观。

（4）环境解说是对正规教育和非正规教育的一种转换过程。

（5）环境解说是环境教育的一种形式。

综上所述，环境解说的定义、意义经过近一个世纪的研究，已经有了比较全面的阐述。环境解说普遍的定义都是在揭示其交流的作用，这种交流包括人与人、人与物、人与环境的交流，同时还阐述了其教育、管理、保护、服务的功能，是一种独特的交流服务过程。无论在国家公园、风景区还是在博物馆中，环境解说通过不同的方式将资源或资讯传达给民众，使其了解并衍生保护的心态，从而达到环境教育的目标。因而，对环境解说的基本认识可以归结为：环境解说是将某特定区域内的自然和人文环境特性经由各种媒介或活动方式传达给某些特定的对象（如游客、学生等）。其目的在于引起这些特定对象对当地环境之关注与了解，经由欣赏与知性的了解，提升较高品质的生活体验，并经由新的感受与愉快的体验产生对环境保护的关怀，进而培养积极参与环境保护工作的态度和行动。

二、环境教育与环境解说

（一）环境教育与环境解说的比较

对于环境解说与环境教育两者的关系，国外有两种不同的观点。

一种观点认为两者相似，可以相互混淆使用。

国外许多涉及环境教育和环境解说的研究都有很大的相似性。两个相关领域所采用的首要的评价指标都是知识、态度和行为（Hungerford & Volk ，1990）。许多书籍、相关的文章和政府文件中都把环境解说和环境教育交替使用（陈晨，2004）。

另外一种观点则把环境解说看作环境教育的一个组成部分。

Knapp 认为，环境解说和环境教育具有不可分割性，可事实上又根本不同于环境教育。环境解说仅仅是和休憩场所相关的环境教育如公园、保护区、动物园和博物馆等。因此环境解说仅仅是非正式环境教育的一部分（D. Knapp & R. Poff.，2001）。

Ham（1997）在分析正式环境教育和非正式环境教育的基础上，认为环境解说是非正式环境教育的一个组成部分。他认为，“从一般意义上来讲，正式环境教育（针对学生）有着一个长期的目标；而非正式环境教育则主要是针对当前、当地的特殊的环境问题而言，受教育者的行为变化则是一个短期的目标”。“一般来讲正式环境教育和非正式环境教育的区别在于非正式环境教育通常选择一些特殊的、亟待解决的问题为主题。”（Ham & Krumpe，1996）。从这个观点上来讲，正式的环境教育更多的是实施“热爱和尊重自然”的范例，而非正式环境教育则更多地强调对个体特殊行为的影响。环境解说是在游憩场所实施的交流性环境教育的一个部分，是非正式环境教育的一部分（程占红，2006）。

分析环境解说和环境教育的概念，我们可以总结两者的一些区别（见表 9-1）。

表 9-1　环境教育与环境解说比较

	环境教育	环境解说
学习形式	正规：特定学习目标的结构性学习	非正式：休闲或随行情境下的学习
学习内容	自然及文化的历史或环境	自然及文化的历史或环境
学习对象	受制性受众，如学生与学习团体	非受制性受众，如不同年龄的游客、社会团体、家庭等
学习地点	学校、户外实验室或自然中心基地	自然保护区、公园、博物馆、动物园、历史区、艺术画廊等
施行机构	学校及教育单位	资源管理单位或休闲服务提供机构
实施焦点	教学	鼓励游客参与、观察环境
媒介	教师、机构性教材的学习	解说设施（展示、步道、解说牌等）、解说员、解说教育活动
参与方式	非自愿	自愿

（二）环境教育与环境解说的融合

环境解说作为非正规环境教育的一种途径，在很多情况下与环境教育二者是可以融合在一起的，或者说可以通过环境解说来实现环境教育的目标。1977 年第比利斯政府间环境教育会议宣言和建议指出，环境教育应面向各个层次所有年龄的人，并包括正规教育和非正规教育；环境教育应是一种全面的终身教育；环境教育必须面向社会。环境解说正是适应环境教育的需要而产生和发展的，它是一种面向全社会所有公民的终身环境教育。在教育目标上，环境教育的目标和环境解说的目标具有一致性，两者都是培养公民的环境知识、意识、技能、态度和价值观，最终的目的都是培养对环境负责的公民。在教育方式上，环境教育有诸多不同的方式，如正式教育和非正式教育，而环境解说仅仅是一种在旅游景区通过娱乐方式而进行的环境教育，是一种非正式的环境教育形式（陈晨，2004）。

根据卢卡斯的环境教育模式，环境教育解说具体可以分为三个层次来完成。

在环境中的解说。就是让游客在各种环境中观察、体验、学习与探讨以获得亲身的经验，比如在野外观察溪流时，会涉及地形、岩石、土壤、生物、水和化学等知识的学习。在自然保护区或国家公园有许多开放性的环境，可供儿童或学生实际参与学习和探讨而获得亲身的体验。如北京三大湿地之一的汉石桥湿地就可以使儿童或学生获得芦苇沼泽湿地、湿地植被、湿地水禽、鸟类迁徙、湿地生态系统的脆弱性、昆虫、土壤等各方面的知识，解说员可就此提出生物与环境之间的问题，以此达到游客与景区之间的交流与互动。

有关环境的解说。这是指在某一个特定的主题环境中从事解说。有时环境解说会基于一个特别的主题或地区，在野外或教室内进行解说，例如，研讨落叶树与常绿树的不同，这个问题涉及植物学、动物学、土壤学、气候学以及物理与化学的技术。在台湾金门国家公园，规划者设计用各种金门地区的石材堆积成石堤，以此说明金门地质史及各种岩石的形成，进而探讨土壤冲蚀、植物生长、住民迁徙、大陆板块挤压等问题，这些都是从有关环境中解说的例证。

为了环境的解说。有时当环境因人类活动而发生某些问题或引起改变时，我们为了认知及解决此等问题，可以从事此等为环境而解说的工作。自然保护区或国家公园是从事环境解说的最好场所。因为这些地区有丰富的自然资源，其地形、地质、动植物景观所受到的人为干扰较少，很多地区还保留了大自然的原貌。在这些地区，在解说教育人员的引导下，游客或学生可采集溪水样品、观察气候、讨论水循环与气候的问题；在溪流中观察食物链和鱼类的习性，进而研究水中生物，污染和地形地质等问题；最后则可以共同拟订环境教育解说计划，撰写环境评估报告，并直接为改善我们的环境而努力。

三、生态旅游与环境解说

（一）生态旅游区环境解说的缘由

1. 生态旅游区生态旅游快速发展，旅游环境问题日益突出

随着人们环境意识的逐渐提高和可持续发展战略的实施，生态旅游被认为是实现旅游业可持续发展的最佳模式，并在世界范围内得到了广泛的发展。

为了保护珍贵和濒危动、植物以及各种典型的生态系统，保护珍贵的地质并为进行自然保护教育、科研和宣传或活动提供场所，20 世纪以来，尤其是“二战”后，世界各国纷纷建立了生态旅游区，目前数量和面积还在不断增加，并成为一个国家文明和进步的象征之一。由于生态旅游区具有开展生态旅游的独特资源优势，目前在全球范围内，生态旅游区已经成为生态旅游发展的主要场所。

虽然我国的生态旅游事业起步较晚，但发展迅速。现在，我国的生态旅游区大多数也都已经开发了相关的生态旅游项目，据 2008 年的调查显示，我国已有 75%的生态旅游区正式开展生态旅游，23%的生态旅游区正规划开展或已尝试开展小规模的生态旅游，由于交通、经费等制约因素而未能开展生态旅游的生态旅游区仅占总数的 2%。少数保护区旅游接待已形成相当规模，游客年接待量超过百万人次。然而，随着生态旅游规模的不断扩大，生态旅游区环境问题也日益显现。据“人与生物圈”国家委员会提供的调查表明：全国已有 22%的生态旅游区由于开展旅游而造成保护对象的破坏，11%甚至出现旅游资源退化，有 44%的保护区存在垃圾公害，12%出现水污染，11%有噪声污染，3%有空气污染。正如世界生态旅游学会指出的，“尽管生态旅游具有带来积极的环境和社会影响的潜力，但是如果实施不当，将和大众旅游一样具有破坏性”。

由此可见，我国生态旅游区发展旅游与保护环境之间还存在着相互矛盾的关系。如何避免保护区内植被遭破坏、动物的生存空间和活动规律受到干扰等不良后果，同时又能有效地满足人们的旅游需要并进行环境教育，如何规范生态旅游活动，提高保护区管理水平和游客的环境责任感，就成了生态旅游区发展的一个难题。

2. 环境解说系统是生态旅游区实施环境教育和自然保护、实现生态旅游核心目标的有效途径和必然选择

从世界范围来看，早期国家公园解说服务主要是为游客提供信息，侧重于自然事物的名称和事实性的介绍。“二战”后开始逐渐接受提尔顿（Tilden）的解说概念所揭示的“通过原始物件的使用来揭示他们的意义和关系”，由此转向了一种生态学的方式。而此后环境教育日益受到全球关注，环境解说也得以形成和发展。环境解说除了着重情意、价值的培养外，更以行动为导向，强调思考模式

的建立与问题的解决，其目的在于引起对环境问题的思考、讨论及产生环境友好行为的行动。因此环境解说对于生态旅游区而言不可多得，它是生态旅游区可持续发展的必然选择，是体现生态旅游区特殊性的重要手段，是实现生态旅游区特殊目标的有效途径，也是发挥生态旅游区环境教育作用的最佳方式。

近年来，生态旅游作为大众旅游的一种扩展和派生形式，以其对环境的关注，对经济、社会和生态效益的多重维护得到了社会各界的广泛认同，被看作是实现可持续旅游的最佳形式。生态旅游区是中外自然保护的基本形式，生态旅游区的主要旅游形式是生态旅游。而生态旅游是一种可持续发展的旅游形式，其核心目标是环境教育和生态保护，章海荣认为，生态旅游的目的除了让游客有美好的旅游体验，更要通过环境解说进行环境教育，以增强游客的环境意识，改变环境态度并引发负责任的环境行为。由此可见，环境教育与环境解说是生态旅游经营者最重要的职责之一。由此，如何促进人们对生态系统的理解与关爱，激发起保护大自然的热情，实行有效的环境教育，提高生态觉悟是生态旅游的核心目标之一（章海荣，2002）。构建科学的环境解说系统，能为生态旅游实现这一核心目标提供平台，也是生态旅游发展的必然要求。国内外许多著名生态旅游地，如加拿大的国家公园、中国台湾的公园等，其解说系统的建设成就充分显示了其在环境教育、生态旅游地建设、管理和持续经营上发挥的巨大作用（王维正，2000）。因此说，环境解说系统是实现生态旅游核心目标的有效途径和必然选择。一个科学完善的环境解说系统能充分挖掘生态旅游景区的自然和文化价值，在丰富游客旅游经历和体验的同时，对游客进行生态环境教育。通过寓教于游的环境解说，不仅使旅游者从中学习各种与自然和生态有关的知识，受到生动、真实的环境保护教育，提高爱护自然、保护环境的自觉性，而且满足人们走进大自然、回归大自然的迫切愿望，获得生态的体验和享受。旅游解说系统是旅游目的地诸要素中十分重要的组成部分，是旅游目的地的教育功能、服务功能、使用功能得以发挥的必要基础。

3. *环境解说系统功能的有效发挥是生态旅游区生态旅游可持续发展的关键*

在旅游研究中，旅游解说被认为是一种积极有效的管理方式，其最终目的是促进旅游目的地、景区的可持续发展，包括经济、环境与社会文化等3方面的内容。Bill Bramwell & Bernard Lane（1993）认为旅游解说至少可以从5个方面促进旅游景区的可持续发展：①在游客管理上，解说可以在时间与空间上影响游客活动，指导游客远离环境脆弱区域，也可以开发替代性旅游目的地；②在当地经济发展上，解说设施与活动能够给当地社会带来经济效益，也会延长游客在旅游目的地的停留时间；③在当地环境利益上，解说的特定目的就是加强对自然与文化资源的保护，如加强游客对旅游目的地的环境与居民的了解，通过改变自身行为来支持与保持旅游目的地的发展；④在社区参与上，如果当地社区积极参与，旅游解说可以带来更多的利益与更好地促进目的地的可持续发展，如当地居民积极参与解说能够鼓励社区理解、重视与保护环境、文化资源和遗产等；⑤在态度与价值上，成功的解说可以帮助游客对旅游目的地的理解与尊重，刺激旅游目的地民众对其资源与现行生活的自豪感，另外也可以鼓励人们的个人发展和自我实现，甚至引发个人生活方式与行为模式的变化，这些都有利于旅游业的可持续发展。

4. 生态旅游区解说系统建设现状亟须对其进行科学化构建或生态化改造与提升

生态旅游作为一种可持续旅游形式，环境教育既是生态旅游的核心内容，又是生态旅游产品的本质特征，教育性和保护性是生态旅游最独特和最基本的特性。然而，近年国内生态旅游并未像人们预期的那样得到理想化发展，市场繁荣的背后出现了诸多问题，生态旅游科普宣传、环保教育的作用收效甚微，生态旅游区“负建设”现象严重，造成生态旅游区生态和环境恶化，过度开发造成景观破坏，给当地经济和文化带来潜在威胁。造成这种现象的原因是多方面的，其中，生态旅游景区缺乏科学完善的环境解说系统，造成环境教育功能的缺失是主要问题之一。一方面，由于理论研究的薄弱和滞后，致使生态旅游区环境解说系统的建设缺乏科学理论的指导和支撑，使教育、管理和保护等功能和作用未能得到有效发挥，其中存在大量问题亟须解决，如解说系统建设不够完善，缺乏多样性和系统性；解说信息的可获得性不高；缺乏专业解说人员，导游生态文化素质低下；解说设施落后，缺乏良好的设计；解说内容与解说技术单一；维护管理力度不足，解说系统服务性差；解说系统的环境教育宣传力度弱等也是普遍存在的问题。另一方面，人们忽略生态旅游内涵的本质和特殊性，将一般景区旅游解说系统规划的模式和方法直接应用于生态旅游景区，致使当前生态旅游景区的解说系统仍停留在传统观光旅游的层次上，解说系统的规划、设计等方面都缺乏生态旅游应具备的教育、环保和当地文化保护等功能，难以体现生态旅游的特色，已经严重制约了生态旅游区生态旅游价值的体现与提升，影响了生态旅游可持续发展和景区的竞争力。因此，针对生态旅游区环境解说系统的现状，建立一套区别于传统意义上观光旅游层次的、专门针对生态旅游区生态旅游可持续发展的、突出环境教育功能的环境解说系统，或者对现有的解说系统进行生态化的改造和提升成为生态旅游区健康可持续发展的关键。

5. 国内生态旅游区环境解说系统研究的薄弱亟须加强有关环境解说系统的理论和实践的研究

目前，我国生态旅游区环境解说的研究现状与国外相比表现出巨大的差异。

国外关于保护区解说系统的研究无论从理论上还是从实践上而言都相对比较领先。其研究甚至已经到了微观领域，如对牌示的颜色、风格设计、材料选择，解说牌大小、高度，还有文字的大小、字体、字间距等。其环境解说研究在理论上已经形成了较为完善的专业体系，并设有专门的解说学科。解说行业也有相当规模，拥有大批的解说研究专家和大量的解说书籍、期刊、网站，提供解说规划、咨询、培训等服务。环境解说的诸多案例研究涉及区域解说、国家公园、历史遗产地、游憩地、地质公园等景区解说，以及博物馆、研究馆的单体解说等尺度不同的对象。环境解说系统不仅起到基本的环境教育功能、改变参与者的环境认识，而且影响其对于环境的态度和价值观念，从而潜在地影响游客的行为。

国内的解说研究严重滞后，基本上仍处于起步阶段。台湾 20 世纪 70 年代开始有关于解说的研究，大陆直到 20 世纪末才有解说方面的文章出现，并且主要研究内容也多集中在概念介绍、国外经验总结以及具体景区在某些方面的运用等。对于生态旅游区的环境解说系统的研究主要停留于一般的个案探讨，缺乏针对整个系统的完整的理论分析框架与实践体系构建。多数研究中存在概念混淆、忽略生态旅游特殊性，缺乏人性化规划与设计，致使游客的旅游需求不能得到满足，且环境教育效用甚微，将一般景区旅游解说与生态旅游区环境解说同等对待等问题，且参与研究的学科、学者，研究的对象和范围以及研究的方法等都受到很大的局限。因此，国内生态旅游区环境解说系统研究的薄弱亟须加强有关环境解说系统的理论和实践的研究。

6. 生态旅游区环境解说系统是我国非正式环境教育的重要形式，是对正式环境教育的有效补充

目前，我国环境教育的不足主要表现为对在校学生实施课堂渗透教学的方式，而对其他的环境教育形式以及对全民的环境教育的重视程度不够，这样，很大程度上就把环境教育限定在学校教育中，产生的一个结果便是学生在学校中就会采取一些相应的环境行为，而在社会、家庭的大环境影响之下，并不利于形成稳定的价值观和稳定的行为。同时，仅仅对正式环境教育的重视，并不利于全民环境知识、意识、技能和行为的形成。而环境解说则正好可以弥补正规环境教育的这几点不足，通过解说者的引导、解说，使得游客参与其中，结合游客自身的经历，增加对环境问题的感受，引起他们的兴趣和关注，从而培养他们的价值观。同时，环境解说的对象可以是社会中的任何一个成员，这样就扩大了受教育者的范围，发展了对全民的环境教育。可见，生态旅游区环境解说系统不仅是我国非正式环境教育的重要形式，而且通过环境解说来达成环境教育，可以作为正式环境教育的一个有效的补充。

（二）我国生态旅游区环境解说教育缺失现象剖析

1. 环境解说系统教育缺失的表现

（1）教育目标的缺失。环境教育是生态旅游区生态旅游区别于传统大众旅游的本质特点之一。但是，我国生态旅游区的形成以及生态旅游的发展，无论从生态旅游参与者，还是从经营管理者以及当地社区居民的角度来看，都不是建立在自然保护意识、环境伦理、生态审美的基础之上，而是基本上仍然按照传统的自然山水与文化观光的模式来运作的，并没有树立环境教育的目标，更没有围绕此目标制定环境教育的准则和行为，导致生态旅游区建设的基本方向发生偏离。

（2）教育内容的缺失。生态旅游区通过各种解说媒介和解说形式，向游客提供必要的解说服务，使其对旅游区的资源和价值及其和人类的密切关系，生态旅游及其人地关系的内涵，生态系统及生态平衡的理论、环境解说和环境教育的关系、旅游区规划设计的科学性和艺术性等有深刻的理解，进而增强其情感体验，提升其认识水平。但目前，我国生态旅游区的解说系统绝大部分教育内容构成不完整，甚至部分景区根本没有环境教育的内容。笔者曾对北京周边几个国家级重点生态旅游区，如喇叭沟门生态旅游区、百花山生态旅游区、松山生态旅游区等进行了环境解说与环境教育方面的专门考察和调研，结果发现环境解说和教育的内容几乎就局限于“森林防火”“爱护环境”等几句简单的口号与几块破旧简陋的解说牌，其他方面几乎是一片空白。

（3）教育方式的缺失。恰当的沟通媒介是解说教育实施的关键。不同的沟通媒介特点各不相同，在不同的情境下解说效果也不同，媒介灵活科学的设置才能满足游客各自的需要，提升解说教育效果。但国内生态旅游区解说媒介较为单一，缺乏多样性和灵活性，解说设施粗糙、游客可携带的信息资料品种单一，尤其缺乏一支具有较高环境教育知识和环境意识的高素质的环境解说员队伍。

（4）教育需求的缺失。拉阿曼（Laarman）和德斯特（Durst）将生态旅游者分为严格的生态旅游者和一般的生态旅游者，这一概念在生态旅游学术界得到了广泛的支持。在国内对景区解说系统受众的有关研究显示，目前，我国生态旅游区的游客少部分可算得上是一般的生态旅游者，大部分只是属于停留在观光旅游层次上的自然观光客，他们对景观形成机理、动植物生态知识等知识方面的兴趣不大，前往生态旅游区主要是为了休闲放松、登山健行和欣赏自然，对解说教育的需求不高。游客对单纯休闲放松的追逐造成景区环境解说教育需求的缺失，一定程度上也使景区失去了构建完善的环境解说教育系统的外在动力。

（5）教育功能的缺失。由于教育目标的偏离，教育供给及需求的缺失，从而直接导致了生态旅游区环境解说教育系统功能得不到正常发挥，致使我国生态旅游区生态旅游市场表面上繁荣发展，但背后却出现诸多问题，诸如过度开发、缺乏科学规划，以至于游客的不文明行为等频频发生。

2. 环境解说系统教育缺失现象的成因分析

通过文献分析和实地调研，笔者认为，引起国内生态旅游区环境解说教育缺失现象的原因主要有以下几个方面：

（1）发展伊始，理论研究不足。环境解说在我国的发展尚处于起步阶段，解说理念、解说方式等各方面的研究都比较肤浅，基本都是对国外经验的探索和借鉴，并未形成针对我国实际情况的理论体系，无法对实践中的开发活动发挥指导作用，也就无法建立起基于环境教育功能的完善的环境解说系统，只有少数景区在进行环境教育的初步探索。

（2）意识缺乏，重视程度不够。意识缺乏、重视程度不够是我国生态旅游区普遍存在环境解说教育缺失现象的根本内在原因。景区经营管理者重视的是景区的宣传推广工作，拉动旅游提高经济效益在先，保护环境、提高生态效益在后，致使景区缺乏建设高水平环境解说系统的内在动力。相关管理部门也没有具体的法律法规、相关标准或体系完整的指导意见对各生态旅游区的解说系统提供规范化管理和支持。

（3）市场混乱，生态旅游者匮乏。生态旅游者一般应该是受过良好教育、有较好的环境保护意识、对大自然有自己独特兴趣的旅游者。这样的游客不是天生的，需要引导、培养、教育，更需要环境和氛围的感染。国外特别是西方一大批成熟的生态旅游者都是20世纪70年代以来生态意识传播和环境教育开展的自然结果。国内的生态旅游市场还停留在大众旅游层次，大部分游客仍然把生态旅游理解为一种休闲享乐的方式，不习惯于接受教育，对知识含量太高的旅游活动不少游客会产生反感情绪，甚至拒绝接受。

（4）利益驱动，弃生态旅游之实。中国的生态旅游兴起与国外相比有一个致命的弱点，即它不是建立在对本地旅游业损害深刻反省的基础上，而是为了促进旅游业的发展、拉动内需从国外引进的一种旅游模式，其基本倾向是带来较多的经济利益而非环境保护。很多地方的生态旅游，实际是挂生态旅游之名行大众旅游之实，只看经济效益而忽视生态效益和社会效益，因而不可能重视环境解说教育系统的建设。

（5）个性模糊，规划和设计不科学。生态旅游是以保护自然环境和生物的多样性、维持资源利用的可持续发展为目标的新型旅游方式。目前，国内生态旅游解说系统是新鲜事物，人们缺乏对其体系的全面认识与理解，忽略了其特殊性，将一般景区的解说系统规划的模式和方法直接套用于生态旅游区，缺少科学的规划和设计。

四、环境解说的原则

（一）Freeman Tilden 的解说六原则及其阐释

美国学者、解说之父费门·提尔顿（Freeman Tilden）曾提出解说的六大原则（Tilden，1977），至今仍被世界各国从事解说工作的人奉为解说所要遵循的基本原则。

1. *兴趣原则——“解说活动要能与游客的个性或经验有关”*

提尔顿指出：“任何解说活动如果不能和游客的性格或经验相联系，将会是枯燥的。”

提尔顿的第一原则阐明了对游客需求分析的重要性，即任何解说活动如果不能和游客的性格经验相联系，将会是枯燥的。因而解说活动在讨论事实的同时，也要寻求游客对内容的想象力与理解力。正如“自然向导之父”安纳斯·米尔斯（Enos Mills）所说的“一个能了解人性并拥有机智与天分的自然向导，就能够掌握游客不同的兴趣”。运用到自然保护区中，则意味着充分考虑旅游者的旅游目的和感受，深入研究旅游者的行为和心理，针对不同游客需求类型和层次来进行反复的遴选，寓教于乐，满足游客对知识、娱乐和教育的需求，并保证解说系统信息有较高的可靠性和可获得性。

2. *启示原则——“解说是根据信息而形成的启示”*

提尔顿指出：“信息不是解说。解说是根据信息而形成的启示，但两者却是完全不同的。然而，所有的解说都包含信息。”

尽管解说是连接解说受众和解说资源的信息传递，但它不同于简单的信息传递，而是在解说服务中通过某种表达方式把信息传递给游客，使游客受到启示。解说服务是解说信息与相关解说方法或技巧的有效结合。米尔斯曾言：解说服务重在鼓舞人心，而非信息传递。在自然保护区中，解说系统最主要要能传达出保护与教育的信息，达到保护区的目的，同时还能适当将景区的管理目标、策略、措施等通过解说系统传达给游客，利于深化游客对资源价值认识，积极配合保护区的管理和保护工作。

3. *艺术原则——“解说是一种结合多种人文科学的艺术”*

提尔顿指出：“解说是一种结合多种人文科学的艺术。无论讲述的内容是科学的、历史的或是与建筑相关的，任何一种艺术，多多少少都是可被教导的。”

Muir 曾以形容一位女同事来比喻解说：“她有一个目标，也就是一个愿景。每天她都在累积经验与信息，就像是个艺术家，这样的经验与愿景使她的外表表现能持久，坚持目标且不断成长。”

4. *启发原则——“解说的主要目的不是教导，而是启发”*

提尔顿指出：“解说的主要的目的不是教导，而是启发。”也就是说解说着重在于长效的影响，通过直接的交流过程，让游客对解说对象建立刺激机制，这种机制通过鼓舞性，教育游客行为，引发游客情感变化，进而迸发游客内心无限的潜力。Muir 也曾认为“解说这个新专业的影响力将十分的深远，它具备鼓舞性、教育性”，且有可能激起情感，以及引发内心无限的潜力。

5. 整体原则——“解说必须针对整体来陈述”

提尔顿指出：“解说必须针对整体来陈述，而非片面枝节的部分。解说应该强调整体，而非片断；应该强调全人类，而非某一部分。”

解说首先要对景观的整体进行把握，把景观风格与规划风格都形成一个综合的整体。在自然保护区中，不仅要求保护区整体达到这种效果，同时要求每一处景观在刻画具有个性的景区形象时，也需要使各种解说设施与之和谐。通过解说系统，游客既可对整体有个综合的把握，同时对细节部分也能有所体会。Muir 曾引述 Bailey 的话“正在聆听精彩解说的人，首先将会注意重要的事件，进而弄清楚其中的关键性与相关性”。

6. 对象原则——“对 12 岁以下的儿童做解说时要有不同的做法”

提尔顿指出：“对 12 岁以下的儿童做解说时，其方法上不应是稀释或简化成人解说的内容，而是要有根本不同的做法。若要达到最好的效果，则需要有另一套的解说。”由于不同成熟度的游客接受新事物的能力和兴趣点不同，因而解说方法因人而异。Muir 则曾建议“将信息以具吸引力的方式提供给儿童，则他们的求知与求学欲望，将确保其心灵的发展，这些儿童所拥有的经验与其对所见事物的关怀，将促使他们有能力去推理，并发展观察力和想象力”。

（二）环境解说的原则

1. 第一手的经验

解说员在做解说工作时，如果想要将游客的游憩体验提升到绝妙的境界，那他必须要有第一手的经验。连自身都未体验过的经验，如何传达给游客？有了第一手的经验，才能使得解说内容更为翔实，充满体验感，才能使解说内容言之有物，而不仅是二手信息的传递。

2. 引领游客亲身体验

大自然的美、生态系统的奥秘、各类动植物的神奇等，仅靠解说员的语言解说是无法让游客达到身临其境的境界的，在解说时，解说员需要引领游客用手去触摸、用耳去倾听、用舌去舔、用心去思考，带领游客到现场去，在身历其境中，游客方能心领神会，得到整体的概念与感受。除了增加游客五官的直接体验与感受外，还可以多使用提问、换位思考等方式，以增加游客的现实感觉和现场感觉。当然，在引领游客亲身体验的过程中，最须注意的是安全问题，无论何种解说活动，安全都永远是第一守则。

3. 将历史带入实际的生活

有经验的解说员会将历史带入现实的生活。游客就会感到这些环境或历史与我们息息相关。诱导游客，让游客去发现事情的本身，或以简答的方式和游客拼凑整个解说主题，将更具社会和教育的价值。

4. 将解说和游客经验相结合

游客所关心的是与自身有关的事物，如果能将解说内容与游客的背景联结在一起，便可达到目的。游客最后是通过自身的感官记住事情，而且会将解说员传递给他的信息翻译成自己的语言，或者与本身经验有关的事物联系起来。通常，解说员在做开场白时最为困难，因为从不同的角度切入所带给游客的感觉不一样，若能与游客经验相契合则有助于解说任务的进行，若切入的主题不对，则游客将失去兴趣与热情。因此，解说员要能够了解游客感兴趣的事物，而这些事物又和游客的背景、属性有关，对解说员而言，是一大挑战。

5. 关心游客的需求

解说的服务对象是游客，因此环境解说应充分体现人文关怀，即解说要人性化，无论是解说设施的设计，还是人员解说时都应针对旅游者的旅游目的，充分考虑旅游者的感受，深入研究旅游者的行为和心理，因人而异，因时而异地进行解说，尽可能地为旅游者提供便利。

首先，解说服务应充分尊重游客。解说员服务态度良好，解说用词准确，尽量摒弃生硬的禁止用语，采用温婉的劝诫忠告词汇；自导式解说充分考虑旅游者的需要，适应各类旅游者的阅读理解，还要照顾特殊人群的需要，如解说系统的设计应考虑到适合残障游客的需求，而国际游客需要景区向他们提供翻译成他们能够阅读的文字的解说服务；解说内容应有多种方案，不同时节、不同地点，针对不同专业背景的游客设计不同的解说内容和解说方式。其次，解说服务应充分尊重自然，环境解说服务应体现保护自然的核心功能，解说内容应将自然与人置于平等的地位，体现人类对自然的尊重。

另外，对于解说员而言，主动与热心是应具备的人格特质。很多时候一般人可能不好意思让解说员帮忙解说或服务，因而通常在刚开始时，会加以道谢而婉拒。如果解说员对游客能加以观察或适时问候，将有助于解说的进行。

6. 将片段资讯组合成解说内容

资讯本身并不是解说，一连串的动植物名称将使游客对解说望而却步，毕竟寻求心灵上的解脱与感应比了解万物的名称更重要。解说不只是告诉游客这是什么，而是要想办法促使游客去探索及了解所见事物。

解说员透过原始的事物及看来毫不相关的事件与第一手的经验，组成完全的画面，令游客与自然或史迹心神相会。解说者通过自身对事物的了解与思考，将游客与事物相结合，此种沟通的桥梁将因解说者的努力而使游客更易通过。如何让这些资讯成为解说的内容，如何引领游客进入知、情、意的世界，更需要解说员精心去设计、经营。

7. 解说需要知识及研究作后盾

任何的解说任务，都希望游客经由了解而爱惜我们所生存的环境，进而保护环境。就文化史迹资源而言，希望经由解说唤起游客对文化传统的重视与珍惜；就自然资源而言，则希望游客在领受自然的奥秘时，也能了解到保护与开发之间的关系。解说者除了依据自己的所见所思，不断地修正或充实解说内容，更重要的是持续的研究工作，如此才能使解说更吸引人，也不至于给游客错误的信息。一个完整充实可确信的解说内容，皆有背后的知识及研究为基础，这正是各个领域的专家学者努力钻研的心血。

8. 视对象的不同改变解说方法

游客常因年龄、教育、性别、种族及生活文化不同而有不同的体验，因此也得有不同的解说方法。作为一个好的解说者，其内外涵养必须兼具，更要懂得解说受众的性质与需要，根据不同的人群特质分别进行不同的解说，如此才能完成圆满的解说活动。

五、环境解说技术与技巧

（一）主旨式解说（EROT 解说模式）

一般而言，对于刚接触解说或刚离开校园不久的解说员来讲，最苦恼与困惑的常常是自己的解说如何对听众产生吸引力，如何让听众保持注意力。因为解说面对的是自主观众，因此解说节目必须不断保持有趣的特性，才能获得解说所要的“注意力”。对于解说员来讲，这是成为成熟解说员必须要过的一关。

目前国外解说人员采用的大都为主旨式解说。“主旨”一词由美国解说专家 Lewis 在 1978 年提出，Ham 在 1992 年出版的《环境解说》一书中创建了主旨式解说。Ham（1992）针对景区的非受制性听众，对旅游解说中如何让解说对听众产生吸引力和使听众保持注意力提出了四大策略，即旅游解说的 4 个特性：解说应当具有愉悦性、相关性、组织性和主旨性（Ham，1992）。在这 4 个特性中，最为重要的是主旨性，其余 3 个特性均为其服务。4 种特性之间的关系见图 9-1。

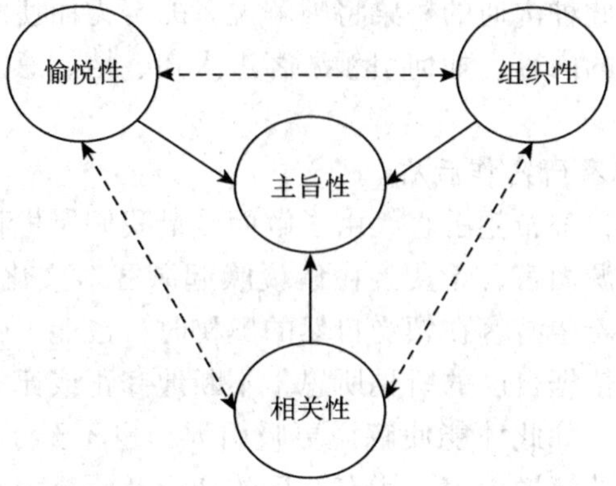

图 9-1　EROT 模式因子关系图

1. 解说是愉悦感受（Enjoyable）

“E”是指“Enjoyable”，指解说要有愉悦性。即内容要好听，令听众享受。娱乐并非是解说的全部，但却是解说所要具备的一个必要成分。为了吸引游客的注意力，所有的解说方式都应是愉悦的，因为非受制性受众随时都可能把他们的注意力转移到更加有趣的事物上。所以，所有令人印象深刻的解说，皆是将娱乐的要素包含于对观众注意力所做的各项努力。好听的解说才能让游客有所享受，因此，撰写的解说词语言优美流畅，行云流水是文字解说词的基本要求。善用比喻将抽象化为具体，适当选用故事，增加趣味性，都是重要的撰写技巧。

2. 解说是有关联意义的（Relevent）

“R”是指“Relevant”，指解说要有相关性。即解说要与生活或经验有关联。解说提供的关联意义有两项：一是有意义的含义；二是与个人有关。解说要能深入人心，首先需要靠此两项要素，帮助解说员与听众拉近距离。

任何解说信息只有与游客大脑中已有的信息联系起来时，该信息才是有意义的。为了保证解说信息有意义，解说内容首先应通俗易懂，避免使用专业术语，其次，利用举例子、比喻、对比法、量换法、引喻法等，把游客不熟悉的事物和他们生活中已知的事物相联系。

个性化的信息是指展示的信息不仅要与游客已知的信息有关，而且与他们所关心的事物有关。个性化的知识包括游客自身、游客的家庭、人类的健康、人类的福利、生活质量、长远利益、原则、理念和信仰等（程占红，2006）。

3. 解说要有组织性（Organized）

“O”是指“Organized”，指解说要有组织性。如果解说需要受众投入太多的精力，如果为了跟随解说信息，需要付出较多的时间和努力，受众将可能转移注意力。因此，解说必须具有一定的组织性。一是解说主题要相互联系，能够形成一个有组织的结构框架。因为孤立的信息不利于游客的学习和记忆；二是解说方式对观众要采用深入浅出、平易近人的方式，观众不必耗费过多的心力就能听懂，简言之，最佳的解说即是极富娱乐性并兼具平易近人的组合；三是有组织的解说信息有一定的数量限制。实验证明，谈话、展品、牌示、印刷品和视听媒体等解说媒介，其展示的主题应保持 5 个或 5 个以下才可能更有趣、更容易理解和记忆（程占红，2006）。即应利用 5 个或更少的观点来解说一个中心主题。

4. 解说要有主旨性，即主旨思想（Thematic）

"T" 是指 "Thematic"，指解说要有主旨思想。无论何种解说媒介所负载的信息都应该像讲故事一样向游客展示，即解说信息应该有一个开始、结尾，最重要的是要有一个主题信息。主题信息应该简短、突出，便于游客立即识别和反应。

解说的主旨性说明涵括主要观点的特性。主旨是主题加意义，用 "主旨" 来解说的原因是：一是在准备解说时能提供思考方向；有吸引人的主旨，就有吸引人的解说；游客最后只能记住主旨，而非个别内容；二是传播主旨，等于传播信念，信念如同种子，能在受众心中发芽成长。例如 "只有你能防止森林火灾" 主旨说明，能协助观众花了 1 小时听完解说后，能组合所得到的事实陈述或概念重点，而不是似懂非懂情形下毫无所获。

总之，一个好的解说必须具有四个特点，即对观众具有愉悦性、以一种有意义和相关性的方式来展示信息、有良好的组织性、利用 5 个或更少的观点来解释一个中心主题。这些特点综合起来就是看能否吸引游客的注意力，这也被称作 EROT 解说模式，即用 ERO 来抓住游客的耳朵，用 T 来冲击游客的内心。

"EROT 解说模式" 理论在应用过程中，其实是以倒叙展开的，即以 TORE 为顺序进行。首先是确定主旨开始，接下来是组织主旨的主次顺序，然后是与解说受众相联系，并且保证解说内容是有趣的、有吸引力的。

（二）分级差异化解说

解说活动必须针对不同的游客，考虑其个别特殊的要求，提供服务，如此才能达成目标。若对所有的游客均采用相同的解说主题与活动，则不仅无法有效地传递解说信息，更会引起游客对解说内容或管理单位的反感。因此针对不同的游客群体，采取分级式 huyh 的差异化解说方式，是解说技巧中相当重要的一环。

1. 对儿童的解说

在许多方面，儿童和大人有许多不同之处，他们来景区的目的不是学习和教育，而是娱乐；他们来景区的方式可能是学校所安排的户外活动或者是跟随家长前来。因此，对儿童的解说必须掌握儿童特性，调整解说员心态以及利用儿童解说技巧等。

(1) 儿童特性。好奇心和想象力：儿童的思想世界充满了好奇心和想象力，他们通常是用嗅、触、味、视、听等感官识觉去接受环境的刺激，然后运用丰富生动的想象力来解释它们。因此对儿童的解说应该尽量利用他们的各种感官体验，如可以分组让他们观察树叶底下的昆虫生态，观察芦苇荡里湿地鸟禽的生活习性，倾听鸟儿的声音等。

活泼好动：儿童活泼好动，思想单纯，注意力集中的时间比较短暂，且对于新环境，往往容易产生兴奋或者是害怕，一旦解说时间过长，他们就很难安定下来。因此，在对他们进行解说时，就应该设法去激发他们的好奇心，并通过妥善规划和活动安排，让他们知道活动的活泼性和精彩性，进而减轻浮躁情绪和害怕心理，并与儿童一起分享快乐。同时，可以组织和提供一些具有一定体力消耗特点和锻炼体能的有意义的游戏类活动，或提供一些可以实地操作的解说教育活动，以提高儿童的可参与性，丰富他们的人生经验。

(2) 解说员心态。保持童心：在对儿童进行解说教育时，解说员应该尽量让自己保持一颗童心，即不要把自己设定在一个教导者或权威的角色，而是要放松心情，放下架子，和孩子们一起玩乐，一起分享快乐。

倾听孩子的声音：孩子是独立的个体，他们不仅需要关爱，也需要尊重。因此，对孩子的解说活动，一定要倾听他们的声音，要多站在他们的角度去思考问题，要选择和设计孩子们能接受和喜欢的方式或活动。

(3) 儿童解说技巧。以猜谜或问答的方式让儿童了解或回答：通过猜谜或问答的方式，可以激发儿童的参与兴趣，提高解说的效果。

利用五官：引领儿童运用感官激发其潜能，帮助儿童发展其五官识觉，如用耳聆听、用鼻闻味、用身体触摸、用舌品尝、用眼观察、用心体会等，让他们尝尝野果、闻闻花香、听听鸟鸣、摸摸青草，或者通过放大镜观察细微的生物世界等，通过这一系列的活动，可以使儿童在满足好奇心和想象力的同时充分了解大自然的魅力。如此不但能使小朋友更加投入，且能丰富他们的生活体验。

发展想象力：通过听故事、说故事、改编童谣等环境教育活动，可以充分发展儿童的想象力。例如，看到天空各式各样的浮云，可让其观察并说明其感觉像什么动物，然后又会变成什么动物。

扮演角色：让儿童扮演各种角色也是解说的一种方法。如可以让孩子扮演森林中的各种动物、植物、鸟类、昆虫或岩石，解说员从旁引导，使儿童感觉自己是大自然的一员，在解说游戏中和大自然建立和谐关系，并从中领会保护自然的重要性。

总之，在对儿童进行解说教育时，解说员一定要研究并掌握儿童的特性，好奇、好动、注意力集中时间短、富有想象力等，调整个人心态，更多采用适合孩子们的解说方法和技巧，以提高解说成效。

2. 对年长者的解说

年长的游客通常在公园的时间比较充裕，能够慢慢欣赏公园中景观，有些年长游客对解说的内容很熟悉，甚至比解说员更清楚当地的历史、典故，他们需要的是解说员的关怀与倾听。解说员可以利用年长游客丰富的经验或人生阅历，来帮助其他游客了解一些人文或生态自然景观，让游客也能分享他们的知识和人生体验。对于老年游客，解说员要更多付出关怀。根据他们的游览特点，时时关注他们，注意调整自己的解说节奏，使其得到愉悦的游憩体验。

3. 对残障人士的解说

解说员应从关怀的角度接近残障者，提供解说服务，使其不觉得与社会或人群脱离。找出适当的感官表达方式，在鼓励残障者使用多种感官时，同样也可鼓励团体中其他健全的人去使用其他识觉。有些残缺使人无法流利地表达自己的意思，解说员须有耐心，注意倾听。总之，对残障人士的解说服务与一般人无异，而要多付出关心与注意。

（三）其他解说技巧

1. 浓缩法

浓缩法就是当解说的事物或现象比较复杂，游客无法想象或理解，这时解说员应当将解说的事物予以浓缩，即复杂的事物变成一些简单的概念。例如，当我们要通过对比地球和人类的历史来说明人类与自然的关系时，光阐述地球的历史和人类的历史是难以让游客理解的。地球的历史已经有 46 亿年，而人类的历史才 200 多万年，如果把地球 46 亿年的历史浓缩成 1 年，那么人类 200 多万年的历史大约只占了 3 小时；也就是说假若 1 月 1 日地球在宇宙中诞生，那么恐龙是在 12 月 19 日才出现的，而人类呢？是在 1 年的最后 1 天，也就是在除夕晚上 9 点多，人类才踏上地球的舞台。如果把地球诞生的历史 46 亿年浓缩成 1 天，那么地球上“人猿揖别”至今还不到 1 分半钟，也就是直到这一天的 23 点 58 分 30 秒才出现人类，这同地球的历史“1 天”相比，不过是微不足道的“弹指一瞬间”罢了。而人类文明的历史就更短，一般来说可以上溯到 1 万年前。所以说，人类是自然界生物进化的产物是千真万确的。自从人类诞生后，人就与自然之间存在着必然的联系。

2. 对比法

儿童的特点是好奇心强，善于想象。他们经常想知道什么东西是世界最厉害的，什么东西是最大的，什么东西是最小的，什么东西是最长的，什么东西是最短的，等等。因此当做植物或动物的解说时，不妨让孩子们自己去想想，世界上最大的是什么植物？最小的植物又是什么等，这种解说常常会令儿童游客有意想不到的惊奇。

3. 量换法

位于四川省乐山市凌云山临江的悬崖绝壁上，有一尊巨型石刻弥勒坐佛，其头顶与崖齐，脚踏大江，体态庄严，气魄雄伟。这就是当今世界上最大的石佛——乐山大佛，又称凌云大佛。解说员在对游客解说这尊大佛时，常常会思考怎样去形容这尊大佛的高大和雄伟。这时通过换算方法，就可以让游客对大佛的高大和雄伟有更感性的认识。如大佛头顶上有螺形发髻 1021 个，正中最大一个有圆桌般大。大佛肩宽 24 米，眼长 3.3 米，耳长 7 米，耳朵洞内可并立两个人。脚背宽 8.5 米，可以围坐 100 多人，光一个脚指甲就长 1.6 米，上面也可站数人。解说员在解说美国加州东部约塞米蒂国家公园（Yosemite）的孑遗植物——腰围达 30 多米的巨大红杉，就让游客去想象这棵树的横断面上可以排放 6 辆小汽车，而树的高度大约相当于一栋 30 层的大厦，树的种子不比芝麻大多少，却能长成这样的庞然大物。

4. 选择解说场所

解说是通过描述和解释地区的特色与人群的关系，而使得游客对此地区的人文、自然现象产生兴趣，进而了解的过程。基于此，解说需要寻求适合的时机与场所，以求得较高的解说效益。

一般而言，游客聚集的地方常是最好的解说场所，例如在游客中心、服务台、景观瞭望点、步道、游憩区、凉亭、露天剧场、史迹遗址等皆可设置解说人员或其他各类的解说设施，提供使游客能够对环境得以较深入了解的条件。当然，在范围较固定的场所，如动物园、植物园等地，对于解说的场所可以采用活动式的解说方式，像采用解说车的方式，以流动的方式配合不同的活动主题进行解说，以吸引游客的参与。

5. 把握解说时机

许多解说媒介所提供的资讯多为一般性质或是常识性质，而解说资源在不同时节所产生的变化正是吸引游客前往的主要动机，游客亦可体验到另类的游憩体验。例如中国台湾的阳明山一年四季均有不同的气象变化主题，因此，台湾的公园为营造其特色，在不同的季节均安排不同主题的与公园有约活动，如金门的赏鸟活动、垦丁的观星之旅、玉山的古道之旅等。

六、环境解说形式与解说媒介

解说媒介是指在解说的过程中，传递者将解说信息传递给游客时所凭借的各种工具与方法。解说必须借助各种表达媒体，在使用当地资源的过程中体现当地景物的意义和其间的联系，并把信息传达给游客。有效、顺畅的沟通媒介是环境解说效应最大化实施的关键，解说媒介分类繁多，不同的角度有不同的分类结果。传统研究中一般将解说媒介主要分为两大类，即人员解说和非人员解说。根据自然保护区资源与环境的特性，本研究将环境解说形式划分为四大类，即人员解说形式、非人员解说形式、综合解说形式、环境教育活动形式。

（一）人员解说形式

1. 人员解说方式

人员解说就是利用解说人员直接向游客进行主动的、动态的信息传导为主要表达方式的解说形式。

解说员是解说的灵魂，再好的解说媒介都不如解说员能直接引导游客进入大自然的世界，和自然资源发生深刻的互动（张明洵、林玥秀，2002）。解说员解说服务被认为较好，是因为它较具有亲和力与弹性，解说服务人员有义务和游客作双向地沟通，使游客有受欢迎的感觉。人员解说服务通常可分为咨询服务、活动引导解说、据点解说、现场表演四种方式（见表9-2）。

表9-2　常见人员解说形式及内涵

形式类别	形式内涵
咨询服务	在游客中心或其他服务处的人员对游客的各种疑问给予帮助
活动引导解说	专职导游员带领游客在景区内游览，如向导式步道解说
据点解说	专门在特色景观据点进行专项解说
现场表演	通过人员的表演来诠释环境信息或文化内涵

（1）咨询服务。所谓咨询服务是将解说人员安排在某些特殊而明显的地点，以提供游客相关的各类咨询、并解答游客的问题。它是各风景游憩区或公园最基本的一种解说服务，提供管理单位与游客间的第一次接触，给予游客有关的基本资讯，让游客了解管理单位的设立目标及希望游客遵守的各项规定。

（2）活动引导解说。活动引导解说最大的益处是，在优秀解说人员的引导下，游客可同时得到看、听、触、闻、尝的实物解说经验，并可借助与解说人员的双向沟通，提升个人在环境中的观察与欣赏能力。

活动引导解说通常可分为特别预约式引导解说与固定出发式引导解说两种。

（3）据点解说。据点解说通常是在特定的时间与地点举行，在野营区、瞭望台、特殊景观区等特定的地点与时间，由专业的解说员或学者专家，针对某个主题进行解说，这种解说形式通常也称为解说讲演。它通常是针对小团体或特殊团体而设计，并且希望能与游客达成双向沟通，能与游客保持亲近关系。

（4）现场表演。现场表演式的解说活动，又称为生活剧场、生活解说或解说模拟，它是通过人员的活动表演去模拟文化传统生活或习俗的一种解说方式，它所强调的是一种运用解说功能去阐释真实文化行为的方法。解说员可以穿上该地原住民的服装，或由原住民担任解说员，由他们来介绍原住民的生活、生产、音乐、习俗、生活方式、民族工艺等，这些也可被视为一种生活景观解说。例如，在夏威夷的波利尼西亚文化中心（Polynesia Culture Center，PCC），有一位扮演土著国王的解说员，由于他精彩的即兴扮演，将自己完全融入了土著国王的意识与心灵中，时至今日，许多游客来到 PCC，就是为了要看这位解说员的现场历史重现。几乎可说，这位解说员已经成为 PCC 的镇园之宝了。通过这类的现场表演，我们可以被不同时代的历史、文化或者人物所启发，这正是现场表演的迷人所在。

2. 生态旅游解说员的特殊素质

生态旅游是一种重在教育与奉献的特殊旅游，这样的特殊旅游需要特殊的解说人员与特别的解说词。这就要求生态旅游区导游人员必须具备相应的生态素质，即具备生态旅游相关知识，包括生态学、林学、环境保护学、自然地理学等相关知识，在导游过程中学会如何使用积极的职业态度、良好的生态伦理道德、灵活的语言技巧、强有力的交际能力、熟练的管理技能和沉着的应变能力，确保生态旅游区旅游者生态审美，旅游区自然和文化资源知识，生态保护与可持续发展及环境教育等的基本实现。

与传统意义上的解说人员相比，生态旅游区解说人员生态素质要求体现在：

（1）导游人员能及时地充实生态学、林学、环境保护学及生态旅游目的地本身自然地理学科方面的知识，有着强烈的环保意识，恪守自身在旅游活动整个过程中的言行符合环保要求。

（2）能洞察到旅游者对环保旅游的渴望与旅游污染对解说人员本身长远利益的重大影响。

（3）视旅游环保宣传为己任，并积极寻求恰当的时机对旅游者进行环保渗透。

（4）能及时提醒游客不要乱扔废弃物，督促游客将随身携带的垃圾妥善处理。

（5）倡导游客进行绿色消费，如在饭店、宾馆，以恰当的方式提醒客人注意节水节电、注意保护客房的设施设备，不使用一次性塑料包装或一次性餐具，不食野生动物，不购买由濒危动植物加工而成的旅游纪念品。

（6）在旅游讲解过程中，突出生态、环保、教育功能，变旅游者为生态旅游者。

(7) 通过故事，强化旅游者对在旅游区的非道德行为，如随意性地扔垃圾、刻画、践踏草木、吸烟、惊吓野生动物、从自然景观和历史遗迹上取走对自己有意义的东西等行为的后果。

(8) 配合生态旅游区景区景点管理部门做好对游客非环保行为的前期控制、同期控制及反馈控制。

(9) 扮演景区景点生态规划管理的咨询员与推广者等。

3. 生态旅游解说词的特殊要求

生态旅游是科学性、教育性和奉献性较强的一种特殊旅游活动，解说员在引导、解说生态旅游景区景点时所强调的内容、使用的语言和方式都有它自身的特点。

(1) 严密的科学性。生态旅游涉及的科学知识很多很广，地形地貌的形成与演变，动植物及水环境的保护、生物习性、物种基因、气象气候等各方面都有着不同的规律和严密的科学性，解说员绝不可海阔天空地说得天花乱坠，而应遵循内在的科学逻辑，一丝不苟地进行导游解说。

(2) 强烈的环保意识和教育功能。生态旅游的一个重要任务就是教育生态旅游参与者保护旅游目的地的生态环境和生命系统，使他们参加到保护濒危物种的队伍中来，因此，生态旅游解说词的一个重要任务就是让游客在整个旅游活动过程中受到生态环境保护的系统教育。

(3) 人与自然的和谐性。创建和谐社会的一个重要标志，就是创造人与自然的高度和谐的环境。人口的增长、人类文明的发展，都不同程度地挤占并损害着原有的生物链和生态环境，部分物种休养生息的基本条件逐步消失，环境的恶化反过来会影响着人类的生息繁衍。因此，在生态旅游过程中强化对游客的生态教育，使他们自觉保持与大自然的融洽与和谐，人与生物界的亲密无间，就能起到相互呵护的良性循环作用。

(4) 环境体验引导性。旅游者参与旅游活动的一个重要目的，就是通过对旅游目的地异常环境的亲身体验，释放在原工作生活环境中积郁的压抑心情。导游词应当提示、引导游客积极参与到不同环境的实际体验当中。

(5) 环境审美及娱乐性。任何旅游形式都离不开对旅游客体的直接感受，无论是视觉还是听觉、触觉，旅游环境所给予人们的审美效应会直接作用于人们的身心——开心、愉悦、刺激，或是恬静、休闲、爽朗。生态旅游中的原生态环境往往是都市人很难接触到的，那种原始、古朴、天然会让人心旷神怡，乐不思归。而生态旅游中的娱乐性则往往表现在与自然界的亲密接触，如观鸟、戏猴、观看动物表演、攀岩、漂流、采花、摘果、捕鱼等。这些活动具有很强的参与性和体验性，所带来的身心愉悦是一般观光旅游所远不及的。

(6) 反复提示的安全意识。“出门旅游，安全第一。”多数生态旅游活动的目的地是原生态旅游环境，那些地方不是山高坡陡，就是谷深水急，或沼泽湿地，或密林旷野，苍凉的沙漠，咆哮的大海，防不胜防的毒虫猛兽，这一切都随时不断提醒游客注意安全，一旦出事，后果不堪设想。因此，我们的导游人员务必随时不断提醒游客注意安全，而且还要针对旅游行程前方可能发生的一切危险事故提出预案，并告知游客规避危险以及自救互救的方式，必要时导游还要对某些细节做出示范，一切都要防患于未然。

(二) 非人员解说形式

非人员（非伴随）解说是运用各种器材或设施来对游客说明，而不是由解说人员直接接触游客的解说服务方式。根据 Sharpe 的分类，又可分为解说牌示、解说印刷品、视听多媒体、互联网、自导式步道、生态景观小品 6 种（见表 9-3）。

表 9-3 常见非人员解说形式及内涵

形式类别	形式内涵
牌示系统	多功能的静态解说形式
解说印刷品	为游客提供便利信息的小册子或作纪念品的光盘等
视听多媒体	景区内出租或固定设置的视频或音频电子设备和产品
互联网	景区旅游网站，将景区的各类资源信息、图片、录像、歌曲等放在网上，供游客快捷、方便地浏览和欣赏
自导式解说步道	根据景区特色设计的风景长廊
生态景观小品	具有特殊意义的造型独特的雕塑或模型

1. 牌示系统

解说牌示是一种最常见的解说媒介，是游客在游览过程中获得的最直接，并且也是非常必备的说明系统，是文字、照片、图片等多种信息的展示载体。牌示系统的优势在于可以弥补人员解说之不足，游客也可以根据自己的需求选择适合自己的解说信息。景区通过解说牌为游客解说景区的自然、历史、文化和游憩资源，增加游客兴趣的同时传播环境教育理念，通过文本、图片、示例等手段以娱乐和教育的方式与游客交流，达到为游客指引线路、解说景点、警示安全、管理游客行为并传达景区发展理念的目的。解说牌一般设在景点入口处、游客中心内的展示厅、游客便于停留的地方，如观景台、观景点等处。解说牌内容的组织和设计要特别注意科普性和教育性，以体现生态旅游的本质要求。

作为一种能沟通展现自然、文化与历史资源所蕴含的意义与关系的艺术，生态旅游区解说牌示能够促进人们对自然生态的了解与欣赏，达到展现与保护自然的目的。生态旅游区本身包含着丰富的自然信息和巨大的科学和经济价值，生态旅游区解说牌示不仅可以用最直接的方式传授给游客自然科学知识，而且可以向游客进行最直接的环境教育，潜移默化地达到宣传保护的目的。

牌示系统按其作用不同可以分为旅游服务牌示和环境教育牌示两大类。

(1) 旅游服务牌示。旅游服务牌示主要包括以下几种。

全景牌示：是旅游景区整体形象对旅游者的系统展现。一般包括景区总导游图、各功能区的分区导游图，应反映或说明景区全图的总体结构和景点、道路、服务设施等的分布，应有平面图、俯瞰图、简介文字等表现形式。

指路牌示：向旅游者清晰地、直接地表示出方向、前方目标、距离、旅行时间等要素，有时可以包含一个或多个目标地的信息。

景点牌示：用以说明单个景点的性质、历史、内涵等信息，可以体现解说系统的教育功能，对旅游者有较强的吸引力，因此游客愿意花较多的时间阅读这类景点牌示。

忠告警示牌示：指在游览线路上适当设立的一些有关提醒游客保护环境、注意公共道德以及告知游客各种安全注意事项和禁止游客各种不良行为的忠告警示牌。多用红色。

服务牌示：是对景区中具有服务功能的建筑物位置的导引指示牌，包括指示有关公厕、公用电话、小卖点、导游点、餐厅、商店、照相等旅游设施的服务内容和方位的牌示。

(2) 环境教育牌示。生态旅游区的解说牌不但包括一般景区都设有的路牌、警示牌等服务性牌示，为游客确定游览方向，保护自身安全提供帮助，还应包括生态旅游区特有的生态知识、动植物资源解说牌以及环境教育解说牌。这类牌示的主要功能就是介绍景区的自然知识以及劝阻或鼓励游客某种环境行为。

2. 解说印刷品

解说印刷品是一种较为传统的解说媒介，通常包括解说折页、地图、手册、导游指南、解说书籍、明信片、画册等，其可以在预算范围内做精美的设计与印刷，可为游客提供极清楚详尽的知性资料与鲜明美丽的感性画面。解说印刷品的主要特点是可与现场分离、方便旅游者随身携带，配合现场或非现场自由使用。由于制作便宜、易于携带、资料较其他媒介详尽，而且可以大量复制，使其成为一种极为普遍便利的解说工具。

3. 视听媒体

随着科技的进步，现代化的视听器材日新月异，为吸引游客驻足欣赏，进而达到解说的目的，视听媒体已被各相关单位广泛的使用，成为最常见的解说媒体之一，视听媒体主要包括幻灯片放映、录像电影、语音解说系统、便携式解说器、触摸屏问询系统、音像制品和多媒体演示系统等方式，主要是利用影片、光碟片、配合投影机、电视墙、录影机、光碟机以及大型银幕等硬体组合，运用于游客中心、露天剧场或自然教室，通过幻灯片的清晰影像、电影的动感画面、音响的立体声效、灯光的明暗闪烁，以及其他各种特殊设备的效果，提供观众耳目一新的视觉和听觉感受，不仅可以从时间和空间上展示景区的全貌，而且还能通过对历史的还原和对未来景观的构筑，给游客提供无限的遐想空间，提升游客对景区未来状况的关注程度。这些高科技解说手段的运用弥补了传统解说媒介的不足，服务了大量的游客，也减轻了解说人员的负担。

4. 互联网解说

即景区旅游网站，它是将景区的各类资源信息、图片、录像、歌曲等放在网上，供游客快捷、方便地浏览和欣赏。互联网作为一种新兴的解说媒介，具有信息量大、信息及时、辐射范围广且不受地域的限制等良好特征。

5. 自导式步道

自导式步道又可称为“解说性自然步道”，是指一条专供游客徒步行走的道路，在此路径上设计具有解说功能的媒介或设施，游客可经由沿线的解说设计来认识一些有趣的、特殊的景观及现象。相对于活动引导解说而言，自导式步道没有解说人员的带领与说明，它强调的是游客经由管理单位的解说设计而自行创造体验的一种过程。

步道系统的规划设置对风景区、游憩区是极为重要的一环，尤其是在以自然景观为主的地区，步道提供一般民众欣赏自然以及休闲游憩的空间。步道的功能是让前往该地区的游客能于自然间赏玩、放松心情，并且增加游憩体验；而自导式解说步道则让游客在一般步道的功能之外，加入了教育、学习的功能，让游客在自然赏玩之间，亦能对其所在的环境有更进一步的了解，并吸收其中所传达的信息。因此，步道可以被分成三个概括的功能：游憩、解说和教育。

自然保护区的自导式步道可依据景区类型、使用功能及自身属性特色而做不同的划分。根据景区类型的不同可以划分为：森林步道、竹林步道、枫林步道、白杨步道、赏蝶步道、观瀑步道、湿地步道、海岸步道等；根据使用功能的不同，可以划分为天然小径、生态小径、探险小径、空中走廊、野营小屋、环形安全通道等；根据步道自身属性特色可划分为景观型步道、健行型步道、登山型步道、探险型步道等；按布局类型可划分为环状型、放射型、单线型、叉状型、网状型等。

6. 自导式汽车导览

当汽车旅游被当成一种工具运用在解说上时，它通常可以提供一群小家庭般人数的游客，在属于它们自己的空间中，以适宜速度，配合其他解说设施的引导，广泛地畅游较大范围的游憩据点。这种自导式汽车导览强调的是一个小团体或小家庭（通常是2~5人）在一种具有自我隐私的舒适空间中，共同创造知性游憩体验的过程。如同自导式步道一般，自导式汽车导览也可依旅游路程的内容区分为一般主题汽车导览与特定主题汽车导览两种。同样的，这两种汽车导览也通常与解说牌、解说出版物等配合使用（张明洵、林玥秀，2002）。

7. 生态景观小品

生态景观小品解说系统是指生态旅游区内可以通过设计和陈列具有生态环境教育意义的景观小品，在视觉和心灵上对游客产生触动，使他们对生态环境破坏的危害性和严重性有更深入的了解，从而激发他们的生态环保意识。例如，北京南海子麋鹿苑内有一处景点叫"世界灭绝动物墓地"。每一块倒下的方石碑代表了一种已经灭绝了的动物，呈现在人们面前的是一长串方石碑，它们似乎在警示人类要提防多米诺骨牌效应的发生，一长串方石碑的最前端矗立着一只醒目的人的大手，它启示人们该是制止灾难继续发生的时候了，否则最后一块倒下的石碑将是人类自己，让人震惊，也发人深省。

（三）综合解说形式

综合解说形式事实上是景区内囊括多种解说形式在内的解说板块。综合解说形式种类丰富，不同的生态旅游区也会有不同的规划设计需求。常见的综合解说形式如表9-4。

表9-4　综合解说形式及内涵

形式	内涵
游客中心	景区的综合性服务节点
户外教育中心	专业的环境教育节点，利用户外环境加强非正式教育效果
湿地博物馆	湿地博物馆是介绍湿地相关知识和进行湿地体验活动的综合性解说设施
湿地植物园	湿地保护区中敏感度较低的板块，是了解湿地物种的最佳场所
科普展厅	普及物种基础知识的场所
观鸟厅	为了不惊扰保护区生物而必需的室内或室外的观赏设施

1. 游客中心

游客中心是旅游景区设立的为游客提供信息、咨询、游程安排、讲解、教育、休息等旅游设施和服务功能的专门场所。游客中心通常坐落于生态旅游区或风景区的入口或重要的节点上，它是整个景区的信息集散地，是主要的解说场所。

世界旅游组织曾对旅游景区游客中心的功能做过明确阐释：在游客中心的讲解服务和信息咨询材料中，一般都会包括以下内容：那里有什么可看的、可做的；怎么找到你想看的东西；游客正在看的是什么；在旅游区应怎样做；究竟为什么要设立某种类型的旅游区，如风景名胜区、自然保护区、生态博物馆；是什么使游客到此游览；为不同时间的游览提出建议，围绕不同的位置和旅行主题展开活动；游客想为旅游区环保做贡献应该怎样做；告诉游客如何成立或参加环境保护组织、如何成为旅游区建设与管理的志愿者（世界旅游组织，1997）。

游客中心运用多种解说媒介对游客进行解说，如人员解说、咨询导览系统、生态展示、物品陈列展示或利用视听媒介将整个保护区做概略性的简介。在雨天或气候恶劣时也能充当游客的休憩解说场所。

游客中心的设置起源于美国国家公园，后来世界上许多国家和地区的旅游经营者纷纷向其学习并对其进行改善，主要功能是向游人提供游览景区所必需的信息和相关的服务。随着游客中心的不断发展和功能的不断完善，其提供的服务种类正在日益增多。现在，国外的风景区大都有自己的游客中心并且功能完善，如美国黄石国家公园、大峡谷国家公园等；国内一些风景旅游区近年来也建设了一批游客中心，并且一些著名景区已率先建成了与国际水平接轨的现代化游客中心，例如：峨眉山、九寨沟、三峡等。

2. 户外教育中心

户外教育中心提供广泛的教育和户外活动机会，以及相应的与自然景观和谐、安全、方便的教育和服务设施。户外教育中心，是户外教育能顺利开展的基础，与传统的教学实习基地既有联系又有区别。相似的是都注重实践环节技能的培养。不同的是户外教育中心必须适应生态文明建设新形势的需要，更加突出和谐、绿色、持续、高效的特点，更加注重对旅游者的生态知识、生态道德、生态美学的培养。依托现有的生态旅游景区，再进行相应条件、设施的建设，提高科技含量，就可成为集公共游憩、教育、研究等为一体的综合园地，可在短期内较好地满足户外教育的要求。

户外教育中心的共同特点是周围树荫浓郁、溪水潺潺、草木青青、鸟语花香。这里会有受过专门户外教育课程培训的解说员共同设计出适合不同对象、融合当地自然与人文特色的活动方案。在专业人员的引导下，人们走进山林、亲近自然，专心聆听来自大地的声音，原野的呼唤，汲取森林的能量，体验生命的意义。从一粒种子到参天大树，人们体验自然的神奇，在探索自然奥秘的同时，真正了解自然、学会尊重自然，培养团队合作的精神。

3. 湿地博物馆

湿地博物馆是介绍湿地相关知识和进行湿地体验活动的综合性解说设施。湿地博物馆内设有序厅、湿地厅、科普厅、生物多样性厅、湿地合理利用厅、多媒体展示厅、标本展出厅和制作间、立体影院等。

4. 湿地植物园

湿地植物园主要是向游客展示湿地植物，以休闲游览、科研科普教育、水生植物的配植示范和引种繁育为主要功能。这是湿地自然保护区应具备的解说板块。

5. 科普展厅

科普馆是专门为普及科学知识而建立的，它是进行环境教育的理想场所。科普馆内以文字及图片展示为主，主要介绍一些有关植物学的基础知识，植物的演化史，植物在人类生产、生活中的用途，植物与人类和环境的关系，以及如何开发利用植物资源，生物多样性保护和可持续发展理论等。

6. 观鸟厅

观鸟厅是保持一定距离但仍能观察动物生活形式的一种最佳选择，在观鸟厅，游客可以利用视频、视听、望远镜等多种方式观察湿地鸟类的生活习性。

（四）解说教育活动形式

随着体验经济时代的到来，旅游者越来越重视游览活动的参与性和互动性，在这种趋势背景下，环境教育活动成为当下生态旅游区环境解说的最佳媒介之一。环境教育活动可以分为自然观察型、户外教学型以及生态体验型三种类型。

1. 自然观察型

自然观察是以生态解说员为引导，发挥旅游者探索自然的主动性和积极性，通过一些生态教育路径的设计，引导生态旅游者在自然保护区内进行自然观察和探索，让游客在生态旅游活动中自觉体验和观察自然，感受自然。自然观察的主要内容设计需要结合各个生态旅游区自身的特色，包括保护区内的珍稀动植物、奇特的地理现象等。如湿地自然保护区在鸟类活动周围设置一些掩体，即观鸟屋，其中安放观鸟设备和仪器，同时还有鸟类图谱，方便游客在观看鸟类时进行资料查阅和比对。

2. 户外教学型

户外教学是由生态旅游区或周边社区、学校组织的一种户外课堂，让学生从室内走向室外，从书本走向实际，在生态旅游区内开展专业讲座、户外课堂、知识问答等教学方式，让旅游者尤其是学生更好地接受并理解生态环境知识。如制作动植物标本、户外知识讲解、专家讲座、环境教育教学。

3. 生态体验型

体验式的环境教育活动的设计没有定式，主要有生态游戏、生态实验、动植物认养、园艺栽培等活动。游客在参与生态旅游的过程中，有解说员引导进行生态游戏的模拟是新型的解说模式，游客在生态游戏中体验性地获得环境教育，达到环境解说的目的。常见的体验式环境教育活动还包括一些生态实验。

体验式环境教育活动的内容设计较为灵活，活动可以是多种多样的。这种教育形式具有非比寻常的教育功效，应该在我国自然保护区加以推广和应用。

七、环境解说媒介的优点与限制

不同的解说媒体具有不同的特性，也相对的具有不同的优点及限制。目前并没有任何一种解说媒体是对所有游客具有吸引力，不同的解说媒介适合不同的解说主题和内容，对不同的解说服务对象也有不一样作用，各类媒介优缺点分析如下。

（一）人员解说的优缺点分析

1. 人员解说的优点

解说员在所有的解说服务中是最被人们所接受的方式，这主要是由于它与非人员解说相比有以下的优点：

(1) 解说员可以掌握与游客之间的人际关系与双向沟通，并深入探讨解说主题，随时回答游客的疑问。

(2) 解说员可以随时注意游客的行为，借以维护游客的安全并减少公园资源与环境遭受不当破坏。

(3) 解说员可以适当运用游客团体的活动，促成游客参与国家公园保护工作。

(4) 解说员可以鼓励游客运用肢体感官去观察感觉周遭的公园物象，加深游客在国家公园的游憩体验。

(5) 解说员较能吸引及维系游客的注意力，以有效传达解说的内容。

(6) 人员解说服务较具变通性，解说人员可因不同的游客特征而调整解说的内容，并可视时机进行机会解说。

(7) 解说人员可以向游客详细说明在景区应遵循的基本行为规则，以使游客对旅游景区的影响最小化。

2. 人员解说的限制

(1) 生态旅游区在人员解说方面通常会受到解说员数量不足的限制，而要增加足够数量的解说员，势必会增加经营成本。

(2) 解说员的质量也是个问题。高素质的解说员离不开良好的训练，这对景区的经营管理者来说也是一项挑战。

(3) 不易控制服务水准，解说人员有时会因许多因素而丧失工作热忱。（钟

永德，2008）

（二）解说牌示的优缺点分析

1. 解说牌示的优点

解说牌示的优点主要表现如下。

（1）比较便宜：无论是由内部人员设计、建造及装设，或是向外定制专业设计的标识，均较其他解说媒体便宜，且维修保养的价格相当低。

（2）耐久性：多数解说牌示为永久性设施，设计装配得当的标识，具有耐久性，使用年限较长。

（3）自主性：解说牌示具有自主性。游客可根据自己的需要、兴趣、速度来阅读解说牌示上他们所感兴趣的事物，能在自我控制的时间内吸取他们所希望获得的资讯。在时间有限的情况下，即使他们不打算阅读所有的内容，也可以通过仅仅查看解说主题、小标题或图解，得到信息内容的概要。

（4）适用性：解说标识在任何时间均可适用。不论是在解说员正常上班时间或下班之后，在解说人员不足或者是较偏远地方无法安排解说员时，解说牌示均可发挥其功能。

2. 解说牌示的限制

（1）需花力气阅读：标识牌是死的，需要游客花费时间与精力去阅读。相反的，视听解说和现场解说则不用游客全神贯注，毕竟听比看要轻松得多了。

（2）单项沟通：解说牌示是一种单向的沟通。因此，游客无法问及更多信息的细节。标识亦无法完全适合所有游客的兴趣、年龄及教育程度。当游客遇到问题时也无法通过标识牌得到回答。

（3）易被忽略：大部分的标识没有办法发出声音以吸引游客，所以有时设计不良或摆设位置不当的标识牌常常会被游客有意或无意地忽略了。

（4）易破坏：大自然的侵蚀作用、腐蚀、野生动物的破坏，甚至游客刻意或不经意的破坏，都会使解说标志受损或破坏，失去功能。

（三）解说印刷品

1. 解说印刷品的优点

（1）可以提供清楚详尽的知性材料与鲜明美丽的感性画面，是最适合有兴趣的游客研读与收藏的纪念性物品，且易广泛流传。

（2）制作成本较低，携带方便，资料较其他媒体详尽，且可大量复制，使它成为一种极为普通便利的解说工具。

（3）使用场合较广，价格比较便宜。

（4）内容深度可视实际需要而定，便利游客选用。

（5）可用出售的方式提供给游客，以回收成本并增加收入。

（6）可提供详细的各类资讯，辅助人员解说不足。

（7）可以多国语言出版，便利外国游客。

（8）可赋予多种解说技巧。

（9）适合表达有次序性的题材。

2. 解说印刷品的限制

（1）冗长的文字可能使游客失去兴趣。

（2）游客可能会乱丢而制造废弃物。

（3）若印制数量少则成本高。

（4）须由专业人员撰稿、设计、说明。

（5）必须不断修订以保持正确性。

（四）视听媒体

1. 优点

（1）可以弥补直接解说的不足，例如对于一年四季景观的变化，可借由视听媒体的编辑与制作加以展现。

（2）能将一件事情的连续动作和分割画面作清晰的说明，观赏者能同时看到一件事物的开始、中间过程和末了结束的情形。

（3）可以利用视听媒体的多面视觉和效果，使解说的主题能更鲜明地借助影像刻印在游客的脑海中。

（4）可以提供游客细密的画面说明和多重角度的解说，例如针对野生动物的生态环境与习性的说明可作完整的解说，并强调整体的发展和关联性。

（5）细腻的画质、特殊的立体音效，可以提高视觉媒介解说的效果，游客可以很快地了解解说的主题并产生共鸣。

（6）没有太多人数上的顾虑，可针对需要服务大量或少量的游客。

（7）可录制成各种不同的语言，便利于服务外籍游客。

2. 限制

（1）视听媒体的解说方式需要在一个固定的场所，无法像其他的方式较为自由。

（2）视听媒介的制作需要委请专业的拍摄公司，其制作的成本较高，还要考虑硬件的购置费、维护费等，因而在人力及经费上都不经济。

（3）仅提供一种单向的沟通，游客无法针对问题提问。

（五）自导式步道

1. 优点

（1）自由自在欣赏自然：在自导式步道上游客可以按照自己的步调进行游览活动，可以自由自在地欣赏自然，不用赶时间，也没有一定行程表的安排，可以充分满足自己的喜好。

（2）提供偏远地区的解说：在自然保护区的一些偏远地区，由于距离较远和缺少解说员，一般没有办法提供人员解说，而自导式步道则可以弥补这方面的不足，自导式步道可以提供解说服务。

（3）全天候解说：不同于人员解说的时间限制，自导式步道可以在一年四季、一天清晨或傍晚的任何时间持续提供解说。

（4）分散客流，减少对环境的冲击：自导式步道可以将游客，尤其是团体游客分散于步道各处，从而减少由于游客过于集中于个别景点而造成的环境破坏。

2. 限制

（1）不能阐述复杂的解说内容：由于解说牌、解说手册等都要受到文字数量的限制，喜欢刨根问底的游客以及游客在遇到一些复杂问题时，就没有办法在此得到解答。

（2）无法根据游客的兴趣调整解说内容：自导式步道的解说系统是针对一般游客而设计的，其解说方式是固定的，因而无法根据游客的兴趣和实际情况进行调整，无法满足游客个人的需要，对于某些游客而言，解说显得过于简单；而对于另外一些游客而言解说又显得太过生涩。

（3）缺少游客和景区的良好互动：自导式步道较难掌握游客的兴趣与注意力，解说员能随时视游客的兴趣与需要而改变解说内容或选择恰当的解说方式以满足游客的需要，而自导式步道则无法及时回应游客的需求。当游客有问题时，也没有解说员及时回答，游客对景区的意见与建议不能及时反馈给景区管理者，景区也较难掌握游客的兴趣，游客和景区之间缺少良性互动。

（4）易破坏，维护成本高：自导式步道由于远离景区管理者，因而不能有效防止游客的破坏行为，而且毁损的解说牌等往往会过一些时段才会被发现，这不仅会影响景区的形象，更会致使解说设施不能有效发挥作用，直接降低了游客的旅游体验和旅游满意度。

（5）时效性差：自导式步道解说方式具有相对的固定性，不能及时调整，不能解说一些有时效性的自然现象。

各类媒介优缺点整理见表 9-5。

表 9-5　各种解说媒介的优点和限制

解说媒介	优点	限制
人员解说	面对面交流，具有亲切感，信息接收快，适时调整，能动性与互动性强	人员招聘、培训的成本高，讲解时间受限，服务人数有限，讲解水平差异化程度高

续表

解说媒介	优点	限制
牌示系统	随时都可以看到； 自主性强，游客可以按照自己的速度观赏； 便宜与耐久性； 使用实体物品或真实现象作为解说的对象； 稳定性强； 对照性强，一般设立于被解说物旁； 使用不受时间限制、可多人同时使用； 直观简洁、实用方便、易于识记； 可以利用视听器材来辅助解说文字、图表等； 可以设计成与周围环境相容的形式	解说信息相对固定，是静态的，且无弹性； 信息易陈旧，不易更新； 易受外界因素的干扰和破坏； 一次性投入大，启动成本高； 文字有限、与游客的互动性较差，单向沟通； 需花力气阅读
解说印刷品	使用时间长久； 方便携带，具有纪念价值； 制作简单，成本低； 信息全，可以提供详细的参考资料； 更新容易，容易修订； 可以引用不同的说明技巧； 可用多种语言撰写，适应国际游客需要； 游客可根据自己的速度来阅读； 可增加收入； 辅助解说人员的不足； 内容详尽程度可视需要而定	容易被丢弃，造成环境污染； 需要一定的分发系统支持； 对游客的文化水平要求较高； 冗长的文字说明容易使游客感到厌烦； 除非由专业人员撰稿、设计、说明，否则可能降低游客的兴趣并且无法表达出清晰的意向； 必须不断修订以保持正确性
视听多媒体	集音、像、图、文多功能于一体，解说效果好； 具有写实性，提供视觉和听觉效果，并且造成感情上的冲击； 提供的信息量和信息面巨大； 良好的信息交流平台； 时效性高，信息可以不断更新； 激发游客的想象力； 景区内外使用均可，可携带至景物位置以外的地方； 使游客能够看到那些原本无法接近或看见的地方、动物、植物、季节风光； 能制造情绪或气氛； 可同时服务众多的游客； 可为残疾人服务	需要支持设备，解说效果受设备影响程度大，需定期维修和经常性的维护； 制作难度大，成本高； 对技术的要求程度高，需要专职人员进行维护； 信息需要及时更新； 互动性差

续表

解说媒介	优点	限制
自导式步道	轻松自在，增强游客的体验感； 提供偏远游憩地区解说和全天候解说； 分散客流，减少对环境的冲击	不能阐述复杂的解说内容； 无法根据游客的兴趣调整解说内容； 缺少游客和景区的良好互动； 易破坏，维护成本高； 时效性差
游客中心	展物集中，参观方便； 受天气及蚊虫等外界因素干扰小； 解说集中、游客自主性强； 真品实物，配以照片、图表，容易理解	占地面积大、投入成本高； 参观时间长； 解说项目较固定，旅游者容易疲倦
生态景观小品	形象逼真、警示性强； 感染游客的力度大	设计要求高、制作困难； 日常维护力度大
环境教育活动	参与性与互动性强； 近距离接触，印象深刻； 增强旅游者的体验	项目的设计要求高； 服务质量要求高； 受一定场地限制

本章小结

自1948年，国际自然与自然保护联盟巴黎会议首次使用了“环境教育”一词以来，环境教育这个术语被普遍认可，但对“环境教育”这一概念却一直没有一个统一的界定。但对生态旅游环境教育的认识有两个共同点：第一，环境教育是一个综合的全面的过程。第二，环境教育的手段是“教育”。

环境教育的目的就是使受教育者获取环境知识，形成环境意识、环境技能、环境心理和环境素质的综合性教育活动。

生态旅游与环境教育的关系表现为两方面：一是生态旅游是进行生态环境教育的知识之旅；二是环境教育是生态旅游独具的基本特征。

我国生态旅游环境教育中存在的问题是：环境教育的重视程度不够、环境教育体系发展不完善、环境教育地区发展不平衡。

环境解说的定义是在解说、旅游解说定义的基础上发展而来的，同时又包含了一定的环境教育内容和目的。

环境教育、环境解说、生态旅游三者的关系可以理解为：环境解说作为非正规环境教育的一种途径，在很多情况下与环境教育两者是可以融合在一起的，或者说可以通过环境解说来实现环境教育的目标。解说已成为生态旅游的重要管理工具，通过环境解说进行环境教育是生态旅游经营者最重要的职责之一。

环境解说的原则主要是 Freeman Tilden 的解说六原则。

环境解说的技术与技巧包括主旨式解说（EROT 解说模式）、分级差异化解说以及其他解说技巧。

环境解说的形式与解说媒介主要有四大类：人员解说形式、非人员解说形式、综合解说形式、解说教育活动形式。

不同的解说媒体具有不同的特性，也相对的具有不同的优点及限制。目前并没有任何一种解说媒体是对所有游客具有吸引力，不同的解说媒介适合不同的解说主题和内容，对不同的解说服务对象也有不一样作用。

复习题

1. 简述环境教育和环境解说的概念及内涵。
2. 如何正确理解环境教育、环境解说和生态旅游三者的关系。
3. 国外在环境解说与环境教育方面有哪些成功的经验可供我们借鉴?
4. 结合国外和我国环境教育发展的历史和现状，谈谈你对环境教育发展趋势的认识。
5. 如何在生态旅游区贯彻环境解说的原则?
6. 生态旅游区环境解说方面有哪些需要掌握的技术与技巧?
7. 结合具体的生态旅游景区谈谈各种环境解说媒介的优缺点及其应用。
8. 利用所学知识，选择你熟悉的一处生态旅游景区尝试规划设计一个环境解说系统。

📖 阅读材料 9-1

日本箱根国立公园游客中心

箱根是一个每年有 2000 万游客到访的日本著名的国立公园，它的游客中心是 1966 年建立在湖尻集团设施地区的，当时主要进行有关“箱根地区火山的形成、动植物、岩石标本”等自然科学方面的环境教育、环境解说。箱根国立公园的游客中心也进行了多次改修，但是，随着时间的推移，已经越来越不能够满足游客对环境教育内容、形式的需求，1995 年重新进行了规划建设，这次规划的方针是：①诱导人们亲近自然；②向游客提供公园信息；③进行自然环境教育、自然信息收集活动的中心性设施。新游客中心的展示内容包括：

(1) 箱根公园形象壁画——一目了然地反映箱根地区生态系统特色；

(2) 用 120 英寸的大屏幕介绍箱根的自然环境，包括三部分——箱根的生物（15 分钟）、箱根今昔（外国人眼中的自然，8 分钟）、走进自然（8 分钟）；

(3) 国立公园导航——国立公园的历史、制度，日本及世界国立公园的检索；

（4）箱根胜景介绍——运用大型地貌模型和录像介绍箱根的胜景及探胜线路；

（5）箱根动植物名录——在箱根地区栖息、繁殖的动植物的检索；

（6）箱根火山的形成——运用计算机动画模拟、油画等形式；

（7）鸟类标本展示——展示箱根地区40种野鸟的实物标本；

（8）箱根地区景观的变迁——运用航片、景观图等对比展示今日箱根与过去的不同，让游客思考人与环境的关系；

（9）自然信息角——提供箱根志愿者解说员搜集的各个季节的实时信息；

（10）阅览学习休息室——可以阅览有关箱根自然的各种书刊、录像带等资料。

📖 阅读材料 9-2

北京汉石桥湿地生态旅游与环境解说开发设计

一、汉石桥湿地概况

汉石桥湿地自然保护区位于京东平原地带，总面积1900公顷，其中核心区面积约3000亩，是北京市平原地区唯一的大型芦苇沼泽湿地，具有良好的区位优势、丰富的物种资源以及优良的生态环境。区域内有大型芦苇沼泽湿地以及多种珍稀水禽，保护区内记录到鸟类153种，包括国家Ⅰ级保护动物2种，国家Ⅱ级保护动物17种，野生植物292种，是许多珍稀濒危鸟类迁徙的栖息地和中转站，素有“京东大芦荡”、京郊“小白洋淀”之称。大面积生长的芦苇是这里的标志性特征。人们在此可以领略到京郊平原独有的荒野景观。夏天，湿地的芦苇可以长到2米多高。微风吹拂，芦苇荡此起彼伏，犹如浩瀚的“绿海”，景色颇为壮观。保护区南边是1000亩的森林公园，夏季这里清凉四溢，是避暑的好去处。紧挨着森林公园是约500亩的湿地植物园，有近100种湿地特色植物，在这里可以看缤纷的荷花、睡莲，可以听蛙鸣，可以闻花香。

当下，面对着良好的外部开发条件，推进以湿地为依托的环境教育将成为汉石桥湿地生态旅游开发的重点。为更有效地保护典型的芦苇沼泽湿地生态系统和野生动植物，北京市人民政府于2005年4月批准成立了汉石桥湿地自然保护区，同年6月顺义区人民政府成立了北京市顺义区汉石桥湿地自然保护区管理办公室，主要负责湿地的保护、科研科普、开发利用等工作。

二、分区设计

1. 园区景点划分

汉石桥湿地区域（公园大门导游图标注）包括：双子湖、芦苇荡、高台观鸟、湿地植物园、水上游览区。其官网景区浏览图为双子湖公园，包括：森林区、垂钓区、游船区及湿地植物园。

2. 保护区划分

保护区主要划分为核心区和实验区，核心区面积163.5公顷，是保护区的核心和精华，实行全封闭保护，控制人员进入；实验区面积1724.4公顷，保护区未来主要针对这一区开发利用，开展生态旅游、科研、科普等方面工作，目标是要打造成一个以休闲、娱乐、度假、健身、会展为主要内容的5A级湿地生态旅游景区。其中，乡村主题酒店集办公、餐饮、会馆、住宿于一体，既突出其特有乡村特色与湿地风光，又在硬件设施上达到五星级酒店标准，为城市游客提供一个感受自然、亲近自然、便利舒适的高级休闲场所（见图10-1）。

图10-1　北京汉石桥湿地景点和保护区分布图

三、湿地生态旅游活动项目

汉石桥湿地公园开放的旅游项目有：湿地观光、湿地探索、湿地野钓、水上自行车等，另外还有观鸟厅、科普展厅、湿地植物园等生态旅游活动。

1. 游船

该项目位于双子湖公园码头，现有大型游船3条，电瓶船、脚踏船120条，船只特殊设计，颜色古朴，与大自然融合。游览区域面积1000亩，包括：大水面、群岛水域、植物园。乘船可欣赏到芡实、香蒲、鸢尾、荷花、睡莲等多种水生植物，以及小鸊鷉、苍鹭、白鹭、黑水鸡等鸟类。

2. 湿地野钓

野钓区面积约200亩，有草鱼、鲢鱼、鲤鱼、鲫鱼等，岸边芦苇密集，还原天然环境的野钓风趣。

3. 趣味自行车

该项目位于双子湖公园码头南侧，现有情侣自行车30辆、双人观光车50辆、四人观光车60辆。游览线路分为以下三条。

（1）植物园区（东线）：可欣赏到荷花、睡莲、芦苇等水生植物。

（2）森林公园（南线）：可欣赏到东、西湖及森林景观风貌。

（3）环湖路区（西线）：可欣赏到湿地核心区大面积芦苇景观。

4. 观光电瓶车

（1）环湖路区（西线），可欣赏到湿地核心区大面积芦苇景观，包括高台观鸟区。

（2）森林公园（南线），可欣赏到东、西湖及森林景观风貌。

5. 视频观鸟

该项目位于保护区最北端，观鸟厅内设有无线视频观鸟设备、高倍望远镜及便携式望远镜，提供不同的观鸟感受。此外，大量鸟类标本展示于观鸟厅中。

6. 观鸟文化节

观鸟文化节由汉石桥湿地和北京鸟网论坛共同组织，除放飞活动外，汉石桥湿地还举办了由观鸟比赛、亲子湿地游、公益放飞组成的观鸟文化节活动和摄影比赛，呼吁社会各界人士共同关爱鸟类，关注人类赖以生存的生态环境，开展观鸟、护鸟等健康文明的爱鸟活动，还鸟儿自由飞翔的权利。

7. 骑自行车认植物——低碳科普活动

按照北京科技周组委会的要求，北京市顺义区汉石桥湿地自然保护区创新科普的理念，以倡导低碳交通、展示湿地特色植物为主要内容，以贴近湿地、关注气候变化为主旨，联合北京林业大学百奥生物协会共同举办“低碳科普，骑自行车认植物活动”，来引发人们认识湿地特色植物的兴趣，传递低碳环保的理念。以认知湿地特色植物为切入点，使人们认知湿地与生物多样性的关系。以新型的四轮观光自行车为交通工具，在湿地中体验低碳交通，引发人们对气候变化的思考。

8. “湿地杯”征文、摄影比赛

为宣传、展示湿地风采，倡导市民关注湿地、爱护湿地、保护湿地。汉石桥湿地举办“湿地杯”摄影比赛及征文比赛，有奖征集在汉石桥湿地拍摄的四季生态景观照片和湿地相关的散文、诗歌原创作品。

四、湿地生态旅游环境解说

实地调研结果显示，目前汉石桥湿地自然保护区解说系统包含的解说媒介分别为：解说员、游客咨询中心、解说牌示、解说印刷品、视听多媒体、参与式活动、观鸟厅、科普展厅、湿地植物园、展板、科普教育片、图片等。游客咨询中心设置在旅游项目区入口处，主要功能是为游客介绍景区概况，提供游览建议，发放宣传册子等。解说牌的设计新颖大方，全景导览、节点解说、道路指引、警示警告等功能较完备。解说印刷品包括宣传册子、导游图和一些介绍湿地的书籍等。在景区的游艇上还有多媒体设施，为游客做沿途的讲解。在项目区有项目介绍展板，介绍景区概况、游船、自行车、垂钓、观鸟活动等；还有介绍汉石桥湿地四季风光的科普教育片。观鸟厅有视频观鸟，采用无线传输方式，现场直播鸟类活动；有双筒望远镜和高倍望远镜，可远距离观察鸟类活动。科普展厅里有国内外著名湿地图片和汉石桥湿地动植物资源图片，以动植物、风光、湿地知识为展示内容，以图片和多媒体设施为展示形式，展现湿地丰富的生物资源，进而宣传保护湿地的作用和意义。湿地植物园具有匠心独具的“中国印”水系，为鸟类营造了理想的栖息地，生活着鸟类 20 多种。水系内共有植物 80 余种，其中人工种植的有睡莲、荷花、黄花鸢尾等 20 多种，自然生长的有荇菜、慈菇、泽泻等 50 多种，植物园里配备有解说牌解说和人员解说，是理想的动植物认知场所。植物园里有至少 30 种植物和 30 种鸟类的科普标识。各种定期或不定期的参与式活动给游览带来更多的趣味，使游客能更主动地接受各种解说信息。景区内还有相当数量的定点或流动的解说员。这些解说媒介是构成汉石桥自然保护区解说系统的核心内容。

第十章

生态旅游组织与政策

【学习目标】

- 理解生态旅游组织的形成、内涵及分类
- 了解国际及国内生态旅游组织发展情况
- 了解生态旅游政策内涵及发展现状
- 了解国内外现有生态旅游政策制度
- 掌握 ISO 14000 系列标准的特点、申请与审核过程

有效的组织和政策是发展生态旅游的保障和推动生态旅游的重要动力，同时，也是规范生态旅游并使之专业化的标志。然而生态旅游组织的建立尚处于起步阶段，并不完善，而生态旅游政策的制定更是滞后于生态旅游业的发展。本章包括生态旅游组织和生态旅游政策两节内容。第一节重点介绍了生态旅游组织的形成和分类以及重要的国际生态旅游组织；第二节着重分析了生态旅游政策的发展现状以及国内外主要的生态旅游发展政策。

第一节　生态旅游组织

一、生态旅游组织的形成及其内涵

（一）生态旅游组织的形成

有效的组织与政策是生态旅游产业专业化的标志，同时也是促进生态旅游实现社会、环境、经济效益可持续、统一的重要手段。

生态旅游组织的产生和生态旅游业的发展是相辅相成的，生态旅游的发展促使了生态旅游组织的形成，生态旅游组织的存在又促进了生态旅游业的进一步发展。旅游业的发展是社会经济发展到一定阶段的产物，而生态旅游作为旅游业发

展到一定阶段的形态，与其相关的生态旅游组织实际上是社会发展和经济发展的综合产物。而生态旅游非政府组织的增长反映了整个生态旅游组织的增长，根据美国哈尔佩尼（Halpenny，2001）的观点，生态旅游组织的形成主要有三个原因：一是会议型组织，即其是生态旅游会议的结果，生态旅游会议为生态旅游经营者们相互交流、探讨问题以及制定措施等提供了机会，从而在一定程度上促使了生态旅游组织的形成，如1990年在佛罗里达州迈阿密召开的国际专题讨论会成立了最早的国际生态旅游协会；二是改组型组织，即生态旅游组织是现在已有组织的改组，由于组织的形式、定位和目标发生了变化，导致组织改组形成了生态旅游组织，如加拿大的萨斯喀彻温生态旅游组织的前身就是萨斯喀彻温野生生物协会；三是危机反应型组织，即有些生态旅游组织的形成是人们面对危机与灾难的一个反应。如肯尼亚的生态旅游组织，其成立主要是由于1989年“埃克森瓦尔兹”号油船泄漏事件，肯尼亚为缓解保护区系统的危机所做出的反应。

（二）生态旅游组织的内涵与分类

生态旅游组织的形式不一，性质各异，但是它们都有一个共同的宗旨，即普及生态可持续的旅游发展理念，为营造良好的旅游发展环境、促进和发展生态旅游事业，保障生态旅游产业健康发展做出贡献。

就目前发展情况来看，生态旅游组织主要由国际的、国家或地区的以及地方性的会员制非政府组织（membership NGOs）、非会员制非政府组织（non-membership NGOs）和公共组织组成。由于这些生态旅游组织缺乏共同的内部组织标准，组织的定位和工作目标也不尽相同，因此很难将全世界所有的生态旅游组织都按照统一的标准进行分类。但根据不同的分类标准可以将生态旅游组织划分为不同的类别。按照发起人和成员的成分可以分为政府间组织和非政府组织，或称为官方性组织和非官方性/民间性组织；根据所处的地理区域可以划分为国际的、国家的、次于国家的、地区的和当地的等不同级别；按照运作模式可以分为营利性组织和非营利性组织；按照性质可以分为政治性和经济性组织、科学和学术性组织以及业务和行业性组织。

很多国际组织都参与了生态旅游不同方面的研究和项目的推动与开展。比如世界自然基金会（WWF）、世界银行（World Bank）、联合国世界旅游组织（UNWTO）、联合国环境署（UN Environment Program）、联合国开发署（UNDP）等。早在20世纪80年代世界自然基金会就开始关注生态旅游，并针对拉丁美洲和加勒比海地区出版了《生态旅游：潜能与陷阱》的研究报告；联合国世界旅游组织（UNWTO）下的环境委员会，其工作涉及了很多环境保护问题，且该组织在准备2002年的世界生态旅游年时，与世界生态旅游学会签署了合作备忘录，为更好地发展生态旅游做了准备；联合国开发署（UNDP）做为非成员制的非政府组织则主要通过其国际开发援助活动，尤其是在地区开发计划中帮助发展中国家成立生态旅游企业，推动了生态旅游在世界各地开发计划中帮助发展中国家成立生态旅游企业；世界旅行与旅游理事会（WTTC）在1995年柏林旅游国际博览会上提出了“绿色地球”的倡议；联合国环境署（UN Environment Program）、世界自然基金会（WWF）、国际标准化组织（ISO）、“绿色环球21”组织（Green Globe 21）参与制定《莫霍克协定》等（钟永德、袁建琼、罗芬，2006）。

随着生态旅游的不断发展，生态旅游组织的数量也在逐年增加，据哈尔佩尼（Halpenny）的研究，截至2000年中期全球有33个会员制生态旅游组织，而此后出现了不少非会员制生态旅游组织，很多信息无法获取，且这些组织可能一直处于动态的变化当中，因此很难做一个数量统计。但根据哈尔佩尼的研究，从各大洲分布来看，美国拥有绝大多数洲级的非政府组织，而非洲和欧洲则缺少生态旅游组织（见表10-1）。

表10-1 会员制的生态旅游组织（2000）

组织	国家	水平
阿尔巴尼亚生态旅游组织	阿尔巴尼亚	国家级
阿拉斯加荒野娱乐与旅游协会（AWRTA）	美国	州级
亚美尼亚生态旅游协会	亚美尼亚	国家级
玻利维亚生态旅游协会	玻利维亚	国家级
厄瓜多尔生态旅游协会（ASEC）	厄瓜多尔	国家级
伯利兹生态旅游协会	伯利兹	国家级
巴西生态旅游协会	巴西	国家级
澳大利亚生态旅游协会	澳大利亚	国家级
约旦生态旅游协会	约旦	国家级
巴布亚新几内亚生态旅游协会	巴布亚新几内亚	国家级
肯尼亚生态旅游组织（ESOK）	肯尼亚	国家级
菲律宾生态旅游基金会	菲律宾	国家级
萨斯喀彻温省生态旅游组织	加拿大	州级
爱沙尼亚生态旅游协会	爱沙尼亚	国家级
斐济生态旅游协会	斐济	国家级

续表

组织	国家	水平
阿根廷生态旅游基金会	阿根廷	国家级
格鲁吉亚绿色运动协会	格鲁吉亚苏维埃社会主义共和国	国家级
夏威夷生态旅游协会（HEA）	美国	州级
洪都拉斯生态旅游协会	洪都拉斯	国家级
日本生态旅游协会（JES）	日本	国家级
杜温特生态旅游协会	加拿大	国家级
墨西哥探险旅游与生态旅游协会（AMTAVE）	墨西哥	国家级

资料来源：韦弗（Weaver），1998；生态旅游协会，2000；哈尔佩尼（Halpenny），2001

这些组织的增长反映出了生态旅游的蓬勃发展。根据哈尔佩尼（Halpenny，2001）的观点，这些组织不论在分布上还是在规模上都有着很大的差别，一方面，生态旅游组织发展并不成熟，需要进一步完善以为生态旅游业的发展提供坚实的支撑；另一方面，生态旅游发展的进一步深入将在一定程度上为生态旅游组织的成长提供更多的机遇。

二、国际生态旅游组织

目前，世界上最有影响力的生态旅游组织主要有国际生态旅游协会（TIES）和澳大利亚生态旅游协会（EAA），其他国家和地区也有许多生态旅游组织发展很快，比如日本生态旅游组织和亚美尼亚生态旅游协会。

（一）国际与国家级生态旅游组织

1. 国际生态旅游协会（TIES）

国际生态旅游协会最初于1990年以生态旅游协会（TES）的名称成立，总部设立在美国，其目标是为了促进全球生态旅游业的可持续发展与保护，并使生态旅游成为一个有效的及经济上可行的产业。该组织的7个战略性指导方针体现出它的主要任务及研究方向（见表10-2）。但这些指导方针并没有提及对外部环境施加影响（除了捐赠团体与社区外），或是为那些外部环境有联系的生态旅游产业部门充当游说者。

表 10-2 国际生态旅游协会的任务

教育与培养生态旅游经营者
提高公众选择负责任的旅游
鼓励对生态旅游市场进行正确估量的努力
努力工作以确保生态旅游产业变得可持续发展
鼓励捐赠者对那些包含了当地社区企业，并经过充分构想的项目进行投资
在生态和文化较敏感的地区协助社区创建可持续的生态旅游
帮助建立负责任的海岸与海洋生态旅游市场

资料来源：艾普勒·伍德（Epler Wood），1999

国际生态旅游协会的核心机构是理事会，理事由成员提名，经现任理事的挑选继任。该组织的成员结构偏向于北美洲，主要地理位置模式为：成员主要集中在发达国家，而生态旅游的活动主要集中在欠发达国家，表现出一种强烈的“从北向南”的市场流向。TIES 的财政资金主要来源于会员的会费和其出版物的收入。该组织独立性很强，不依赖于政府、基金会、公司或任何其他基金来源机构，因此，目前该组织面临着严峻的资金缺乏问题。组织支持专业化过程，特别支持国家为建立认证计划所做的努力；其次，它还尝试将市场及影响研究作为生态旅游项目的重要影响因素之一，还支持和社区及非政府组织一同工作。该组织并不参与实际的旅游业务工作，绝大多数的工作是通过会议形式与专题讨论会的形式得以实现。如从 1991 年起，国际生态旅游协会每年都召开一次专题讨论会，并且在全球范围内组织了一系列的活动，比如 1996 年在夏威夷举行首届“海洋生态旅游研讨会”，1998 年在墨西哥金塔纳罗奥州举行“规划和开发生态旅游目的地”的区域性研讨会，2000 年在纽约出席“生态旅游与可持续旅游认证研讨会”和签订了《莫霍克协定》，2004 年在华盛顿举行首次向所有成员开放的周年大会和第一届“生态旅游和生态度假拍卖”庆祝大会。这些活动目的在于促进旅游目的地可持续性旅游的发展（David Weaver，2004）。

2. 澳大利亚生态旅游协会

澳大利亚生态旅游协会（Ecotourism Association of Australia，EAA）成立于 1991 年，是一个非营利性的合作性组织，是澳大利亚为生态旅游提供膳宿、旅行和景点服务的全国最高机构，成员主要包括生态旅游规划者、生态区保护者、学者学生、生态旅游解说和培训顾问以及本地和区域性的旅游协会。它对未来的展望强调：“协助生态旅游业及其他从事旅游业的经营机构，实施环境可持续性、经济可行性及对社会文化负责任的行为，并在此过程中组织要成为先导”（澳大利亚生态旅游协会，2006）。组织的任务是通过一系列的活动来实现这一展望

（见表10－3）。这些内容与国际生态旅游协会的指导方针相比更“讲求实际”（David Weaver，2004）。

表10－3　澳大利亚生态旅游协会任务陈述

协会的任务是培养、巩固及促进生态旅游及其他从事旅游的经营机构变得更具有持续性，通过下列方法实现：
• 为了可持续性实践发展及采用标准化； • 提高旅游产业内容工作的专业化； • 使过去错综复杂的经营政策与过程变得更有效率； • 帮助经营者提高产品的质量，提供给游客有关其所游览地区的解释； • 对那些采用可持续性实践的经营者，提高他们的地位与生存能力； • 促进解决保护问题的方法与项目； • 将当地社区纳入生态旅游并提供利益给当地社区； • 宣传可持续性原则，以提高整个旅游业的环境意识。

澳大利亚生态旅游协会的主要任务包括：就提高生态旅游产业生产能力的决议与创制进行游说，特别是在整个旅游业内对实行可持续性实践进行游说（EAA，2000b）；提供意见给国家级的生态旅游战略规划和其他生态旅游战略规划；同时提供公园管理规划方案与教育计划，使保护区向更有序的特许经营体系发展；开设研究培训班和专题讨论会，并每年召开一次会议，出版有关问题的出版物以及为支持质量控制的研究提供奖学金与补贴金等。

3. 日本生态旅游组织

日本生态旅游组织（JES）成立于1998年，该协会承认日本生态旅游发展缓慢，并指出该组织的一个主要目的就是为生态旅游经营者提供一个交流信息的论坛，同时提高日本人对生态旅游产业的认识和理解（JES，2000）。该组织宣称支持当地社区的发展和生态旅游评估认证计划与培训计划，并且奖励生态旅游研究、收集生态旅游出版物、每年举办一次生态旅游专题讨论会、在日本的生态旅游景区及其他地方进行生态调查等。它的委员会包括1名主席、1名副主席、15名理事、2名稽查员、18名顾问和6名观察员（David Weaver，2004）。

4. 亚美尼亚生态旅游协会

亚美尼亚生态旅游协会（ARMECAS）成立于1997年，它把生态旅游作为国家的可持续发展的一种手段。成员主要来自自然和文化遗产方面和旅游经营等不同领域。作为一个非政府、非营利性组织，其主要目标是为振兴保护亚美尼亚的自然和文化历史遗产提供支持与援助，以及通过发展生态旅游改善社会福利。1999 年该协会加入国际生态旅游协会。该协会的主要目标为：

（1）创造一个生态旅游可持续发展的战略；

（2）为设计生态旅游的组织和个人提供集中的信息和技术援助；

（3）参与乡村地区的生态旅游活动；

（4）在与媒体建立伙伴关系的基础上，组织公众促进有关环保文化历史古迹保护的活动；

（5）和媒体合作促进公众对生态旅游运动的认识以期凸显环保活动的意义；

（6）努力促进环境法律法规和旅游法律法规的发展。

亚美尼亚生态旅游协会（ARMECAS）希望对经济活动造成的不可挽回的损失进行定性研究，并致力于为预防和消除生态旅游存在的问题寻找替代方式和法律机制。发起并参与了包括阿塞拜疆、格鲁吉亚在内的“南高加索地区生态农业旅游”项目（ARMECAS，2007）。

（二）次于国家级的生态旅游组织

由于目前生态旅游尚处于“研究多，实践少”的阶段，地方和民间有很多生态旅游的先行者，而一些研究机构也提供了很大的支持，所以目前致力于生态旅游发展的组织中也有不少次于国家级的组织，尤其在联邦制政治结构下的美国及加拿大这样的大国，生态旅游非政府组织最为普遍，它们有自己的灵活性，在一些实践和研究上也可能处于领先地位。以下以夏威夷生态旅游协会为例进行介绍。

夏威夷生态旅游协会（EAA）是一个非营利性的组织，其成员主要包括生态旅游经营者和旅行社、社区和环境组织、教育机构和一些非营利性的经济发展组织。夏威夷旅游协会成立于 1999 年一次全州生态旅游会议之后，委员会由 1 名主席、1 名副主席、1 名财务人员、1 名秘书和其他 3 名成员组成。组织以保护夏威夷独特的自然环境和文化为目标，通过宣传致力于夏威夷旅游业的多元化发展。主要目标有：

（1）促进生态旅游方面的沟通交流和教育问题的解决；

（2）提供一个信息和网络资源；

（3）促进游客的环境和文化意识的增长；

（4）促进以社区为基础的有利于当地居民的可持续发展；

（5）通过有效的解说提高参观者的经验；

（6）促进资源方面的会话和交流；

（7）鼓励游客多次旅游，进行停留时间更长和游玩地更多的旅游；

（8）提供继续教育，专业发展及培训；

(9) 鼓励成员的志愿行为;

(10) 提倡高度环境和文化意识的小团队旅游以降低对环境的冲击和破坏。

旅游目的地当地和地区级的非政府生态旅游组织有其独特性，因为它们主要关注某个受地理位置限制或政治条件限制的地区的生态旅游，如所罗门群岛的莫罗温礁湖（Morovo Lagan）和伯利兹的托莱多地区（Toledo District of Belize）的生态旅游组织，它们有效地承担了很多当地的生态旅游工作。这些组织的发展也给生态旅游提供了不少有益的建议，但从长期来看，它们在组织、资金、管理等方面都需要投入更多的努力（夏威夷生态旅游协会，2007）。

（三）其他与生态旅游相关的组织

国际生态旅游协会（TIES）与澳大利亚生态旅游协会（EAA）属于会员制的非政府组织，除此之外，还存在一些并非特别针对生态旅游的非政府组织与政府机构，作为生态旅游发展过程中的外围组织机构存在着。

非政府组织如著名的环保非政府组织——国际保护组织（Conservation International, CI）和自然保护组织（The Nature Conservancy, TNC）通过它们各自从事出境旅游计划的成员，以及各自管理的私人保护区直接参与了生态旅游产业；又如与旅游相关的联合国世界旅游组织（UNWTO），正将其注意力转向生态旅游与可持续旅游，亚洲及太平洋区域内重要的旅游非政府组织——亚洲太平洋旅游协会（the Pacific Asia Travel Association, PATA）成立了一个有关环境与文化的办公室来促进可持续旅游与生态旅游的发展等。政府在生态旅游发展过程中所起的作用主要是协助制定生态旅游规划与战略，如澳大利亚的发展援助代理机构AusAid和其他相当于AusAid的代理机构对生态旅游的发展给予了很大的支持；联合国或世界的“国际性政府”通过联合国发展计划（United Nations Development Programme, UNDP）的国际发展援助计划从而逐渐参与生态旅游等。

国外生态旅游组织的进步体现了生态旅游逐渐扩展并得以深入的过程。这些组织在组织性质上，主要以非政府间的科研性和环保性组织为主；在组织形式上，组织多以委员会形式进行日常工作和管理；在组织的目标上，对生态旅游的要求大都涉及游客的行为约束和环境意识以及当地社区的受益问题，体现出了一定的共性。这些方面对我国生态旅游组织的发展和完善具有一定的借鉴意义。

三、我国生态旅游组织发展概况

由于我国生态旅游尚处于起步阶段，我国的生态旅游组织发展也相对滞后。从总体上看，我国生态旅游的一些活动主要由国家旅游局和国家环保总局牵头，但是在这两个和生态旅游密切联系的政府部门下，尚没有设立专门的生态旅游组织。而目前国内和生态旅游相关的组织大多是自发成立的，没有统一的规章和制度，且大都局限于一定的景区或者地理范围，规模和影响都不够大。

我国自发成立的旅游组织主要分为两类：一类是由一些旅行社为主要成员组成的俱乐部，其主要目标是通过组织生态旅游活动获利，如中国国际生态旅游俱乐部、中国生态旅游休闲俱乐部；另一类是学术性的生态旅游组织，多由一些科研机构、高等院校和专家学者等组成，如中国生态学会下的旅游生态专业委员会。我国生态旅游组织将随着生态旅游的兴起进一步发展和完善。

第二节 生态旅游政策

一、生态旅游政策的内涵及发展现状

（一）生态旅游政策的内涵

政策与生态旅游业具有特别大的相关性，因为生态旅游强调通过伦理的方法来管理、关注当地居民、保护自然遗产等。生态旅游政策被看作是公共政策，它必须由公共部门进行处理，或仅仅只是通过了机构的认可或者批准。这就意味着生态旅游政策并非真正是在政府框架中制定出来的（Hogwood 和 Gunn，1984；23），它还要受到一些环境保护组织的影响，诸如国际生态协会和野生动物协会等会在政府制定政策中发挥作用。另外，生态旅游政策呈现出多维度且相当复杂的属性，决定了它是从国际到当地的各级公共管理层制定出来的，一个级别的政策影响其他级别的政策制定和实施。例如，如果一个利益集团在一地区性的生态旅游方面的目标没有达到，那么为了达到这一目标，它往往可能寻求在国家范围内对其采取行动和施加影响。

另一方面，“政策的制定要经过一个复杂的制度框架的过滤”（Brooks，1993：79）。制度通常是一套规则，或明晰而正式（如宪法、规定等），或模糊而非正式（如组织文化、人际和家庭关系的规则等），它通过影响其行为来规范个人关系或者个人组成的团体之间的关系。因此，从长远来说，“制度本身可以被看作一系列政策，通过其为政策过程中引入特定集团协商以及必须遵循特定的程序，从而使一些决策的可能性增加，另一些决策的可能性减少”（Simeon，1976：575）。

作为这一部分的总结，生态旅游政策就是政府关于生态旅游业所做出的有所为、有所不为的决定（Hall & Jenkins，1995）。具体地说这种政策中应包括行动和不行动、决策和不决策、选择和流程。也就是说生态旅游政策应该像决策开发一样做出不开发的决策，同时要对环境和当地居民施以同样的保护（Fennell &

Dowling，2003）。因此，生态旅游政策应该是以政府为主导的，受其他相关利益团体以及相关生态组织影响的，为保护某一地区或者某一区域的生态旅游资源而制定的一系列规章、制度和政策等。

（二）生态旅游政策发展现状

目前来看，生态旅游作为旅游产业中发展最快的一部分，呈现出缺乏有效的政策和规划指导，迫切需要好的行业组织进行管理的现状。然而，生态旅游政策并不是凭空产生的，而是政策制定过程的产物，这个过程反映了在旅游规划与政策演进的影响和确定中多种参与者利益与价值的相互作用。制定生态旅游政策是为了指导各地生态旅游业的规划、管理和开发以确保能明智有效地利用生态资源。刘（1994）代表美属太平洋群岛所进行的研究说明政府的政策在规范和监督行业发展，平衡保护和限制的关系的同时又不过多阻碍私人经营者的经营活动方面有着重要意义。政府的政策是支持生态旅游发展的关键，然而，在很多国家，生态旅游政策还处于考虑和初创阶段，虽然政府大都对生态旅游持积极支持的态度，但是人们对于生态旅游的发展和认识还不全面、深入，所以少有成型或成熟的生态旅游政策。同时，各国生态旅游政策也具有很大的差异性，各国对生态旅游的范围的规定也不尽相同。Fennell（2001b）通过对北美的60多个地区旅游局的研究发现，虽然这些旅游局对生态旅游政策的重要性有着充分认识，但它们大多数都没有制定生态旅游政策。

目前大部分国家都制定了环境保护法和旅游法，菲律宾还专门出台了生态旅游法。联合国将2002年确定为“国际生态旅游年”，世界旅游组织同年提出主题口号——“生态旅游：可持续发展的关键”。同年在加拿大举行了世界生态旅游峰会，发表了关于生态旅游的《魁北克宣言》。国际生态旅游政策逐渐走向成熟。我国的生态旅游政策制定相对滞后，但随着可持续发展和资源保护意识的加强，已经开始有针对性地制定了一些生态旅游政策。如已经制定了一系列相关法律法规，如我国建设部制定了《国家风景名胜区规划规范》，国家旅游局已经制定了《旅游发展规划管理办法》，另外还有环保法、草原法、森林法、渔业法、土地管理法、水法、野生动物保护法，以及自然保护区条例、风景名胜区管理条例等。2013年10月1日开始实施的《旅游法》中也提出了“旅游者在旅游活动中应当爱护旅游资源，保护生态环境”，“旅游发展规划应当包括旅游资源保护和利用的要求和措施”，“景区接待旅游者不得超过景区主管部门核定的最大承载量”等，这些法律法规对生态旅游的发展都具有一定的规范和指导意义，但这都是相关主管部门针对其各自所管辖对象的特点而制定的。现在尚需要针对生态旅游的要求，从综合管理的角度制定一个统一的规范，为实施认证制度提供依据（钟林生等，生态旅游网，2006）。

二、国外生态旅游政策

（一）国家级生态旅游政策

1. 澳大利亚生态旅游发展战略（National Tourism Strategy NTS）

《澳大利亚国家生态旅游战略》是让利益集团参与生态旅游政策制定的一个最好的例子（联邦旅游部，1994），它认为只有对生态旅游的开发进行管理才能使之利益最大化，并采纳了综合开发生态旅游的方式。澳大利亚联邦政府于1994年启动了国家生态旅游发展战略，以其作为指导澳大利亚生态旅游产业综合化发展与管理的总框架。该战略是一个真正反映澳大利亚人的总体意见的全国性文件，战略的制定经过了辩论论文、专题讨论会、公众意见收集、起草、修改并最终形成五个阶段，集合了政府机构、行业代表、保护团体、教育机构和社区团体的意见形成。

该战略的意图可以归纳为："为生态旅游的未来发展指明大方向，找出保证可持续发展首先要解决的问题并指出解决这些问题的建议方法"（联邦旅游部，1994：6）。国家生态旅游发展战略的核心内容是与生态旅游有关的12个问题，战略指明了每一个问题的目标，以及为了达到这些目标而建议的行动，这些都是制定具体政策和规划的基础，详见表10-4。从本质上看，这一战略主张对一个具有可持续性而且经济上可行的生态旅游产业给予支持和促进，这一产业应与地区的发展规划及自然资源管理过程融为一体。澳大利亚联邦政府对国家生态旅游战略投入了1000万美元，用于指导9个计划中具有试验性质的项目。这些项目取得的实质性成果主要有：为企业的评估认证程序制定出自然与生态旅游评估认证计划（NEAP）和出版了有关生态旅游属性研究成果的书籍，以及一些有关能源与废弃物最小化实践的出版物（David A. Fennell，Ross K. Dowling，2005）。这个文件向世界说明了澳大利亚的生态旅游状况，是一个值得其他政府学习的范例。

表10-4　澳大利亚国家生态旅游战略目标

战略性构成要素	目标
生态可持续性	在整个旅游行业内推行生态可持续原则和相关活动
综合地区规划	用制定长期战略的方法根据生态可持续原则和相关活动制定综合性地区规划并与生态旅游相结合
自然资源管理	鼓励在自然资源管理方面采用与生态旅游活动和保护可相互兼容的方法
法规	通过制定和实施适当的行业标准和认证制度鼓励生态旅游行业自律

续表

战略性构成要素	目标
基础设施	如果可能的话，支持谨慎的修建和在建基础设施的设计和使用以减少游客对自然资源的影响，提供与生物区域规划目标相一致的环境教育
影响监测	具体分析生态旅游的影响并为规划和决策提供依据信息
市场营销	鼓励和促进有道德的生态旅游产品的开发以满足游客的期望，使供求达到平衡
行业标准/认证	制定高质量的行业标准并建立一套国际级生态旅游认证体系
教育	改善整个目标群体的生态旅游教育水平
原住民的介入	让原住民能有机会自我决策和自我管理，并通过生态旅游实现经济上的自给自足
可行性	了解企业的商业需要并设法提高私人和集体企业的经营可行性
考虑公平	要确保生态旅游体验的机会均等，生态旅游活动收益能在接待社区公平分配并能使部分收入能用于自然资源的管理和保护

2. 吉尔吉斯斯坦生态旅游政策和伊塞克湖生物保护圈项目

吉尔吉斯斯坦议会建立了国家旅游与体育局（KSATS），以此表明将旅游作为评价优先考虑的政策领域。在旅游政策的设计中，反映出全国性的发展策略，并强调吸引外资促进旅游发展。在《到 2010 年吉尔吉斯共和国旅游部门发展规划》中，强调其政策重点围绕旅游发展的五个主要后果：

（1）保护其独特的自然和文化遗产资源；

（2）增加就业；

（3）提高收入水平；

（4）带动其他经济发展；

（5）增加外商投资。

但是政策的目标和实施有一定的差距，受其政治、经济背景的影响，政策的落实并不容易。伊塞克湖生物圈保护项目被认为是实际行动最好的例子。伊塞克湖生物圈保护项目于 1997 年启动。该项目覆盖了 4.5 万平方公里的地区，旨在“致力于自然资源保护以及按照可持续发展原则精心地培育生物圈”，他们把生物圈划分为四个区域：核心区、缓冲区、过渡区、恢复区。伊塞克湖东南部的

ChonKyzylSuu 地区作为生物圈保护区的组成部分，曾尝试把发展生态旅游作为当地人收入的一个替代性来源并组织科学旅游和野生动物观赏旅游以及通过旅游者来提高当地人的环境意识。虽然该项目受到有关外国投资者的批评，但是从项目回报的结果看，在经济困难和政治不稳定的形势下，该项目还是有一定成效的。

（二）生态旅游认证制度

根据让·皮埃尔·伊萨威尔迪斯（J. P. Issaverdis，2000）的定义，旅游业的认证就是“衡量企业提供的产品和服务在何种程度上符合行业标准的项目。它鼓励稳定地提供高质量的产品，并不断加以完善”。钟林生等指出“依据一定的规范与标准，对生态旅游企业各方面的表现进行评估，并提出改进意见的过程就是生态旅游认证”（钟林生、郑群明、石强，2005）。

生态旅游认证最初是由旅游业中的环境认证演化而来（白欧，2004），国际范围内的旅游认证是从 20 世纪 60 年代开始的。认证制度在旅游业的实行，不仅建立了相应的行业标准，更极大地推动了旅游业各方面管理水平的提高。目前世界旅游业已经建立了一个涵盖旅游各个要素、涉及多个相关部门、辐射世界不同国家的完善的认证体系。

一般来说，国外各种类型的认证项目至少包括五个方面：

（1）自愿加入。这些认证项目都是自愿的，由企业决定是否申请。企业之所以申请是因为认为这样可以带来市场差异和更多的赢利，而不是因为强制使然。

（2）标志。所有的项目都实施一个或一套标志或标记，以便消费者识别。

（3）遵守或者高于政府规范的标准。认证项目至少需要企业遵循当地、全国、地区和国际规范，而大部分的要求都高出了规范的标准。

（4）评估和审计。由第一方（企业自己通过填写问卷）、第二方（行业协会）或者第三方（与申请的企业、批准认可的机构没有利益关系的独立的企业或者专家）来进行审计。因为避免了利益的冲突，所以第三方审计被认为是最严格、最可信的。由于成本和人力的原因，很多项目（如 NEAP）开始只进行书面而不是实地审计。

（5）成员制和收费。所收取的费用用于进行整体管理、推广标志以及为获得批准的企业开展广告和促销（旅游智网，2006）。

中国学者宋瑞曾将目前国外的生态旅游认证划分为国际、国家和地方三个层次。也有一些学者将其划分为国际、区域、国家和地方四个层次（甄翌，2006）。属于国际级的生态旅游认证机构有 5 个，但目前只有“绿色环球 21”（Green Globe 21）还作为一个涵盖整个旅游业的生态标识而存在。在区域级生态旅游认证机构中，有欧洲环境教育基金组织的欧洲蓝旗（European Blue Flag）、亚太旅游协会的绿叶（the Green Leaf）、欧洲保护区可持续旅游宪章等。在国家级生态旅游认证机构中，除了澳大利亚的 NEAP 以外，英国、德国等国家在这方面也起步较早，发展成熟，另外还有奥地利旅游生态标识（Austrian Ecolabel for Tourism）、丹麦的绿钥匙（Green Key）、泰国的绿叶（Green Leaf）、德国的绿色行李箱（Green Suitcase）和英国的大卫·拜拉米奖（David Bellamy Award）等。地方级的生态旅游认证机构包括厄瓜多尔加拉帕戈斯群岛 Smart Voyager 认证项目、苏格兰的绿色旅游经营方案（the Green Tourism Business Scheme）等。

1. 绿色环球 21（Green Globe 21）

世界旅游及旅行理事会（World Travel &Tourism Council，WTTC）发起的绿色环球（Green Globe）是旅游业最早的生态认证制度，也是目前唯一涵盖了全球旅游业的认证标准。尽管很多国家政府、消费者和环境组织认为其缺乏操作性，世界旅游组织也没有给予其专门的认可，但它对于推动旅游业的生态认证确实起到了重要的带头作用。2000 年，对原来的认证标准进行了改进，更名为绿色环球 21（Green Globe 21）。2002 年，以绿色环球 21 为基础，澳大利亚生态旅游协会和澳大利亚可持续旅游合作研究中心共同起草了《国际生态旅游标准》（*The International Ecotourism Standard*），并由绿色环球 21 独家掌握执照发放和管理权。该标准是以澳大利亚全国生态旅游认证项目（NEAP）和《关于旅游业的 21 世纪议程》为基础并按照生态旅游认证专家于 2001 年 11 月通过的《莫霍克协议》中的生态旅游认证原则制定的。该标准曾被提交到 2002 年 5 月在加拿大魁北克召开的国际生态旅游高峰会议上讨论，得到进一步完善，并于 2002 年 10 月在澳大利亚凯恩斯国际生态旅游大会上被正式公布实施。

“绿色环球 21”的生态旅游认证只针对产品而不针对企业。根据《国际生态旅游标准》，“绿色环球 21”进一步制定了生态旅游达标评估指标体系，使得生态旅游产品的认证具有量化的标准。目前，生态旅游产品的认证证书共分三种类型，即：合格证书、高级证书、创新证书。

根据旅游企业经营产品的特点，生态旅游产品可以分为如下三大类。

（1）旅游食宿：旅店、度假村、野营地、生态小屋等（指自然区域的固定或半固定的食宿设施）；

（2）旅游形式：驾车、徒步、骑马、漂流、探险等（通常指有导游带领的一日或数日游线路）；

（3）旅游景点：帮助游客探索和了解大自然的、位于自然区域的旅游设施，如野生动物园、救护站、讲解中心等。

注册申请“绿色环球 21”认证可以分为 A、B、C 三个步骤。

A 步骤：加盟成为“绿色环球 21”会员（Affiliate/Awareness）；

B 步骤：申请达标评估（Benchmarking）；

C 步骤：申请认证评估（Certifying）。

A 步骤是为那些承诺遵守“绿色环球 21”旅游可持续发展原则，而尚未做好认证准备工作的旅游单位设置的。此步骤适用于所有致力于改善环境、社区关系和商业前景的旅行旅游企业、景区和社区，加入该步骤有利于它们了解更多有关“绿色环球 21”的知识和认证程序。B 步骤是所有希望获得“绿色环球 21”认证证书的申请单位必须经过的步骤，要求申请单位递交根据“绿色环球 21”达标评估指标记录的为期 12 个月的数据，然后进行达标评估。只有顺利通过达标评估并且合格的申请单位，才有资格进入最后的 C 步骤。B 步骤合格的单位可以使用“绿色环球 21”未打钩徽标，C 步骤合格的单位则可以使用“绿色环球 21”打钩徽标（诸葛仁，2005）。

我国九寨沟国家级自然保护区、黄龙国家级风景区、四川广汉三星堆遗址博物馆、蜀南竹海国家级风景区、四川王朗国家级自然保护区和西羌九黄山猿王洞景区已经通过了“绿色环球 21”企业标准的认证。浙江世界贸易中心大饭店、深圳圣廷苑酒店、九寨天堂国际会议度假中心和广东南昆山十字水生态度假村几家单位均先后通过了“绿色环球 21”的评审（根据绿色环球 21 中国网）。

2. 国家认证制度——澳大利亚 NEAP 认证

澳大利亚是最早实行全国性生态旅游认证的国家。1996 年开始了全国生态旅游认证项目（NEAP），到 2002 年已经修正了第二版。NEAP 是由两个非政府机构——澳大利亚生态旅游协会（EAA）和澳大利亚旅游经营者网络（the Australian Tourism Operators Network，ATON）组织的，两个合作机构各出一名成员和一个独立的主席，共同组成小组，负责监督该项目。在资金上，NEAP 完全自给，所有的管理、评估和审计成本都由提出申请的经营者交纳的申请费和年使用费来补偿。该认证体系适用于自然旅游和生态旅游住宿设施、游览和吸引物产品，分为自然旅游、生态旅游和高级生态旅游三个等级。

NEAP 的认证内容主要包括以下几个方面：集中于自然区；解说（包括解说的可获得性、信息的准确性、解说规划、工作人员的意识和理解、工作人员的培训）；环境可持续性（包括工作人员的责任、知识和意识、应急措施、环境规划和影响评估、排水、土壤和水质管理、建筑方法和材料、视觉影响、采光和照明、废水处理、噪声、空气质量、垃圾最小化处理、能源利用、建筑、对野生动物和海洋哺乳动物的影响最小、各种活动以及交通设施的影响最小化）；使当地社区受益（包括和当地社区居民一起工作、对当地社区最小影响、社区参与）；文化尊重；消费者满意；负责任的市场营销等。针对三个不同的认证等级，就以上几个方面提出一般性要求和针对性要求。

该认证集中于环境管理和企业实践，鼓励企业使产品满足行业标准和为游客提供高质量的旅游经历。从1996年至今已认证了300多个合格的生态旅游产品。我国四川王朗自然保护区于2001年9月已经通过了NEAP认证（肖建珍、肖光明，2005）。

3. 地方认证制度——加拉帕戈斯群岛Smart Voyager认证项目

厄瓜多尔的加拉帕戈斯群岛是世界知名的国家公园、联合国教科文组织（UNE CSO）评定的世界遗产、世界最具生物多样性的地区，同时也是公认的生态旅游发源地。2000年5月，一个致力于热带生态系统保护的国际非营利性组织——热带雨林联盟和厄瓜多尔保护组织C&D建立了一个志愿性认证项目——Smart Voyager。

Smart Voyager的认证原则包括：企业必须有一个管理政策来证明其遵守国际和国家法律以及本认证项目；旅游经营者必须支持和促进对加拉帕戈斯国家公园的保护；必须避免、消除和补偿对环境的负面影响；减少外来物种的引入和散布；公正和合理地对待工人；旅游经营必须进行计划、监控和评估，所有相关人员必须接受环境教育和培训；企业必须对群岛社区的社会经济发展和福利做出承诺；船主必须计划和控制材料的使用、供给和储藏；船只必须遵守垃圾处理计划，包括垃圾的控制、再利用和最终处理；必须引导旅游者对保护做出贡献。

Smart Voyager的认证程序包括以下几个方面：提交申请表；经营者自我评估；作为自我评估的补充，有些情况下需要邀请Smart Voyager的评估师进行实地评估；审计；由独立的国际认证委员会授予等级认定；签署认证合同，企业由此获得认证标志的使用权；每年进行一次审核；临时查访；如果违反了标准，还将进行紧急评估（宋瑞，2004）。

许多国家政府都把生态旅游业作为“朝阳工业”大力发展。美国旅游业协会于1990年成立了环境对策委员会，于1994年制定了国家生态旅游发展规划，以适应游客对生态旅游日益增长的需求。美国家庭收入的1/8用于森林游憩，每年总花费约3000亿美元（陈应发，1993）。日本旅游协会于1992年成立了环境对策特别委员会，发表了《生态旅游的指导方针》，并通过广告宣传、启蒙教育、产品开发等方面的工作在全国推介生态旅游。《游客保护地球宣言》的发表、以促进生态旅游为目的的多次研讨会的举行、用于保护生态旅游场所的旅游资源的3亿日元资金的筹措等，有力地推动了生态旅游在日本的发展。英国议会在1993年通过了新的《国家公园保护法》，旨在加强对自然景观、生态环境的保护，以适应21世纪生态旅游发展的需要。政策性的引导对生态旅游的发展十分重要，国外生态旅游政策包括生态旅游认证制度给我国提供了很好的借鉴和启示。

三、国内生态旅游政策

中国具有发展生态旅游的先天优势。多种多样的地形塑造了丰富多样的自然环境，为我国提供了丰富的生态旅游资源。但是在具有发展生态旅游巨大潜力的同时，我国也面临着完善生态旅游政策并使之与生态旅游发展同步的重任。生态旅游首先应该是“保护旅游”和“可持续发展旅游”，生态旅游者的行为直接关系到生态旅游的质量并且直接对环境产生影响，因此需要有效的政策对生态旅游者进行规范和指导。目前我国尚没有专门的成文的生态旅游政策，但是一些针对生态旅游目的地（如自然保护区）的法律法规中体现出对生态环境的保护，给生态旅游提供了很好的借鉴。

同时，从我国签署的国际环境条约上也能够看出我国支持生态旅游发展和促成生态旅游政策制定的态度。1995 年在西双版纳召开了由中国旅游协会、生态旅游专业委员会与有关单位共同组织的“中国首届生态旅游研讨会”，会上提出了中国生态旅游资源的综合评价和持续利用的总体战略，并发表了《发展我国生态旅游的倡议》。在国内较早开发生态旅游的云南省在制定旅游业发展总体规划的同时，已经确定了五个生态旅游区计划和九条生态文化旅游线路（罗明义，2002）。1999 年我国把旅游的主题定为“生态环境旅游”，其内容为“走向自然，认识自然，保护环境”，表明我国旅游政府部门正逐渐提升生态旅游的政策高度。而政府 2006 年《全国生态保护“十一五”规划》和 2013 年《全国生态保护“十二五”规划》的发布，都表明生态旅游的目标已经得到了党中央、国务院和各部委基本的认同。2007 年中国国际生态旅游博览会的举办，将理论与实践相结合、景区与线路相结合、普及生态旅游与发展会展旅游相结合，给关注中国生态旅游实践研究，尤其对我国开展生态旅游条件的判断和注意问题的研究和针对特定区域的生态旅游规划案例研究提供一个良好的合作平台。

中国本着积极负责的态度，积极履行所加入的国际环境公约中应承担的义务。对于许多重要的国际环境公约，中国都制定了积极可行的行动计划。到目前为止，中国已经缔约或签署的国际环境公约可分为十二大类，共 52 项（国家环保总局，2005）。

其中包括《生物多样性公约》（1992 年 6 月 5 日）、《国际植物新品种保护公约》（1978 年 10 月 23 日）、《关于特别是作为水禽栖息地的国际重要湿地公约》（1971 年 2 月 2 日）、《濒危野生动植物物种国际贸易公约》（1973 年 3 月 3 日）、《濒危野生动植物物种国际贸易公约》第二十一条的修正案（1983 年 4 月 30 日）、联合国海洋法公约摘录（摘录第 12 部分《海洋环境的保护和保全》）（1982 年 12 月 10 日）、《国际捕鲸管制公约》（1946 年 12 月 2 日）、关于南极保护的《南极条约》(1959年12月1日)、关于环境保护的《南极条约议定书》(1991年6月23日)和《保护世界文化和自然遗产公约》(1972年11月23日)。

这些条约和规定有利于我国在生态保护上与国际接轨，约束生态旅游活动。(钟永德、袁建琼、罗芬，2006)

四、国际公约

(一) 国际领域的全球自然保护协定

《华盛顿国际捕鲸管制公约》(1946)
《里约环境与发展宣言》(1992)
《拉姆萨国际湿地公约》(1971)
《人类环境宣言》(1972)
《人类环境行动计划》(1972)
《斯德哥尔摩气候变化框架公约》(1972)
《濒危野生动植物物种国际贸易公约》(1973)
《世界自然资源保护大纲》(1983)
《国际海洋法公约》(1982)
《世界自然宪章》(1982)
《我们共同的未来》(1983)
《保护臭氧层维也纳公约》(1985)
《关于消耗臭氧层物质的蒙特利尔议定书》(1987)
《南极条约议定书》(1991)
《关于森林问题的原则声明》(1992)
《联合国气候变化框架公约》(1992)
《生物多样性公约》(1992)
《二十一世纪议程》(1992)
《“绿色环球21”国际生态旅游标准》(2000)

(二) 欧洲的自然保护协定

《保护地中海免受污染公约》(1976)
《伯尔尼条约》(1979)
《保护欧洲野生动物和自然栖所公约》(1979)
《远距离越境空气污染公约》(1979)
《巴塞罗那保护区条约/备忘录》(1986)
《北大西洋公约》(1992)

《东海（波罗的海）条约》（1992）

《黑海条约》（1992）

《阿尔卑斯山自然保护条约/备忘录》（1994）

五、ISO 14000 系列标准

（一）ISO 14000 系列标准的产生背景

随着人口的不断增加和社会、经济的不断发展，温室效应加剧、酸雨不断蔓延、臭氧空洞的出现、水体不断遭到严重污染、土地大量荒漠化、草原退化、森林锐减、许多珍稀野生动植物濒临灭绝等环境问题日益严峻地摆在了我们面前。这一系列的环境问题中，很大部分是由人为破坏造成的，它们已经危及到人类的健康生存和可持续发展。在严峻的形势面前，人类开始考虑采取一些行之有效的办法来约束自己的行为，使各种各样的组织重视自己的环境行为和环境形象；并希望以一套比较系统、完善的管理方法来规范人类自身的活动，以求达到改善生存环境的目的。

首先开始酝酿制定这样一套比较系统、完善的管理方法的是 ISO（国际标准化组织）。ISO 是世界上最大的非政府性国际标准化机构，它成立于 1947 年 2 月，主要从事各行业国际标准的制定，从而促进世界范围内各国贸易的友好往来以及文化、科学、技术和经济领域内的合作。ISO 自成立以来，已经制定并颁发了许多国际标准，其下设若干个技术委员会，其中第 176 技术委员会（TC176）在 1987 年成功地制定和颁布了 ISO 9000 质量管理体系系列标准，对改善企业的质量管理模式起到了很大的作用，在世界范围内引起了很大的凡响。进入 20 世纪 90 年代以后，环境问题变得越来越严峻，ISO 对此做了非常积极的反应。1993 年 6 月，ISO 成立了第 207 技术委员会（TC207），专门负责环境管理工作，主要工作目的就是要支持环境保护工作，改善并维持生态环境的质量，减少人类各项活动所造成的环境污染，使之与社会经济发展平衡，促进经济的持续发展。其职责是在理解和制定管理工具和体系方面的国际标准和服务上为全球提供一个先导，主要工作范围就是环境管理体系（EMS）的标准化。为此，ISO 中央秘书处为 TC207 预留了 100 个标准号，标准标号为 ISO 14001～14100，统称为 ISO 14000 系列标准。

此后，产生了一个全新的概念——环境管理体系（EMS）。环境管理体系是一个组织的整个管理体系中的一个组成部分，包括为制定、实施、实现、评审和保持环境方针所需的组织结构、计划活动、职责、惯例、程序、过程和资源。

环境管理体系这个概念产生以后，经过了 3 年的发展与完善，达到了可以用标准来衡量的程度。于是 ISO 将其标准化，于 1996 年 9 月出台了两个国际标准——ISO 14001 和 ISO 14004 标准，这是环境管理体系标准化发展史上的一个非常重要的里程碑。

（二）ISO 14000 **系列标准的内容**

ISO 14000 系列标准是一个系列的环境管理标准，包括了环境管理体系、环境审核、环境标志、生命周期分析等国际环境管理领域内的许多焦点问题，旨在指导各类组织（企业、公司）取得和表现正确的环境行为。ISO 14000 系列标准是顺应国际环境保护的发展，依据国际经济贸易发展的需要而制定的。ISO 系列标准共分 7 个系列（见表 10–5）。

表 10–5 ISO 14000 系列标准标准号分配表

	名称	标准号
SC1	环境管理体系（EMS）	14001～14009
SC2	环境审核（EA）	14010～14019
SC3	环境标志（EL）	14020～14029
SC4	环境行为评价（EPE）	14030～14039
SC5	生命周期评估（LCA）	14040～14049
SC6	术语和定义（T&D）	14050～14059
WG1	产品标准中的环境指标	14060
	备用	14061～14100

ISO 14000 作为一个多标准组合系统，按标准性质分为三类。

第一类：基础标准——术语标准。

第二类：基本标准——环境管理体系、规范、原理、应用指南。

第三类：支持技术类标准（工具），包括：环境审核；环境标志；环境行为评价；生命周期评估。

如按标准的功能，可以分为两类。

第一类：评价组织。包括：环境管理体系；环境行为评价；环境审核。

第二类：评价产品。包括：生命周期评估；环境标志；产品标准中的环境指标。

目前已颁发了六项环境管理标准。

1. ISO 14001：1996《环境管理体系——规范及使用指南》

ISO 14001 是 ISO 14000 系列标准中的主体标准，也是唯一可用于第三方认证的标准。ISO 14001 标准由环境方针、策划、实施与运行、检查和纠正、管理评审等五个部分的 17 个要素构成。各要素之间有机结合、紧密联系，形成循环的管理体系 PDCA，PDCA 最早是由美国质量管理专家戴明提出来的，所以又称为“戴明环”。PDCA 的含义如下：P（Plan）——计划；D（Do）——执行；C（Check）——检查；A（Action）——行动。运用这种管理体系对总结检查的结果进行处理，成功的经验加以肯定并适当推广、标准化；失败的教训加以总结，未解决的问题放到下一个 PDCA 循环里。以上四个过程不是运行一次就结束，而是周而复始地进行，一个循环结束了，解决一些问题，未解决的问题进入下一个循环，这样阶梯式上升。PDCA 循环实际上是有效进行任何一项工作的合乎逻辑的工作程序。在质量管理中，有人称其为质量管理的基本方法。与此同时 PDCA 也确保了组织的环境行为持续改进。它规定了组织建立环境管理体系的要求，明确了环境管理体系的诸要素，根据组织确定的环境方针目标、活动性质和运行条件把本标准的所有要求纳入组织的环境管理体系中。该项标准向组织提供的体系要素或要求，适用于任何类型和规模的组织。本标准要求组织建立环境管理体系，必须据此建立一套程序来确立环境方针和目标，实现并向外界证明其环境管理体系的合格性，以达到支持环境保护和预防污染的目的。

2. ISO 14004：《环境管理体系——原则、体系和支持技术通用指南》

本标准简述了环境管理体系要素，为建立和实施环境管理体系，加强环境管理体系与其他管理体系的协提供了可操作性建议和指导。它同时也向组织提供了如何有效地改进不足或保持优势的建议，使组织通过资源配置、职责分配以及对操作惯例、程序和过程的不断评价（评审或审核）来有序地处理环境事务，从而确保组织确定并实现其环境目标，达到持续满足国家或国际要求的能力。

指南不是一项规范标准，只作为内部管理工具，不适用于环境管理体系认证和注册。这里需要说明的是，环境管理体系是一个组织的全部管理体系的必要组成部分，环境方针、目标和指标的组织结构、职责、操作惯例、程序、过程及资源应与组织内其他管理领域的现行工作协调一致（包括质量、职业卫生和安全）。环境管理体系的建立始终是一个不断发展、不断完善的过程，它采用系统的方法，坚持持续改进。

3. ISO 14010：1996《环境审核指南——通用原则》

它是 ISO 14000 系列标准中的一个环境审核通用标准。环境审核与质量体系审核一样，是验证和持续改进环境管理行为的重要措施。ISO 14010 标准定义了环境审核及有关术语，并阐述了环境审核通用原则，宗旨是向组织、审核员和委托方提供环境审核的一般原则。

4. ISO 14011：1996《环境审核指南——审核程序——环境管理体系审核》

本标准提供了进行环境管理体系审核的程序，以判定环境审核是否符合环境管理体系审核准则。本标准适用于实施环境管理体系的各种类型和规模的组织。

5. ISO 14012：1996《环境审核指南——环境审核员资格要求》

本标准提供了关于环境审核员和审核组长的资格要求，对内部审核员和外部审核员同样适用。内部审核员和外部审核员都需具备同样的能力，但由于组织的规模、性质、复杂性和环境因素不同，组织内有关技能与经验的发展速度不同等原因，不要求必须达到本标准中规定的所有具体要求。

6. ISO 14040：1997《生命周期评估——原则和框架》

本标准包括 ISO 14040：1997（环境管理：生命周期评价——原则与基本要求）、ISO 14041：1998（环境管理：生命周期评价——目标与范围确定及生活周期调查）、ISO 14042：1999（环境管理：生命周期评价——作用估测）和 ISO 14043：2000（环境管理：生活周期评价——利用）四个国际标准，标准提出了生命周期评价研究的一般范围、原则及实施和报告编写的要求，但没有对评价方法进行详细描述。标准规定生命周期评价必须包括目标确定、研究范围、物质收支、影响估测和结果评价五个组成部分，生命周期评价研究的结果必须完整准确地向既定的目标群公布（蒋成益、张立恭，2002）。

（三）ISO 14000 系列标准特点

1. 全员参与

ISO 14000 系列标准的基本思路是引导建立起环境管理的自我约束机制，从最高领导到每个职工都以主动、自觉的精神处理好与改善环境绩效有关的活动，并进行持续改进。

2. 广泛的适用性

ISO 14000 系列标准，在许多方面借鉴了 ISO 9000 系列标准的成功经验。ISO 14001标准适用于任何类型与规模的组织，并适用于各种地理、文化和社会条件，既可用于内部审核或对外的认证、注册，也可用于自我管理。

3. 灵活性

ISO 14001 标准除了要求组织对遵守环境法规、坚持污染预防和持续改进做出承诺外，再无硬性规定。标准仅提出建立体系，以实现方针、目标的框架要求，没有规定必须达到的环境绩效，而把建立绩效目标和指标的工作留给组织自身，既调动组织的积极性，又允许组织从实际出发量力而行。该标准的这种灵活性中体现出合理性，使各种类型的组织都有可能通过实施这套标准达到改进环境绩效的目的。

4. 兼容性

在 ISO 14000 系列标准的标准中，针对兼容问题有许多说明和规定，如 ISO 14000 标准的引言中指出“本标准与 ISO 9000 系列质量体系标准遵循共同的体系原则，组织可选取一个与ISO 9000系列相符的现行管理体系，作为其环境管理体系的基础”。这些表明，对体系的兼容或一体化的考虑是ISO 14000系列标准的突出特点，是TC207的重大决策，也是正确实施这一标准的关键。

5. 全过程预防

“预防为主”是贯穿ISO 14000系列标准的主导思想。在环境管理体系框架要求中，最重要的环节便是制定环境方针，要求组织领导在方针中必须承诺污染预防，并且还要把该承诺在环境管理体系中加以具体化和落实，使体系中的许多要素都有预防功能。

6. 持续改进原则

持续改进是ISO 14000系列标准的灵魂。ISO 14000系列标准总的目的是支持环境保护和污染预防，协调它们与社会需求和经济发展的关系。这个总目的只有通过各个组织共同实施这套标准才能实现。就每个组织来说，无论是污染预防还是环境绩效的改善，都不可能一经实施这个标准就能得到完满的解决。一个组织建立了自己的环境管理体系，并不能表明其环境绩效如何，只是表明这个组织决心通过实施这套标准，建立起能够不断改进的机制，通过坚持不懈地改进，实现自己的环境方针和承诺，最终达到改善环境绩效的目的。

（四）制定ISO 14000系列标准的重要原则

经充分协商，TC207对制定ISO 14000系列标准规定了七条关键的原则：

（1）ISO 14000系列标准应具有真实性和非欺骗性；

（2）产品和服务的环境影响的评价方法和信息应意义准确，并且是可检验的；

（3）评价、实验方法不能采用非标准方法，而必须采用ISO标准、地区标准、国家标准或其他技术上能保证再现性的标准试验方法；

（4）应具有公正性和透明度，但不应损害机密的商业信息；

（5）非歧视性；

（6）能进行特殊的有效的信息传递和教育培训；

（7）应不产生贸易壁垒，保证国内、国外的一致性。

（五）ISO 14000标准认证的意义

1. 对被认证组织机构的意义

（1）贯彻标准与认证有助于提高职工的环境意识和守法的主动性、自觉性；

（2）ISO 14000系列标准为组织提高环境管理能力，提供了一套科学与系统化的框架；

（3）借助这套框架，可以针对环境方面的法律法规要求建立起符合自身实际的管理制度，并不断实现环境业绩的持续改进；

（4）ISO 14000 系列标准要求组织建立起内部、外部双向的信息沟通渠道并且形成制度，保证沟通的及时和有效。这将有利于增进组织与周围居民、社区和相关方的相互了解，改善相互关系；

（5）组织通过环境管理体系认证，可向外界证实自身遵循所声明的环境方针和改善环境行为的承诺，树立组织的良好形象，提高组织信誉和知名度，减少来自政府的压力；

（6）组织实施 ISO 14000 系列标准是为了适应国际性的环境保护与绿色消费潮流，有利于满足政府、市场、用户和各相关方的要求，使组织及其产品获得社会的广泛信任；有利于减少信贷和保险机构的风险。有利于吸引投资，有利于产品销售和市场开拓，从而赢得市场机遇；

（7）环境的改善固然需要投入，这种投入必然产生环境效益，从长远来看，环境效益有利于组织经济效益的增长，包括减少损耗与降低成本，同时有利于增强职工的敬业精神，有利于保证职工身心健康。

ISO 14000 环境管理认证被称为国际市场认可的“绿色护照”，通过认证，无疑就获得了“国际通行证”。许多国家，尤其是发达国家纷纷宣布，没有经过环境管理认证的商品，将在进口时受到数量和价格上的限制。如，欧洲国家宣布，电脑产品必须具有“绿色护照”方可入境；美国能源部规定，政府采购中只有取得认证的厂家才有资格投标。组织贯彻标准与认证的意义不仅仅是拿到一张认证证书。贯彻 ISO 14000 系列标准是一场管理思想与管理制度的更新，也是加强管理的普遍教育，是鞭策组织摆脱落后、适应国际潮流、向社会展示雄心抱负的壮举。同时，环境管理水平的提高有利于推动经济发展由消耗高、浪费大、效率低、效益差的粗放式经营向集约化经营转变。

2. ISO 14000 标准认证的社会意义

（1）有利于提高全社会的环境意识，树立科学的自然观和发展观；

（2）有利于提高人们的遵法、守法意识，促进环境法规的贯彻实施；

（3）促进组织通过建立自律机制，制定并实施以预防为主、从源头抓起、全过程控制的管理措施，为解决环境问题提供了一套同依法治理相辅相成的科学管理工具，为人类社会解决环境问题开辟了新的思路；

（4）ISO 14000 系列标准对环境污染同减少资源、能源的消耗同时并重，从而能有力促进组织对资源和能源的合理利用，对保护地球上的不可再生和稀缺资源也会起到重要作用；

（5）ISO 14000 系列标准意在保护环境，但它并不排斥发展，它是建立在科学的发展观基础之上，贯彻这一标准，有利于实现经济与环境协调统一，有利于实现可持续发展；

（6）实施统一的国际环境管理标准，有利于实现各国间环境认证的双边和多边互认，有利于消除技术和贸易壁垒。

（六）ISO 14000系列标准申请与审核

1. 什么是环境审核

根据ISO 14010定义，环境审核是客观地获取审核证据并予以评价，以判断特定的环境活动、事件、状况、管理体系，或有关上述事项的信息是否符合审核准则的一个系统化、文件化并形成结果的验证过程，包括将这一过程的结果呈报委托方。环境审核是验证和帮助一个组织改进环境行为的重要手段。

2. 环境审核的目的

根据ISO 14010规定：审核应以委托方规定的审核目的为基础。审核范围要满足审核目的，同时又决定着审核的深度和广度。就是说环境审核可以有广泛的范围，凡是由委托方决定的，对特定环境活动、事件、状况等都可以做审核。审核的目的是判定被审核对象是否符合环境准则。

3. 环境管理体系审核的核心内容

环境管理体系审核的核心内容是衡量一个组织的环境管理体系是否符合环境管理体系审核准则。它包括以下四个方面：

（1）衡量环境管理体系是否完善；

（2）环境管理体系的活动是否正确；

（3）实施情况是否良好；

（4）体系是否充分适合于组织的环境方针和目标。

环境管理体系是否完善主要应与组织体系是否包括环境方针、环境方案、组织结构、任务、职责和职权、环境审核和管理评审步骤等ISO 14001中规定的必要内容有很大关系。环境管理体系的活动是否正确，主要检查组织在废气、废水的排放，土壤污染，原材料、化学品和有害物质的管理和贮藏，环境技术规定，生产过程行为和管理，废物的收集和处置等方面做得如何，是否符合ISO 14001和ISO 14004规定的运行模式。实施情况是否良好应检查体系是否全方位得到了确实的实施及其是否在组织内正常运作，应抽样检查程序的有效性及其实施情况，培训记录、测量报告记录、环境方针是否公布于众等。

最后，组织的环境管理体系仍可能存在于组织环境方针、目标不相符合的地方，因此检查应包括对照目标检测的排放测量结果，检查对执照及法律、规章的专门条款的符合情况。

4. 环境管理体系审核的程序

环境管理体系审核程序按顺序大体上分为三个部分，即准备审核、实施审核、审核报告，此外一般还需一个跟踪复审的过程。

准备审核中需确定审核的范围、资源，对文件预审后，确定出组织的危险区域及有关环境因素的信息，将其纳入审核计划，审核组进行分工，将审核任务分配给每个审核员去完成，并在审核过程中形成工作文件。

实施审核时与受审核方举行正式的首次会议，介绍审核组成员，讨论审核范围、目的、计划，介绍审核方法，了解必要的信息等；此后开始收集证据满足审核目的的要求；记录审核发现；与受审核方进行末次会议时将审核发现提供给受审核方，使双方对发现达成共识。

审核报告阶段，按照审核报告内容及编写要求提交审核报告一份，按要求进行分发。审核结束后，针对不符合项，委托方应准备行动计划，解决不符合事项，行动计划的实施通常被称作后续行动，它并不是审核的一部分。行动计划和后续行动的责任在于受审核方。

审核过程的步骤可概括为一个程序图（见图 10-1）。

环境管理体系审核的依据可以归纳为以下三条：

第一，ISO 14001。ISO 14001 是环境管理体系的规范性标准，作为审核的依据之一是必需的。因此要建立环境管理体系，必须以 ISO 14001 作为审核依据。

第二，环境管理手册、程序文件及其他相关环境管理体系文件。环境管理手册和程序文件是组织根据 ISO 14001 的要求编制的。它对组织的环境管理体系的实施提供强制性指令和具体操作运行指导。这类文件一经发布就是组织的内部环境管理法规。

第三，适用于组织的环境法律、法规和其他要求。ISO 14001 强调对环境法律、法规遵守的承诺，因此适用于组织的法律、法规和其他要求也必须作为审核依据之一，因为它在环境管理上占有十分重要的地位。这里的其他要求可以是相关的各种标准、排污许可证上的要求或相关方提出的要求等。

（七）ISO 14000 系列标准的实施情况

1. 国外 ISO 14000 系列标准的实施情况

ISO 14000 系列标准自 1996 年问世以来，迅速在全球掀起了实施环境管理体系认证的热潮。截至 2002 年年底，已有 118 个国家和地区的 49462 家企业通过了 ISO 14001 标准的认证，比 2001 年增长 34.54%。其中，位居前 15 位的国家和地区依次为：日本、德国、西班牙、英国、中国、瑞典、美国、意大利、澳大利亚、法国、荷兰、韩国、加拿大、瑞士、中国台北地区，这些国家和地区的获证企业数量都超过 1000 家。从实施 ISO 14000 系列标准的国家和地区的性质分析，经济发达或以外向型经济为主的国家和地区实施 ISO 14000 系列标准的成效最为显著。欧洲动作最快，发证总数最多，亚洲则以日本、中国、韩国为主流。

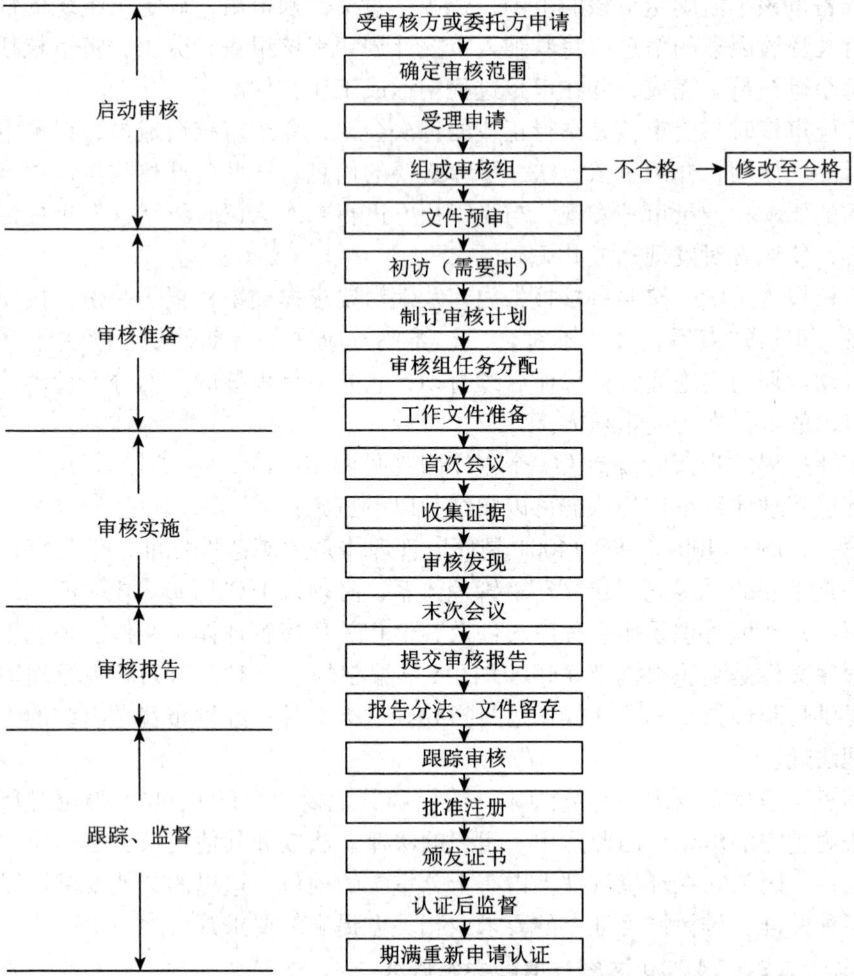

图 10-1　环境管理体系审核步骤

据报道，ISO 14001、ISO 14010~14014 可能被列入现有的美国环境法规条文中，由此美国一些大的跨国公司已迅速制定 ISO 14000 认证计划，澳大利亚、瑞士和土耳其已经采用 ISO 14000 标准，日本通产省也已要求日本本土的公司于 1996 年年底前做好实施 ISO 14000 系列标准的准备工作。据报道日本目前已有 200 个企业通过认证。欧盟可能会制定一个中间性文件，以解释 ISO 14000 系列标准与欧盟的 EMAS 间的联系，它还可能将 ISO 14000 系列标准确认为欧盟标准。加拿大每一个城市都成立了推行 ISO 14000 办公室，目前加拿大已有 5~6 家大公司通过了 ISO 14001 认证。在亚洲，ISO 14000 系列标准也得到了足够的重视，许多国家政府官员认为ISO 14000系列标准是解决亚洲环境执法问题的良药：目前许多国家在制定有效的环保法律方面或是在执行法律方面存在令人头痛的问题，ISO 14000系列标准要求组织内部建立环境管理体系，而且要求组织必须符合所在国的环境法律、法规，这就为组织提供了一种合适的方法。菲律宾委托欧盟的一些咨询公司开展培训，仅1995~1996年已举办了20余期ISO 14000系列标准的审核员培训。英国环境审核师注册协会已受理了大批经过培训的技术人员的申请，目前已有数百人获得审核师或助理审核师的资格证书，这部分人将活跃于世界各国，积极从事ISO 14000系列标准的审核工作。ISO 14000系列标准目前的发展如表10-6所示。

表10-6 ISO 14000系列标准发展动态

标准号	标准名称	发布时间
ISO 14001：2004	环境管理体系——规范及使用指南	2004-11-15
ISO 14004：2004	环境管理体系——原则、体系与支持技术指南	2004-11-15
ISO 14015	现场和组织的环境评价（EASO）	2001-11-15
ISO 19011	质量和/或环境管理体系审核指南	2002-10-01
ISO 14020	环境标志和声明——通用原则（第二版）	2000-09-15
ISO 14021	环境标志和声明——自我环境声明（Ⅱ型环境标志）	1999-09-15
ISO 14024	环境标志和声明——Ⅰ型环境标志——原则和程序	1999-04-01
ISO/TR 14025	环境标志和声明——Ⅲ型环境标志——原则和程序	2000-03-15
ISO 14025（修订）	环境标志和声明——Ⅲ型环境标志（CD3阶段）	预计2006年
ISO 14031	环境表现评价——指南	1999-11-15
ISO/TR 14032	环境表现评价——ISO 14031应用案例	1999-11-15
ISO 14040	生命周期评价——原则与框架	1997-06-15
ISO 14041	生命周期评价——目的与范围的确定和清单分析	1998-10-01
ISO 14042	生命周期评价——生命周期影响评价	2000-03-01
ISO 14043	生命周期评价——生命周期解释	2000-03-01
ISO/TR 14047	生命周期评价——ISO 14042应用示例	2003-10-13
ISO/TS 14048	生命周期评价——生命周期评价数据文件格式	2002-04-01

续表

标准号	标准名称	发布时间
ISO/TR 14049	生命周期评价——ISO 14041 应用示例	2000-03-15
ISO 14050	环境管理——术语和定义（第二版）	2002-05-20
ISO/Guide 64	产品标准中对环境因素的考虑指南	1997-03-05
ISO/TR 14061	ISO 14001/14004 在林业企业的应用指南与信息	1998-12-15
ISO/TR 14062	产品开发中对环境因素的考虑（DFE）	2002-11-01
ISO 14063	环境交流指南与示例（DIS 阶段）	预计 2005 年
ISO 14064-1	第 1 部分温室气体对组织排放和减排的量化、监测和报告规范（CD2 阶段）	预计 2005 年
ISO 14064-2	第 2 部分温室气体对项目排放和减排的量化、监测和报告规范（CD2 阶段）	预计 2005 年
ISO 14064-3	第 3 部分温室气体确认和验证规范和指南	预计 2005 年

注：本表统计资料截止时间为 2005 年 2 月 3 日。

资料来源：中国质量认证咨询网

2. 我国实施 ISO 14000 系列标准的情况

我国环境保护工作历经 20 余年，积累了大量的经验，在强化环境管理方面有许多创新和行之有效的措施和手段，特别是我国预防为主的污染防治原则与 ISO 14000 系列标准的全过程强化管理原则是完全一致的。因此 ISO 14000 系列标准的实施在我国具有较好的理论与实施基础。在国际标准化组织提出 ISO 14000 草案时，我国即开展了大量跟踪研究工作并在全国开展了三批 55 个企业的试点认证。1997 年 4 月，国家技术监督局将 ISO 14000 系列标准中已颁布的前 5 项标准等同转化为我国国家标准，标准文号为 GB/T 24000—ISO 14000。

我国是 ISO/TC 207 的积极成员，派员参加了历次的 ISO/TC 207 年会。1995 年 11 月，我国成立了全国环境管理标准化技术委员会（SAC/TC 207），对口 ISO/TC 207 开展标准化工作，并及时将 ISO 14000 系列标准转化为我国国家标准。为了统一领导我国的 ISO 14000 认证工作，国务院 1997 年 4 月 21 日批准同意成立中国环境管理体系认证指导委员会（简称指导委员会），并于 1997 年 5 月 27 日召开了成立大会。指导委员会下设我国的环境管理体系认证机构的认可和认证人员注册机构，从体制和制度上为我国的 ISO 14000 认证工作提供了保证，也为认证/注册的国际化奠定基础，从而使我国环境管理体系认证工作做到“一套标准、一种制度和一种证书”。2001 年，国家认证认可监督管理委员会成立，统一管理全国认证认可工作。截至 2004 年 4 月 30 日，我国已经等同转化了 ISO/TC 207 起草的所有 13 项国际标准。

本章小结

生态旅游组织的产生和生态旅游业的发展是相辅相成的。生态旅游组织的形成主要有三个原因：一是会议型组织；二是改组型组织；三是危机反应型组织。

就目前发展情况来看，生态旅游组织主要由国际的、国家或地区的以及地方性的会员制非政府组织、非会员制非政府组织和公共组织组成。

目前国内和生态旅游相关的组织大多是自发成立的，主要分为两类：一类是由一些旅行社为主要成员组成的俱乐部；另一类是学术性的生态旅游组织。

目前来看，生态旅游作为旅游产业中发展最快的一部分，呈现着缺乏有效的政策和规划指导，迫切需要好的行业组织进行管理的现状。

我国的生态旅游政策制定相对滞后，但随着可持续发展和资源保护意识的加强，相关部门已经开始有针对性地制定了一些生态旅游政策。

国外的生态旅游政策中重点应了解的是澳大利亚生态旅游发展战略和三大生态旅游认证制度：绿色环球 21、澳大利亚 NEAP 认证、加拉帕戈斯群岛 Smart Voyager 认证项目。

ISO 14000 系列标准是一个系列的环境管理标准，包括了环境管理体系、环境审核、环境标志、生命周期分析等国际环境管理领域内的许多焦点问题，旨在指导各类组织（企业、公司）取得和表现正确的环境行为。

复习题

1. 什么是生态旅游组织？你了解的世界上最有影响力的生态旅游组织主要有哪些？它们在促进生态旅游发展过程中起到了哪些作用？

2. 什么是生态旅游政策？它包括哪些内容？它的制定者是谁？

3. 随着生态旅游的兴起和进一步发展完善，我国的生态旅游组织也得到了较快的发展，目前的国内生态旅游组织主要有哪些？他们的主要工作是什么？

4. 谈谈你对生态旅游认证的认识，你认为认证制度在旅游业的实行中发挥了哪些积极作用。

5. ISO 14000 系列标准对生态旅游的发展有何促进作用？我国在这方面做了哪些突出的工作？

📖 阅读材料 10-1

托莱多生态旅游协会

位于伯利兹南部的托莱多生态旅游协会（The Toledo Ecotourism Association，TEA）是少数几个社区生态旅游组织中的一个，它成立于1990年，托莱多生态旅游协会拥有一个由12个村庄参与的生态旅游网络，每一个村庄都可在一个经过共同设计的宾馆内接待游客。旅游者可以体验当地的传统生活方式，并沿着一个专门设计的生态小径观赏自然及当地的保护区（Timothy & White，1999）。他们实施一个轮流体系，通过这种办法每个村庄都会轮到接待游客，直至所有的村庄都参与进来。这一原则延伸到了对居民家庭的雇佣上，居民家庭接受了整个直接旅游收入的80%。托莱多生态旅游协会利用剩余的20%收入用于管理、市场营销、提高村庄的卫生状况和保护。协会还鼓励发展可持续性的农业与伐木业，以作为当地社区收入的补充来源并增加对游客的吸引。

但到目前为止，该社区已经接待旅游者的数量仍处于谨慎的小规模状态，托莱多生态旅游协会的首创精神被认为是成功的，因为利益的获得者主要是社区而且旅游者对这些首创精神感到非常满意。20世纪90年代末，托莱多生态旅游协会作为社区生态旅游组织的典范被世界旅游组织授予了“对社会负责的旅游奖”。除了接受几个环保非政府组织提供的援助，托莱多生态旅游协会已经实现了经济的自我维持。

最近，政府对该组织提供了财政援助，但是，这一举动已被证明是有问题的。尽管有些人欢迎这种援助，将它作为一种机遇及一种友善的姿态，但许多人认为，政府想侵蚀该组织并控制这一成功的自立组织，因为该组织可能会鼓舞当地的玛雅土著居民寻求更大的自治权力。托莱多地区14000名土著居民中的绝大多数在自然环境、政治及社会条件上与这一国家的其他地区相互隔绝，他们仍享有一个原始的环境，该地区拥有这个国家最丰富的多样性生物资源，并因此具备更大的生态旅游发展潜力。其他被托莱多生态旅游协会认识到的原始的、有价值的东西是玛雅传统社会文化本身，这种文化导致了轮流体制的产生，这一体制确保了游客能获得真实的当地文化体验。

📖 阅读材料 10-2

加拿大关于观鲸的规定

生态旅游对加拿大劳伦斯河上的鲸鱼数量的影响促使布兰和杰克逊（1994）提出希望对有关船只采取更严格的政策加以控制。两人指出在鲸鱼活动区有大量的游览船只，这些船只已经影响到了鲸鱼的活动。他们建议限制经营者数量和降低限速标志，让游船在鲸鱼活动水域边缘行驶。另外，他们还提出相关政策应由加拿大政府制定并由相关团体（如旅行社）实施。类似规定已经被加拿大西海岸观鲸旅行社、政府部门和其他利益团体共同实施，同时已经制定出了一些指导行业发展的原则规范。

最近，由西北观鲸旅行社提出了一项议案：(1) 游人应距鲸约 100 米以外；(2) 旅行社要遵守加拿大联邦渔业法；(3) 在靠近鲸鱼时船速应降到时速 0.5 英里以下；(4) 任何时候靠近鲸鱼时都应减速；(5) 如果迎面遇上鲸鱼，停船让鲸鱼游向你；(6) 如果从后面遇上鲸鱼，让船离开鲸鱼的游动路线，以与鲸鱼同样或更慢的速度与它平行行进；(7) 当与鲸鱼同时行进时不得突然改变速度或行进方向；(8) 不得高速穿过鲸群或游船密集区；(9) 不要靠近正在哺喂的鲸鱼；(10) 尽量不断转换角度地观鲸；(11) 不得像跳蛙一样行船。

第十一章

国内外生态旅游典型发展模式与经验

【学习目标】

- 熟悉各种生态旅游开发模式
- 了解国外典型生态旅游开发案例
- 了解国内典型生态旅游开发案例

生态旅游经过相当长一段时间的发展，在国内外都出现了一批开发成功的典型，借鉴这些开发成功的经验，对我国生态旅游业的持续健康发展十分必要。本章以案例形式，集中介绍了中外在开发生态旅游方面的不同模式与典型项目，它们都以不同的开发策略，向人们提供了具有不同示范意义的案例。读者可以通过这些模式或案例，对照自己对生态旅游的认识和开发思路，增强和提高开发生态旅游的基本素质和操作水平。

第一节　国外生态旅游典型发展模式与经验

纵观世界各国生态旅游的发展历程，各个国家的生态旅游发展水平并不总是与其经济发展水平相一致，两者不存在完全的正比例关系。我们将根据世界范围内各个国家的经济发展水平与生态旅游发展水平的协调程度，对世界生态旅游的发展模式进行归纳分类，并在不同的类别中选取有代表性的生态旅游目的地或项目进行发展模式与经验的介绍。

一、美国黄石国家公园生态旅游开发案例

（一）公园简介

1万多年前，黄石国家公园原是印第安人的狩猎区，1807年，随着路易斯与

克拉克探险队的远征及第一位进入黄石国家公园的白人约翰·寇特的探勘，黄石国家公园才得以呈现在世人面前。直到1872年，美国总统格兰特签署了“黄石国家公园法案”，黄石国家公园成为了世界上第一个国家公园。它位于美国西部爱达荷、蒙大拿、怀俄明三个州交界的北落基山之间的熔岩高原上，总面积8956平方公里。公园自然景观有以石灰石台阶为主的热台阶、大峡谷、瀑布、湖光山色、间歇喷泉与温泉等。公园内的森林占全园总面积的90%左右，水面占10%左右。这是一片广袤而洁净的原始自然区，公园内栖息着60种哺乳动物，12种鱼，6种爬行动物，4种两栖类动物，以及100多种蝴蝶和300多种鸟。其中不乏世界珍稀动物北美野牛、灰狼、棕熊、驼鹿、麋鹿、巨角岩羊、羚羊等。在这片高原上，泥火山和温泉随处可见。尤其是间歇性喷泉更是众多，它的数量和密度都是世界之冠。

由于异常丰富的旅游资源、长达100多年的旅游历史中众多特许经营商加盟公园内，每年约有300万游客到公园旅游，有1/3的美国人一生中至少去黄石国家公园一次，如今黄石国家公园已经成为旅游者的天堂。

（二）旅游开发现状

1. 保护措施

黄石国家公园员工自己引以为傲的是他们保持国家公园系统的优良传统，即：公园的所有工作人员都参与公园资源的保护工作。在黄石国家公园，所有的雇员都被鼓励参与对游客的教育活动，尤其是教育的内容涉及资源保护时。当游客们看到在公路上慢悠悠地行走的野生动物时，会成为公园守护者的忠实的听众，听他们讲解关于野生动物的生活习性、种群状况等方面的情况。

为了加强经营管理和资源保护方面的联系，黄石国家公园除了资源方面的专家负责监督公园的自然和文化方面的资源状况、以及确定需要采取什么措施去保护或修复它们之外，还有5个全职的资源运营协调员，另外，通常情况下，还有15名雇员被安排在资源运营和保护部工作。

一起参与黄石国家公园的维护中，除了专家、协调员和雇员外，还有来自各个行业的志愿者、合作伙伴、合作协会、基金会以及黄石国家公园的赞助商们。

（1）正式雇员：公园的守护者，提供关于公园的信息服务和传递保护环境的内容。

（2）志愿者：公园的管理当局为了在延长了的旅游旺季中保持公园的平稳运作，每年都要招募许多临时雇员和志愿者。

（3）合作伙伴：即与非营利机构合作以帮助公园的雇员为游客提供更好的服务以及对公园的资源进行更好的保护。

（4）黄石国家公园合作协会：黄石国家公园协会通过在公园观光中心销售

教育资料、发展会员和从愿意支持特别项目的个人那里募集资金。

(5) 黄石国家公园基金会：1996 年一个新的基金会建立了，以便于吸纳更多的私人资金用于维持、保护和加强黄石国家公园的资源管理并丰富游客的游览经历。

(6) 黄石国家公园的赞助商：黄石国家公园最慷慨的赞助商是美国留声机总裁及 Mannheim Steamroller 集团公司制片人 Chip Davis。黄石国家公园其他的赞助商包括：佳能，它提供设备和资金用于研究棕熊以及打印公园的宣传品；Diversa Inc 对狼的 DNA 进行实验分析以找出黄石国家公园中的狼与美国其他地方的狼的血缘关系；环境系统研究所提供了软件和培训，以帮助公园雇员绘制资源图以及获得空间信息，以便于研究人员利用。

黄石国家公园还和 Univer Home & Personal Care 公司有长期稳定的合作关系，该公司提供资金支持关于公园热点问题的科学研讨会，以及捐助回收材料用于老忠实泉周围的人行道，并且该公司还是建立一个新的游客中心的主要赞助商。

无论公园的守护者是专家、雇员还是志愿者，他们的职责核心就是维护黄石国家公园的自然环境不被破坏：监督资源状况，从而确定游客的影响程度，并采取有效措施将这种影响降至最低；在游客经常光顾的景点开辟道路、野营地以及添置设施设备；教育游客如何保护公园的资源；加强法律和公园规章制度的实施力度。

2. *旅游项目*

如今黄石国家公园的旅游活动可以说是包罗万象、丰富多彩，适合不同品位的形形色色的旅游者。根据活动组织者的不同，黄石国家公园内的旅游活动可分为：具有官方性质的活动；由公园守护者组织的活动；由特许经营者组织的活动；自助旅行等。根据在公园内旅行所采用的交通方式的不同，可分为：乘坐公园大巴旅行；自驾车游览；骑自行车旅行；骑马；划船；冬季雪上项目；徒步旅行等。根据地质特征和生态景观的不同，可分为：温泉旅游；峡谷瀑布旅游区；黄石湖区旅游；间歇喷泉区（包括间歇喷泉、温泉、热水潭、泥地和喷气孔）旅游等。根据旅游活动的内容不同，可分为：参观景点；讲解和讨论；观赏野生动物；参与带有学术性质的旅游活动；探险；野营和篝火；垂钓；柯达摄影展示以及其他旅游活动等。

黄石国家公园内除了传统观光旅游项目外，还开展了一些有特色的旅游项目，如：

(1) 初级护林员（Junior Ranger Program）。黄石国家公园针对 5~12 岁的孩子开展了一项名为“初级护林员”的官方项目，其目的是向孩子们介绍大自然赋予黄石国家公园的神奇魅力以及孩子们在保护这座人类宝贵财富时所扮演的角色。要成为一名初级护林员，每个家庭只需要为长达 12 夜的活动支付 3 美元，这样孩子们就可以参观公园的任何一个游览中心。孩子们的主要活动包括：参加由公园护林员引领的一些活动，在公园的小道上徒步旅行，完成一系列的关于公园的资源和热点问题的活动，以及了解诸如地热学、生态学的相关概念。然后，在核实了孩子们确实出色地完成上述活动后，参与者将被授予官方的“初级护林员”荣誉称号。无论是孩子们，还是这些孩子的父母们，都共同分享了成为初级护林员的乐趣。

（2）探险：黄石。“探险：黄石”活动是针对4~8年级学生的旅游项目。国家公园为学生提供4~5天的野外课程，由多种知识背景的护林员作为老师为学生教授公园的自然、文化历史，指导进行野外调查、讨论问题、编排戏剧、撰写旅行日记等，学生可以通过与护林员及父母一起参与活动获得各种野外知识及体验。

（3）野生动物教育—探险。黄石国家公园是全美观察悠闲漫步的大型野生哺乳动物的最佳地区之一。该活动在黄石国家公园协会的一名有经验的生物学家的带领下，探寻黄石国家公园内珍稀的野生动物。通过该活动，参与者将会了解在何处、何时、怎样观察野生动物，并且从它们的行为、生态学以及保护状况中得到满足。

（4）寄宿和学习。该项目对于那些想通过游历世界上最早成立的国家公园而获得乐趣、恢复精力的游客而言，真正是集教育和休闲于一体。借助于黄石国家公园住宿条件，该项活动为游客提供了最为美好的两个不同的世界。白天，参与者在黄石国家公园研究会的自然学家的带领下饶有兴趣的探寻黄石的有趣之处；夜晚，他们返回住处享受美味佳肴和舒适的住宿设施，并且在有历史性的公园饭店内体验丰富多彩的夜生活。该项目针对滑雪爱好者、野生动物爱好者、徒步旅游者、家庭成员以及打算带走一些标本的游客提供全年的服务。

（5）现场研讨会。该活动为游客提供一段相对比较集中的近距离的教育经历，主要涉及一些专门领域，如：野生动物、地质学、生态学、历史、植物、艺术以及户外活动的技巧。近年来的现场研讨会还包括了野狼的世界、关于冬天的写作、黄石国家公园的火山活动、荒野紧急救援、高山地区的野生花卉以及黄石国家公园的 Ghost 饭店等。研讨会的指导者一般是对黄石国家公园充满感情的、并且愿意与他人共享其专业知识的知名学者、艺术家和作家。而无论是青年和老人、男人和女人、长期从事科研工作的学者还是初来黄石国家公园的游人，凡是具有某一方面好奇心的游客，都会成为该活动的积极参与者。大多数的研讨会都会在黄石国家公园内的骆驼谷（Lamar Valley）、野牛牧场（Buffalo Ranch）或是公园的饭店举行。活动一般会持续1~4天，人员限制在13人以内，费用为55~65美元/天。

（6）徒步探险。面积达220万英亩的黄石国家公园，是全美国最原始的荒原地区。这其中，有1000多英里的小道适合徒步行走。在公园守护者的带领下，游客花半天的时间，参观鲜为人知的地热区、探寻野生动物的栖息地、经历黄石国家公园的一段荒凉地带。总体来说，黄石国家公园的徒步探险旅游可选择的活动线路有很多，由于海拔、距离和险峻程度不同，徒步旅行的难度也从轻松到艰险不等。

（7）野营和野餐。黄石国家公园内共有12个指定的野营地点，不同地点收费也不尽相同，其中大部分野营地遵循谁先到就先为谁服务的原则。在野营地点，游客可以既欣赏黄石国家公园的美景，又可以远离喧嚣的都市，体验悠闲自得的恬静的乡野生活。同时，还可以通过与公园守护者、其他游客的交谈举行的一些活动加深对黄石国家公园的美好印象。

（8）钓鱼和划船。黄石国家公园内允许有偿的钓鱼和划船活动，公园内有专门的商店出售钓鱼用具和出租船只（有非机动船和机动船之分）。国家公园对钓鱼活动的时间以及地点都做了详细的规定，并且在公园进行钓鱼和划船活动前，必须办理许可证。

（9）骑自行车和骑马。美丽广阔的黄石国家公园是自行车迷的天堂，每年有大量的游客在公园内进行自行车骑行行动。公园内规定自行车可在除徒步小道和木质栈道外的所有道路上行驶，同时自行车的露营地也被限制在一定的区域内。骑马是很多游客喜欢的游览方式，骑马欣赏公园内的各种美景，更能增加游客体验，公园内规定骑马必须有导游陪同游览。

（三）旅游开发特点

1. 注重教育性

注重教育性在黄石国家公园各种旅游活动中都得到了具体的体现。无论是成年人还是小孩，通过导游讲解、解说牌等，充分了解认识公园内的历史、景观和动植物资源，从而在所参加的旅游活动中受到了一次良好的环境教育。为了增加教育性，黄石国家公园还为不同年龄阶段的游客专门开展了一些旅游活动项目，如针对5~12岁孩子的“初级护林员”和针对4~8年级学生的“探险：黄石”等项目。

2. 注重体验性

国家公园成立之初的一项重要目标就是为大众提供旅游与游憩的机会，因此在国家公园的旅游项目中不仅仅是满足大众浅层次的观光需求，而是更多地开展一系列体验性较强的项目，如徒步、自行车和野营等活动项目。

3. 注重环保性

“保护第一”是国家公园最重要的原则，黄石国家公园也采取许多措施进行环境保护。第一，国家公园内不开展一些对环境及生物多样性影响较大的旅游活动，如狩猎等。第二，对国家公园内的各种旅游活动进行控制，把旅游活动限制在一定范围和时间之内，如对自行车、野营、徒步等活动都有明确线路安排，游客只能在限定区域内游览；对垂钓等活动采取许可证制度，具体规定了活动的时间、地点，限制了游客人数。第三，对国家公园内的设施进行控制，如国家公园内禁止修建索道，尽量避免修建道路对环境造成破坏。

（四）资金运作

黄石国家公园的资金大部分是经国会批准，从税收中划拨的，一般68%的资金被用于支付雇员的薪水和一般设备支出。但是为了聘请专家来维护生态环境和培训公园守护者，以及购买一些其他特殊的生态维护机械设备，剩下的32%无疑是杯水车薪。

所以其他的资金，比如门票收入，也是资金来源的重要组成部分，但这些资金一般用于特别项目而并非诸如雇员薪水和设施设备这样的固定支出。除了上述支出以外，黄石国家公园还增加了在其他一些方面的成本。其中包括：电器设备和水处理设备的成本增加；开展了一些新的研究项目；游客人数增加而导致的运营成本的增加；等等（见图11-1）。

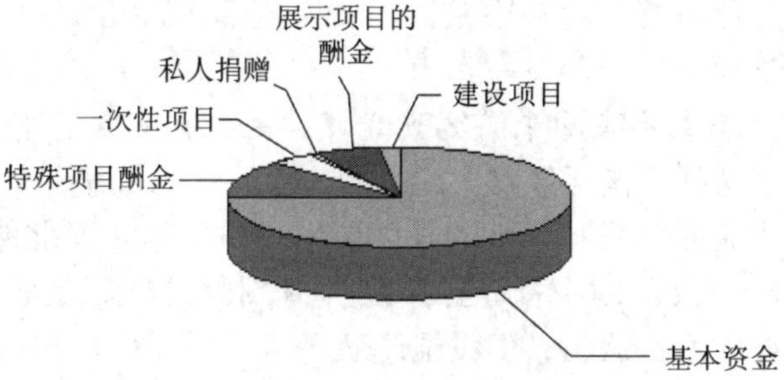

图11-1　黄石国家公园的资金来源构成

黄石国家公园的资金来源构成包括：

（1）基本资金：该资金每年由国会批准，并根据国家公园服务法划拨给每一个国家公园。尽管这笔资金每年都在增长，但其增长幅度仍低于黄石国家公园开支的增幅。

（2）特殊项目酬金：除门票以外，黄石国家公园还被授权对特殊的活动收取酬金。

（3）项目的拨款：针对特别项目的资金，这些项目必须是在国家公园服务法中认为是值得的，才能够被批准获得拨款。

（4）私人捐赠：以个人名义向黄石国家公园捐赠的运营维护资金。这些钱不包括黄石国家公园协会和黄石国家公园基金会所获得的捐赠。

(5) 建设项目：除了每年划拨的基本资金，国会还专门为国家公园系统划拨建设资金，每一个建设项目必须由国会单独批准，因此，黄石国家公园必须通过和其他公园竞争才有可能获得该项资金。

二、美国大峡谷国家公园环境解说案例

（一）公园概况

美国大峡谷国家公园位于西部亚利桑那州西北部的科罗拉多高原上。全长443公里，是世界奇景之一。峡谷由于受到科罗拉多河的强烈下切作用而形成，所以又称科罗拉多大峡谷。1869年，美国炮兵少校鲍威尔率领一支远征队，乘船航行，从科罗拉多河上游一直到大峡谷谷底。他将自己所目睹的峡谷风光、经历的惊险，写成游记，广为宣传，引起了全国的注意。1911年建立了科罗拉多国家保护区。1919年美国国会通过法案，将大峡谷最深最壮观的一段长约170公里划为大峡谷国家公园，现公园已被联合国教科文组织列为世界自然遗产。

从谷底向上，沿崖壁出露着从前寒武纪到新生代的各个时期的岩系，水平层次清晰，并含有代表性生物化石，被称为“活的地质史教科书”。大峡谷国家公园中野生动植物十分丰富，峡谷中桧树、矮松葱郁，野花茂盛，植物有仙人掌、罂粟、云杉、冷杉等。

大峡谷国家公园主要有两个游客观光点：南缘和北缘。南缘四季向游客开放，游客基本都会选择去南缘欣赏国家公园，设施也比较完善，有众多的旅馆和服务设施，服务中心有免费和详细的景区资料可供索取。而北缘由于海拔较高，冬天因降雪而关闭，只在5月中旬至10月中旬对外开放，是游客相对较少的观光点，有游客服务中心和旅馆，但设施简陋。

（二）公园的环境解说概况

大峡谷国家公园注重发挥教育功能，其解说系统的设计比较完善。大峡谷景区具有自然景观雄奇、动植物生态分布丰富的特点，以自然生态和探险运动旅游为主。因此解说系统是针对以探险和科考旅游市场为主的特定客源，以人与自然和谐相处的理念作为大峡谷景区解说系统建设的出发点，发挥教育功能。

1. 游客中心

大峡谷国家公园游客中心，其主题展示是一个3分钟的时钟，每一个分隔记号代表1100万年，钟面的后方是相互不重叠的指示着地质及生物的历史年代，并与主时钟同步运转，生物年代指针指向某一生物年代镶板时，地质年代指针也毫不重叠地指向另一地质年代镶板，而这些镶板同时侧置于中央主钟的四周。另一游客中心在冰河展示中，将复杂的冰河故事凝结在18000年前地球冰河作用最旺盛的年代，利用板块位置地图说明那个时候的生物种类，游客可以依据地图，

看到不同的陆块，同时也看到生活其上的生物，包括一些似曾相识的、一些古怪奇特的或一些早已灭绝的物种。

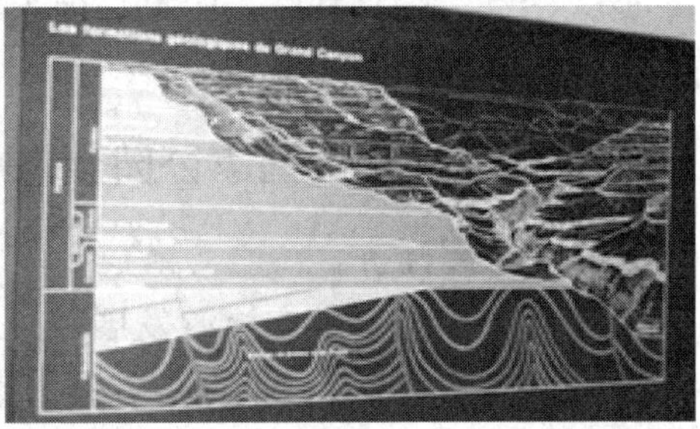

2. 解说牌与解说出版品

公园内介绍景点的解说牌和旅游手册中，注重传播科学知识，对游客进行地质学、生态学等科学教育。如画出游人所站地点所看到的岩层的剖面图，一一标出不同岩层的名称、特点、形成年代以及这些特定形状颜色的成因等问题，帮助游客探求地质地貌的变化、了解自然界丰富信息，获取历史文化知识。

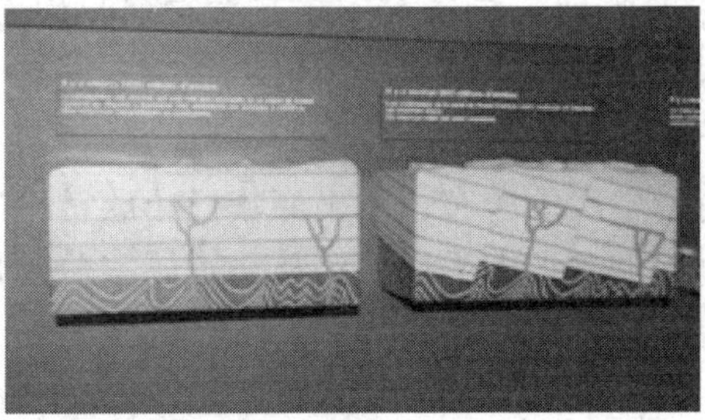

3. 展品

大峡谷国家公园既是享誉中外的地质公园，不可或缺的是许多关于石头的展品。

4. 解说活动

公园中的活动项目丰富多彩，包括护林员带领自然步行、聊天、幻灯片演示、营火活动、骑马和骡子游览、徒步旅行、骑自行车、钓鱼、河面漂流、空中游览、越野滑雪和背包徒步旅行。

三、加拿大班夫国家公园生态旅游开发案例

（一）公园简介

加拿大是世界上生态旅游发展较早，也是比较成熟的国家，政府于 1930 年颁布了《国家公园法》，把保护看作国家公园三大功能中的首要功能。班夫国家公园（Banff）位于加拿大西部的落基山区域，1887 年建立，是加拿大建立的第一座国家公园，原名叫落基山国家公园，后改名为班夫国家公园，面积为 4000 多平方公里。公园以山湖之旅著称。公园内云天、冰雪，山岩、林木倒映在湖面上，春夏时丰艳绝伦，秋冬时典雅娴静，构成了画家和摄影家们梦寐以求的画面。

（二）旅游开发现状

目前，班夫国家公园已成为著名的旅游胜地，每年有 400 万游客到此旅游，国家公园内根据天气条件不同，制定了冬夏不同的旅游活动项目。

1. 豪华巴士或火车观光

这些旅游活动主要是提供给一些高消费层次的游客，乘坐豪华巴士欣赏国家公园的胜境对游客具有很大的吸引力。由于加拿大太平洋铁路从班夫国家公园内穿过，因此游客可以选择乘坐豪华列车在国家公园内观光。

2. 高尔夫球

班夫国家公园内有一个 27 孔的高尔夫球场，可以开展高尔夫球运动，包括一系列高尔夫球课程、豪华住宿、汽车租赁等项目。

3. 泛舟漂流

班夫国家公园内有许多商家提供半天、一天或多天的泛舟漂流活动。其中泛舟最好的地点是路易斯湖，面积虽小，但由于背靠雪山，风景怡人，泛舟其上俨如置身仙境里。

4. 徒步

徒步旅游也是班夫国家公园内游客喜欢的旅游活动，游客可选择时间长短不同的徒步项目，从有向导的一日远足到多日的背包游、观野生动物游及“午夜太阳”之旅。

5. 乘雪橇

每年冬天狗拉雪橇是必然开展的旅游项目，游客在欣赏班夫国家公园美景的

同时也能体验到“加拿大人”的生活。

6. 滑冰及滑雪

班夫国家公园内有大量的滑冰地，最著名的要数路易斯湖，是滑冰爱好者的天堂。滑雪也是国家公园内受欢迎的项目，同时公园内还有带向导的穿雪鞋徒步活动。

（三）旅游开发特点

1. 为国民提供各种游憩机会

1930 年国会通过了国家公园行动计划，确立了国家公园的宗旨是“为了加拿大人民的利益、教育和娱乐而服务于加拿大人民，国家公园应该得到很好的利用和管理以使下一代使用时没有遭到破坏。”因此，国家公园在保护自然资源的前提下尽可能为国民提供各种游憩机会。

2. 重视对原有设施的利用

有一条高速公路（跨加拿大高速公路）及一条铁路（加拿大太平洋铁路）贯穿班夫国家公园，而公园就借助这些设施开展了特色的豪华大巴及豪华列车游览项目，使原有设施得到了充分的利用。

3. 公园管理与规划

根据 1930 年通过的《加拿大国家公园法》，班夫国家公园由加拿大公园管理局负责管理。随着时间的流逝，公园管理策略的重点从开发转到了环境保护。1964 年，一项政策声明颁布，在 1930 年的法律之外重申了环境保护。1972 年申请冬奥会主办权引发的争议，使环境保护组织的影响力加大，最终加拿大公园管理局放弃支持申办。1988 年，修订后的《国家公园法》将生态环境的保护放在第一优先级。

除此之外，班夫国家公园还是分区制的一个典型范例，在公园的旅游开发中，实行功能分区开发，具体分为 5 个区域，各区的功能不同。

（1）绝对保护区。这一区域具有珍贵的自然景观和珍稀濒危的生物物种，约占公园面积的 4%，这一区域严禁旅游活动，游客不准进入。

（2）杜绝人类干扰的荒野区。这类区域较为广大，占公园面积的近 93%，多为陡峭的山坡、冰川和湖泊，这个区域在开发中也属于保护的范畴，但和绝对保护区相比，可以有控制地进行一些野外考察和远足活动，其活动量是一定控制在自然环境的承载力范围内的，旅游建设上，只建设人行小道和简易的宿营地。

（3）自然风景观光区。这一区域面积很小，仅占整个公园面积的 1%，具有优美奇特的自然景观，主要开发功能是观光，这一区域可修建简易的旅馆和其他设施，但交通上只允许行人和非机动车辆进入，以保护大自然的原始环境不受污染。

(4) 娱乐区。这一区域也叫户外游憩区，主要用作娱乐开发，面积也很小，只占公园面积的1%。开展滑冰、游泳等户外娱乐活动。该区域可修公路，允许机动车辆进入，旅游设施较为齐全，也是游客比较集中的地方。

(5) 旅游城镇区。这一区域主要是班夫市区和路易斯湖游览中心，占地面积不足公园的1%，但却是公园旅游业的管理中心，主要负责公园游客的食宿、娱乐和购物。

四、感受德国幼儿园的环境教育

德国是世界上环境质量较好的国家之一。这不仅应归功于德国完备、详尽的环境立法，更应归功于德国对环境教育的重视。

(一) 环境教育理念：注重情感与实践

人的环境素养是解决环境问题的关键，它不仅包括环境知识和技能，还包括环境意识和价值观。而这种环境意识和价值观来自人们自幼对环境问题的深切感受。德国环境教育学者赖纳·多拉瑟指出，环境教育“情感基础第一，不是认知第一”。早先德国教育界认为“人们掌握环境知识才会保护环境”，后来才发现真正的原因是“人们热爱环境才会保护环境”。针对幼儿这一特殊的教育对象，德国幼儿园注重把幼儿情感目标放在首位，认为只有让幼儿到环境中去认识自然，感受自然，欣赏自然的美，才能使他们真正热爱自然，关心环境。

德国环境教育协会和教师培训中心赫尔曼教授通过研究发现，更多地传授知识并不一定意味着行为的改变，而最有效的方法是让幼儿参与实际行动。德国的幼儿园显然十分强调这一点，如他们让孩子们去野外观察动植物，学习种植庄稼，自己动手改变幼儿园面貌，布置活动室，从中慢慢积累与环境共处的经验，为形成良好的环境素养打好基础。

(二) 幼儿园环境创设：崇尚自然

走进德国的幼儿园，给人最强烈的感受是环境朴素而自然。我们参观的Baunatal的Hunstein幼儿园就如同一座美丽的花园。园内有大片的活动场地，草坪、沙池、水沟以及花草树木基本上都是原生态的，孩子们可以在自然中尽情嬉戏。户外玩具如秋千、独木桥、摇马、跷跷板等都是原木做成的，木屑地、草地和沙地都是真实自然的。活动场地上放置了许多任由孩子们搬动的废旧材料和自然物，如旧轮胎、木板、梯子等。运用这些材料不仅节约了资源，同时激发了孩子们丰富的想象力和创造力。在这里，孩子们是自由的、放松的、充满探究欲望的。他们即使玩得浑身沙泥，也不会受到教师的训斥和限制。他们从中获得的不仅仅是知识，更多的是创造的乐趣以及与自然亲近的美好感受与体验。

我们参观的两所幼儿园的室内布置处处洋溢着一种淳朴自然的清新感：简简

单单的原木家具，随处可见的绿色植物，树根、干草编制而成的艺术造型……活动室墙上贴的、挂的都是幼儿的作品，幼儿园里每一个角落都体现了孩子们独具匠心的构思与设计，落叶、枯枝、坚果、贝壳等无不成为他们进行艺术想象与创造的素材。

（三）户外活动：灵活多样

如今的孩子，特别是城市里的孩子，接触大自然的机会实在太少了。德国弗勒博格市生态中心的主任伯格曼说，“很多孩子待在室内的时间太长。我希望他们能有机会亲近自然，并对大自然充满好奇心”。而要实现这一目的，教师除了努力将保护环境、善待自然的理念渗透在课程中，还应精心策划，带领孩子走出幼儿园，到森林、田野去接触和探究大自然。

1. 别开生面的“森林日”

德国的幼儿园没有统一的课程要求，但它们几乎都把环境教育作为重要的内容之一。像上面提到的 Hunstein 幼儿园，孩子们每天除了进入花园活动外，每个小组（混龄班）每周都有一个“森林日”。这一天，教师会带领孩子们到附近的森林进行教学活动。他们在森林里认识动植物，探究动植物的生长过程，感受四季的气候变化。教师常常通过一些游戏让孩子们更深刻地感受自然，如让孩子们闭上眼睛躺在树林里倾听，感受自然界的每一种声音；用布蒙住孩子的眼睛，让他们用手触摸树林里的各种生物。教师有时让孩子们扮演植物的各个部分，体验植物如何从土壤里汲取养分，如何抵抗昆虫的入侵；有时带领孩子们种花植树，种植庄稼，感谢大自然的恩赐……就这样，幼儿园通过“森林日”活动诱导孩子对大自然产生兴趣，教给孩子健康的生活方式，感受人与自然相互依存的关系。

2. 全天候的户外活动

在卡塞尔，我们参观了 Waldkindergarten，这是一所不同寻常的森林幼儿园，孩子们整天在森林或户外活动。德国有 370 多个森林幼儿园，人们称它们是“没有房顶和围墙的幼儿园”。

Waldkindergarten 有两个混龄小组，其中一个组包括下午放学的小学生。每组大约有 20 个孩子，两个专业教师，一个实习员，还有一些志愿者。上午 9 点，孩子到幼儿园门口集中，相互问好、唱歌，然后开始向森林进发。他们在森林里玩耍，无拘无束，与自然融为一体。他们的主要活动是观察植物和小动物。有时玩一些探险游戏。我们参观那天，教师让孩子们给我们做向导。5 岁的路易斯拉着我的手踩着厚厚的落叶走向密林深处，如同在自己家里那般熟悉。他带我认识了薄荷树，观察了满地的薄荷壳；领我探索了狐狸洞，通过观察洞口的落叶来判断有没有狐狸住在里面：教我寻找点火石，通过撞击两块石头来获得火种……我惊诧于孩子丰富的自然知识。

活动当天，无论什么天气，孩子们都要穿防雨衣裤和靴子。每个孩子都有一个背包，里面装有防水垫子、保温瓶和饭盒。中午，大家围坐一圈，分享各自带来的食物，谈论各自在树林里的新发现。那天，饭后的集体活动是到树林里收集各种各样的自然物，如落叶、枯枝、青苔、石头等，并在空地上集体创作一幅拼图。在这一过程中，孩子们一方面自由地探索、发现大自然的奥秘，另一方面尽情地发挥想象力。当然，他们会遵守一些规则，如不去伤害周围的动植物等。

这类幼儿园改变传统、封闭的教学环境，使孩子完全投身于自然界，身临其境地感受风霜雨雪，观察春夏秋冬。在阳光和新鲜空气的沐浴下，孩子们无拘无束，健康成长，从中他们亲近自然、珍爱生命，感受人与自然的和谐统一。

3. 丰富的环境教育资源

充分利用当地环境教育资源，如环境教育中心、自然博物馆及国家公园等环境教育机构，是德国幼儿园的另一个户外教学途径。德国几乎每一个市镇都有类似的机构，它们一方面承担着培训中小学及幼儿园教师的任务，另一方面为学校提供户外活动的场所，因为校园的环境资源毕竟有限。这些机构每年提供一份菜单式的活动计划，不同层次的学校可根据自己的需要选择活动内容，并在约定的时间带孩子们去听取由环境教育中心等机构配备的专业教师的讲课。对于年龄小、生活经验有限的幼儿来说，这些机构采取的直观、生动、综合、互动的活动方式往往能取得良好的教学效果。

如法兰克福的环境教育中心主要是让孩子们观察动物、经历种植过程、食用有机蔬菜以及学习如何减少浪费等。“中心”有真正的蜂窝、鸟巢，供孩子考察学习用。其中既有专业教师极富人性化的解说，又有严谨、科学的文字解释，不同年龄段的孩子都能获得需要的知识。有些活动满足了孩子们的好奇心与求知欲，他们参与的积极性很高。如孩子们蒙上眼睛赤脚走过铺有泥土、石子、松子等不同材料的地面，并用手触摸旁边的植物，说出它们的名称和特性。

卡塞尔的水实验中心也是一个学习自然环境知识，联络人与自然之间感情的好地方。这里展示了以水为主题的各种设备和装置，如水的循环净化系统模型，水流冲击堤坝导致淤泥堆积的模拟装置，以及水车将水由低处引向高处的模型，等等。这里有齐备的水桶、捞网、放大镜，孩子可以捕捞、观察各种水生物；这里有琳琅满目的工具间，供孩子动手探索自然的奥秘；这里还有孩子们建造的“昆虫旅馆”，吸引着各种各样的昆虫来安家落户。这里所有的设备与装置处处体现了“以人为本”“以儿童为中心”的指导思想。

值得一提的是卡塞尔的自然历史博物馆。这里有一个非常特殊的木头图书馆，汇集了世界各地的各种各样的树木。一种树木做成一本书的形状，里面掏空放置这种树的叶子、果实等标本或蜡制品。不需任何文字说明，孩子便可一目了然地了解这一植物的基本特性。这里除了栩栩如生的动植物标本以外，还有一些活的动物。我们参观时展览的主题是“冰河时代”，馆内展示了冰河时代的各种生物以及远古人类生活的场景。另外，这里还特地准备了一个手工车间，为孩子们——这些“石器时期的艺术家”提供制作各种手工艺品的用具和材料。

从幼儿园就开始的浸润于环境之中、让孩子们亲身参与的环境教育，无疑对德国公民的环境意识与环境素养的培养起到了不可低估的作用。正如中国“自然之友”会长梁从诫先生所说：“没有孩子生来不爱树林、池塘、草地，不爱野花和小鸟的。如果他们漠然，那是现代都市生活对童心的歪曲。让孩子们，特别是城里的孩子回到自然中去，重新亲近大地，带领他们在自然里做游戏，去体验人与人、人与自然以及自然本身原来该有的和谐和平衡，这不仅是为了环境教育，也是对稚嫩心灵的抚爱和陶冶……”

五、世界生态旅游发展的先驱——肯尼亚

（一）肯尼亚生态旅游发展概况

肯尼亚地处东非，东非大裂谷纵贯南北，这里有1700多万年前的人类遗迹，有广袤的非洲大草原、众多的野生动物，有着既原始又富有特色的民族风情。

肯尼亚旅游业十分发达，是国家外汇收入的重要来源。肯尼亚是非洲各国开展生态旅游最早的国家，是生态旅游的先驱者。在肯尼亚旅游业中最重要的一个部分要数与野生动物有关的生态旅游。当时，肯尼亚被列为世界上生态旅游者最喜欢拜访的国度。1993年肯尼亚组织了非洲第一个生态旅游协会（ESOK），1997年肯尼亚主办了关于生态旅游的国际研讨会，由此可知肯尼亚举国上下对生态旅游的关心。

肯尼亚摆脱英国殖民统治后，自然观光和狩猎旅游迅速发展，但同时，许多问题开始出现，最严重的问题莫过于对野生动物的滥捕行为。赶尽杀绝式的狩猎行为严重影响了野生动物的生长与繁衍；同时，缺乏科学规划与良好的管理也造成旅游品质的下降，游客开始抱怨，国际旅游杂志、媒体也出现了负面评价。迫于压力，肯尼亚政府于1977年宣布禁猎令，并成立了26座国家公园、28处保护区和一处自然保留区，共占其国土面积的12%。同时，肯尼亚政府及一些团体机构提出了“用你的镜头来猎取肯尼亚”，用以替代过去的狩猎旅游。这样的改变取得了非常好的效果，不仅使旅游者人数、旅游业收入增加，更重要的是在当地企业和民众中产生了正面效应。因为在以狩猎为主的旅游年代中，旅游活动的操纵者大多是西方的白人，旅游利益也大多由他们独占。自从旅游形态改变后，肯尼亚有更多的私人企业投入旅游事业，并为当地居民带来许多就业机会；肯尼亚

出现了许多属于国人自己经营的旅游集团、旅游服务公司。

20世纪80年代早期，肯尼亚的旅游业持续蓬勃发展，尤其是生态旅游业取得了良好的成绩，调查也显示，凡是造访肯尼亚的游客，有九成以上的人会前往野生动物园区进行旅游。根据世界银行所做的统计显示，肯尼亚的旅游经济收益中有六成是来自于以野生动物为题材的旅游活动，有两成是来自海边的旅游活动。

（二）肯尼亚生态旅游发展经验分析

1. 政府的支持

肯尼亚生态旅游发展所取得的成绩和政府的支持作用是密不可分的。

20世纪70年代中期，由于缺乏合理的规划与妥善的管理，保护区和国家公园的问题日益突出，于是肯尼亚政府着手清理相关部门，成立了“野生生物保育暨管理部”。

为保证保护区的正常发展，政府鼓励当地居民参与到与野生生物相关的行业，如旅游、狩猎、畜养、提供食物或制作纪念品及表演等，以期实现当地居民从旅游业中获取利润进而赞成与加入保护活动，这样也可以在更大程度上保证野生动植物有较大的生存空间和较安全的庇护所。政府还提倡主管野生动物的相关部门应放下架子，不要当高高在上的政府官员，而要成为当地居民的好朋友、好帮手，尽力给他们辅导、建议和协助。

1989年，肯尼亚政府成立了肯尼亚野生生物服务署。首任主席为理查·利基（Richard Leakey）。理查·利基明确宣布保护野生动物是国家公园最重要的工作，保护工作是极为神圣而不可侵犯的，值勤的工作人员应受到相当的尊重，并配发给管理人员自动步枪，授权他们在发现顽固盗猎者时可加以射杀。除了这些，理查·利基也着手推动许多国家公园的经营管理工作，更着手拟定全新的施政计划纲要，即众所皆知的《斑马文件》（Zebra Book），该文件明确指出肯尼亚野生生物服务署将以发展自然保护和生态旅游共存共荣为目标，在该文件中明确地宣布了下列政策：

（1）将致力于减少旅游所带给环境的负面冲击；

（2）将致力于对国家经济做出实际贡献；

（3）训练自然向导和司机，并实行专业执照制度；

（4）对游客冲击进行全面监测；

（5）对于旅馆等人工设施的建设，需进行环境影响评估；

（6）提供给游客更丰富、更多样的旅游资讯；

（7）将设计出一套对当地居民有效的互助模式。

2. 发展以当地居民为出发点的生态旅游

生态旅游的内涵之一就是要顾及当地居民的利益，保证当地居民从旅游业中受益，改善居民的生活质量。在这方面，肯尼亚做得比较好。其中安波沙提国家公园和马赛马拉保护区里的实际经验是非常珍贵的。

（1）承诺。理查·利基在领导野生生物服务署时非常重视与当地居民的互动关系，他特别强调要保障居民的生命财产安全，并尽力减少野生动物对居民生活的干扰，并承诺将肯尼亚野生生物服务署自门票所得收入中提拨25%给受野生动物骚扰的村落作为回报，虽然这项承诺最终未能实现，但也表明了理查·利基对民众的态度。

在理查·利基的努力下，国际社会也给予了肯尼亚多项帮助，世界银行给予1.53亿美元的巨额贷款，美国、日本、荷兰、英国等国纷纷给予捐款，并共同签署了“保护区与野生生物援助计划”，其内容包括：大象保护计划，湿地和海岸地区保护计划，反盗猎设备购置与人员训练，国家公园与保护区内基础设施建设。

肯尼亚还与美国国际发展机构共同制定“生物多样区保护计划”，该计划的出发点在于帮助当地居民找到合适的工作项目，增加每个家庭的经济收入。

理查·利基下台后，他的继任者是长期在安波沙提国家公园进行研究的魏诗登。他继续推行以当地部落居民为出发点的生态旅游，就任后他就将施政重点放在保护区与周围居民关系的改善上。他主张应将生态旅游赋予更积极的意义，视生态旅游为推动自然保护的强大动力，尤其需让当地民众因从中获取利益而感到满足，如此才能说服他们放弃放牧、农作等其他土地利用方式，才能彻底解决盗猎问题。

（2）兑现。借鉴理查·利基的教训，魏诗登把回馈国家公园附近村落的比率定在10%。魏诗登的努力获得了实际的成效。1995年年底约有160万美元的回馈金分配给当地社区、民间团体以及地方政府，约有300个地方所提交的计划方案获得经费补助，其中约有1/3用来兴建学校或提供作为学生奖学金。另外，还推广与旅游或保护相关的谋生技能与活动，培养与训练民众的工作能力，如教育民众如何经营民间旅馆、如何经营餐馆、如何利用当地材料制作纪念品、如何结合当地文化特色发展具有吸引力的节目或活动等。

1996年，生物多样区保护计划进行评估检测时有以下结论，“这些计划对国家公园附近村落的实质效益已经产生，而且民众也开始改变原来排斥肯尼亚野生生物服务署的态度，更乐于支持生物多样区保护计划的推动”。所以在1997年肯尼亚国家公园庆祝国家公园系统发展55周年时，特别以“公园外面也是公园”为题来宣示日后将朝国家公园与其周围土地结合，共同推动自然保护工作，并且把通过开创多样性的旅游活动来增加当地社区实际利益作为日后奋斗的目标。

3. 旅游与保护协调发展

马赛马拉保护区是肯尼亚生态旅游发展最著名的地区，它的成功与兼顾当地居民利益、促进旅游与保护协调发展密不可分。

马赛马拉保护区是肯尼亚最受欢迎的旅游景点，据估计每年约有三成以上拜访肯尼亚的游客会到马赛马拉保护区。马赛马拉保护区经过 10 多年的发展，取得了显著的成绩。尤其在保护活动与当地居民参与的结合上，十分成功。许多保护区内的居民被吸收为旅游发展协会的成员，通过参与，民众渐渐都能接受新的土地和资源利用方式。1977 年肯尼亚政府颁布禁猎令，马赛马拉人无法再靠贩卖猎物为生，此时恰好旅游兴起，带来了可观的收入足以弥补他们的损失，而且这种收入比以往更丰厚，也比较稳定，还减少了风险。政府每年还拿出一定比例的收入回馈当地居民，支持许多当地部落的发展计划，如兴建医疗服务站、学校、供水设备、改善牲畜蓄养设施以及道路的修建等。伴随着自然旅游、生态旅游带来的丰厚收益，许多土地拥有者对发展以观赏野生动物为主的旅游事业越来越感兴趣，1987 年时超过半数的旅游从业者和土地拥有者都对该区域的旅游发展抱极为乐观的想法，并且对保护工作抱积极的态度。由于旅游所带来的收益是如此丰厚，居民也不愿再冒险去打猎。所以偷猎的情形有非常大的改善，正如一位协会管理人员所说的："在短短的几年内就明显看到当地民众态度的转变，现在他们视野生动物为重要的经济资源，不仅不会去伤害它们，还会尽力去保护它们。年轻的下一代更容易接受此观念。"当肯尼亚境内其他地区的犀牛和大象数量锐减时，马赛马拉保护区内的犀牛和大象族群数量却能稳定增加，1990 年在马赛马拉区域只记录到 5 头大象的死亡，其中有 3 头还是自然死亡的；仅有 1 头犀牛死亡，这头犀牛还是自 1984 年来的首次记录。

综合以上对马赛马拉保护区的分析不难看出，生态旅游在这个地区的顺利发展与取得当地民众的支持是分不开的。它使生态旅游真正成为解决环境保护、经济发展与当地民众三者矛盾的一帖良药。这也是肯尼亚生态旅游发展给全世界的最重要的启示。

六、非洲的丛林大猩猩生态旅游

丛林大猩猩目前只存在于非洲乌干达、卢旺达和扎伊尔交界的威伦加山（Virunga Mountains）地区。据估计现存的丛林大猩猩最多只有 600 只，还有可能远低于这个数字。在这几个国家发生的一系列内战，使得观察和保护大猩猩的活动变得十分困难。而且，内战也使得大猩猩惨遭士兵、偷猎者和当地居民的屠杀。乌干达境内的大猩猩估计有 300 只，生活在该国西南地区内的两个自然保护区里。一个是占地面积达 325 平方公里的布温迪国家公园，另一个是面积只有 34 平方公里的马加辛加国家公园。大猩猩喜欢群居，总是生活在一个大家庭中。到 20 世纪 90 年代中期，在马加辛加国家公园里共有三个这样的大猩猩家族，而在布温迪国家公园里大约有 50 个这样的大猩猩家族。

布温迪国家公园里植物层层相间、茂密旺盛。植物种类繁多，有 200 多种树木和 100 多种蕨类植物。公园里的动物种类之多，堪称东部非洲第一。该公园里有 120 多种哺乳类动物、336 种鸟类和 202 种蝴蝶。这些动植物中有很大一部分是当地特有的品种。其中，有 9 种动植物在全球的数量都非常稀少。同时，这座茂密的森林也为世界上 1/3 的丛林大猩猩提供了最重要的栖息地。

作为一个国家公园，其资源本来应该受到完全的保护，但实际上森林中的许多特产都为当地居民所用。整个森林中仅有 10%的地方无人涉足。1992 年，布温迪国家公园制定了一份布温迪旅游发展规划。1993 年 4 月，以观赏大猩猩为主要内容的旅游项目开展起来。该规划对大猩猩生态旅游实行严格的管理。

导游必须对大猩猩的行为方式和生活习惯了如指掌，能够准确地解释大猩猩的行为并作出正确的判断。而且，导游还必须会使用游客使用的语言，要严密地关注游客的行踪和行为，同时保护好游客和大猩猩的安全。比如，导游必须决定从哪个方向去接近大猩猩，同时使游客与大猩猩之间保持一段安全的距离。在大猩猩向游客走近的时候，导游必须引导游客后退。导游还必须决定是否让游客保持安静以及何时才能拍照。闪光灯拍照在任何时候都是不允许的。为了避免游客把疾病传染给大猩猩，15 岁以下的儿童和患有感冒或其他传染疾病的成年人是不能随旅行团去观看大猩猩的。为了实行规范化管理，乌干达政府还制定了一系列大猩猩生态旅游必须遵守的规定。以下规定是乌干达旅行及旅游部制定的旅游者与大猩猩接触时必须遵守的规则和程序：

（1）每天最多只能有 6 名游客探访一个大猩猩聚居群；

（2）保持低声交谈；

（3）不得将垃圾留在公园内；

（4）导游会告知游客哪里可以拍照，拍照时禁止使用闪光灯；

（5）距离大猩猩至少 5 米以避免疾病的传染；

（6）在观看大猩猩时游客必须严格随团体活动；

（7）在靠近大猩猩时不得吸烟、吃东西或喝饮料；

（8）如果大猩猩发怒了，慢慢蹲下来，不要看大猩猩的眼睛，逃跑会增加危险程度；

（9）绝对不要试图去触摸大猩猩；

（10）如果大猩猩烦躁不安，1 小时的旅游可能提前结束；

（11）造访大猩猩结束后，一直要压低声音直到离开大猩猩家族群 200 米以外。

在乌干达境内，游客参观大猩猩是受到严格限制的。下面是对马加辛加国家公园采取限制的介绍。只有由正式导游和猎犬带领的旅行团，才能进入大猩猩的栖息地。只有从公园管理处购买许可证，游客才有资格加入这样的旅行团。在马加辛加国家公园，无论什么情况，每天只出售 10 张许可证。通常有 7 张是商业旅游经营者提前预订的，另外 3 张按先来后到的原则在公园现场出售。来得早的游客才有可能买到这宝贵的 3 张许可证。这使一些提前坐长途旅行车的游客或参加旅行社组织的豪华旅游的游客有机会一睹大猩猩的风采。在 20 世纪 90 年代中期，参加观看大猩猩一日游的游客的费用是每人 120 美元。

有时，一些年纪较大的游客，不喜欢也没有能力在一天中最热的时候在热带森林中徒步几个小时。于是，他们干脆放弃使用得到的许可证。公园管理人员就可以将这些许可证重新出售。人们并不清楚这些许可证是怎样提前卖给旅行社的。根据马加辛加国家公园里的服务人员提供的信息，这些许可证一个月出售一次。然而，一些乌干达国内的旅行社宣称它们可以定额享有购买许可证的特权。在实际经营中，有些国际旅行社为了满足游客获得许可证的需要，协调游客去参加拥有许可证的旅行社组织的旅行团。同时，这些许可证还可以在各旅行社之间相互转让。

七、森林生态旅游的经典项目——菲律宾“劳斯莱克树荫漫步”

菲律宾棉兰老岛上的“劳斯莱克树荫漫步”闻名遐迩，这项旅游活动是由国际环保组织菲律宾事务所首先提出的。当地的一部分居民在菲律宾旅游局的资助下，建造了这一美丽的“劳斯莱克树荫漫步”道。其中，建造费用花去 100 万菲律宾比索（约合 2 万美元）。另外，他们还组建了一个旅游公司，经营一日游和以“劳斯莱克树荫漫步”为特色的森林生态旅游业务。

尽管历史上非法伐木和传统森林农业活动为当地社区带来了经济收益，但这些活动会对森林地带造成很大的破坏性。因此，“劳斯莱克树荫漫步”并没有选择那些当地社区居民使用较集中的森林地区作为建造地，同时依据菲律宾的法律规定，该景区还必须建设在国家整体保护地区系统之外。为了避免遭受非法伐木的厄运，“劳斯莱克树荫漫步”建造地点最终选择在当地政府所规定的旅游区域之内。

“劳斯莱克树荫漫步”道的游客观光台，利用吊索建造在高达 30 米的树木上。建造景区没有砍伐一棵树木，新修的树荫道沿着以前的小径延伸开来。“劳斯莱克树荫漫步”景区内禁止吸烟，景区游客最大承载量为 10 人。在该景区内，当地居民受聘承担起修造“劳斯莱克树荫漫步”道日常维护和清扫树荫路径和公共厕所卫生的工作。同时，他们也受聘担任导游工作。通常情况下导游工作由社区居民轮流承担，目的是使社区内的每个居民都能从旅游中获得收入。

当农业收成不好时，当地居民就会依赖旅游收入而生活。“劳斯莱克树荫漫步”生态旅游的出现，给当地居民带来了物质利益，使当地居民逐渐放弃了早年为获取收入而砍伐贩卖树木或者砍伐森林用作耕田的做法。从这一点来看，“劳斯莱克树荫漫步”生态旅游无疑为当地的森林生态保护做出了重大的贡献。另外，旅游收入的一部分还被划归给菲律宾最小的地方行政区划——巴朗加地方政府。“劳斯莱克树荫漫步”建造之前，巴朗加地方官员曾涉嫌在当地非法伐木。自“劳斯莱克树荫漫步”生态旅游活动投入运营以来，巴朗加地方官员积极惩治犯罪活动，非法伐木的犯罪活动减少了近95%（Garcia，2000）。

纵观全局，我们可以明显地看到，尽管“劳斯莱克树荫漫步”生态旅游规模较小，然而它对森林保护和当地社区的贡献重大。它在未来发展规划中将主要关注：建造通往当地瀑布的小径、开发树荫漫步道附近的宿营旅游，以使游客有时间在劳斯莱克树荫漫步和在游客观景台观赏当地美丽的风光。

八、岛屿生态旅游开发的偶像式典型——马尔代夫岛屿旅游

马尔代夫共和国是印度西南面印度洋中的环状珊瑚岛群，面积绵延9万平方公里，陆地面积298平方公里，共有26个环礁、1190个小岛。所有这些岛屿都是珊瑚礁，平均面积16公顷，最高处海拔仅为1.5米。200个岛屿上均有人居住，总人口26万，其中1/4住在群岛首都马累（Male）。旅游和渔业是其主要产业。马尔代夫以其海滩和海礁闻名于世，旅游业的收入中，60%为外汇收入，20%为国内产品的创收，10%为劳务收入。渔业是该国大多数人主要的生活来源，旅游业是赚取外汇和政府收入的主要来源。

为了在不影响环境和文化的前提下跳跃式发展旅游，马尔代夫政府制定了一个全力以赴圈围旅游胜地的规划：规定旅游开发要限定在先前无人居住的岛屿上，一个岛屿只可以有一个风景名胜区。官方的政策是：岛屿上不允许开发其他产业；除非本土马尔代夫人是风景区内的工作人员，否则不允许进入风景岛上；游客只能在导游的带领下在有居民的岛上旅行并必须在当天返回夜宿地。这些安排不包括低消费的旅行者，也与大多数村民没有多大联系。

马尔代夫一直被其他小岛当作岛屿开发的典范：一个资源匮乏但拥有良好自然环境的国家，成功地将高价值的海滩旅游发展成当地的基础产业，而且对自然环境和社会文化传统没造成任何不良影响。该区还是全球性的潜水旅游目的地；同时也是新近开发的商业冲浪旅游的目的地。

在马尔代夫的9个环礁上有87个风景名胜区，共16000张客房床位。岛屿多是沙礁和珊瑚礁低地，海潮平面不足1米高，但海潮范围不大，岛屿也被边缘礁保护着。有些地区还修建了各种各样的隔水和沙滩保护工事。马尔代夫40%的游客来自德国和意大利，平均停留天数为7~10天。有4个环状珊瑚岛上有飞机

场。政府从旅游业中获得的收入稳步增长，从 1987 年的 6 万马尔代夫鲁非亚（rufiya，约合 5000 美元）增长到 1999 年的 65 万马尔代夫鲁非亚（约合 57000 美元）。

那些无人居住的岛屿，属马尔代夫政府所有。政府把它们出租给愿意租用和经营的私人企业家，而居住在邻岛的居民却担心无人岛的开发建设使他们失去进入无人岛屿的机会，而这些岛屿通常是他们选取材料（如木材）的地方，也是手工捕鱼的基地。

1992 年年末，马尔代夫农业和渔业部进行了一次马尔代夫珊瑚情况调查，发现珊瑚开采、船抛锚和其他渔业活动都会造成对珊瑚的严重破坏。为此，1995 年 15 个潜水基地被确定为保护性海洋公园。

随着早期旅游开发所出现的环境和文化影响问题，20 世纪 80 年代初，马尔代夫当局就出台了保护区建设与经营规定：最大建设面积限定在全岛总陆地面积的 20%；建筑物最高为 2 层，且必须掩映在植物群中；所有游客房间必须位于 5 米外的海滩，海滩上的房间安排不得超过总海滩长度的 68%；允许建水上有游廊的平房，但前提是要有与水面相等的陆地空地；建筑物必须在海岸线 5 米之外。

官方的政策是：禁止砍伐大树和稀有树木，每一棵被砍倒的树必须运走；严格限制工程建设，并要求其与环境影响评估相一致；除了指定地区外，禁止进行珊瑚和沙礁的开采；禁止短矛捕鱼、投毒捕鱼和炸药捕鱼；禁止捡贝壳、捕乌龟和收集幼小及正值生育期的牡蛎；禁止撒网和设陷阱打鱼。风景区要符合回收再利用计划的要求和适度管理垃圾的技术要求。所有风景区必须有垃圾焚化炉、破瓶机和压缩机。固体垃圾必须焚烧，在进行处理之前金属易拉罐必须压缩，玻璃瓶子必须进行破碎处理。允许但并不鼓励使用土坑来处理污水。为了提供充足的净水供应，必须要求植物脱盐。尽管前期采取了一系列有力的做法，但环境退化的迹象还是出现了，主要是污水和废水的处理过程所致。利用珊瑚礁建设风景区引起了沙滩退化腐蚀和同时也对珊瑚礁的生存来带了威胁。

岛屿风景区确实产生了可观的收入，并且也资助了医疗保健和淡水供应，但更多的收入主要用在了首都所在的岛屿上，而更加边远的岛屿因其进入障碍却得不到什么补偿。最近的一次世界旅游组织对马尔代夫所作的旅游影响调查显示，其对岛屿旅游业的管理有几种地方性忧虑：已经在无人居住的岛屿上开发出了风景区，却没有征求附近岛屿上的一直在使用无人环状岛的居民意见；多数村民倾向于旅游业的开发，因为它能够带来让孩子们受教育的资金，但在风景区的工作人员却抱怨他们的居住条件差、与家人远离，而他们的孩子也抱怨缺少父母教导；尽管政府试图努力保持地方传统不被西化，但村民们还是认为旅游业带来的繁荣会使传统的艺术、手工艺、风俗和建筑消失。

所有的岛屿风景区都在经营商业性潜水，其特点是除风景区之外还有独立的公司在经营。这些潜水经营公司的服务水平各不相同。按照国际惯例，潜水学校和个人潜水者都要由商业性资格鉴定部门——如职业潜水教官联合会——颁发证书。个别潜水学校采用星级管理系统来进行质量验收，共分五级。一个五星级档次的潜水学校拥有可以证明潜水学员是否达到高级水准的专业设备和仪器（如氮气、增氧呼吸器）。由于岛屿风景区之间都有环礁浅湖相连，因此马尔代夫潜水学校的地理位置恰好适宜进行介绍性的潜水培训和基本水平鉴定，这也就形成了整个潜水旅游市场的主要部分。尽管潜水和冲浪已经成为马尔代夫旅游的广告形象，那些主要客户特别是城市居民更想逃离北半球的寒冬而来此地寻找阳光、沙滩和暖水。

马尔代夫的官方政策和旅游开发的出版物指出，开发规划必须通过董事会才能实施，同时努力使开发规划对环境和文化的影响减到最小。

官方要求：游客只允许在岛屿风景区或偶尔开放的一日游的无人岛上参观；马尔代夫居民可能会仅仅居住在称为地方性的岛屿上，他们如果被附近岛屿风景区雇用，则会天天乘班船往返。但事实并非如此。部分岛屿已经用墙将当地社区居住区的居民与游客分隔，墙内用于员工膳宿、发电机作业、污水处理、码头服务、植物脱盐、工作间等。一些员工住在游客未住过的房间内，另一些则住在摇摇晃晃的居民棚里。造成这种情况的一个主要原因是，人们并没在家乡旁边的风景区马上找到可以被雇用的工作。很多情况下是先从环礁外转移到首都，再从首都转到岛屿风景区。员工住在岛屿风景区内不一定就构成问题，但如果采用一种更公开的方法，把员工休息区及其设施也作为整个风景区设计中不可分割的一部分来对待就更好了。

官方还要求：风景区建筑只可建一层楼，两层就应该将其掩映在植物带中。岛上可以栽种低矮树木，主要是热带长生树种、印度太平洋岛屿的树种和灌木。这种限制的目的是让出租人遵循建筑物保持为一层高或两层高的要求。

官方政策也要求或至少是强烈鼓励风景区采用集中化污水处理设施，以避免周围礁石遭受因高营养废水的排放而引起水域的海藻污染。风景区是否使用过这类污水处理措施尚不明确，但可以肯定的一点是，此类措施还没有被全方位采用。一个案例曾经说，在一个岛上，污水被储存在吊罐中，然后运走，但令人不解的是：罐是否封闭，是否是个浸泡坑，垃圾渣被运到邻近岛屿上是否还是被倒入大海。同样应考虑的是为什么其他有机垃圾如宴会残羹中的诸如水果、蔬菜等杂物经常漂浮在水面上，尽管它们可能是租赁船只上乱扔的杂物而不是风景区的杂物。

不可进行生物降解的垃圾本应从岛屿风景区内被运走，但有一个案例中所说的垃圾被运到邻近岛上填埋了洼地。这其中应该引起关注的是，当地人从新水管取饮用水，而新水管又很容易被填埋物所污染。

总之，尽管文化与环境管理的实际情况似乎与规划中的不太相符，但马尔代夫也确实通过制定一个近乎完美的旅游规划而获得了丰厚的经济回报，从而为热带岛屿的开发树立了一个偶像式的典型。

第二节　国内生态旅游典型发展模式与经验

一、喀纳斯湖生态旅游开发案例

1. 地理位置

喀纳斯湖为冰川刨蚀而成的冰碛堰塞湖，位于新疆布尔津县北 210 公里处的阿尔泰南坡中山带。湖面海拔 1370 米，长 24 公里，平均宽 1. 8 公里，面积 45 平方公里，最大深度 188. 5 米，平均湖深 90 米，容积约 40 亿立方米，属于国家级自然保护区，湖区四周群山环绕，森林草地繁茂。保护区按开发需要分成核心区、缓冲区和科学试验区（见表 11-1）。

表 11-1　喀纳斯湖国家级自然保护区面积

	核心区	缓冲区	科学实验区	总面积
面积（平方公里）	776	855	569	2200
比例（%）	35. 20	38. 90	25. 90	100

2. 生态旅游开发项目

旅游项目或产品的开发、设计必须以满足市场的需求为前提，同时，产品的设计与开发又应考虑市场的发展，产品具有一定的特色性、差异性和超前性，才能保证产品的吸引力和竞争力。根据喀纳斯湖区旅游资源的调查及项目开发状况，旅游产品设计应突出自然资源特色，再辅以民俗文化特征，其旅游开发项目如下：

（1）湖景欣赏。喀纳斯景区有大小湖泊数座，其中景色各有千秋。喀纳斯湖景色怡人，而且湖水随季节的不同而变色。景区内有许多景色优美的湖，如鸭泽湖、千湖、黑湖、双湖、月亮湾、卧龙湾，都具有较高的视觉价值；另外，景区内还有特色冰湖群，如加勒斯巴依大拉斯冰湖群。游客可以同时对高山湖泊有一个崭新的感受和认知，对其融入自然、拓宽视野、调节心境大有好处。

（2）冰川观光及滑雪旅游。喀纳斯河源区有许多气势磅礴的巨大冰川与广布的谷冰川强烈作用下所刻蚀的痕迹，以及冰川形成的冰斗、U 形冰槽谷和羊背石等各种冰蚀地貌，残留的各种冰碛物和冰水沉积物组成的堆积地貌，这些对游客都有较强的吸引力，为喀纳斯景区中众多景点的一道亮点。喀纳斯湖区山峰众多，大多海拔在 3000 米左右，冬季山坡覆盖雪的厚度大概在 40~50 厘米之间，选择坡角适中的地方开发滑雪产品，可以说是一个较理想的场所。

（3）漂流及河谷探险旅游。开展漂流，其河段可选额哈拉斯大峡谷中的喀纳斯河，长度从喀纳斯湖下湖口至贾登峪接待站约 30 公里的河段。喀纳斯河具备开发漂流的条件，即河段既有一定数量的激流险滩，又有平缓河段供游人欣赏两岸美景，同时喀纳斯河两岸景色怡人。在探险旅游方面，可推出哈拉斯大峡谷或布尔津大峡谷徒步探险游；骑马横穿喀纳斯村至禾木河乡之间的原始林区探险游。此项旅游产品可让游客体验惊险刺激的野外生存活动，同时增加野外生存的技能。

（4）森林观光与森林浴。景区的森林中以冷杉、云杉、落叶松和红松为主，构成西伯利亚区系针叶林，林木高低错落，层次分明，在全国分布少有。加之，森林能分泌芳香的芬多精，这种芬多精不但有利于净化空气，而且含有较高的氧气、负离子，有利于人体健康。游客通过林间漫步，呼吸新鲜空气，享受森林浴，可以达到回归自然的目的，也可以登山鸟瞰，领略莽莽林海、连绵山峰的自然生态风光。

（5）野生生物观赏旅游。在保护区内可以开展对野生动植物的观赏活动，如考察植物的生长习性、经济用途、生存环境与分布，观赏鸟兽的生活习性，探索植被分布与海拔高度的关系等。这既能满足游客对野生生物的认知心理需求，又能加深游客对生物物种多样性的感性认识。

（6）民俗观光旅游。喀纳斯景区图瓦人的游牧文化和民俗风情更具地域特色，恢复、挖掘能被旅游业所利用的民俗产品，开发图瓦人民间工艺、服饰、习俗、歌舞、饮食等民俗旅游产品，突出当地民族特色，对游客都有很强的吸引力。

二、克什克腾世界地质公园生态旅游开发案例

1. 资源调查

克什克腾世界地质公园位于内蒙古自治区赤峰市克什克腾旗。根据《旅游资源分类、调查与评价》（GB/T 18972—2003）中所附的“旅游资源基本类型”，

阿斯哈图景区资源丰富，旅游资源类型有 7 大主类，占全部主类的 87.5%；亚类资源类型有 12 个，占全部亚类的 7%。从表 11-2 中可以看出，阿斯哈图除了具有世界独特性、唯一性的花岗岩冰川石林之外，还有丰富的旅游商品、生物景观、人文活动、水域风光等旅游资源类型。

表 11-2　阿斯哈图旅游资源基本类型对比表

资源类型	A 地文景观	B 水域风光	C 生物景观	D 天象与气候	F 建筑与设施	G 旅游商品	H 人文活动
国家颁布的基本类型	37	15	11	8	49	7	16
阿斯哈图现有的基本类型	5	3	7	1	1	5	7
基本类型所占总数比例（%）	13.5	20	63.64	12.5	2	71.4	43.8

（1）阿斯哈图石林，世界地质奇观。阿斯哈图石林是克什克腾世界地质公园的标志性园区，堪称世界地质奇观。石林的节理多样，形态各异，如物如兽，如人如神，雄伟险峻，美不胜收。其形态从整体上看像云南的石林，以不规则向上的条状居多；从个体上看像新疆的雅丹地貌，具有各种奇特的形状且棱角圆润。经众多专家考察认证，阿斯哈图石林是花岗岩地貌与石林地貌相结合的一个新类型，属花岗岩石林，是目前世界上独一无二的一种奇特地貌景观。

（2）内蒙风情草原，塞外天堂画卷。大面积高山草甸草原是阿斯哈图石林依托的生态基底，春天的高山草甸姹紫嫣红、连绵一片；夏天草甸碧绿，牛羊成群，极富景观价值。此外，草原还是当地社会文化的承载体。这里的民族风情浓郁淳厚，包括那达慕大会、祭敖包、马奶节、蒙古族民歌、蒙古族饮食、蒙古族服饰等。当地居民的生产方式、风俗习惯充满了草原风情，人与自然构成一幅和谐的塞外天堂景色。

（3）多类景观相辅，独特美幻美景。阿斯哈图园区不仅有独特的花岗岩冰川石林、大面积的草原和独特民俗风情，还有保护完好的北方原始森林和形态优美的河流湿地景观。以罕见的冰川地质石林景观为主要特征，以森林、草原、湿地景观为辅助特征，与浓郁的草原游牧民族风情相映成辉。

（4）原始自然风貌，旅游竞争核心。阿斯哈图石林长期以来名不见经传，直到 2005 年联合国教科文组织在巴黎召开“世界地质公园评审大会”，宣布内蒙古克什克腾国家地质公园晋升为世界地质公园，才进入人们的视线。从目前来看，阿斯哈图石林作为克什克腾世界地质公园的重要组成部分，其核心的石林资源及其周边的森林、草原、河流湿地等生态资源较大程度地保存了完整性和真实性，基本上未受干扰。

2. 功能分区

地质公园以某个地质遗迹景观为主，自然环境和人文环境景观为辅，不仅应该以遗迹景观为主进行规划，还应在自然、文化境景观上做文章。这样一方面可以不让游客感到单一枯燥；另一方面还可以起到游客分流的作用，有利于地质遗迹的保护。因此，地质公园在进行旅游开发规划中，需要在资源调查的基础上，遵循地质遗迹保护为核心的开发理念对景区进行合理的旅游功能分区，明确每个功能区的旅游开发意向。

依据资源条件、区位条件和旅游景区已有的部分功能设施，可将阿斯哈图景区划分为五个旅游功能区：

（1）石林奇观核心区。该区是阿斯哈图景区的核心旅游功能区，也是地质遗迹核心区。为了更好地保护地质遗迹，要尽量保持景观的自然性，给地质专家、地质科普爱好者们提供一个地质科考实践基地。

（2）科普教育展示区。该区以草原为主要景观，为了提高阿斯哈图景区地质科普的知名度，可开发地质深度体验旅游产品，但不能对该区域的环境景观造成损害。

（3）野外拓展探险区。该区保存了较多珍稀、濒危、特有动植物和原始自然风貌，在开展一系列生态观光深度体验旅游项目的同时，须注重区域生态环境的保护。

（4）蒙元文化风情区。该区以湿地、丘陵和草原为主要景观，有牧民放牧和餐饮、住宿服务点，在保护环境景观的前提下，可结合景区的人文资源打造民族风情体验等项目。

（5）旅游发展预留区。该区位于阿斯哈图景区的边缘，不做任何开发，对景区各主要功能区起到保护和缓冲的作用。

3. 产品设计

地质公园除了地质遗迹景观外，还有丰富多彩的生态旅游资源和人文景观，可充分利用本地资源，开发多种多样的旅游产品，丰富游客的观赏内容。就阿斯哈图而言，景区内除了世界级的地质遗迹资源外，森林、草原、河流、湿地和民族文化资源十分丰富。但目前的旅游产品比较单一，以普通地质观光产品为主，缺乏互动性，未能发挥地区性竞合的优势。为使阿斯哈图有更多的观赏内容，根据景区内资源的赋存情况，可以打造以下几类旅游产品。

（1）石林观光产品。依托形态各异、错落有致的石林奇观，打造具有较高欣赏价值、科普价值以及美学价值的地质石林系列产品。

（2）地质科考系列产品。依托丰富的地质遗迹资源，设计一系列的地质科考产品。如：开展科普教育旅游，建立石林博物馆等。

（3）民族文化体验系列产品。主要体验草原风情、领略蒙元文化及观看民俗风情表演等。

（4）生态体验系列产品。设置一些关于珍稀动植物的解示牌，让游客深度体验和了解原始动植物景观。

4. 形象宣传

由于地质公园具有观光游览、度假休闲、科学教育、文化娱乐等多种功能，其旅游开发中的旅游形象宣传需要把握一个“度”：从地质遗迹保护和科普教育的角度考虑，需要适当宣传地质遗迹，引起人们对地质遗迹的认识，有利于提高人们保护地质遗迹的自觉性；但为了迎合大众游客心理，不宜过分渲染专业性太强的地质科普知识，适当增加一些简明易记、爽朗上口的宣传口号才能引起人们的旅游兴趣。

花岗岩石林是世界上独一无二的奇特地貌景观，而且“阿斯哈图”蒙语的本意是“险峻的岩石”，因此应该大打“阿斯哈图”这个牌子。同时针对不同对象进行宣传，对地学工作者，应该注重强调阿斯哈图地质遗迹的科学价值、独特性和唯一性，如“阿斯哈图、世界天书”“50 亿年地球历史，只有一个阿斯哈图”等；对于大众游客应注重地质遗迹的美学价值功能，选用通俗易懂的宣传口号，如“阿斯哈图——你的，我的，人类的”“爱她就带她到阿斯哈图——见证海枯石烂的天书奇迹”“男人开怀，女人开心——阿斯哈图见证唯一”等。

三、荣膺三项国际桂冠的生态极品旅游胜地——九寨沟案例

（一）世界上最壮丽、最神奇的自然生态旅游区

九寨沟位于四川阿坝藏族羌族自治州九寨沟县中南部，东北距县城 40 公里，在岷山山脉中，是嘉陵江白水江一条支流的源头。景区由三条总长 80 多公里的沟谷构成，沟内因有荷叶、树正、则渣洼等 9 个藏族村寨而得名。整个景区集翠海、叠瀑、彩林、雪峰和藏羌民俗文化于一身，动植物资源异常丰富。作为一个神奇的自然风景胜地，九寨沟被人们称为“世界第一水景”“神奇的绿宝石”、令人神往的“童话世界”“人间仙境”，1992 年被列入世界自然遗产名录；1997 年被纳入“世界人与生物圈保护区”；2001 年获得“绿色环球 21”证书，成为全球唯一同时获得三项国际桂冠的生态极品旅游区；2007 年为我国首批 5A 级景区。

（二）“保护性开发，规范性建设和人性化管理”的典范

九寨沟管理者为了保护“举世无双的自然资源和景观优势”，维护已获得的

拥有三项国际桂冠的生态极品旅游胜地，而坚持“保护性开发、规范性建设和人性化管理”的可持续发展理念，使九寨沟能够保持竞争和发展的后劲，成为发展生态旅游的一个典范。九寨沟人认为：“环境，并非从祖辈那里继承下来，可以随意处置的遗产，它是从子孙那里暂时借用的住所，我们只有代为守护的责任，没有损毁破坏的权力。”九寨沟人这么说了，也这么做了。他们采取的保护生态措施有以下几项：

护林防火。九寨沟把防火放在首位，他们建立了园林防火监控系统，制订了森林防火扑救预警方案，成立了防火指挥部、专职消防队、巡山队、义务灭火防火保护站，投入巨资配置消防设施设备，坚持对居民进行护林防火教育，坚持对游客进行“入沟须知”宣传等一系列措施的深入落实，使九寨沟创造了25年无森林火灾的佳绩，至今还保持着63.5%的森林覆盖率与85.5%的植被覆盖率。

保景富民。联合国卢卡斯博士曾言：“合理解决风景区居民生存与风景区保护两者之间的矛盾，是全世界风景区的一大难题。”九寨沟人巧妙地解决了它，采取的主要措施是：关闭沟内所有宾馆，在景区外规划建设了“九寨沟民俗文化村”，实施游客“沟内游，沟外住”。近年来，九寨沟每年拨专款800多万元作为景区居民的生活保障费，人均不低于600元/月。同时还安排了600多名居民从事保护、环卫和经营服务工作，实现了居民由农牧型向旅游环保经营服务型角色转换，妥善地处理了“保景”与“富民”的关系，落实了社区居民参与生态管理的可持续旅游政策。

限量旅游。从2001年7月后，九寨沟人在全国率先实施“限量旅游”策略。根据规划科学测算，九寨沟的最大环境容量为12000人/日。九寨沟坚决按此环境容量指标操作，真正体现了九寨沟人“保护至上”的开发理念，显示了九寨沟人发展现代旅游、打造世界生态旅游精品的胆略和气魄。“九寨归来不看水”是对九寨沟人辛勤呵护环境、全力保护生态资源的最好回报。

（三）坚持保护与开发“双赢”，实现生态可持续发展良性循环

九寨沟人还认为：“旅游开发建设与环境保护应该是和谐统一的，只有以保护为基础，以服务为内容，以效益为目的的开发与建设，才能最终获得开发与保护双赢、实现可持续发展的良性循环。”九寨沟在硬件建设中，较好地考虑并适应了自然环境的承载能力和生态旅游的要求，力求保持景观景点的自然形态和天然野趣。主要措施是：

坚持特色建筑。九寨沟的建筑既有现代建筑气魄，又具浓郁的藏羌民族建筑特色。而且在造型和建筑体量上，坚持与自然环境高度和谐，建设了沟内游客中心、游客转换中心和入沟处的生态广场、停车场，为九寨沟增添了一道亮丽的风景线。

开辟绿色通道。为彻底解决汽车尾气对景区大气的污染，九寨沟从 1999 年起开通了以石油液化气为燃料的绿色观光车，实行统一循环载客游览，比欧洲六国市长会议提出的绿色环保汽车计划提前 10 年实现。同时在景区 60 多公里道路上，铺设了“黑色化”柏油路面，修建了格调与景观一致的木质观景亭。人行横道实行人车分流。这种绿色通道，既保障了游客的安全，又减少了尘埃和游人活动对景区的影响。

强化排污治污。与环保产业公司合作，率先在景区内大规模引入国内先进的“智能型全自动免水冲环保型生态厕所”，采用电子控制，自动更换保洁用袋，排泄物通过自动打包后，运到景区外进行处理。同时还配置了 8 辆环保型车载式流动厕所，实现了上厕自动化，厕所管理人性化，粪便处理机械化。为彻底处理景区居民的生活垃圾和污水，景区也已经建设了全景区统一的排污治污系统。

四、台湾太鲁阁公园环境解说案例

（一）太鲁阁公园概况

太鲁阁公园位于台湾东部，全区共有 27 座 3000 米以上的高山，名列“台湾百岳”。太鲁阁公园横跨花莲、台中与南投三县市，地质与地形变化上由于共有涵盖经由剧烈造山运动隆起形成的变质岩区，区内岩层走向大致呈东北—西南向，而其地质年代则由东向西递减。随着地壳不断上升，河流下切作用旺盛，造成区内的峡谷地形。另外，沿着中横公路由太鲁阁口到 3500 米以上亚寒带高山，可以观察到不同的维管束植物、阔叶林、桧木林、云杉林、铁杉林、玉山圆柏与高山植被等，可以说是台湾植物生态体系的缩影。植物生态资源因地形复杂，海拔差异大，种类十分丰富。多变化的自然地形，丰富的植物资源与原始的环境，栖息着种类数量均丰的野生动物，有 31 种哺乳类，144 种鸟类，13 种两生类，251 种蝴蝶，爬虫类 28 种，溪流生物 16 种。此外，目前已发现的史前遗址有立雾溪河口岸边的“富世遗址”，及立雾溪河口至燕子口间的希达冈遗址、布洛湾遗址、巴达冈遗址和大沙溪河谷遗址，此外有北路（苏花公路），合欢越岭古道及其支线等人文史迹。

（二）太鲁阁公园的环境解说概况

太鲁阁公园解说服务的推动，主要由解说教育科来执行。除了人员解说之外，还需负责非人员解说部分的发展，其解说教育科同人应推动的解说业务具体如下（内政部营建署，1987）：

（1）太鲁阁公园解说教育系统的规划与研究；

（2）解说教育资讯与生态资源解说书籍的编印；

（3）解说教育视听媒体的设计及制作；

(4) 自然资源、人文史迹的解说展示事项；

(5) 解说人员专业训练课程的策划、执行与合格证书的核发事项；

(6) 生态保护活动的策划与游客解说服务事项；

(7) 环境保护宣导计划的制订及执行事项；

(8) 本处各项美术设计及委托制作事项。

以上来看，解说服务人员所进行的业务网罗了整个公园的解说系统，包括了解说系统的规划、解说媒体的设计发展、解说人员的训练、各项解说或公园保育与环境教育活动等。除了解说与教育之外，政令宣导、平面媒体等传播工作也是重要的业务之一。

1. 义务解说员制度

太鲁阁公园的解说业务中，有一项特别有意义的工作，那就是义务解说员制度，太鲁阁公园制订有《太鲁阁公园管理处义务解说员管理办法》，招募义务解说员的重要目的便是舒缓管理处人力不足的需求，通过义务解说员的加入可以省却许多杂务工作，使正职解说员尽量投入重要的工作内容。太鲁阁公园管理处于1993年开始招募第一批义务解说员投入解说与咨询工作，至2005年共招募有13期义务解说员，开展了第二届大专生义务解说员培训。

太鲁阁公园在招募义务解说员活动中，会先举办一天的期前训练，使有意愿在未来担任公园义务解说员的参加者认识与了解义务解说制度、熟悉园区环境与基本的工作内容，使其先行决定是否愿意继续投入到志愿服务的解说工作中，以往所有费用皆由管理处负责，在2000年后以自费方式办理。另外，在经过期前训练后，可参加为期3~4天的基础训练课程，使实习者能对义务解说员的工作和相关的自然知识有更深入的了解；在经过基础训练鉴定后，方可取得正式义务解说员的资格。

2. 游客中心

太鲁阁公园内设有5处为游客提供解说服务的游客中心：游憩资讯折页及咨询；生态游憩馆、人与自然馆、儿童环境教育馆及特展展览；自然生态电脑多媒体节目欣赏；电脑导览系统查询；出版品、纪念品、简餐、干粮及饮料贩售；解说员为游客提供生态景观解说服务。

3. 步道

在太鲁阁公园范围内，除了沿着中部横贯公路旁开辟的多处据点外，因为立雾溪支流众多，加上许多原住民开辟的古道，因此步道之旅将更能体会出太鲁阁范围不同的资源与美景。

园区内将其游憩步道按类型划分为景观步道、健行步道与自导步道三级。

景观步道：包括燕子口步道、九曲洞步道、崇德临海步道。

健行步道：包括砂卡礑步道、绿水步道、豁然亭步道、梅园—竹村步道、白杨步道、莲花池步道。

自导步道：绿水合流步道。

园区内著名的步道有七条：

（1）神秘谷步道。全程约4.4公里，步行约2小时。步道全程都是沿着砂卡礑溪左岸的溪畔行走，平坦易行，是难度不高的游憩赏景线路，而沿途除可见溪谷风光外，步道前半段大都是开凿在峭壁下的明隧道，也很有特色。途中有三处游憩据点，分别是检查哨旧址、拦砂坝和三间屋。

（2）大礼大同步道。位于距阁口约600米的苏花公路上，沿台电绿色大水管旁的陡峻石级而上，途中可鸟瞰立雾溪奔流入海的全景。在往上爬约600米即可到达大礼部落，散居几户泰雅人家，耕种杂粮与蔬果。

（3）绿水合流步道。绿水合流步道是园区内整建完成最迷你的步道，属合欢越岭古道的一段，全程约2公里，都是紧邻在中横公路旁的平缓山径，沿途有林荫、小径、小桥、流水及各种植物景观，陡峭处设有护栏，由于景观丰富，路程短，是许多游憩与解说活动经常到访的线路。

（4）豁然亭天祥步道。步程只有1.9公里，出入口落差却有600米，在园区内是颇为险峻的步道捷径，是青年自强活动健行常走的线路。

（5）白杨步道。是中横公路上较易到达的一个景观据点步道，基本上和神秘谷步道一样是利用台电施工道路所整建游憩线路，可欣赏白杨双层飞瀑，水势激昂。此段步道由于经过多次飓风和地震影响，已成为易崩坍的高危险地区，目前停止开放。

（6）莲花池步道。莲花池步道在诸多步道中属较特殊的路线，路程较长，落差也大。过九梅吊桥，一路呈Z字形陡直而上，全程4.3公里，约90分钟可达莲花池。莲花池是一个高山天然湖泊，海拔高约1200米，早昔称为“天潭”，是泰雅族苏瓦沙鲁社旧址，目前辅导会在此设有辅导农场，有四户人家，其中一户可提供住宿。

（7）梅园竹村步道。由九梅吊桥直行可连接梅园竹村步道，浏览陶塞溪谷的天然景致，行经约3公里可抵达梅园，有十余户人家在此垦居，2、3月间桃花绽放，5、6月间结实累累的水蜜桃，都是吸引游客的名产。经由梅园上行，即抵达梅村。

4. 解说出版物

（1）解说手册。太鲁阁公园步道解说手册、绿水合流步道之旅、白杨步道之旅、神秘谷步道之旅、游客手册、中横沿线据点导游解说手册、太鲁阁公园高山步道登山手册等。

（2）解说丛书。解说丛书有东西横贯公路开拓简史、太鲁阁公园鸟类资源、太鲁阁公园地形、地质景观资源、太鲁阁公园野生哺乳动物资源、太鲁阁公园植物资源、太鲁阁公园昆虫资源、太鲁阁公园蝴蝶资源、水与石的对话、自然生态散记、野生哺乳动物资源与经营、泰雅传说、解说概论、太鲁阁公园、山情、诗画画册、公园——全人类的自然遗产、景观印痕等。

（3）定期宣导刊物。《太鲁阁公园年报》《太鲁阁公园简讯》、Taroko Newsletter（季刊）。

（4）折页。《太鲁阁公园简介》（中、英、日文版）、《太鲁阁公园步道之旅》《绿水合流自导式步道折页》《布洛湾游憩区折页》（中、英、日文版）、《绿水地质展示导览》（中、英、日文版）。

5. 视听多媒体

（1）多媒体。三机：昆虫世界、水石之美；六机：太鲁阁公园、奇妙的蜜蜂世界、太鲁阁儿童多媒体；九机：太鲁阁人文史迹、生之礼赞；十二机：太鲁阁公园；三十机：泰雅、阿美人歌舞、太鲁阁生态景观。

（2）录影带。太鲁阁“国家”公园 1988、高山行、台湾猕猴的故事、峡谷的奥秘、山籁、太鲁阁的生态景观、小虾虎历险记。

（3）16 厘米电影。山籁、中横的故事。

（4）录音带。泰雅人之歌、阿美人之歌、自然的礼赞。

本章小结

国外生态旅游典型发展案例包括美国黄石国家公园、美国大峡谷国家公园、加拿大班夫国家公园、德国幼儿园的环境教育、世界生态旅游发展的先驱——肯尼亚、非洲的丛林大猩猩生态旅游、菲律宾的森林生态旅游和马尔代夫的岛屿生态旅游。国内的生态旅游发展案例有喀纳斯湖生态旅游、克什克腾世界地质公园生态旅游开发、九寨沟生态旅游、台湾太鲁阁公园环境解说案例。

复习题

1. 通过本章大量案例的学习，思考这些案例中的生态旅游发展模式与经验有哪些共性，并思考国外的生态旅游成功模式能否搬进中国。

2. 比较发达国家与我国生态旅游的开发实践。

3. 列举你了解的其他一些国内外生态旅游发展模式与经验。

📖 阅读材料 11-1

体验经济时代的生态旅游发展模式

“体验经济”一词最早出现于美国未来学者阿尔文·托夫勒于1970年出版的《未来的冲击》一书。他认为社会经济的发展在经历了农业经济、工业经济、服务经济等浪潮后，体验经济将是最新的发展浪潮。他明确指出，如今“货品与服务已经远远不够了，各种体验将成为未来经济增长的基础”。1999年4月，B. 约瑟夫·派恩（B. Joseph. Pine Ⅱ）与詹姆斯·H. 吉尔摩（James. H. Gilmore）合著的《体验经济》一书中，将体验重新定义为“企业以服务为舞台，以商品为道具，以消费者为中心，创造能够使消费者参与，值得消费者回忆的活动”，从此体验经济的概念在世界范围内被人们热烈讨论。

随着我国经济的发展和旅游活动的不断深入，体验经济的理念已经在不知不觉中渗入到旅游业的各个领域，体验式旅游蓬勃兴起。体验式旅游以游客的体验为核心，以参与性和互动性为主要特征，以使游客得到美好的感受与回忆为主要目标。旅游经营的重点已不再是单纯地提供旅游产品与服务，而是为游客塑造难忘的旅游体验。

作为一种可持续发展的旅游活动，生态旅游模式也要随着体验经济时代的到来进行适当的调整。本文在借鉴前人研究成果的基础上，提出体验经济时代的一整套生态旅游发展模式，包括：体验导向型生态旅游开发模式、情感型生态旅游营销模式、过程型生态旅游消费模式、服务型生态旅游经营模式以及参与型生态旅游管理模式，以期对今后生态旅游的研究有所帮助。

一、体验导向型生态旅游开发模式

1. 体验导向型生态旅游的开发原则

（1）参与性。没有参与就没有真正的体验，在参与的过程中，旅游者改变了被动的角色，有一种主人翁的感觉，这种感觉能激发旅游者在欣赏自然的同时，感受到回归自然的喜悦。参与性强的生态旅游给予旅游者的是多种感官的刺激，这种刺激能使他们对旅游地产生更深刻的印象。

（2）真实性。只有真实的情境才能真正打动旅游者。生态旅游尤其要注重真实性，旅游者选择生态旅游，就是为了看到原始的自然、真实的场景，在大自然的魅力中享受忘记时间、忘记烦恼、忘记自我的轻松与快乐。

（3）系统性。旅游是包括吃、住、行、游、购、娱六要素的完整的系统，其中任何一个要素都是影响体验质量的关键。只有在每个环节都带给旅游者畅爽体验的时候，游客的体验在整体才能达到最大化。

（4）差异性。体验是个人达到情绪、体力、智力甚至是精神的某一特定水平时，意识中产生的美好感觉，没有两个人的旅游体验是完全一样的。因此在开发中要注重产品的差异化和针对性，打造个性化的旅游产品。

2. 体验导向型生态旅游的开发类型

Pine Ⅱ和Gilmore根据旅游者参与旅游活动的主动性和投入程度将旅游体验划分为以下四

种类型：娱乐型、教育型、逃避型和审美型。我国学者魏小安在此基础上将“逃避体验”换成了“刺激性体验”。谢彦君的《旅游体验研究》一书中将旅游体验分为补偿型、遁世型、认知型以及极端旅游体验四种类型。考虑到旅游作为一种娱乐性行为，娱乐体验会渗透到所有旅游活动当中，另外考虑到生态旅游本身的特点，本文在参照谢彦君总结的旅游体验类型的基础上，认为补偿型和循世型是生态旅游最为突出的体验类型。

（1）补偿型旅游体验。旅游者的许多体验都来源于对自身心理和生理状态的匮乏的补偿需要。生态旅游能提供给旅游者更加健康的生存环境，比如森林空气中的负氧离子含量较高，能促进人体新陈代谢，增强机体抗病能力，是对旅游者生理的一种补偿。另外，现代文明的发展使得旅游者常年生活在钢筋混凝土的高楼大厦里，缺乏亲近自然的机会，因此心理上自然会有融入自然的补偿需要。当旅游者置身于绿色、原始、清新的环境之中，人的机体会得到调整，补偿缺失，回归本原。

（2）遁世型体验。遁世体验在很大程度上是对生活世界的一种逃避。从喧嚣的城市走向平静的自然，旅游者可以享受无与伦比的放松，摆脱生活中的角色，抛开繁重的工作和尔虞我诈的烦恼，在轻松的环境中寻找摆脱束缚和压力后的真实自我，得到心理上的满足，这是生态旅游相比其他旅游形式的最突出的优势所在。

3. 体验导向型生态旅游的开发方法

（1）塑造体验的“魂”。主题是营造环境、营造气氛的主脉，鲜明的主题能够聚焦游客的注意力，给他们留下强烈的印象。构建体验主题是旅游开发的基础。例如扎龙自然保护区可以打造“教育”为主题的生态旅游，向旅游者传播保护动物的理念，同时介绍动物习性的相关信息，使旅游者享受猎取知识的喜悦；内蒙古草原可以以“宁静”为主题，让旅游者在辽阔的绿野中享受心灵的平静，心情的放松；也可以以“奔放”为主题，将游牧民族的热情好客、淳朴民风展示给旅游者。主题的营造要内外兼顾，不仅整体设计中要把握“灵魂”，同时每个细节也必须与主题相一致。

（2）寻找体验的“点”。任何一种体验都是旅游者的心智状态与那些有意识的筹划事件之间的互动作用的结果。体验需要诱导，需要激发，要想让旅游者产生美妙的体验，必须深入分析和把握能激发美妙感受的“点”，即：体验的诱发物。体验最好的诱发物就是旅游纪念品，体验经济时代的旅游纪念品不再是以实物的形态满足旅游者的基本用途，而是一种传达情感的介质，一种纪念旅游经历的符号，它使旅游者的体验感受具象化，激发旅游者日后对这段体验的回忆，并促使旅游者将回忆与他人分享。生态旅游的纪念品应该符合生态的特色，同时富有内涵，具有生态教育意义。比如森林生态旅游开发时可以将造型别致的树叶作为旅游纪念品，树叶由旅游者自已寻找、挑选，最好是能寄托旅游活动中的一个小故事，这样便能作为旅游者美好体验的见证。

（3）营造体验的“场”。体验的氛围需要营造，比如荒漠生态旅游开发时应该尽力营造荒凉的感觉，打造广阔的沧桑美，将旅游接待区和景区严格分开，景区内没有任何人工建筑，满眼是一望无垠的沙漠，其中零星点缀两三头骆驼，作为衬托，这些都能增强旅游活动本身的吸引力。

（4）设计体验的“变”。体验需要变化，体验类型越多，游客的经历越丰富，留下的印象就越深刻。生态旅游项目开发设计的过程中要抓住产品项目的差异性、多样性，同时注重多种感官刺激的组合，综合运用视觉、听觉、味觉、嗅觉等全方位的参与，让游客充分认识和理解生态旅游区的魅力和文化内涵。例如民俗旅游区开发时，景区建筑要符合民族特色，景区里最好有原住居民，说地方话，吃地方菜，让旅游者全方位地感受当地特色。

(5) 把握体验的“度”。心理学家克珍特米哈依在其名著《畅：最佳体验的心理学》中提出了判断最优体验的标准是“畅”（flow），即“具有适当的挑战性而能让一个人深深沉浸于其中，以致忘记了时间的流逝、意识不到自己的存在”。“适当性”是生态旅游开发中需要特别注意的环节，体验活动的难度要与旅游者的能力相适应，太难的活动会使人感到焦虑、挫败，太简单的活动则会让人感觉到无趣，成就感得不到满足。例如登山的游步道设计既不能过于平坦，让旅游者失去了攀爬的乐趣，又不能过于陡峭，让旅游者体力透支，望山兴叹。另外，游客的参与程度也要控制在一定的范围内，既要激发游客的兴趣又要注意环境的保护。例如生态保护区要严格控制游客的数量，注意环境的承载力。

二、情感型生态旅游营销模式

情感型营销模式是体验经济时代的一种新的营销模式，它以旅游者的情感为诉求，致力于满足旅游者的情感需要。情感营销的关键是把握旅游者的情感脉络，即旅游者需要什么样的情感，用什么样的方式可以激发这种情感。同时，寻找旅游活动中导致旅游者情感变化的因素，刺激旅游者的积极情感，努力为他们创造兴奋、快乐的正面情感，避免和去除负面的感受。

1. 情感型生态旅游营销模式的特征

(1) 以旅游者的情感为中心。情感型营销要始终以旅游者的情感为中心，当旅游产品符合游客的情感需求，激发了旅游者的正面情感的时候，他们就会产生购买的欲望，而且此时旅游者对价格的敏感程度往往比较低，他们愿意支付更高的费用来换取情感上的满足。

(2) 营销活动具有互动性。互动是激发旅游者情感的有效方法，互动的缺失与不足会使旅游者的体验黯然失色。互动式的营销活动中，游客是在主动的搜寻信息，记忆信息，这样的信息传递更为有效。

(3) 营销活动的个性化。所谓“个性化”，就是摆脱思维定式，承认需求的多样化与个体的差异性，并相应地采用差异化的服务来最大限度地满足不同的需要。由于不同旅游者的情感不同、旅游诉求各异，对同一个旅游景区、同一个旅游项目，不同的游客会产生不同的情感体验。因此，营销活动需要具有针对性，注重个性化。

2. 情感型生态旅游的营销策略

(1) 产品策略。对于旅游者来说，旅游产品是他们花费一定时间、精力和费用，所换取的一次完整的旅游经历。与传统营销模式不同，情感型营销关注的是旅游者对待产品的内心感受。互动式的旅游产品往往能激发旅游者的情感，互动可以是旅游者与经营管理者或是服务人员之间的，也可以是游客与游客之间的。比如景区可以向游客提供帐篷、睡袋等物品，游客或在服务人员的帮助下，或与同行的旅游者一起搭建自己的临时“小窝”，这种特色的旅游产品由旅游者参与完成，不仅为旅游者带来了特别的体验，而且也体现了生态旅游的理念。另外，为旅游产品附加一段传奇的故事也是产品策略的另一方法。

(2) 价格策略。情感型营销根据旅游者对体验的感知程度进行定价，是旅游者对体验的一种情感判断。严格的生态旅游者对自然环境负有强烈的责任感，他们主动要求与自然环境进行深入、有意义的交流，不需要非常到位的服务，他们对生态旅游价格的敏感度较低。而一般的生态旅游者在本质上是大众旅游者，只是喜欢偶尔和自然环境接触一下，他们通常以大团队的形式旅行，所以针对团体进行价格优惠是较好的营销策略。

(3) 渠道策略。生态旅游的情感营销最好采用直接渠道、短渠道或是窄渠道，因为这些渠道更容易控制，体验情感的传达更为有效，能在一定程度上保证情感的真实性。

(4) 促销策略。促销的本质是向旅游者传递信息，在体验经济时代信息就是情感，促销的过程就是情感传递的过程。情感型营销把体验作为各种促销手段的根本。比如举办相关的主题活动，让旅游者参与其中；激发旅游者的求知欲望，引发他们寻找答案，并协助其揭开疑团；为旅游者免费拍摄 DV 短片，记录下他们的美好回忆等都是很好的促销方式。

三、过程型生态旅游消费模式

1. 体验经济时代旅游消费特征的转变

(1) 消费诉求的转变。体验经济时代的旅游者不仅关注得到什么样的产品，而且关注如何得到这一产品。消费已经不再是一个动作，而是一个持续的过程，旅游者购买的是过程结束时留在脑海里的记忆。如果消费者的整个体验过程得到了满足，那么他们就会心甘情愿地为此支付费用，而且游客往往愿意支付更高的费用来换取一份“好心情”。

(2) 消费方式的转变。近年来的旅游市场，旅游者越来越不满足于旅行社的安排，而且更多地选择自己设计线路，安排时间，进行旅游活动。旅游者从被动地接受旅游产品发展为主动地设计产品，在这一过程中，旅游者享受到了发挥想象力和创造力的乐趣，获得了自我的满足感和成就感。作为一种能够促进经济、社会和环境协调发展的消费模式——生态旅游消费方式越来越受到鼓励，绿色消费环境越来越受到青睐。

(3) 消费内容的转变。近年来北京、上海、西安等传统的旅游目的地的关注程度开始下降，许多新的地名逐渐走入人们的视野，尤其是生态旅游地得到越来越多的关注，比如東河、水西村、皤滩等。旅游消费者开始寻找那些与众不同的个性化的旅游产品。

(4) 消费意识的转变。随着人们物质生活水平的提高，旅游者的环境意识不断增强，他们开始关注环境质量，约束旅游行为，成为绿色消费者，这为生态旅游的体验设计提供了基本的保证。

2. 构建过程型生态旅游消费模式的措施

(1) 消费前：体验的暖场。传统的消费模式仅仅关注旅游者消费的过程，并不关心他们消费开始之前的行为，这种观念是错误的，或者说是不完整的。一个理性消费者在决定购买什么样的产品之前一定会对自己的旅游需求和产品的市场状况进行审视，以此判断购买行为何时发生，在哪里发生，以何种方式发生，这个过程本身就是旅游者体验的一部分。因此，帮助旅游者做出合理、客观的消费决定，选择合适的消费行为成为塑造消费体验的第一步。

(2) 消费中：体验的高潮。当消费行为真正开始的时候，也就是旅游者体验高潮的来临之时。生态旅游者往往更加关注绿色消费的体验，因此既要增强消费活动的体验感，同时又必须注重天然、环保的理念。比如让游客自己采摘水果、钓鱼、磨豆腐，选择坐马车、骑骆驼等交通方式。

(3) 消费后：体验的余热。消费行为的结束并不意味着体验的终结，旅游者往往会回味消费的过程，评价消费的结果，并判断是否有重复消费的必要。当旅游者感觉美好，并留有一些遗憾的时候便会产生重复消费的欲望，这就是通常所说的“缺憾美”。

四、服务型生态旅游经营模式

1. 体验经济时代旅游服务的特点

(1) 以体验为中心。体验经济时代，服务人员的任务已不仅仅是保证游客旅游活动的顺利进行，而是更大程度上配合旅游者获取美好的体验。景区的服务人员应努力扮演好“配角”的角色，为旅游者创造真实的氛围。

(2) 过程的完整性。体验经济时代旅游景区的服务不是支离破碎的，它是伴随旅游者旅游活动全过程的，无论是游客进入景区之前，还是在景区游览之时，亦或是离开景区之后，都应该有服务人员热情、贴心的服务相伴。

(3) 服务的主动性。体验经济时代服务人员不仅要对旅游者的要求做出快速、积极的反应，更重要的是要主动猜想旅游者可能的需求，探求旅游者的情感趋向，在旅游者发出要求之前主动提供服务，只有这样才能触动旅游者的惊喜感，才能提升旅游者的旅游体验。

2. 服务型生态旅游经营策略

(1) 了解游客的情感需求。体验经济要求服务人员主动提供服务，当提供的服务符合旅游者的情感需求时，会增加他们体验的美妙程度。服务人员需要认真观察旅游者的一举一动，从他们的言谈举止、穿着打扮中判断他们的年龄、职业、旅游目的，猜测他们的情感状态，提供具有针对性的服务。

(2) 提供个性化的旅游服务。旅游体验是个人的，没有两个人的体验是完全一样的。传统经营模式中的标准化服务并不适合体验旅游的发展，体验经济时代下必须向游客提供个性化、差异化的服务，为游客搭建一个属于自己的“舞台”。

(3) 注重游客中心的建设。游客中心是旅游景区向游客提供服务的一个综合区域，是游客的需求得到满足的最集中的地方。生态旅游景区的游客中心建设要符合生态的氛围，同时也要注意环保的理念。游客中心要特别注意向旅游者传达生态保护的理念。

(4) 加强旅游解说系统的建设。旅游景区的解说系统通常包括向导式和自导式两种。向导式旅游解说系统的双向沟通性更强，更加利于游客与服务人员的互动。导游人员应努力调动游客参与到解说系统当中，激发他们的好奇心和求知欲，促使他们提出各种各样的问题，并给与他们满意的答案，旅游者从中获得的信息量越大，他们的旅游体验质量就越高。自导式旅游解说系统一般是静态的，常见的自导式旅游解说系统有：指示牌、旅游手册、导游图等。造型别致的指示牌、深入人心的解说词、清晰明确的线路图能增强游客的愉悦感。

(5) 追求精益求精的服务细节。服务人员的仪容仪态、言谈举止、眼神微笑都能影响旅游者的情绪。旅游景区一定要注重服务细节的管理，不要让任何一个微小的细节影响到旅游者的整体感受。

五、参与型生态旅游管理模式

1. 游客参与型管理模式

(1) 参与旅游产品的设计规划。在体验经济时代，旅游者渴望主动参与到旅游产品的设计与制造中，在这一过程里，旅游者将充分享受到发挥想象力与创造力的乐趣。对于生态旅游管理人员来说，不但能节省成本，而且也能最大限度地制造出符合市场需求、适销对路的产品，实现双方的共赢。

(2) 提供体验质量的数据。旅游者的体验质量是判断旅游活动成功与否的标准，也是改进今后生态旅游发展方向的基础。生态旅游经营管理者可以通过观察旅游者的行为，比如逗留时间、旅游线路等，来判断游客的体验质量，也可以通过调查问卷的方式直接询问旅游者对旅游活动的满意程度，以此获得游客的体验质量数据，以便分析和改进今后的管理行为。

2. 社区参与型管理模式

社区参与是生态旅游的本质要求，是实现旅游目的地生态、经济和社会文化可持续发展的有效途径。社区参与生态旅游管理的方式很多，例如社区参与生态旅游决策、社区参与生态旅游产品开发、经营管理、社区参与生态旅游利益分配、社区参与生态保护、社区参与环境解说等。

(1) 为生态旅游开发出谋划策。当地的社区居民是旅游目的地的主人，他们往往对旅游区的地形地貌、历史文化、风土人情更加熟悉，对于旅游开发的建议更具有实践性。因此鼓励社区居民为旅游开发工作出谋划策，积极聆听他们的意见、建议，尊重当地居民的态度，是体验经济时代生态旅游管理部门需要重点考虑的问题。

(2) 营造友好的生态旅游氛围。在生态旅游活动中，当地社区居民既可能是积极的推动者，同时又可能是潜在的破坏者。促使社区居民积极地参与到生态旅游活动中，用微笑迎接旅游者，用纯朴感染旅游者，用真诚打动旅游者，为游客营造热情、友好的旅游氛围，能给旅游者带来更愉悦的感受。

(3) 参与生态旅游利益的分配。在生态旅游活动中社区参与的一个重要内容就是利益的分配。例如鼓励当地居民开办家庭旅馆，让他们直接参与利益分配。除此之外，当地居民在旅游企业就业也是一种参与利益分配的方式。

(4) 参与生态环境的保护。社区居民与当地生态环境息息相关，他们有保护生态环境的潜在愿望，同时也是决定环境状况的重要因素。社区参与环境保护的形式有：开展环保型的生活方式；大力弘扬地方特色、民族风情；参与生态旅游资源的经营管理，减少对资源的消耗等。

(5) 参与生态旅游的解说。社区居民真实的生活状态就是最好的旅游解说形式，以当地居民为主体的旅游解说更具有吸引力和说服力。居民可以组织旅游者进行生态体验的游戏，向他们展示原始古朴的生态思想与智慧，展示当地本土的民俗生活，还可以参与做旅游者的向导，以主人翁的身份向旅游者进行解说。

结语

体验经济时代的到来要求生态旅游的发展模式要进行适当的调整，注重旅游体验型项目的开发，有针对性地进行情感式营销，关注旅游者的消费过程，深化经营的服务水平，鼓励游客和社区参与管理，将塑造旅游者的美好体验作为发展的方向，不断推动生态旅游业的长远发展。

参考文献

1. Pineb J，Gilmore J H. The Experience Economy［M］. New York：Harvard Business School Press，1999.

2. David A. Fennell，Ross K. Dowling 主编．生态旅游政策与规划［M］. 张光瑞等译．天津：南开大学出版社，2005.

3. David A. Fennell. 生态旅游［M］. 张凌云译．北京：旅游教育出版社，2004.

4. David Weaver. 生态旅游［M］. 杨桂华等译．天津：南开大学出版社，2004.

5. Clare A. Gunn，Turgut Var. 旅游规划理论与案例［M］. 吴必虎，吴冬青，党宁译．大连：东北财经大学出版社，2005.

6. 杨桂华，钟林生等．生态旅游［M］. 北京：高等教育出版社，2000.

7. 张建萍．生态旅游理论与实践［M］. 北京：中国旅游出版社，2001.

8. 谢彦君．旅游体验研究：一种现象学的视角［M］. 天津：南开大学出版社，2005.

9. 张广瑞．生态旅游理论辨析与案例研究［M］. 北京：社会科学文献出版社，2004.

10. 李丰生．生态旅游景区管理［M］. 北京：中国林业出版社，2005.

11. 戴星翼．生态服务的价值实现［M］. 北京：科学出版社，2005.

12. 李俊清．生态旅游资源［M］. 北京：中国林业出版社，2007.

13. 李俊清等．生态旅游学［M］. 北京：中国林业出版社，2004.

14. 章家恩．旅游生态学［M］. 北京：化学工业出版社，2005.

15. 白光润．生态旅游［M］. 福州：福建人民出版社，2002.

16. 张广瑞等．生态旅游政策与规划［M］. 天津：南开大学出版社，2005.

17. 沈祖祥，张帆．旅游策划学［M］. 福州：福建人民出版社，2000.

18. 程道品．生态旅游开发模式及案例［M］. 北京：化学工业出版社，2006.

19. 梁朝晖．TOP 策划学经典教程［M］. 北京：北京出版社，1998.

20. 黄羊山，王建萍．旅游策划［M］. 福州：福建人民出版社，1999.

21. 钟永德，袁建琼，罗芬．生态旅游管理［M］. 北京：中国林业出版社，2006.

22. 尹泽生．旅游资源详细调查实用指南（GB/T 18972—2003）. 北京：中国标准出版社，2006.

23. 汪华斌，周玲．生态旅游开发［M］. 北京：科学出版社，2000.

24. 李建龙．城市生态与旅游经济导论［M］. 北京：化学工业出版社，2007.

25. 蒋三庚．旅游策划［M］. 北京：首都经济贸易大学出版社，2002.

26. 洪剑明，冉东亚．生态旅游规划设计 [M]. 北京：中国林业出版社，2006.

27. 夏林根．旅游业绿色管理 [M]. 太原：山西教育出版社，2003.

28. 李燕琴．生态旅游游客行为与游客管理研究 [M]. 北京：旅游教育出版社，2006.

29. 周永广．旅游业环境管理 [M]. 杭州：浙江大学出版社，2005.

30. 田里，李常林．生态旅游 [M]. 天津：南开大学出版社，2004.

31. 杨桂华．生态旅游景区开发 [M]. 北京：科学出版社，2004.

32. 钟林生，赵士洞，向宝惠．生态旅游规划原理与方法 [M]. 北京：化学工业出版社，2003.

33. 卢云亭，王建军．生态旅游学 [M]. 北京：旅游教育出版社，2001.

34. 林越英．旅游环境保护概论 [M]. 北京：旅游教育出版社，1999.

35. 李长荣等著．生态旅游的可持续发展 [M]. 北京：中国林业出版社，2004.

36. 吴必虎．区域旅游规划原理 [M]. 北京：中国旅游出版社，2001.

37. 李丰生，王熙兰，李美霖．生态旅游导游词 [M]. 北京：中国林业出版社，2007.

38. 张立明，胡道华．旅游景区解说系统规划与设计 [M]. 北京：中国旅游出版社，2006.

39. 白欧．生态旅游认证指标体系及评估模型研究 [M]. 杭州：浙江大学商学院，2004.

40. 徐永红．博物馆旅游体验研究 [D]. 郑州：河南大学硕士论文，2006.

41. 窦清．论旅游体验 [D]. 南宁：广西大学硕士论文，2003.

42. The International Ecotourism Society. Oslo Statement on Ecotourism. August, 2007.

43. Bulgaria National Ecotourism Strategy and Action Plan: Implementing CBD Guidelines on Biodiversity and Sustainable Tourism Development. Achieving Environmental Objectives. September 1, 2004.

44. 郑宇飞，胡春梅．关于体验经济时代旅游业发展的认识与思考 [J]. 三峡大学学报（人文社会科学版），2003，25（5）.

45. 丁新军，郑海燕．论体验营销下的顾客化旅游体验设计 [J]. 桂林旅游高等专科学校学报，2006（4）.

46. 伍海琳．论旅游体验 [J]. 经济师，2006（1）.

47. 谢彦君．旅游体验——旅游世界的硬核 [J]. 桂林旅游高等专科学校学报，2005（6）.

48. 黄耀丽等．“旅游体验”视角下的特色旅游开发与管理问题探讨——以我国北方沙漠旅游为例 [J]. 人文地理，2006（4）.

49. 李经龙，张小林，郑淑婧．旅游体验——旅游规划的新视角 [J]. 地理与地理信息科学，2005（6）.

50. 陈娅玲，马耀峰．基于旅游市场调查的游客旅游体验研究——以桂林市为例 [J]. 西北农林科技大学学报，2006（2）.

51. 余建辉，张建华．自然旅游景区游客旅游体验管理初探 [J]. 桂林旅游高等专科学校学报，2005（1）.

52. 刘砺．生态旅游及其内涵的分析与探讨 [J]. 特区经济，2006（4）.

53. 张芳．体验经济时代下旅游体验营销策略 [J]. 中共南宁市委党校学报，2005（6）.

54. 刘纯．走向大人化旅游的社会——论现代旅游行为［J］. 内蒙古大学学报（人文社会科学版），2000（4）.

55. 胡燕雯，张朋．试论体验经济时代的旅游业发展［J］. 桂林旅游高等专科学校学报，2003，14（3）.

56. 魏小安，魏诗华．旅游情景规划与项目体验设计［J］. 旅游学刊，2004，19（4）.

57. 吴文智，庄志民．体验经济时代下旅游产品的设计与创新——以古村落旅游产品体验化开发为例［J］. 旅游学刊，2003，18（6）.

58. 冷志明．论体验经济时代的旅游体验［J］. 边疆经济与文化，2005（10）.

59. 王兴斌．"体验经济"新论与旅游服务的创新——（体验经济）读书札记［J］. 桂林旅游高等专科学校学报，2003，14（1）.

60. 黄鹂．旅游体验与景区开发模式［J］. 兰州大学学报（社会科学版），2004（11）.

61. 吴丽霞，赵现红．旅华外国游客旅游体验质量评价实证研究［J］. 地理与地理信息科学，2007（5）.

62. 王向宁．国际旅游组织成因、影响和发展趋势研究［J］. 北京第二外国语学院学报（旅游版），2006（5）.

63. 罗明义．生态旅游可持续发展［J］. 旅游学刊，2002（3）.

64. 丁培毅，Steve Craig-Smith，黄松山．澳大利亚旅游研究状况及发展战略概述［J］. 旅游学刊，2001（2）.

65. 肖寒，殷明汉，汤万金，范与华．ISO 14000 系列标准的最新动态与发展趋势［J］. 认证前沿，2004（6）.

66. 钟林生，郑群明，石强．中国实施生态旅游认证的机遇与挑战［J］. 中国人口资源与环境，2005（15）.

67. 步玉艳，李宏，刘长海．关于建立我国生态旅游认证制度的思考［J］. 资源与产业，2007（9）.

68. 程兴火，周玲强．国外生态旅游认证概述［J］. 世界林业研究，2006（19）.

69. 诸葛仁．绿色环球 21：规范生态旅游的国际标准［J］. 旅游科学，2005（19）.

70. 曹世雄，陈军，高旺盛．生态政策学及其评价方法［J］. 生态学杂志，2006，25（12）.

71. 卞显红，张光生，王苏洁．生态旅游与可持续旅游环境认证研究［J］. 资源与市场开发，2004（2）.

72. 宋瑞．关于建立我国生态旅游认证制度的思考［J］. 桂林旅游高等专科学校学报，2004（15）.

73. 甄翌．关于建立我国生态旅游认证制度的思考［J］. 世界标准化与质量管理，2006（7）.

74. 蒋成益，张立恭．生活周期评价（ISO 14040 系列）介绍［J］. 四川林勘设计，2002（2）.

75. 肖建珍，肖光明．对国内发展生态旅游的几点思考［J］. 肇庆学院学报，2005，26（1）.

76. 陈应发．美国的森林游憩［J］. 世界林业研究，1993，6（4）.

77. 王永安．森林生态旅游新趋势［J］．中南林业调查规划，2003，22（3）．

78. 赵海燕．生态旅游——我国旅游业可持续发展的必由之路［J］．学术交流，2002，7（4）．

79. 罗明义．生态旅游可持续发展——亚太地区部长级会议述评［J］．旅游学刊，2002（3）．

80. 孟世良．高黎贡山惠坡生态旅游景区规划与体验设计研究［J］．保山师专学报，2005（8）．

81. 闫淑君，洪伟，吴承祯．生态旅游及其规划原则［J］．江西农业大学学报（自然科学版），2003（2）．

82. 吴晓玉，匡洪兴．生态旅游开发规划研究［J］．鸡西大学学报，2002（3）．

83. 刘紫青．关于生态旅游景区规划问题的探讨［J］．福建林业科技，2005（12）．

84. 石金莲，李俊清．生态旅游规划方法［J］．林业实用技术，2002（3）．

85. 刘家明．生态旅游及其规划的研究进展［J］．应用生态学学报，1998，9（3）．

86. 万绪才，朱应皋，吴芙蓉．自然保护区生态旅游开发与规划研究［J］．农村生态环境，2004，20（3）．

87. 田喜洲．论生态旅游规划［J］．农村经济，2003（12）．

88. 刘德隅，王钰．自然保护区生态旅游总体规划理念的探讨［J］．林业调查规划，2006，31（5）．

89. 李敏．自然保护区生态旅游景观规划研究［J］．旅游学刊，2002（5）．

90. 李涛．生态旅游规划与景观生态学应用研究［J］．广东农业科学，2007（1）．

91. 方一平，曾勇，李仕明．螺髻山自然保护区生态旅游设计与产业化组织［J］．山地学报，2004（9）．

92. 魏敏．生态旅游资源开发的制度短板效应与政策取向研究［J］．财贸研究，2006.

93. 李建华，董明辉．区域生态旅游规划及发展趋势［J］．湖南文理学院学报（社会科学版），2005（11）．

94. 程占红．生态旅游开发原则［J］．资源开发与市场，2002（4）．

95. 吴楚材．论中国野营区的开发建设［J］．旅游学刊，1997，12（5）．

96. 肖朝霞，杨桂华．国内生态旅游者的生态意识调查研究——以香格里拉碧塔海生态旅游景区为例［J］．旅游学刊，2004（1）．

97. 吴必虎，金华，张丽．旅游解说系统的规划与管理［J］．旅游学刊，1999（1）．

98. 周俊满．在生态旅游中渗透生态环境教育［J］．广州梧州师范高等专科学校学报，2006（1）．

99. 徐文君，张秀萍，何灵．论生态旅游、生态旅游系统及其基本特征［J］．内蒙古林业调查设计，2006，29（2）．

100. 张毅川，乔丽芳，陈亮明，姚连芳．景观设计中教育功能的类型及体现［J］．浙江林学院学报，2005（1）．

101. 王燕津．“环境教育”概念演进的探寻与透析［J］．比较教育研究，2003（1）．

102. 苗雅杰，苗静．实施生态旅游环境教育的意义及对策［J］．长春大学学报，2004

(6).

103. 李北东，连玉銮．环境教育——生态旅游的灵魂［J］. 西南民族大学学报（人文社科版），2003（9）.

104. 陈淑芬，刘静．环境教育的重要手段——融入实践［J］. 环境教育，2005（3）.

105. 胡宏友．台湾地区的国家公园景观区划与管理［J］. 云南地理环境研究，2001（1）.

106. 张希军．森林旅游与环境教育［J］. 河北林业，2002（4）.

107. 钟永德，罗 芬．国内外旅游解说研究进展综述［J］. 世界地理研究，2006（4）.

108. 吴必虎，高向平，邓冰．国内外环境解说研究综述［J］. 地理科学进展，2003（3）.

109. 王民，蔚东英，霍志玲．从环境教育到可持续发展教育［J］. 环境教育，2005（11）.

110. 钟永德，罗芬．旅游解说牌示规划设计方法与技术探讨［J］. 中南林学院学报，2006（1）.

111. 王民，蔚东英，陈晨．通过环境解说实施环境教育的研究［J］. 环境教育，2005（5）.

112. 陈晨，王民，蔚东英．环境解说历史及其理论基础的研究［J］. 环境教育，2005（7）.

113. 王民，陈晨，蔚东英．环境解说的目的和目标之研究［J］. 环境教育，2005（7）.

114. 孟明浩，俞益武，顾晓艳，李天佑，章志攀．旅游景区环境解说系统设计方法及个案探讨［J］. 浙江林学院学报，2005（5）.

115. 周飞飞．环境解说，地质公园的另一扇门［J］. 地质勘查导报，2006.

116. 江宁，陈建明．从游客涉入角度对生态旅游景区解说系统满意度研究［J］. 桂林旅游高等专科学校学报，2006（5）.

117. 纪丽萍．浅谈景区旅游解说系统的策划［J］. 四川林勘设计，2005（2）.

118. 吴必虎，金华，张丽．旅游解说系统研究——以北京为例［J］. 人文地理，1999（2）.

119. 唐鸣镝．景区旅游解说系统的构建［J］. 旅游学刊，2006（1）.

120. 董文渊，赵敏燕．竹林生态旅游环境解译系统的构建研究［A］. 中国林学会首届竹业学术大会论文集［C］. 2004.

121. 唐鸣镝．风景区旅游解说系统初探——建立完善的风景区旅游解说系统［J］. 中国园林，2006（1）.

122. 张静，颜磊，杨娟．峨眉山生态旅游解说系统规划设计［J］. 乐山师范学院学报，2005（8）.

123. 罗芬，钟永德，李健，付红军．黄山园内旅游解说类型与有效性分析［J］. 旅游科学，2005（5）.

124. 厉新建．旅游产品特点、消费技术与景区解说系统［J］. 人文地理，2004（2）.

125. 钟林生，陈劲松，王跃华．碧塔海生态旅游区标牌系统的规划设计［J］. 中国园林，2000（3）.

126. 闫玮．论构建旅游解说系统的必要性［J］. 发展，2006（12）.

127. 许树辉．生态旅游区导游的生态素质要求与培养［J］. 教育与职业，2005（11）.

128. 杜江，李悦铮，皮婉姝．从向导式旅游解说的受众与对象研究反思旅游教育现状［J］. 桂林旅游高等专科学校学报，2006（2）.

129. 郭晖．旅游景区垃圾收集清运探究［J］. 环境与可持续发展，2006（4）.

130. 佟玉权，王辉．环境与生态旅游［M］. 北京：中国环境科学出版社，2009.

131. 李文明，钟永德．生态旅游环境教育［M］. 北京：中国林业出版社，2010.

132. 陈玲玲等．生态旅游——理论与实践［M］. 上海：复旦大学出版社，2012.

133. 周建明，所萌．生态旅游理论与实例研究［M］. 北京：中国建筑工业出版社，2013.

参考的国外网站：

1. http：//www. worldtourism. org（世界旅游组织网站）

2. http：//www. ecotour. org（国际生态旅游协会网站）

3. http：//www. ecotourism. org（世界生态旅游网）

4. http：//www. ecotourism. org. au/（澳大利亚生态旅游网）

5. http：//www. business. gov. au/Business+Entry+Point/（澳大利亚政府商务网）

6. http：//www. ecotourismarmenia. com/（亚美尼亚生态旅游协会）

7. http：//www. hawaiiecotourism. org/（夏威夷生态旅游协会）

参考的国内网站：

1. http：//www. ecc365. com/（中国生态网）

2. http：//www. gzhjbh. gov. cn（国家环保总局）

3. http：//www. cnta. gov. cn/（国家旅游局）

4. http：//www. ecotourism. org. cn/（生态旅游网）

5. http：//www. chinafpark. net/（中国森林公园网）

6. http：//www. chinaep. net/hjrz/hjglrz-13. htm#2（中华环保互联网）

7. http：//www. ecoclub. com. cn/index. asp（中国国际生态旅游俱乐部）

8. http：//www. davost. cn/（旅游智网）

9. http：//trip. ungou. com/（联合旅游网）

10. http：//www. greenglobe21. cn/（绿色环球 21 中国办事处）

11. http：//www. envir. gov. cn/iso14000/standard. asp（环境管理体系审核指南（ISO14000 标准））

12. http：//www. cmucc. com/advice/iso14000/13443960. htm（中机联咨询中心）

13. http：//www. zjqlf. cn/news_ view. asp？newsid＝118（自然保护区管理条例）

14. http：//baike. baidu. com/view/514004. html（百度百科 国际环保公约）

15. http：//www. biox. cn/content/20050515/13219. htm（生命经纬 国际环境法）

责任编辑：谯 洁
责任印制：冯冬青
封面设计：中文天地

图书在版编目（CIP）数据

生态旅游 / 张建萍主编．－－2版（修订本）．--北京：中国旅游出版社，2017.1（2022.6 重印）

普通高等教育“十二五”国家级规划教材

ISBN 978－7－5032－5701－8

Ⅰ.①生… Ⅱ.①张… Ⅲ.①生态旅游—高等学校—教材 Ⅳ.①F590.7

中国版本图书馆 CIP 数据核字（2016）第 253115 号

书 名：生态旅游（修订版）

作 者：张建萍主编
出版发行：中国旅游出版社
（北京静安东里 6 号 邮编：100028）
http：//www.cttp.net.cn E－mail：cttp@mct.gov.cn
营销中心电话：010－57377108，010－57377109
读者服务部电话：010－57377151
排 版：北京旅教文化传播有限公司
经 销：全国各地新华书店
印 刷：河北省三河市灵山芝兰印刷有限公司
版 次：2017 年 1 月第 2 版 2022 年 6 月第 5 次印刷
开 本：710 毫米×1000 毫米 1/16
印 张：23.25
印 数：13001－16000 册
字 数：450 千
定 价：39.00 元
I S B N 978－7－5032－5701－8
